JN269376

はしがき

　1987年に「基本証券分析用語辞典」を日本証券アナリスト協会が世に出してはや四半世紀が経つ。2004年には「基本証券アナリスト用語辞典」へとアップデートされたが、世界の金融・資本市場の変化はとどまることを知らない。そもそも基盤たる国家の地図は塗り変えられ、東西ドイツの統一、ソ連邦の崩壊、ユーロの創設から新興国の台頭まで、グローバルに歴史的な大転換が続いている。ファイナンス理論の発展とITテクノロジー革命は、新金融商品と新市場を次々と産み出し、バブルと金融危機を乗り越えながら、運用の世界は加速度的に拡大している。こうした金融・証券界のダイナミズムと、読者の新辞典を望む声に背中を押され、執筆者の若返りも図り一から辞典を作り直して、当協会創立50周年記念に合わせて完成させようと思い立った。幸い、新進気鋭かつ専門性に溢れる11名の学者、実務家に執筆を引き受けていただき、50周年記念として会員への配付、一般への販売を行えることとなった。

　用語辞典としてみると、四半世紀前476項目でスタートし、近年312項目にまで整理されたが、各項目は長めとなっていた。今回は証券分析・投資運用の世界の広がりに合わせ、見出し項目が1,063（うち説明項目867）と増加する一方、各項目の説明はコンパクトなものに仕上げた。ただ、まだまだ不十分な点も多々あろうと思う。お気付きの点はぜひお聞かせ願いたい。多くの読者に支持され、この辞典が当協会の次の50年の嚆矢を飾ることを祈念している。

　この「証券分析・投資運用 用語辞典」は、2011年2月から計画策定に取り掛かり、東日本大震災のあった3月11日を挟んで計画が具体化しただけに感慨深いものがあり、特に大震災後の世情混乱の中、責任者としてプロジェクトを牽引しつつも、辞典完成を見ることなく逝去された当協会の故土屋俊彦さんに心より感謝の意を捧げる。その後を継ぎ刊行にこぎつけた山田誠さん、校閲を一手に引き受けていただいた井上宜孝さん、堀部真司さんの労も多としたい。

　最後に、語彙が増し最新用語がちりばめられた新辞典を厭わず監修してくださった東京海上アセットマネジメント投信株式会社社長の大場昭義氏、東京大学大学院経済学研究科教授の新井富雄氏のお二方、査読を行った検定会員である当協会役職員諸君、そしてときわ総合サービス株式会社に対して厚く御礼申し上げる。

　なお、今後も証券分析・投資運用の世界が一層発展するであろうとの期待を込めて、この辞典を数年に一度改訂していきたいと考えていることを申し添える。

2012年10月

　　　　　　　　　　　　　　　　　　　公益社団法人　日本証券アナリスト協会
　　　　　　　　　　　　　　　　　　　　　　代表理事（専務理事）　萩原　清人

監修にあたって

　日本証券アナリスト協会が創立50周年を迎えるときに、この用語辞典をお届けできることは、協会の副会長であるわたくしども二人としても喜ばしい限りである。

　株式分析の考え方が整理され世に示されてから80年あまり、その間、投資・ファイナンス分野の理論構築の進展は著しく、それと軌を一にするテクノロジーの進化は、証券・金融市場の発展とそこでの商品の進化・多様化を促進してきた。この分野で知りたい専門用語、確認したい用語はいまや数多くある。すでにこの分野で活躍している社会人も、これからその分野に進みたいと考えている学生も、さらには直接には関わりなくとも一般個人投資家としても、そばにおいておきたい用語集というものが必要である。

　今回、創立50周年を機に刊行されたこの「証券分析・投資運用　用語辞典」の監修に当たり、アカデミックな世界の新井と運用実務世界の大場とが、それぞれの目線でみたものである。各項目の説明はコンパクトなものとするように心がけた。いずれも実務上も試験対策上も、実際に役立つ用語ばかりであり、その理解を深めてくれるものである。項目の選択に当たっては、次のような方針とした。

① 証券アナリスト検定会員や通信教育講座受講者が確認するために利用でき、かつ一般の実務家・学生あるいは学者にとっても利用価値のある辞典とする。
② そのため、証券分析用語中心としつつ、関連する経済や財務分析分野の用語を盛り込む。ただし、時事的なものは避け、かつ通常の経済金融用語よりも専門性の高い用語とする。
③ 具体的には、理論的項目の進展の著しい、ファイナンス理論、行動ファイナンス、コーポレート・ファイナンスといった分野の最新の用語を取り込む。
④ また、実務的な分野で重要度を増している年金、投資信託、デリバティブ、IFRS等の用語の採択を進める。

　この辞典は、今後もアップデートしていくことを前提としている。利用者からの多くのご意見はこの辞典を一層使いやすい有用なものにしていく材料となるものであり、執筆者に代わり、是非お願いする次第である。

2012年10月
　　　　　　　　東京大学大学院経済学研究科教授　　（CMA）　新井 富雄
　　東京海上アセットマネジメント投信㈱代表取締役社長　（CMA）　大場 昭義

この辞典の使い方

1. 見出し語

  総収録1,063項目のうち、867項目には説明を付し、残り196項目は前者の説明の中で触れられているため、➡表示で示してある。

2. 英語表記

  各項目の英語を示してあるが、日本固有の用語で英訳がそぐわないものには敢えて訳を付していない。なお、この英語を巻末に索引としてまとめてあるので、活用されたい。

3. 執筆者イニシャルおよび参照語

  各説明項目の末尾に、項目説明執筆者のイニシャルを付してある。イニシャルは執筆者一覧に掲載している。またイニシャルの後に、⊃表示で示してある項目は、参照することによって理解が深まるという意味で掲げてある。

ア

IR(investor relations)

　企業が株主・投資家・債権者等（以下、投資家等）に対し、投資判断に必要な企業情報を、適時、公平、継続して提供する活動をいう。インベスターリレーションズともいう。制度的開示と異なり、企業が自主的に行なう情報提供活動である。IR活動によって企業は資本市場で適切な評価を受け、新たな株主の増加、長期保有株主の増加、円滑な資金調達などにつなげることができる。IR活動として代表的なものは、決算発表後の決算説明会や年次報告書の発行、HP上での開示の充実などがある。決算は過去の財務結果を報告するのに対して、IRでは、過去の振り返りと将来予想の情報開示も求められる。例えば、決算結果と予測値の乖離の理由や背景の説明、また中期計画、経営ビジョンなど今後の経営戦略についての説明も必要である。IRとPRの違いは、PRは基本的に企業のポジティブな情報のみを流すのに対し、IRはポジティブな情報だけでなくネガティブな情報も開示するべき点である。（Y.Mi.）

IRA（Individual Retirement Account）

　米国の税法で認められている個人貯蓄制度で、一定の要件を満たしている場合に税制上の特別の取扱い（拠出時の所得税の対象所得から控除、運用収益は非課税、引出し時には課税）を受ける制度である。信託の形を取るものをIndividual Retirement Accountと呼び個人退職勘定と訳される。保険の形を取るものをIndividual Retirement Annuityと呼ぶ。IRAが導入された1974年以来、適用者は雇用主が実施する他の税制適格年金制度に加入していない被用者に限定されていた。その後、1981年に他の税制適格年金制度が適用されている被用者や自営業者にも非課税拠出を認める政策が実施されたうえに、非課税拠出額の上限が引き上げられたため、IRAは急速に普及した。しかし、1986年の税制改革により、他の税制適格年金制度の加入者である場合は、所得控除可能額が所得額に応じて段階的に縮小された。米国ではIRAのほかに、1998年からRoth IRAと呼ばれる制度が認められており、拠出時に所得税の対象所得から控除されない代わりに、運用収益は非課税、引出し時には非課税とされる。利用可能者となるには一定の所得制限が課されている。Rothの名称は本件法改正を主導した上院議員の名前にちなむ。日本では確定拠出年金法の成立によって、個人型の確定拠出年金が設けられたが、その議論の過程で米国のIRAが引合いに出されることが多かった。（Y.F.）

IRR（internal rate of return）
　　　　　　　　　　　➡ 内部収益率

IASB（International Accounting Standards Board）➡ **国際会計基準審議会**

ISDA（International Swaps and Derivatives Association）

　国際スワップ・デリバティブ協会の略称で、店頭デリバティブ市場の安全で効率的な発展を促進するための国際的業界団体として、1985年にニューヨークで設立された。各国の店頭デリバティブ市場の主要参加者（金融機関、アセットマネジャー、政府系機関、事業法人等）がメンバーとして参加している。ISDAが開発に携わっているISDAマスターアグリーメント（ISDA master agreement）は、店頭デリバティブ取引における各国共通の契約書のひな型として、現在では事実上の世界標準となっている。（T.O.）⊃ 店頭デリバティブ

ISM指数（ISM index, Institute for Supply Management index）

　米国供給管理協会が発表する企業の景況感を表す指数で、製造業景況感指数と非製造業景況感指数があり、製造業景況感指数は毎月第1営業日、非製造業景況感指数は毎月第3営業日に前月分が発表される。発表時期が早く、ニューヨーク、フィラデルフィアなどの地区連銀が発表する景況感指数と比べてカバー範囲が広いことから、市場での注目度が高い。製造業景況感指数は300社以上の購買担当者に新規受注、生産、雇用、入荷遅延、在庫の5項目について増加、減少、変わらずの選択肢でアンケート調査を行い集計する。指数が50以上なら景気拡大、50未満なら景気後退を示唆するとされる。非製造業景況感指数も300社以上の購買担当者に事業活動、新規受注、雇用、入荷遅延の4項目についてアンケート調査を行い、増加、減少、変わらずの回答を集計している。製造業景況感指数と同様に、50以上なら景気拡大、50未満なら景気後退を示唆しているとされる。（T.K.）

IFRS（International Financial Reporting Standards）

　2001年に設立された国際会計基準審議会（IASB）が開発した会計基準で、**国際財務報告基準**と訳される。アイエフアールエスまたはイファースと読まれることが多い。2011年11月現在、IFRSという名称が付いた会計基準は第1号から第13号まで公表されている。

　単にIFRSといった場合、国際会計基準（IAS）等を含むことがある。その場合、IFRSは、IASBが公表した現在適用可能な会計基準や適用指針などを指している。この意味で用いられるときは、IAS/IFRSやIFRSs（イファーズ）と書かれることもある。米国会計基準等と比較して相対的に細則が少ないことから、原則主義を採用しているといわれる。この原則主義には、正当な理由があれば基準と異なる方法で会計処理ができる離脱規定が不可欠である。

　EU諸国、オーストラリアなど世界100ヵ国以上で採用されているといわれているが、その実態は様々である。EUでは、IAS第39号「金融商品：認

識および測定」の一部などをカーブアウトして批准している。日本においては、2010年3月期より特定の要件を満たした会社に限り任意適用が可能になっており、日本も採用されている国の1つとして数えられることもある。なお、IFRSの強制適用、いわゆるアドプションについては、現在、企業会計審議会等で審議されている。(S.Y.)

IO（interest only）

不動産担保融資を裏付けとして発行された証券化商品であるモーゲージ証券（MBS, mortgage-backed securities）は、裏付資産である融資の返済の実行時期が期限前繰上償還により変化するため、通常の債券とは異なりデュレーションが決まっていない。米国ではジニーメイ（連邦政府抵当金庫）、ファニーメイ（連邦住宅抵当公庫）、フレディマック（連邦住宅金融抵当金庫）など政府系住宅関連機関の保証ないし発行残高が大きなシェアを占めている。日本では住宅金融公庫（現住宅金融支援機構）が住宅ローン債券の証券化を始め、モーゲージ証券市場が拡大した。これらの不動産担保証券のキャッシュフローを金利部分と元本部分に分離し、金利部分のキャッシュフローを証券化した商品をIO証券、元本部分のキャッシュフローを証券化した商品をPO（principal only）証券という。両者とも期限前償還の影響を受ける。金利が低下して償還率が上昇すると利息対象元本が減少するため、IO証券の価値は減少する。一方、PO証券の価値は逆に上昇する。(A.I.)

⊃MBS

IOSCO（International Organization of Securities Commission）

世界各国・地域の証券監督当局や証券取引所等から構成される国際的な機関である。**証券監督者国際機構**ともいう。IOSCOの目的は、投資家保護、公正かつ効率的で透明性の高い市場の維持、市場発展支援、市場インフラストラクチャー強化が主なものである。この目的を達成するために、国際的に認識され、一貫した規制・監督・執行に関する基準の適切な遵守、不公正行為に対する法執行や、市場・市場仲介者への監督に関する情報交換・協力などに各メンバーが取り組んでいる。IOSCOは、その目的を達成するため、「証券規制の目的と原則」（1998年9月）、「セルサイド証券アナリストの利益相反に対処するための原則」（2003年5月）をはじめとする原則、指針や基準等を定めている。これらはメンバーに対する法的拘束力はないが、メンバーはこれを踏まえて行動することが促されるという性格のものである。(A.I.)

I-CAPM（inter-temporal capital asset pricing model）

1973年にマートン（Robert Merton）によって公表された資本市場理論で、**多期間CAPM**ともいう。通常のCAPMは1期間モデルで、各証券に関する将来の1時点までの期待リターンやリスクの推計値に基づいて、期待効用を最大にするよう最適な資産

配分を行うという前提のもとで導かれた。これに対してI-CAPMでは、投資家は連続的に取引を続けるという一般的な設定のもとで、CAPMと同様の均衡モデルを導こうと試みた。I-CAPMでは、市場リスクを負担することに対して投資家が要求する見返りに加えて、将来の投資機会が投資家にとって不利な形で変化するリスクを反映して、期待リターンが決定されるという結論が導かれている。(M.T.)
➲CAPM

ITバブル
　　　(information technology bubble)
　1990年代末期から2000年にかけて発生したIT企業への投資ブームをいう。当時は社名にドットコムを含むIT企業が多かったことからドットコム・バブルとも呼ばれる。1990年代後半からインターネットが急速に普及し、インターネットを利用した企業向け、消費者向けビジネスを行う企業が多数創業した。金融緩和期で資金調達が比較的容易だったこともあり、ベンチャーキャピタルなどのITベンチャーへの投資も急増し、多くの企業がNASDAQで株式公開を行った。新規公開企業は人気化し、高値で取引された。1996年にNASDAQ総合指数は1,000ポイントだったが、2000年には一時5,000ポイントを超えた。株価に企業の利益が追いつかないため、しばしばPSR(株価売上高比率)が株価評価に用いられた。しかし、2000年に金融政策が引締めに転じたことや、同時多発テロの発生で、事業基盤が弱いIT企業の経営は悪化したことで、株価も暴落し、ITバブルは崩壊した。(T.K.)

IPO（initial public offering）
　証券取引所など不特定多数の投資家が株式を売買できる流通市場に、自社株式をリストアップすることであり、**新規株式公開**ともいう。売買対象としてリストアップされている状態が公開、リストアップされていない状態が未公開である。特に、証券取引所に公開することを新規上場という。IPOを行うには、流動性基準や利益額、純資産額、財務諸表の適性等に関する基準を満たす必要がある。また、株式を新規公開する場合、公開価格を決める必要がある。従来は、入札方式を用いて公開価格を決定していた。発行市場で決まる公開価格と流通市場で決まる初値との乖離が大きいなどの理由で、近年ではブックビルディング方式を用いるのが一般的である。日本では、ベンチャー企業の株式公開を容易にし、経済の活性化を図る目的で、新興企業向けの株式流通市場が開設された。現在、マザーズやJASDAQなどがその役割を担っている。(N.I.) ➲公開価格

アウト・オブ・ザ・マネー（out of the money）➡ **アット・ザ・マネー**

アウトパフォーム（outperform）
　投資成果を評価する方法には、予め定められた期間で資産が増えた(プラスのリターン)か、減った(マイナスのリターン)かにより評価する絶対評価と、予め決められた基準(例えば日

本株ファンドであればTOPIX、国内債券であれば野村BPI総合などのベンチマークのリターン）を上回ったか下回ったかにより評価する相対評価がある。後者の相対評価をする際、基準を上回ったことをアウトパフォーム、あるいはアウトパフォーマンスしたといい、基準を下回ったことをアンダーパフォーム、あるいはアンダーパフォーマンスしたという。なお、セルサイドの企業アナリストが、企業の業績予想等から算出した個別銘柄の株価評価を行う際、市場平均を上回ると予想した銘柄に対して「アウトパフォーム」、市場平均を下回ると予想した銘柄に対して「アンダーパフォーム」という表現を使うことがある。(S.S.)

アキュムレーション（accumulation）

債券を償還（額面）金額よりも低い価額で取得した場合、償還時に額面と取得価額の差額相当分の利益（償還差益）が発生する。しかし、その利益を償還時に一度に計上せず、所有期間に応じて均等に按分して計上する会計処理（利益計上と同時に、債券の簿価をその分引き上げる）をアキュムレーションという。償還差損益を満期日の属する決算期に集中させずに、平準化させて期間収益の安定化を図りたいと考える投資家が採用する会計処理である。

他方、債券を償還（額面）金額よりも高い価額で取得した場合、償還時に額面と取得価額の差額相当分の損失（償還差損）が発生する。しかしその損失を償還時に一度に計上せず、所有期間に応じて均等に按分して計上する会計処理（損失計上と同時に、債券の簿価をその分引き下げる）をアモチゼーションという。なお、これらの会計処理を採用するのは任意であるが、所有するすべての債券に均一に採用しなければならない。(A.I.)

アクティビストファンド
　　　　　　　　（activist fund）

上場会社株式に対して、一定数量以上（通常は大量保有報告書が提出される5％から過半数を超えないマイノリティ投資が多く、ごくまれに50％を超えることもある）の出資比率で投資して、企業経営に対して改善を促す提案を行うファンドの総称である。企業に対して能動的（active）に意見（voice）を発することから、こうした呼び名になっている。なお、株主が企業経営に対して改善を促す意見（voice）を発することを**株主アクティビズム**と呼ぶ。改善提案には、配当政策や自社株買い、負債の有効活用といった資本構成に関する事項、企業の成長戦略に関する事項、企業と投資家のコミュニケーションの改善（IR「インベスターリレイションズ」の改善）に関する事項などがある。意見（voice）の発し方としては、株主総会での株主提案権の行使や議決権の行使といった公式な発言のほかに、日常の企業とのIRでの接触を通じて意見を発する非公式な発言などがある。日本では2000年代に入り、日系の村上ファンドや外資系のスティールパートナーズなどのファンドが活動を活発化させた。(Y.Mi.)

アクティブ運用
(active management)

運用の意思決定の段階で、運用者の主観的判断が入った積極的（アクティブ）な運用をアクティブ運用、主観的判断が入らない消極的（パッシブ）な運用をパッシブ運用という。運用評価の基準となるベンチマークが与えられている場合、ベンチマークを上回ることを目的とする運用がアクティブ運用であり、ベンチマークに連動することを目的とする運用がパッシブあるいはインデックス運用である。市場の効率性が保たれるためには、市場の価格形成の非合理性を捜し求め、収益機会が存在すると、これを利用しようとするアクティブ運用者の存在が重要となる。一方で、アクティブ運用者の行動により市場の効率性が高まると、アクティブ運用者の収益機会が減少することになる。アクティブ運用では、情報収集や分析のコスト、優秀な人材の確保、高回転率に伴う売買費用などが掛かることになり、これらのコストを加味したうえで、ベンチマークを上回ることを求められている。(S.S.) ➲ パッシブ運用

アクティブ運用の基本法則（fundamental law of active management）

グリノルド(Grinold)［1988］で示されたアクティブ運用の成果に関する基本式のことをいう。その後、グリノルド, カーン (Grinold and Kahn)［2000］、クラーク, デ シルバ, ソロリー (Clark, de Silva, and Thorley)［2002］等により、拡張、一般化されている。アクティブ運用の基本法則によると、インフォメーションレシオ（IR, information ratio）は転移係数（TC, transfer coefficient）、情報係数（IC, information coefficient）、そしてブレスと呼ばれる意思決定回数（B, breadth）の平方根、すなわち、$IR = TC \times IC \times \sqrt{B}$で表すことができるとしている。ここで、転移係数は運用者の予測が実際のポートフォリオ構築に反映されているか（どの程度制約を受けているか）を表している。空売り制約や保有比率の上限制約があれば、この値は小さくなる。情報係数はアクティブリターンの予測値と実現値の相関係数であり、運用者の銘柄選択能力の高さを表し、ブレスは独立した投資の意思決定回数を表している。(S.S.) ➲ インフォメーションレシオ、情報係数

アジア通貨危機
(Asian financial crisis)

1997年から98年にかけて発生したアジア諸国の大幅な通貨の下落とそれに伴う経済危機をいう。97年7月ごろにタイで始まり、フィリピン、香港、マレーシア、韓国、インドネシアなどへ伝播した。アジア各国は外国資本を呼び込み、輸出主導で経済成長することを目的としてドルペッグ制を採用していた。しかし、90年代に入って中国の急成長による競争力の低下とドル高が進行し、外国為替相場がファンダメンタルズと乖離し始めていた。このギャップに着目したヘッジファンドの通貨売りが引金となって各国通貨は急落したが、香港を除いて買支えのため

の外貨準備に乏しい国が多く、最終的にはドルペッグ制を放棄し、変動為替相場へ移行することとなった。韓国では経済危機が深刻化し、IMFの支援を受けた。(T.K.)

アセットアロケーション
(asset allocation)

個別企業の証券でなく、国内株式、国内債券、外国株式、外国債券、キャッシュ（現金）、さらには新興国株式、不動産、プライベートエクイティ、コモディティ、ヘッジファンドなどのアセットクラスへ資金を配分することである。これにより、投資家の目的、リスク許容度、投資期間に適したバランスの取れた期待リターンとリスクが実現可能となる。また、アセットアロケーションにより決定された個別投資対象資産の構成比率のことを、**アセットミックス**（asset mix）という。アセットアロケーションは、ブリンソン、フッド、ビーバウアー（Brinson, Hood, and Beebower）〔1986〕、ブリンソン、シンガー、ビーバウアー（Brinson, Singer, and Beebower）〔1991〕がその重要性を示したことにより、広く認識されるようになった。その後、ジャンク（William Jahnke）〔1997〕によるブリンソン（Brinson）等の研究成果への批判やイボットソン、カプラン（Ibbotson and Kaplan）〔2002〕による重要性の再検証など多くの研究が行われ、アセットアロケーションの重要性自体に変わりのないことが確認されている。アセットアロケーションには、戦略的（ストラテジック）アセットアロケーション、戦術的（タクティカル）アセットアロケーション、動的（ダイナミック、あるいはインシュアード）アセットアロケーションと呼ばれる3つの代表的な戦略がある。また、長期的な投資方針に基づいて構築した戦略的アセットアロケーションによる資産配分を、**政策アセットミックス**（policy asset mix）という。(S.S.)

アセットクラス（asset class）

資産の種類、あるいは分類のことで、資産クラスとも呼ばれる。アセットクラスに明確な定義はないが、国内株式、国内債券、外国株式、外国債券、キャッシュ（現金）を伝統的アセットクラス、新興国株式、不動産、プライベートエクイティ、コモディティ、ヘッジファンドなどを非伝統的アセットクラスと呼ぶことがある。このような分類方法を採用する目的は、投資対象となる多くの個別資産を、類似した資産特性を持つグループへ集約することにより、その資産の特徴を明らかにすることである。すなわち、期待リターン、リスク、相関係数などの特徴で見て、アセットクラス間で異なった特徴を明らかにできる。この特徴が明らかになることにより、これらのアセットクラスをどう組み合わせればよいかという資産配分問題（アセットアロケーション問題）へ進むことができる。(S.S.)

アセットバック証券
(**ABS**, asset backed securities)

企業が保有する債権等の資産を裏付けとして発行する証券をいう。**資産担**

保証券ともいう。個人の住宅ローン債権を裏付けとするモーゲージ証券（MBS, mortgage-backed securities）と並ぶ証券化商品の代表格である。ABSの対象資産は、基本的にキャッシュフローを生み出すものならば、ABSの担保にすることが可能である。ABSが最初に発行されたのは1985年の米国で、リース債権を担保としたものであった。その後、自動車ローン、クレジットカード債権などへ対象が広がり、米国における証券化を推進してきた。わが国においては1998年に証券取引法上の有価証券として認められた。従来は、企業全体の信用力で企業は資金調達していたが、ABSは企業の信用力から切り離され、所有する不動産や債権など資産の信用力やキャッシュフローを裏付けにして資金調達ができる仕組みとして導入され、ノンバンクや一般事業法人で発行されている。(Y.Mo.) ➡MBS

アセットミックス（asset mix）
➡ アセットアロケーション

アット・ザ・マネー（at the money）
コールオプションやプットオプションにおいて、行使してオプションの価値がある場合に、その価値のことを本源的価値（intrinsic value）と呼ぶ。この本源的価値が正であるとき、そのオプションはイン・ザ・マネーの状態にあるという。これはコールオプションでは行使価格＜原資産価格、プットオプションでは行使価格＞原資産価格の場合に相当する。

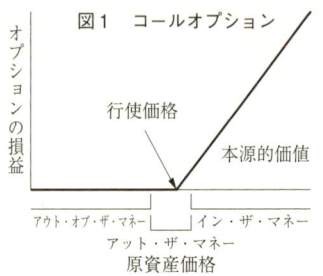

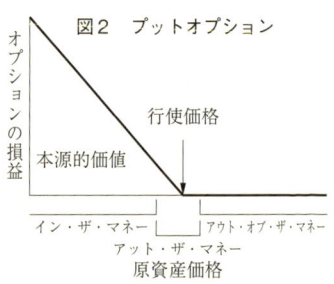

図1　コールオプション

図2　プットオプション

これに対し、仮に行使するとオプション価値がマイナスになってしまう場合をアウト・オブ・ザ・マネー、行使価格と原資産価格がほぼ等しい場合を、アット・ザ・マネーの状態と呼ぶ。なお、アウト・オブ・ザ・マネーの場合、通常、本源的価値はゼロであると考える。したがって、式で表すと、
コールオプションの場合、本源的価値
＝MAX（原資産価格−行使価格、0）
であり、
プットオプションの場合、本源的価値
＝MAX（行使価格−原資産価格、0）
となる。(T.O.)

アーニングサプライズ
　　　　　　（earnings surprise）
投資家や企業アナリストは企業業績を常に注視しており、公表情報から予

測された企業業績を基に投資判断を行い、その結果、株価形成がなされると考えられている。しかし、企業買収や革新的な技術開発の成功など、突然の予期しない情報が公表されると、株価は大きく変化することがある。特に、市場参加者が予期していない企業業績に大きな影響を与える情報が公表されると、株価は大きく変化する。企業経営もしくは企業業績に関する予期せざる変化を、アーニングサプライズという。予期していない良い情報(ポジティブ・アーニング・サプライズという)が公表されると株価は一般に上昇し、予期していない悪い情報(ネガティブ・アーニング・サプライズという)が公表されると株価は一般に下落する。(S.S.)

アノマリー (anomaly)

証券市場において、CAPMに代表される現代ポートフォリオ理論では説明できない現象をアノマリーという。例えば、PBR等の投資指標に照らして割安な株式や時価総額の小さい株式に関して、リスク調整後も超過リターンが検出されており、バリュー株効果あるいは規模効果(小型株効果)と呼ばれている。また、過去に価格の上昇(下落)した証券は、短期的には上昇(下落)し続けるが、中長期的にはトレンドが反転する傾向が見られ、それぞれ短期的モーメンタム、中長期的平均回帰傾向と呼ばれている。1月の株価が高い年初効果や月曜日の株価が低い曜日効果などの収益率の季節性も、アノマリーに含まれる。これらのアノマリーの多くは、アメリカの株式市場を対象にした分析の結果、明らかにされたものであるが、バリュー株効果のように日本も含めて世界的に普遍的な現象も少なくない。(M.T.)

アービトラージ取引
(arbitrage transaction) ➡ **裁定取引**

アームズ・レングス・ルール
(arm's length rule)

銀行の証券業務参入によって生じる弊害を防止するためのファイアウォール規制の1つである。金融機関がグループ会社として保有する証券会社、信託銀行その他子会社と取引を行う際のルールで、いかなる相手と取引する場合でも、一定の(同じ腕の長さの)距離を置いて取引するという趣旨である。例えば、親会社である銀行が、子会社である証券会社と取引する場合、子会社である証券会社は親会社である銀行との取引を特別扱いして優遇してはならず、あくまで他の会社と同一の条件で取引を行わなければならない。この場合、金融機関にとって有利な取引だけでなく、不利な取引も禁止される。親会社との取引を他社と異なる基準で行うことで、同一企業グループに属さない顧客との利益相反を防止する意味がある。また、預金保険の対象となる銀行の資金が、リスクの高い事業に利用されることの制限も期待されている。(A.I.)

アモチゼーション (amortization)
➡ **アキュムレーション**

RIM（residual income model）
　　　　　　　　　➡ 残余利益モデル

R&D投資（research and development investment）

　企業が製品やサービスの研究開発に投下する資本で、研究開発投資ともいう。研究とは、新規の科学的および技術的な知識を得る目的で実施される計画的な調査である。開発とは、生産開始前における、新規あるいは大幅に改良された研究成果や知識の応用である。研究開発の流れを概観すると、初期段階はアイディア化とコンセプト化である。次いで、実現可能性をチェックして開発を行う。その後、試供品の販売等による初期製品化のステージになる。この一連の流れにおいて投下される資本がR&D投資である。現在の日本の財務会計では、R&D投資を研究開発費として費用計上することが多い。そのため、R&D投資額を把握するには、現在と過去の損益計算書をチェックする必要がある。国際会計基準（IFRS）では、実現可能性や測定可能性などを満たすR&D投資は、無形資産として資産計上できる。R&D投資の効果は、新製品売上高の割合や特許件数、営業利益率の改善状況などによってチェックする。(N.I.)

RSI（relative strength index）

　過去の株価データを基に算出される代表的なテクニカル指標の1つで、相対力指数とも呼ばれている。RSIは、予め決められた期間内（例えば14日）での株価の上昇の値幅の合計および下落の値幅の合計を取り、決められた期限（日数）で割っておのおの計算された値から、両者の和を分母、前者を分子として比率を取ることで算出される（RSI指標）。この値がある値よりも大きければ現在の株価は買われ過ぎ（割高）、ある値よりも小さければ売られ過ぎ（割安）と判断される。また、株式の売買のタイミングを計る指標の1つとして、RSI指標を利用している投資家も少なくない。例えば、RSIの値が30％以下になると買い、70％以上になると売りのタイミングとするなどが代表的な活用方法である。このような過去データに基づく株式の売買戦略の有効性については、近年のコンピュータ技術の発達により実証が可能となっている。(S.S.)

RMBS（residential mortgage-backed securities）

　モーゲージ証券（MBS）の一種である。MBSは、オフィスビルやショッピングセンターなどの商業不動産や住宅ローンなど不動産担保融資の債権に対する元利返済金を担保として発行される証券である。RMBSは、元利返済金の対象となる債権が住宅ローンであるものを指し、「住宅ローン債権担保証券」と呼ばれる。一般的には住宅ローンの性質や債権の小口分散効果による高い信用力と、国債より高い利回りが両立している点が魅力とされる。RMBSは、米国において個人の住宅取得支援の観点から、ファニーメイ、フレディ・マックという政府援助法人（GSE, Government Sponsored Enterprises）の高い信用力を取り入れながら急成長し、投資家に広く受け入れられる投資対象となった。ただし、2007年のサブプライム・ローン問題と住宅バブル崩壊により、RMBSに投資していた投資家が大きな損失を被ったほか、GSEもダメージを受けた。わが国でも市場は拡大しており、住宅金融支援機構（旧住宅金融公庫）が最大の発行体となっている。(A.I.) ⮕MBS

ROE（return on equity）
　　　　　　　　➡ 株主資本利益率

ROA（return on asset）
　　　　　　　　➡ 総資本利益率

ROS（return on sales）
　売上高に対する利益の割合で、**売上高利益率**のこと。分子の利益には、売上総利益、営業利益、事業利益、経常利益、当期純利益などが用いられる。このうち、決算短信においては、売上高営業利益率が開示されている。収益性を表す指標の1つで、他の条件が等しいならば、大きいほうがよいとされる。なお、産業や業種によって大きく異なり得るため、クロスセクションでの比較には注意が必要である。(S.Y.)

ROCE（return on capital employed）
　投下資本（使用資本）が効率的に使われているかを示す指標で、利益を投下資本で除した値。**投下資本利益率**や使用資本利益率ともいう。投下資本には自己資本（または株主資本もしくは純資産）に有利子負債を足したものが用いられ、利益には税引き後の営業利益または事業利益が用いられることが多い。分母の値は、期首と期末の平均値を使う。開示は強制されていないが、自ら開示をしている企業もある。(S.Y.)

アルゴリズム取引
　　　　　（algorithmic trading）
　予め定められたアルゴリズムに従って機械的に売買する取引手法をいう。手法自体に目新しさはないが、コンピューター処理能力の向上と投資家（特に大口機関投資家）の取引コストに対する意識の高まりで、近年になって高度化が進んできた。アルゴリズム取引は、一般的には、最良の取引価格、市場インパクトを抑制する最適な分割を考慮した取引量、ポートフォリオ組成にかかわる最適なタイミングを、市場参加者の時々刻々と変化する売買動向や投資家自身の注文による市場への影響等を推定しつつ、注文を連続的に行う自動発注処理方法と解される。投資家は証券会社や情報ベンダーが開発したアルゴリズム取引システムを利用することが多いが、同システムはきめ細かな取引条件の設定を可能とした自由度の高い作り込みとなってきている。また、アプリケーションツールの普及、DMA（direct market access）の浸透により、投資家自身で開発するケースも出てきている。アルゴリズム取引は米国市場で活発に利用されており、日本でも急速に普及し始めている。(S.S.)

RTC（Resolution Trust Corporation）
　米国で貯蓄貸付組合（S&L）の不良

債権の回収、処理を行うために政府の出資で設立された資産管理会社で、整理信託公社ともいう。1980年代の後半に、中小金融機関である貯蓄貸付組合の多くが過剰融資や不動産市況の低迷から破綻した。この問題に対処するため、1989年に金融機関改革救済執行法（FIRREA, Financial Institutions Reform, Recovery, and Enforcement act of 1989）に基づいて、RTCが設立された。別途設立された整理資金調達公社（Resolution Funding Corporation）が、資金を提供する形態をとった。RTCは1995年までに貯蓄貸付組合747社から3,940億ドルの資産を買い取り、バルクセールや証券化の手法を活用して、資産の80％以上を回収したとされている。1995年にRTCの資産はFDIC（連邦預金保険公社）に承継された。RTCが証券化を積極的に活用したことが、米国での証券化の普及に影響を与えたと評価されている。（T.K.）

アルファ（alpha）

リスク調整後のアクティブ運用者の運用スキルの高さを測る1つの基準である。具体的には、アクティブ運用者が結果として残した実績リターンに対して、市場リスクを取ったことにより得られたリターンや、スタイルリスクを取ったことにより得られたリターンなどを取り除いた、純粋に運用者の運用スキルから生まれたリターンをアルファという（スタイルリスクを取ったことにより得られたリターンを含めてアルファということもあるが、厳密には、スタイルリスクは運用者のスキルではない）。スタイルリスクを取らないアクティブ運用ファンドであれば、例えばTOPIXのような市場を代表するベンチマークに対する回帰分析のy切片を求めることでアルファが算出できる。このアルファがリスクフリー・レートよりも高ければ、リスク調整済みで高いリターンが得られた（アクティブ運用として目標を達成した）ことになり、アルファがリスクフリー・レートよりも低ければ、リスク調整済みで低いリターンしか得られなかった（アクティブ運用として目標が達成できなかった）ことになる。（S.S.）

アンカリング（anchoring）

何らかの投資判断を行う際に、合理的な意味を持たない最初の情報（数値）や、特定の特徴や条件の一部分のみを過大に重要視してしまう傾向のことをいう。「船を錨泊する」、あるいは「しっかりとつなぎ留める」という意味を持つアンカー（anchor）に由来し、アンカリングを引き起こす要因をアンカーと呼んでいる。アンカリングは、人間の持っている認知バイアス（確率的事象の誤認や記憶の誤り等）の1つである。アンカリング効果は固着効果と呼ばれることもある。（S.S.）

アンダーウェイト（underweight）
➡ オーバーウェイト

アンダーレイ資産（underlay assets）
➡ オーバーレイ戦略

アンレバードベータ(unlevered beta)

コーポレートファイナンスでは、資産面での収益性や事業リスクは同様であるが、資本構成だけが異なる2社を比較し、資金調達手段の違いが企業価値に与える影響を議論することが多い。このとき、自己資本に加えて、銀行借入れや社債発行等の負債での資金調達も併用している企業は、負債での資金調達を通じて自己資本よりも大きな金額の資産を用いて企業経営を行っているという意味で、レバレッジを掛けていると理解できる。これに対して、自己資本が100％で、負債での資金調達を一切行っていない企業はレバレッジなしの企業である。レバレッジなしの企業と比べてレバレッジありの企業は、企業価値が負債価値を下回ると債務不履行状態に陥り、企業が清算に追い込まれるリスクを抱えているという意味で、事業リスク以外に財務リスクを伴っている。そのため、事業内容が同様であっても、レバレッジありの企業の株式投資リスク（ベータ）はレバレッジなしの企業と比べて、財務リスクを追加的に伴っている分だけ高リスクと考えられる。レバレッジなしの企業の株式のベータのことをアンレバードベータもしくは資産ベータ、レバレッジありの企業の株式ベータのことをレバードベータと称する。増資や自社株買いなどによって資本構成が変化した場合に、ベータがどのように変化するかは、古い資本構成のデータに基づいてレバードベータからアンレバードベータを計算したうえで、新しい資本構成のデータに基づいてアンレバードベータからレバードベータを計算することで推計可能である。

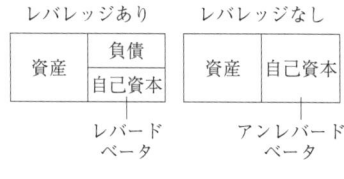

レバレッジあり	レバレッジなし
資産 / 負債・自己資本	資産 / 自己資本
レバードベータ	アンレバードベータ

(M.T.)

イ

委員会設置会社(company with committees)

2002年の商法改正で導入され、2005年改正で定められたわが国の会社形態の1つである。取締役会は業務執行の権限を大幅に執行役に移し、その業務執行を監督する役割を果たす。その監督には、経営陣から独立した経営判断が求められるため、少なくとも過半数の取締役が経営陣から独立していることが求められる。取締役会では監査委員会、指名委員会、報酬委員会が設置されて業務を遂行している。監査委員会は、取締役および執行役の職務の遂行を監査する。指名委員会は、株主によって選任・解任されるべき取締役の議案の内容を決定する。報酬委員会は、取締役・執行役の報酬の内容を決定する。従来からある監査役設置会社も選択できるため、どの形態を選ぶのかは会社の判断で決定される。(Y.Mo.)

ESG要因(environmental, social and governance factors)

持続可能な社会の維持・実現のため、企業のサステイナビリティ(持続可能性)にかかわる問題として、企業が環境、社会、ガバナンスに配慮した経営を行っているかどうかをいう。2006年4月に国連は世界の主要な機関投資家とともに「責任投資原則(PRI, principles for responsible investment)」を公表し、その1つに、投資家が投資プロセスにESG要因を組み込むようにうたわれている。その後、PRIに署名する機関投資家が増加するにつれ、ESG要因に配慮した投資が増加しつつある。個別企業・業界ごとにESG要因の内容は変わってくるが、例えば、環境要因としては、汚染の予防、持続可能な資源の利用、気候変動への適応、環境保護などが考えられる。また、社会要因としては、人権の擁護、公正な労働慣行や事業慣行の確保、消費者問題への適切な対処、コミュニティとの共存姿勢などが考えられる。ガバナンス要因としては、株主や銀行による適切な経営者の規律付けの確保、適切な内部統制手続きの確保などが考えられる。(Y.Mi.) ⊃国連責任投資原則

生き残りバイアス(survivorship bias)
➡ サバイバルバイアス

ECN(electronic communication network)

コンピュータネットワークを活用して、株式などを売買する電子的な証券取引市場をいう。基本的には私設の証券取引所として運営される。IT(情報技術)の発展により、インターネットを使った株式などの取引が一般化したことが背景にある。1つまたは複数の証券会社などが連携して運営し、正規の証券取引所を通さずに顧客の注文をオンラインで集め売買を成立させる。

証券取引所の取引時間外でも取引が可能で、取引コストも低いなどのメリットがある場合が多い。先行してECNが普及した米国では、ニューヨーク証券取引所やナスダックがECNを買収・統合するなどした。日本でも1998年に有価証券の取引所集中義務などが緩和され、PTS（私設証券取引システム）の設立が可能になったが、PTSの多くはECNを展開している。インターネット取引の拡大や金融市場のグローバル化などで24時間取引のニーズ増加もあり、ECNの利便性が注目されている。(A.I.)

意思決定回数（breadth）
　　➡ アクティブ運用の基本法則

イスラム金融（Islamic finance）
　イスラム教の教義・戒律に反しないようイスラム法（シャリア、Sharia）にのっとって運営される金融ビジネスの総称である。「利子」が認められていないこと、シャリア不適格とみなされる事業（賭博、武器、豚肉、アルコール、ポルノなど）の存在などが特徴である。シャリアでは、金銭を他者に預けただけで得られるとみなされる「利子」のほか、先物取引やデリバティブなどに対しても否定的なスタンスをとることが多い。実務的には、「利子」ではなく出資に対する「利潤」を得るという形式がとられ、イスラム法学者などからなる評議会の勧告に沿って運営される。
　中東や東南アジアの一部地域など産油地域でイスラム勢力が強いこともあり、原油価格の上昇は世界の金融市場におけるイスラム金融の存在感を高めることになる。シャリアを遵守しているとみなされている企業の株価から構成される「シャリア指数」の開発は、その動きの1つと言える。(A.I.)

ESOP
　（employee stock ownership plan）
　従業員持株制度と訳されることが多く、広義には様々なタイプの仕組みを含むが、一般的には、米国における税制適格なDC制度の1つとして法に定められているものを指す。米国における税制適格なESOPは、法が定める要件を満たすものとして、企業がその従業員のために信託を設定し、企業が自社株または現金を拠出する。ESOPは、被用者の個人口座へ各自の給与の一定割合等の定めに応じて自社株を定期的に分配する。被用者は退職時に限り、各自の個人口座の残高と受給資格に応じて、自社株またはそれと等価の現金を受け取る。ESOPには、税制上の優遇措置が与えられる。信託受託者は、信託の資金として自社株の購入資金を銀行等の金融機関から借り入れることもできる。借入金は、信託受託者を通じて事業主の現金拠出で返済される。これに対して、日本の従業員持株会は民法上の組合であって、従業員が税引き後の所得から任意に拠出した資金で自社株を購入して積立てを行い、会社が一定の補助をして資産形成を行うものである。ESOPのようなDC制度としての要件は特になく、税制上の特別な取扱いもない。(Y.F.)

1計算書方式
（single statement approach）

包括利益を表示する方式の1つで、1つの計算書で包括利益をボトムライン（最終損益）とする方法である。日本の会計基準では、「損益及び包括利益計算書」という計算書で表示される（企業会計基準第25号「包括利益の表示に関する会計基準」第11項）。国際会計基準では、「純損益及びその他の包括利益計算書」という計算書で表示される（IAS第1号「財務諸表の表示」81項）。この名称からもわかるように、1計算書方式でも、包括利益だけではなく純利益（純損益）も表示される。

この1計算書方式に対して、2つの計算書で（当期）純利益と包括利益をそれぞれボトムラインとする方法を**2計算書方式**という。純利益を開示する計算書は損益計算書、包括利益を開示する計算書は包括利益計算書である。現行制度上、1計算書方式と2計算書方式のいずれの方式も認められている。（S.Y.）⊃ 包括利益計算書

一任契約（discretionary account, discretionary contract）

顧客から有価証券の価値等の分析に基づく投資判断の全部または一部を一任されるとともに、投資判断に基づいて顧客のために投資を行うのに必要な権限を委任されることを内容とする契約である。「投資一任契約」ともいう。金融商品取引法に定められた投資運用業者が、顧客と投資一任契約を結び、顧客の投資判断の全部または一部と売買・発注などの投資に必要な権限を委任される業務を投資一任業務という。同業務では、どの有価証券で顧客の資産を運用するかという投資判断と、実際の売買・発注までを投資運用業者が行う。投資一任契約にはクーリングオフ制度がないため、契約締結時には投資運用業者によく確認するなど注意が必要である。投資一任契約は、年金基金や企業など規模の大きな投資家（機関投資家）と投資運用業者の間で結ばれるのが普通であった。証券会社や信託銀行などの個人投資家を対象としたラップ口座には、投資一任契約が組み込まれている。（A.I.）

一般会計原則 ➡ GAAP

ETF（exchange traded fund）

指数連動型上場投資信託。証券取引所に上場され、株式指数などへの連動を目指して株式と同じように売買されている上場投資信託である。TOPIXやNYダウなどの株価指数のほか、REIT指数や金、小麦、VIX指数などが対象となったETFも存在する。売買最低金額が少額であること、市場が開いている時間帯ではリアルタイムで変動する時価で取引ができることなどが特徴である。株式と同様に信用売りも行えるため、ヘッジも含め様々な投資戦略に使用できるとされる。（A.I.）

ETN（exchange traded note）

ETF（指数連動型上場投資信託）と同様に、株価指数や商品指数等に連動する証券である。ETNは、実際に運用する資産をポートフォリオに組み

込むことができない対象資産でも、指数等があれば商品組成できることから、投資対象が広がるメリットがある。ただし、ETFのように裏付資産を有さず、発行体がその信用力に基づき発行する債券であるため、ETNの発行体（大手証券会社や銀行）の信用リスクを投資家が負うことになる。(A.I.)

ETP（exchange traded products）

ETFやETN、ETC（exchange traded commodity）など、取引所に上場され、取引される投資信託の総称。

委任状争奪戦（proxy fight）

会社法第310条では、株主が議決権行使をする方法として、株主が自ら株主総会に出席する以外に、議決権の代理行使を認めている（これ以外にも事前の書面行使、電磁的方法による行使等も認められている）。委任状争奪戦とは、ある会社の議案・議決に反対する株主が、他の株主を勧誘し、自分と同様にその議案・議決に反対する株主から、株式そのものではなく、委任状等を取り付けようとする行為である。委任状等に議題等の必要事項を記載して、委任状・参考書類を被勧誘者に交付し、勧誘者はその委任状等を財務局長に提出しなければならない。委任状勧誘の手続きについては、「上場株式の議決権の代理行使の勧誘に関する内閣府令」に定められている。2002年の東京スタイルでの村上ファンドとの委任状争奪戦、2008年のドラッグストア大手のCFSでのイオンとの委任状争奪戦、サッポロでのスティールパートナーズとの委任状争奪戦など、日本でも幾つかの事例がある。(Y.Mi.)

EPR（earnings price ratio）
　➡ **益回り（株式益回り）**

EPS（earnings per share）

以下の式で算出される**1株当たり当期純利益**を指す（企業会計基準第2号）。アナリストの業績予想によく用いられる指標の1つである。

　1株当たり当期純利益
　＝普通株式に係る当期純利益÷普通株式の期中平均株式数
　＝（損益計算書上の当期純利益－普通株主に帰属しない金額）÷（普通株式の期中平均発行済株式数－普通株式の期中平均自己株式数）

(S.Y.)

EBIT
（earnings before interest and taxes）

支払利息、税金を控除する前の利益。**金利・税引前利益**ともいう。損益計算書上では表示されず、追加的に開示されるプロフォーマ利益である。債権者に帰属する支払利息や税金の影響を排除して比較することができるといわれる。倍率分析では、分母にEBITを取り、分子に株主価値のみならず負債価値も考慮した企業全体の価値であるエンタープライズバリュー（EV）を取って企業価値を算定（EV÷EBIT）することがある。(S.Y.)

EBITDA（earnings before interest, taxes, depreciation and amortization）

支払利息、税金、有形固定資産の減価償却、無形資産（のれん等）等の償却を控除する前の利益。**金利・税・減価償却・その他償却前利益**ともいう。損益計算書上では表示されず、追加的に開示されるプロフォーマ利益である。簡便的には、税引前利益に支払利息と減価償却費を加算することで求められる。税制、資本構成、減価償却や償却の影響などを排除して比較を試みた指標である。なお、営業からのキャッシュフローに近い指標として重視する場合もある。ただし、売掛金、買掛金、リース費用などの影響は排除されないため、キャッシュフローと同じではないことに注意が必要である。また、倍率分析では、分母にEBITDAを取り、分子に株主価値のみならず負債価値も考慮した企業全体の価値であるエンタープライズバリュー（EV）を取って、企業価値を算定（EV÷EBITDA、企業価値EBITDA比率）することがある。(S.Y.)

EV/EBITDA比率
（EV/EBITDA ratio）
企業価値（有利子負債＋株式時価総額）をEBITDA（税・利息・減価償却等償却費控除前利益）で割った値である。簡便的に、営業利益と減価償却費等の和をEBITDAとすることがある。分母のEBITDAはFCF（フリー・キャッシュフロー）の源泉であり、資本構成の影響を受けない。分子の有利子負債と株式時価総額の合計は、企業価値や事業価値に相当する。EV/EBITDA比率は企業買収総額を算出する際に用いられることが多く、**簡易買収倍率**といわれる。(N.I.) ⊃ 企業価値

EVA（Economic Value Added）
EVA（経済付加価値）は、スターンスチュワート社が提唱した指標であり、税引後営業利益から資本費用を引いて算出する。資本費用は金額ベースの値であり、投下資本にWACC（加重平均資本コスト）を掛けて求める。投下資本は、正味運転資本と固定資産（減価償却控除済み）の値である。EVAの計算には、税引後営業利益、固定資産（設備投資）、減価償却費、正味運転資本の4項目が含まれる。これら4項目はFCFの定義においても用いられる。ストックとフローの相違はあるが、EVAはFCFと類似している。実際、EVAの割引現在価値はNPV（正味現在価値）になることが知られている。資本コストを考慮するEVAは、企業価値の向上と整合的な期間ごとの業績指標である。アメリカでは1980年代に、コカコーラ社が導入したことで有名になったといわれている。日本企業の間でも、企業価値向上を意識した指標として2000年代に導入する企業が相次いだ。(N.I.)

イベントスタディ（event study）
市場の価格形成に何らかの影響を与えると想定される個別企業もしくは市場全体に関するイベント（外的なイベント／内的なイベント）に対して、市場がどう評価したかを分析することをいう。例えば、株式市場における企業

買収やベンチマークの銘柄入替えが公表時点とその前後でどう価格形成に影響を与えていたか、市場の効率性に反するアブノーマルリターンが発生していなかったかを分析することになる。イベントスタディは、特にファーマ（Fama）[1991] の"Efficient capital market Ⅱ"にあるように、カテゴリーⅡの市場の効率性を議論するうえで重要な判断材料になっており、多くの研究者によって実証分析が行われている。(S.S.)

イベントリスク（event risk）

何らかの突発的な事件等のイベントが発生することによって、金融商品等の価値が急落するリスクをいう。地震・津波等の大災害、原子力発電所の事故、不祥事の発覚に伴う企業の突然の倒産、冷夏・豪雪等の異常気象などが重大な損失の発生原因となりかねないイベントの例である。重大な損害をもたらしかねないイベントリスクには、リスクヘッジ手段が提供されているケースが多い。地震保険等の災害保険が代表例である。また、クレジット・デフォルト・スワップや天候デリバティブなどの派生証券（デリバティブ商品）が提供されているリスク要因も少なくない。(M.T.)

イミュニゼーション（immunization）

直訳すると「免疫化」で、債券投資における金利変動に伴う収益変動リスクを回避するための運用手法である。「イミュニゼーション運用」などという。債券投資における金利変動に伴う収益変動リスクは大きく分けて、①保有債券の価格変動（売却時あるいは償還時の受取金額の評価額変動）リスクと、②クーポン収入の再投資利回りの変動リスクの2種類が挙げられるが、例えば金利上昇時には、①が価格下落となりマイナスに、②が利回り上昇でプラスに働く。この点に着目し、金利変動による影響を「免疫化」することで収益変動リスクを回避する。具体的には、保有ポートフォリオのデュレーションを投資期間と等しくすることで①と②の影響を等しくできる。デュレーションを調整するため、保有ポートフォリオ内の債券を定期的に入れ替えるオペレーションが必要となる。(A.I.)

イールドカーブ（yield curve）

デフォルトリスクと発行通貨が等しく、満期だけが異なる債券のスポットレートや最終利回りを縦軸に、残存年数を横軸に取ってプロットした点をスムーズな曲線で結んだもので、**利回り曲線**あるいは金利の期間構造（term structure of interest rates）ともいう。縦軸に各年限の代表的な銘柄の最終利回りやパーイールドを取ったものを指す場合もある。イールドカーブの形状は様々な要因に基づき時間の経過とともに動的に変化することが知られており、例えば、将来の金利上昇が予想されれば、イールドカーブが右上がり（順イールド）となり、曲線の傾きが急になる（スティープ化）。将来の金利低下が予想されれば、イールドカーブの傾きは緩やかになり、フラットな状態

に近づく（フラット化）。極端な場合には、右下がり（逆イールド）になることもある。また、需給の関係等で、特定の残存期間のスポットレートが高かったり低かったりすることもある。中期債のみのレートが高い状態を「こぶ型」という。このようなイールドカーブの形状の特徴や将来の形状変化を予測して、リターンを獲得しようとする戦略を**イールドカーブ戦略**という。(S.S.) ⇒スティープ化、金利の期間構造

イールドカーブ戦略（yield curve strategy）➡ **イールドカーブ**

イールドスプレッド（yield spread）
　2つの意味で使われ、1つは株式益利回り（1株当たり税引き後利益÷株価）と長期金利の格差のことであり、もう1つは債券間の利回り格差をいう。前者は、長期債と株式には均衡関係が成立し、債券に対する株式の相対的な割高・割安の判断の1つとして使われている。具体的には、例えば長期金利よりも株式益利回りが高い時に、長期金利が上昇する（長期債の魅力度が高まる）とイールドスプレッドが縮小するので株価が割高傾向、長期金利が低下する（長期債の魅力度が低下する）とイールドスプレッドが拡大するので株価が割安傾向と判断される。また、後者の債券間のイールドスプレッドは、残存年数の違いや発行体の特徴（信用リスクの大小等）で利回りに差異が生じる。(S.S.)

インカム（income）
　株式や債券などのリスク資産に投資することで得られる収益には、元本の時価変化による部分と元本の時価変化に関係なく支払われる配当金や利息などの部分がある。後者をインカム（income）という。このうち、前者の元本の時価変化の部分の収益（あるいは損失）はキャピタルゲイン（あるいはキャピタルロス）と呼ばれ、後者の配当金（株式）や利息（債券）の部分の収益をインカムゲインと呼んでいる。前者は市場環境次第でマイナスになることもあるが、後者は配当金や利息であるためマイナスになることはない。(S.S.) ⇒キャピタルゲイン

インカムファンド（income fund）
　企業が株主に支払う配当金が比較的安定していることに着目して、高配当企業の銘柄を中心にインカム収益の獲得を狙いとして銘柄選択を行うファンドのことを（株式）インカムファンド（income fund）という。また、高クーポン債を中心にしたインカムファンドや、高配当株や高クーポン債を組み合わせたインカムファンドもある。リスク資産への投資であるため、時価変動は避けられないが、株価の上昇を狙いとしたファンドと比較して、比較的安定した収益の獲得が期待できると考えられ、個人投資家を中心に人気が高い。(S.S.)

イングリッシュオークション（English auction）➡ **ダッチオークション**

インサイダー (insider)

会社の重要な情報にアクセスできる役員・従業員・関係者等や、会社の公開買付等を行う情報を知り得る役員・従業員・関係者等をいう。また、こうしたインサイダーから情報を受領した者もインサイダーに含まれる。**インサイダー取引**とは、こうしたインサイダーが、情報が公開される前に、その情報を利用してその会社の株式等を売買する行為を指し、金融商品取引法で禁止されている。同法では、重要な情報として、会社の株式の発行などの決定事実、主要株主の異動などの発生事実、会社の決算情報が列挙されているが、これらに加えてバスケット条項として、「当該上場会社等（又は子会社）の運営、業務又は財産に関する重要な事実であって投資者の投資判断に著しい影響を及ぼすもの」という包括的な条項があり、注意が必要である。また、村上ファンド事件で、公開買付計画の決定があれば足り、実現可能性は必要ないという判例が確定している。(Y. Mi.)

インサイダー取引 (insider trading)
➡ インサイダー

イン・ザ・マネー (in the money)
➡ アット・ザ・マネー

インタレスト・カバレッジ・レシオ (interest coverage ratio)

企業の金融費用（利息）の支払能力、または金融費用支払いの安全性を示す指標。利息を支払うのに十分な利益が獲得できているかを判断するための指標で、事業利益（営業利益、持分法利益および受取利息・配当金の合計）を支払利息・社債利息等（当期に費用として発生する利息関係のフロー項目）で割って算出される（事業利益÷金融費用）。財務比率分析における安全性分析の指標の1つで、フローに着目した指標である。企業の支払能力に変化が生じた場合、迅速にそれを把握できる。他の条件が一定とすると、この数値が大きいほど安全性が高く、少なくとも1を超えていなければならないとされる。(S.Y.)

インデックスファンド (index fund)

特定のベンチマークに連動して動くように構築、運用されるファンドのことをいう。代表的なインデックスファンド構築方法として、完全法、層化抽出法、最適化法がある（層化抽出法と最適化法は、完全法と異なり、ベンチマーク構成銘柄の一部の銘柄を選択することからサンプリング法とも呼ばれる）。完全法は、ベンチマークを構成する全銘柄をベンチマークの構成割合と一致するように保有する方法である。層化抽出法は、ベンチマーク構成銘柄を価格変動の要因となるファクター（企業規模、セクター、値位等）で分類してグループ化したうえで、各グループの代表となる銘柄（あるいは銘柄群）を集めてベンチマークと連動するファンドを構築する方法である。最適化法は、投資対象のリスク・リターン特性をファクターモデル等を使って表現し、ベンチマークと同様のリスク・

リターン特性を持つような投資対象を組み合わせて実現させる方法である。(S.S.) ⊃ベンチマーク

インデックスプロバイダー
(index provider)

運用実績を測定し、評価するための基準となり得るベンチマークインデックスを公表している機関をいう。ベンチマークインデックスは、投資信託や年金資産の運用や実績評価の基準となるもので、公共性も高く、その役割は非常に重要なため、インデックスプロバイダーには、公平性、中立性、迅速性、そして正確性が求められる。(S.S.)

インピュテーション方式
(imputation system)

法人税と所得税の二重課税を排除する1つの方法で、法人税株主帰属方式ともいう。株主（個人）の所得税額の計算に当たり、受取配当のほか、受取配当に対応する法人税額の全部または一部に相当する金額を個人株主の所得に加算し、この所得を基礎として算出された所得税額から、加算した金額を控除する方式のことをいう。日本では、この方式ではなく、配当所得税額控除方式（総合課税選択の場合）が採用されている。(S.Y.)

インフォームドトレーダー (informed trader) ➡ ノイズトレーダー

インフォメーションレシオ（情報比）
(IR, information ratio)

ファンドマネジャーの運用能力を測る代表的な指標で、ベンチマークに対する超過リターンをトラッキングエラーで割って計測される。リスク（トラッキングエラー）1単位当たりの超過リターンの大きさを表し、簡便的な目安としては、インフォメーションレシオが0.5を上回る場合は一般的に運用能力が高いと判断される。(M.T.) ⊃トラッキングエラー

インプライド・キャップ・レート
(implied cap rate)

不動産投資においては、将来キャッシュフローの割引率もしくは不動産への要求投資収益率のことをキャップレート (capitalization rate) と呼んでいる。キャップレートを R とすると、不動産からの将来の純収益（net operating income：NOI）を一定と仮定した場合、不動産価格 $= NOI/R$ と表される。キャップレートは予想される NOI からディスカウント・キャッシュ・フロー（DCF）法によって、不動産価格を算定する場合などに用いられる。これに対しREIT（real estate investment trust：不動産投資信託）において、その市場価格から逆算して求められたキャップレートをインプライド・キャップ・レートと呼ぶ。すなわち、REIT1口当たりの純収益（noi、小文字で NOI と区別）が将来一定であると仮定した場合、REIT価格 $= noi/R$、となる R がインプライド・キャップ・レートである。(T.O.) ⊃NOI、REIT

インプライドボラティリティ
(implied volatility)

ブラック・ショールズ・モデルなどのオプション価格モデルを用いて、市場のオプション価格から逆算されたボラティリティ（原資産の価格変動性）をいう。式で表せば、オプションの市場価格、対象証券価格（P）、その他のオプションの条件を与えた場合に、モデルによるオプション評価額を$w(P, v)$として、

オプションの市場価格＝$w(P, v)$

を満足するボラティリティvを求めたものである。同じ対象証券のオプションであっても、一般にはオプションの条件（満期、行使価格、プット・コールの別など）ごとに異なる値となる。(T.O.) ➲ブラック・ショールズ・モデル、ヒストリカルボラティリティ

インプリメンテーション・ショートフォール法

（implementation shortfall method）

株式の実際の売買を行う際に掛かる取引コストには、証券会社への手数料や有価証券取引税、税金などの予め確定している固定コスト、自らの売買により価格を不利にしてしまうマーケットインパクト、売買の意思決定から実際の売買（売買量が多い場合には分割して発注されることもある）までの時間差から生じるタイミングコストなどがある。インプリメンテーション・ショートフォール法は、株式を売買する際の事後の取引コストを測定する方法の1つで、売買の意思決定がされた時点の価格と実際に取引がされた時点の価格の差から計測されたコストを、これらのコストに分解して示す方法である。IS法と呼ばれることもある。(S.S.) ➲マーケットインパクト

インフレ連動債

（inflation-indexed bond）

仕組みにより異なる場合があるが、一般に元本が物価上昇率に連動して変動する債券のことをいう。米国や英国では国債の一種として発行され、流通している。日本では2004年2月より、10年満期の「物価連動国債」が発行されている（2008年8月に発行されて以降、新規発行はない）。譲渡制限があり、国、利子に掛かる所得税の非課税措置を受けられる外国法人や金融機関などにのみ譲渡が可能。これは元本に対するクーポン利率は固定であるものの、元本および受取クーポン額が参照消費者物価指数（3ヵ月前）に連動する商品設計になっている。また、この物価連動国債を組み込んだ投資信託も設定されている。2012年4月現在、財務省では近い将来の発行再開に向けて商品性の一部を変更する方針を表明している。(A.I.)

ウ

ウィルシャー指数（Wilshire indexes）➡ **ダウ工業株30種平均**

受渡適格銘柄（deliverable issue）

　国債先物取引において、限月まで保有された売り玉、買い玉の清算に際し、現物債券で受渡決済を行う際に、売り方から買い方へ引き渡すことができる銘柄のことである。債券先物取引では、標準物と呼ばれる架空債券が取引対象となるため、受渡決済では標準物に相当する現物債券が定められている。長期国債先物取引においては、受渡決済期日に残存期間が7年以上の10年利付国債で、発行日（利率および償還日等が同じ銘柄で、以前に発行されたものがある場合は一番最初の発行日）の属する月が、受渡決済期日の属する月の3ヵ月前以前のものが受渡適格銘柄となる。なお、標準物と受渡適格銘柄では利率、残存期間が異なるのが普通で、それを調整する目的でコンバージョンファクターという交換比率が用いられる。現物債の価格から先物価格にコンバージョンファクターを乗じた値を減ずることで、受渡決済期日までのコスト等控除前の価格差が算定される。なお、コンバージョンファクターは各限月取引ごとに東証が発表している。(A.I.) ➲ 交換比率

売上高利益率 ➡ **ROS**

売り建玉（short account）➡ **買い建玉**

売り持ち（short）➡ **ショート**

運営管理機関

　（DC administrator, DC provider）
　確定拠出年金法に定める運営管理業務を営む銀行その他の法人である。運営管理業務を営むには主務大臣（厚生労働大臣および内閣総理大臣）への登録が必要である。企業型の確定拠出年金を実施しようとする事業主は、運営管理業務の全部または一部を運営管理機関に委託することができる。運営管理業務は、記録関連業務（加入者情報の記録、運用指図の取りまとめ、給付の裁定等）と運用関連業務（運用方法の選定、運用情報の提供等）からなる。(Y.F.)

運用指図（investment instruction）

　確定拠出年金において、加入者等が個人別管理資産について行う運用の指図を指す語として用いられる。確定拠出年金法では、確定拠出年金は個人または事業主が拠出した資金を個人が自己の責任において運用の指図を行い、高齢期においてその結果に基づいた給付を受けるものと位置付けられている。運用指図を行う者には、加入者のほかに老齢給付金を受給中の者等も含まれる。加入者等は事業主等による投資教

育や運営管理機関から提供される運用情報などを受けて、運営管理機関が提示する運用方法の中から1つまたは複数のものを選択し、それぞれに充てる額を決定して、運営管理機関に指図する。確定拠出年金法では、運用指図は少なくとも3ヵ月に1回は行い得るものでなければならないとされている。(Y.F.)

運用スタイル(management style)

投資の基本となる考え方や方法論(ストラテジー)を表したもので、結果として獲得できる投資成果の特徴を示していることになる。**投資スタイル**ともいう。運用者の主観的判断が入らないパッシブ運用と運用者の主観的判断を特徴とするアクティブ運用は、代表的な運用スタイルである。さらに、アクティブ運用にはいろいろな超過リターン獲得の方法が考えられる。株式運用であれば、割安株(バリュー株)に特化した方法、成長性(グロース株)に特化した方法、小型株に特化した方法等は、超過リターン獲得を狙った基本的な考え方と方法論を示しており、運用スタイルの1つと考えられている。さらに広義には、個別企業の企業分析から銘柄選定を考えるボトムアップ型と、マクロ、セミマクロ等の将来見通しからセクター選択、個別銘柄選択を行うトップダウン型、あるいは企業アナリストが行うリサーチ(またはジャッジメンタル)型と定量分析を中心としたクオンツ型も運用スタイルの1つとする場合がある。運用スタイルを広義で解釈すると、実質的に投資戦略と同義語と解釈できる。(S.S.) ⊃ 投資スタイル

運用報酬(management fee)

投資家から預かった資産を運用会社が運用することへの対価で、運用手数料と呼ばれることもある。運用会社は専門家として委託を受けてファンド運用を行うが、運用報酬は基本的にはその専門性、ノウハウを駆使して運用が行われることに対して支払われるもので、情報インフラの活用や投資家向け運用報告書等の実務にかかわるコストも含まれていると考えられる。運用報酬には、委託した運用資産残高に対して一定比率で支払われる定率型と、運用成果に連動して支払われる成功報酬型がある。わが国の多くのファンドは定率型で、その際の資産残高には時価ベースの平均残高等が用いられる。また、成功報酬型の運用報酬の場合は、通常は低く設定された「基準報酬」と、運用実績に応じて変動する「成功報酬」の2つから構成されている。成功報酬型では、予め約束された基準に従い、運用実績が基準より良ければさらに報酬が上乗せされるが、基準を下回った場合には低く設定された「基準報酬」のみとなる。この報酬体系は、運用を委託する側からも委託された側からも、合理的な報酬体系と考えられる。しかし、運用実績が基準を下回った状況では運用者がリスクを過剰に取り、成功報酬の獲得を狙うなどのモラルハザードの発生も考えられるため、成功報酬型の運用報酬を採用する場合には、定率型では考える必要のない留意点が生

まれることになる。成功報酬型の体系（ハイ・ウォーター・マーク方式等）は欧米を中心に広まっており、ヘッジファンドの多くはこの方式を採用している。(S.S.) ➲ハイ・ウォーター・マーク

エ

ARM（adjustable rate mortgage）

通常の固定金利型のモーゲージ（不動産担保ローン）と異なり、時期によって金利（利率）が変動するタイプのモーゲージをいう。通常、金利は貸し手（金融機関）の資金調達コストに連動したインデックスに基づいて見直される。金利の見直し期間には毎月、3ヵ月、6ヵ月、1年、3年、5年などがある。金利見直しの基礎となるインデックスとしては、米国の場合、1年物国債利回り、LIBOR（ロンドン銀行間金利）などがある。これに数%のマージンを上乗せして、金利と毎月の返済金額が決定される。ARMには固定金利ローンと組み合わせたハイブリッド型、当初は利息の返済のみ行うインタレストオンリー型、時期によって返済金額を選択できるペイメントオプション型などがある。インタレストオンリー型、ペイメントオプション型では当初の返済金額を低く設定することが、その後の債務不履行リスクを高めるとの指摘もある。(T.K.)

永久国債（perpetual bond）

発行時に償還期限の定めのない国債である。発行した政府は条件に沿い利子を支払うものの、元本償還の義務はない。政府は一定期日後に元本償還を選択できるが、債券保有者には償還を求める権利はない。実際に発行されたものとしては、英国が18世紀に発行したコンソル債（consolidated loan）がある。債務負担に苦しむ英国政府が債務をまとめるために発行した。(A.I.)

ASBJ（Accounting Standards Board of Japan）➡ 企業会計基準委員会

ALM（asset liability management）

資産だけでなく資産の背後にある負債の価格に影響を与える要因（金利、為替、株価等）と影響度を加味して、総合的に資産と負債を管理することをいう。この考え方自体は、銀行のリスク管理手法として1970年代後半から米国の銀行を中心に普及し始め、その後1980年代後半から日本の銀行でも本格的に取り入れられるようになった。1990年代中頃から年金基金にもこの考え方が導入され（年金ALMと呼ばれている）、確定給付年金で将来予定されている給付額を賄うことができるように資産配分計画が策定され、それに従って資産運用が行われるようになった。(S.S.) ⊃年金ALM

益金不算入制度
（dividends received deduction）

法人税上、法人が他の法人からの受取配当等（剰余金の配当、利益の配当、剰余金の分配等）を益金の額に算入しないことを認めている制度をいう。このような益金不算入が認められているのは、配当等を支払う法人においてす

でに法人税が課されており、二重課税を避けるため、配当等を受け取る法人においては、その受取配当等を法人税の対象から除外する必要があるからである。

内国法人からの受取配当等については、完全子会社株式等、関係会社法人株式等、連結法人株式等に係る配当等の額は、その全額を益金に算入せず、その他の受取配当等は、その50％を益金に算入しないこととされている。

また、内国法人が納付することとなった（外国子会社等の）外国法人税については、その内国法人の所得金額のうち源泉が国外にあるもの（国外所得金額）に対応する法人税額（控除限度額）を限度として、その事業年度の所得に対する法人税の額から控除することとされている。(S.Y.)

エキゾティックオプション
(exotic option)

コールオプションやプットオプションのような標準的なオプションではない、複雑なオプションを一般に呼ぶ。その種類は多岐にわたるが、ノックインオプションやノックアウトオプション、オプション・オン・オプション［オプションを対象資産とするオプション］、ルック・バック・オプション［オプション満期までの間の対象資産の最高値（もしくは最安値）によって支払額（ペイオフ）が定まるオプション］などがその例として挙げられる。(T.O.) ➲オプション、ノックインオプション

益回り（株式益回り）
(EPR, earnings price ratio)

1株当たり当期純利益を株価で割った値（EPS÷株価＝EPR＝earnings price ratio）をいう。PER（price earnings ratio、株価利益倍率、株価収益率）の逆数である。益利回りともいう。1株当たり純利益を資本還元するときの割引率に相当する。PERと同様、個別株式の割高、割安を判断する尺度（PERとは逆に値が大きいほど割安）となり得る。(S.Y.) ➲PER

エクイティファイナンス
(equity finance)

企業の外部資金調達の方法は、エクイティファイナンスとデットファイナンス（負債調達）に大別できる。エクイティファイナンスは、新たな株式の発行を前提とした資金調達の方法である。株式発行による資金調達は返済の義務がない。この点が、借入れや社債発行による負債調達との大きな違いである。また、エクイティファイナンスによって調達された資金は貸借対照表の純資産の部に計上されるのに対し、負債調達された資金は負債の部に計上される。返済義務がないため、エクイティファイナンスで調達された資金は、リスクが高い成長投資や投資回収が長期にわたる設備投資に適している。発行済株式数の増加を伴うエクイティファイナンスは、短期的に1株当たり利益の希薄化をもたらす懸念があるといわれる。しかしながら、資金の性質からすると、エクイティファイナンスが企業価値や株式価値に与える影響は、長期的な視

点から分析するべきである。(N.I.) ⇒ デットファイナンス

エクスポージャー（exposure）
　株式価格変動リスクや為替変動リスクなど、ポートフォリオがさらされているリスクの要素の大きさをいう。exposureは、「露出、さらすこと」などのほかに、「起こり得る障害、損害」、「資産がさらされる脅威」などの意味がある。日本の投資家が米国株式に投資をすれば、米国株式の価格変動リスクに加えて円ドルレートという為替変動リスクのエクスポージャーを持つことになる。また、株式ファクターモデルでは、リスクは複数のファクターにより、ファクターリターンとファクタースコアと呼ばれるファクター感応度の積の総和の変動で表される。このファクター感応度も、ファクター変動リスクに対するエクスポージャーと呼ばれる。(S.S.)

エクスワラント（ex-warrant bond）
　分離型ワラント債において、ワラント（新株予約権）を切り離した社債部分のことをいう。普通社債と同様に定期的に利息を受け取ることができ、利息は普通社債よりも低く、転換社債型新株予約権付社債よりも高く設定されていることが多い。ワラント部分がないため、ディスカウントされており、クーポンの付いた割引債券になっている。一般にワラント債は発行後、社債部分とワラント部分が分離され、それぞれが個別に売買される。このタイプを「分離型ワラント債」といい、現在発行されているワラント債の大半はこの分離型である。そして、分離された社債部分は「エクスワラント（ポンカス債）」と呼ばれ、普通社債と同様に独自の流通市場を形成し、一方で分離されたワラントも独自の流通市場を形成している。(A.I.)

エコファンド（eco-fund）
　従来の銘柄選択尺度だけでなく、企業の環境への配慮や環境問題への取組みの程度を尺度に加えて評価を行い、銘柄選択を行うファンドをいう。環境ファンドと呼ばれることもある。社会的責任投資（SRI, socially responsible investment）が注目され、企業の社会的責任（CSR, corporate social responsibility）が問われる時代となり、環境意識の高い投資家を中心にエコファンドが注目されつつある。そのコンセプトが明確なこともあって、個人向けの投資信託を中心として資金が集まっている。ただし、環境問題への取組みを基準とした尺度について、投資リターン（超過リターン）に対する有効性が実証的に示されているとは言えない。なお、エコファンド構築の方法として幾つかあるが、始めにエコ基準を基に絞込みをする方法と、最後にエコ基準を基に銘柄を絞り込む方法が代表的である。(S.S.) ⇒ 社会的責任投資

エージェンシー理論
　　　　　　（principal-agent theory）
　仕事を依頼する人（プリンシパル）と仕事を引き受ける人（エージェント）との間では、必ずしも利害関係が一致

しない。その場合、エージェントの行動をプリンシパルが観察できないという情報の非対称性が、プリンシパルにとって不利益を引き起こす。このようにエージェントに任せることによって発生し得る問題を包括して、プリンシパル・エージェント問題（エージェンシー問題）、それによって発生するコストをエージェンシーコストと呼んでいる。ファイナンスの分野では、株主をプリンシパル、経営者をエージェントと考えて、経営者のエージェンシー問題を広く議論している。(T.K.)

SIV（structured investment vehicle）

大手銀行などの傘下で、BIS規制に対応して、銀行本体のバランスシートからリスク資産を分離することを狙った特別目的会社である。不動産などを担保にした長期証券である債務担保証券（CDO）、資産担保証券（ABS）などへの投資を専門に行う。銀行やファンドから出資を募り、さらに資産である長期証券を担保に組み入れた資産担保コマーシャルペーパー（ABCP）やミディアム・ターム・ノート（MTN）で資金調達して、レバレッジを掛けている。ABCPはもともと償還期間が平均半年程度と短い上に、親会社の大手金融機関が保証を付けているため調達金利が低い。この短期金利で調達した低コスト資金を、利回りの良い証券（平均年限3～5年程度）で運用することで、長短金利差と格付のゆがみを収益源とするアービトラージ・ビークルである。常に短期資金を借り換える（ロールオーバー）必要があるが、2007年夏のサブプライム問題で保有証券の価格が下落し、保有証券を担保とするABCPの発行が困難となり、破綻の危機に直面した。(A.I.) ⊃CDO、ABS、MTN

SRI（socially responsible investment）➡ **社会的責任投資**

S&P500

米国の株式指数で、全主要産業を代表する500銘柄で構成された時価総額加重平均指数である。投資情報会社のスタンダード・アンド・プアーズ社が算出している。時価総額で米国の株式市場の7割強を占めるとされる大型株の動きを反映しているとされ、採用銘柄も500と多いことから、米株式市場全体の動きを示すとされる。そのため、運用においてはベンチマークとして使用されることも多い。(A.I.)

SEC（Securities and Exchange Commission）

米国証券取引委員会の略称である。SECは、投資家保護、公正で秩序だった効率的な市場を維持し、資本形成を促進することを使命とする。公正な取引の維持、詐欺からの保護、市場に関連する重要情報の開示を促進するために、証券取引所、証券ブローカーとディーラー、投資顧問、投資信託を含む重要な市場参加者を監督している。また、インサイダー取引や不正会計などの証券法違反に対し、個人や企業に対する民事執行を行っている。(A.I.)

SNA(systems of national accounts)

国民経済計算の略称で、1つの国の経済の全体像を理解するために、一定期間の経済活動を体系的に記録したもので、国連の基準に従って国際比較が可能な形式で算出される。**国民経済計算**は、四半期別GDP速報と国民経済計算確報の2つから成っている。四半期GDP速報においては、GDPが四半期ごとに推計され、速報値（QE）として発表される。ある四半期が終了した後、約1ヵ月半で第1次速報値が発表され、その1ヵ月後には第2次速報値が発表される。速報値の段階では名目、実質GDPの各需要項目、雇用者報酬など、国民経済計算の一部の項目が発表される。国民経済計算確報は年末に前年度分が公表され、家計、企業、政府など部門別の所得、支出など詳細な数字が得られるようになる。さらに、年度が終了して約1年後に国民経済計算年報が発表され、国民経済計算の全体系が入手可能となる。(T.K.)

SFAS(Statement of Financial Accounting Standards)

1973年に設立されたFASBが開発した会計基準で、財務会計基準書と訳される。1973年12月に公表された第1号から2009年6月に公表された第168号までがある。最後のSFASである第168号「FASB会計基準コード化体系および一般に認められた会計原則のヒエラルキー——FASB基準書第162号の置換え（The FASB Accounting Standards Codification® and the Hierarchy of Generally Accepted Accounting Principles—a replacement of FASB Statement No. 162）」によって、SFASはすべて廃止され、会計基準コード化体系（ASC, Accounting Standards Codification）に移行している。(S.Y.)

SMA(separately managed account)

金融機関が投資家から預かった資金を、投資一任契約に基づいて、投資家の運用方針に従い一括して運用・管理するサービスである。専門のファンドマネジャーが運用する。投資家は金融機関と投資一任契約を締結しSMA専用口座を開設する。これにより運用を一任することになるが、投資方針についてはファンドマネジャーと調整が可能であり、ファンドマネジャーは投資家の運用方針に基づき最適と考えられる投資戦略を立て、資産を運用することになる。さらに、ポートフォリオの管理、運用商品の選択、売買の執行、口座管理なども任せられることになる。SMAの手数料は証券の売買等やサービスごとではなく、預入資産残高に応じて一括して払うのが一般的である。運用成績に応じた成功報酬制などを採用する例もある。SMAはラップ口座とほぼ同じ意味で使われることがある。(A.I.) ⊃ラップ口座、一任契約

SQ(special quotation)
➡ **最終清算指数**

SGR(sustainable growth rate)
➡ **サステイナブル成長率**

SWF (sovereign wealth fund)

「政府系ファンド」、「国富ファンド」などとも呼ばれる。政府が出資する投資ファンドで、政府部門の外貨建て余剰資金が原資とされることが多い。運用面で安全性が重視される外貨準備に対し、SWFは株式や不動産への投資にも積極的で（個別には違いはあるが）高い収益性を求める傾向がある。また、その運用内容は国家機密とされ、公表されないことが多い。規模の大きなSWFを運用している国は、産油国や新興輸出国が多い。輸出で得た資金で積極的な運用を行っており、新興国経済の存在感の高まりや資源価格の上昇は、SWFの存在感をより大きくする要因と言える。従来はこうした資金の運用は外貨準備において米国債の購入がメインであったが、運用する資金量の増加に加え、米ドルへの信頼が以前よりも低下していることも、SWFによる運用の動機付けとなっている。(A.I.)

SPC (special purpose company) ➡ SPV

SPV (special purpose vehicle)

特別目的事業体とも呼ばれ、不動産や債権等の資産を裏付けとした証券を発行する証券化や、プロジェクト・ファイナンスなどにおいて、自らが投資などの目的を有することなく、有価証券を発行して資金を調達する等の手段のみのために存在する組織のことである。裏付けとなる資産を持ちSPVに譲渡する者をオリジネータといい区別される。オリジネータがSPVを設立するのは、裏付資産をSPVに譲渡・分離することにより、倒産等のリスクがオリジネータから隔離されるためである。同時に社債権者などは金利や賃貸料などの収益を安定的に受け取ることが可能になる。SPVの業務は資金調達等に限られるだけに、利益は課税されない代わりに、すべてオリジネータや投資家に還元しなければならない。SPVのうち法人格を有するものをSPC（**特別目的会社**）と呼ぶ。資産の流動化に関する法律で定められているSPCは**特定目的会社**として定義されている（同法第2条第3項）。(A.I.)

SVモデル (stochastic volatility model) ➡ **確率的ボラティリティモデル**

ADR (American depositary receipt)

米国の金融市場で非米国会社の株式を円滑に売買するために発行される預託証券をいう。米国では外国の企業が発行する株式を売買するのに外国の株券をそのまま使用すると物理的な制約があることなどから、銀行が預託機関となり株券を保管するとともに、これと引き換えに預託証券を発行している。日本企業ではソニーが1961年に初めてADRを発行した。通常は預託機関が発行会社のある外国に副預託機関（保管機関）を定め実際の株券の保管や配当金の支払い業務を行わせる。米国での預託証券の発行にはS1方式とS12方式とがある。

米国で新株を発行しこれをADRとして募集する方式をS1方式といい、

SECへの事前登録や米国公認会計士の監査や連結財務諸表の作成などが義務付けられる。一方、すでに流通している株式をまとめてADRとして流通させる方法をS12方式という。こちらはS1方式に比べると簡単な手続きでできる。(A.I.)

EDINET (Electronic Disclosure for Investors' NETwork)

「金融商品取引法に基づく有価証券報告書等の開示書類に関する電子開示システム」のことである。有価証券報告書、有価証券届出書、大量保有報告書等の提出された開示書類について、インターネット上において閲覧を可能とするものである。EDINETは、開示書類の提出から公衆縦覧等に至るまでの一連の手続きを電子化することにより、提出者の事務負担の軽減、投資家等による企業情報等へのアクセスの公平・迅速化を図り、証券市場の効率性を高めることを目的として開発されたシステムである。2001年6月から任意適用が開始され、2004年6月から強制適用が行われている。(S.Y.)

NIRI基準

(NIRI's standard of practice)

1969年に設立された全米IR協会(NIRI)が定めた米国IR実務基準(2004年版)である。構成は、①企業IR担当者の責務、②企業情報開示の問題、③IRコンサルタントの役割、④企業情報開示の基準と指針、⑤ディスクロージャー・ポリシー等の5つの章からなっている。その冒頭で、IRの定義について「IRとは、企業と金融コミュニティ、その他ステークホルダーとの間に最も効率的な双方向的コミュニケーションを実現し、企業の証券が公正な価値評価を受けることを最終目標とする。IRは財務機能やコミュニケーション機能、マーケティング機能、証券関係法に関するコンプライアンス機能を統合した、戦略的な経営責務である。」と述べている。この定義の中のIRの最終目標については、エンロン事件等に象徴される行き過ぎた株価至上主義への反省からか、2003年に「企業の相対的価値の極大化」から「公正な価値評価」に変更されている。(Y. Mi.)

NICS

(newly industrializing countries)

1960年代から70年代にかけて急速な経済発展を遂げた新興工業国のことである。1979年にOECD(経済協力開発機構)がその報告書の中で、韓国、台湾、香港、シンガポール、メキシコ、ブラジル、ギリシャ、スペイン、ポルトガル、ユーゴスラビアの10ヵ国、地域をNICSと呼んだのが最初である。しかし、その後は欧州諸国やメキシコなどの成長が鈍化し、アジアの他の地域が台頭したことや、香港、台湾の地位に変更があったため、1988年のトロント・サミットからは中国、マレーシア、タイの3ヵ国を加えてNIES (newly industrializing economies) と呼ぶようになった。(T.K.)

NAV（net asset value）

REITやETFなど広義のファンドにおける「純資産価値」のことで、REITに関していえば、不動産の評価額から投資法人債や借入れなどの負債を控除することで算出される。NAVは一般の企業評価の解散（清算）価値と類似の概念となる。REITの価格分析指標である「NAV倍率」は、REIT価格が純資産価値の何倍まで買われているかを示す指標で、現在のREIT価格が純資産に対して割安か割高かを測ることができる。会計上の総資産と負債の差額として算出される純資産額を指す場合や、減価償却を反映した会計上の総資産でなく、時価評価額に基づく場合やアナリストによる資産評価額に基づく場合などがある。（A.I.）

NOI（net operating income）

減価償却控除前の純収入のこと。不動産賃貸事業を例に取ると、総賃貸収入から管理運営に要した費用を控除した正味の営業収益をいう。管理運営費用は、維持管理費、水道光熱費、物件公租公課、損害保険料、テナント仲介手数料などだが、借入金返済費用や減価償却費などは含まれない。この収益は、一定の事業等により経常的に得られる現金収入（キャッシュフロー）を意味し、不動産投資の指標算出に用いられることが多い。（A.I.）

NT倍率（Nikkei225/TOPIX ratio）

日経平均株価（225種）を東証株価指数（TOPIX）で割ることにより算出される指標で、両者の相関関係を表す。日経平均株価は基本的に225銘柄の単純平均により算出されるため、株価水準の高い銘柄の影響を受けやすい。一方、東証株価指数は基本的に東証一部上場銘柄の時価総額を基にした加重平均で算出されるため、時価総額の大きい大型株の影響を受けやすい。このため、NT倍率の変化で株式市場全体の動向や物色の流れが推測できる。（A.I.）

NDF（non-deliverable forwards）

原資産の授受を伴わず、現金による差金決済によって決済が行われる先渡取引。店頭デリバティブの1つで、種々の原資産に対する取引が考えられるが、実際には一部の新興国通貨など、取引量が少ないもしくは取引に制限がある通貨の取引を指すことが多い。参照通貨に対する米ドル建て取引の場合、NDFの満期日（受渡日）には、$N \times S - N \times F$（米ドル）の授受が行われることになる。ここでN：想定元本（参照通貨）、S：満期日（受渡日）における実勢直物為替レート（米ドル／参照通貨：spot fixing rateと呼ぶ）、F：約定NDFレート（米ドル／参照通貨）である。これは予め定めた約定レートF（米ドル／参照通貨）でN分の参照通貨を予約購入し、受渡日に直ちにその日の実勢レートS（米ドル／参照通貨）で売却した場合の損益（米ドル）に相当する。一般的な先渡取引の場合と同様、NDF取引でも通常、約定時には金銭の授受（アップフロントフィー：upfront fee）が発生しない。（T.O.）　⊃デリバティブ

NPV（net present value）
　　　　　　　　➡ **正味現在価値**

NYSE（New York Stock Exchange）
　ニューヨーク証券取引所の略称で、通称ビッグ・ボード（Big Board）ともいう。現在はNYSEユーロネクストが運営する。米国はもちろん世界を代表する世界最大の株式市場で、ウォール街の象徴的存在である。1792年に24人の仲買人によって設立され、1869年に現在の体制に移行した。規模だけではなく、伝統と評判を維持するため上場審査が世界一厳しいといわれる。上場企業にはアメリカというよりも世界を代表する企業が名を連ねる。1929年、1987年、2008年の世界同時株安時は、NYSEが起点となった。（A.I.）

ABS（asset backed securities）
　　　　　　　➡ **アセットバック証券**

ABO
　（accumulated benefit obligation）
　DB制度に関して、米国会計基準で用いられる語であり、累積給付債務と訳される。評価基準日以降の昇給の見込みを計算に織り込まない点を除いて、PBOと同様の評価計算によって得られる。米国会計基準では開示すべき情報と規定されている。国際会計基準では有用性が認められる制度の場合における開示の例として掲載されている。日本の会計基準に類似の規定はない。（Y.F.）⊃PBO

APT（arbitrage pricing theory）
　現代ポートフォリオ理論の代表的なモデルであるCAPMは、実際の証券市場における有効性が乏しいという実証結果が数多く示される中、1976年にロス（Stephen Ross）によって構築された代替的な資本市場理論である。CAPMは市場ポートフォリオに対する感応度であるベータを唯一の変数とするシングル・ファクター・モデルである点に限界があるという認識のもとで、ロスはマルチ・ファクター・モデルを出発点にモデルを構築した。その結果、APTは証券価格に影響を及ぼせるファクターを幾つでも取り込める汎用的なモデルとなっている。しかし、APTではCAPMと異なり、どのようなファクターが実際に有効かを理論的に何も示していない。そのため、APTを実際に活用するには、利用者自らが有効なファクターを特定化しなければならないという実務上の問題点が存在する。（M.T.）⊃CAPM

APV（adjusted present value）
　DCF法による企業価値の評価方法の1つで、有利子負債の影響を独立的に評価して加えるという特徴がある。**修正現在価値**と訳される。DCF法による企業価値の評価において、最も普及しているのは、分子にフリー・キャッシュフロー（FCF）、分母にタックスシールドを考慮したWACCを用いる方法である。これに対して、APVでは、分子にFCF、分母に有利子負債がない場合の資本コストを用いる。有利子負債の利用によるタックスシールドは、

別途計算する。具体的には、毎期の有利子負債と支払利息を予測し、適切な割引率で現在価値を算出する。APVによる企業価値評価は、(有利子負債がない場合の企業価値)＋(タックスシールドの現在価値)となる。デフォルトコストも別途計算して減額する。APVは有利子負債に関する価値を独立に評価するため、有利子負債が大きく変化する場合(例えばLBO)の企業価値評価に適しているといわれる。(N.I.)

FRA(forward rate agreement)

デリバティブ取引の一種で、「金利先渡取引」ないしは「金利先渡契約」と呼ばれる。買い手は将来の金利を現時点で予約し、契約時に取り決めた約定レートと実際の指標金利との差額を、市場実勢金利で現在価値に割り引き、その金額を相手方(売り方)に前払いで支払い決済する。実際の指標金利は円金利の場合、円TIBORやユーロ円LIBORなどを用いることが普通である。FRA取引の買い手は、満期時に約定金利より実勢の金利が高くなっていれば資金調達コストが低くて済むことから、金利上昇に対するリスク・ヘッジとなる。反面、売り手はこの取引により金利低下に対するリスク・ヘッジが可能となる。似たような動機で用いられる金利先物取引が取引所取引なのに対し、FRAは相対取引である。相対取引であるがゆえに取引開始日や金額、期間などを自由に設定できるメリットがある。そのほかにもオフバランス取引であり、取引開始時点で損益が確定できるなどのメリットもある。ただし、相対取引であるがゆえに、カウンターパーティリスクに留意する必要がある。(A.I.)

FHFA HPI
　　　　(FHFA house price index)

米国連邦住宅金融庁(Federal Housing Finance Agency)が算出する住宅価格指数で、毎月第4火曜日もしくは水曜日に2ヵ月前のデータが発表される。データは1975年まで遡及されている。この指数はファニー・メイ(連邦住宅抵当公庫)、フレディ・マック(連邦住宅金融抵当公庫)が不動産担保ローンを購入または証券化した単独住宅を対象に、対象物件の再販価格または再購入価格のデータを収集してその平均値を取っている。この算出方法はS&P/ケース・シラー住宅価格指数と類似しているが、信用度の高い物件が中心という点で、サブプライム物件など幅広い物件が含まれるS&P/ケース・シラー住宅価格指数とは異なる。FHFA住宅価格指数には、全国指数のほか、国勢調査での9地域区分(太平洋地域、ニューイングランドなど)、50州、大都市地域の各指数がある。(T.K.) ➲ケース・シラー指数

FASB(Financial Accounting Standards Board)

米国財務会計基準審議会と訳されている。米国における財務会計および財務報告基準を設定するため、1973年に設立された民間機関。エフエーエスビー、ファスビー、ファズビーと読ま

れる。財務会計財団（FAF）の1組織で、7名の有給・常勤の委員から構成される。現在、会計基準のコンバージェンス（共通化）に向けて、国際会計基準審議会（IASB）との共同プロジェクトを進めている。また、日本のASBJとも定期協議を行っている。

FASBが設定した基準は、財務会計基準書（SFAS）などであり、現在では会計基準コード化体系（ASC）にまとめられている。それらの基準は、財務報告書の作成を規定し、米国証券取引委員会（SEC）および米国公認会計士協会（AICPA）により、権威のあるものとして正式に認識されている。(S.Y.)

*F*検定（*F*-test）

検定統計量がF分布に従う場合に行われる仮説検定の総称。具体的には、分散の同等性の検定などに使用される。

いま、Y_1を自由度k_1のχ^2分布（$\chi^2(k_1)$）に従う確率変数、Y_2を自由度k_2のχ^2分布（$\chi^2(k_2)$）に従う確率変数であるとし、互いに独立であるとする。このとき、これらの比を

$$F = \frac{Y_1/k_1}{Y_2/k_2}$$

と定義すると、Fが従う分布を自由度(k_1, k_2)のF分布という。

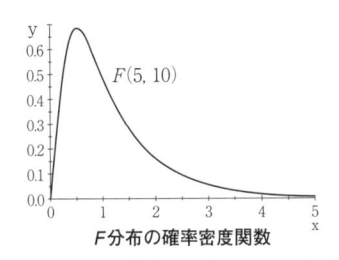

*F*分布の確率密度関数 $F(5, 10)$

例として、標本$X = \{x_1, \cdots, x_m\}$と標本$Y = \{y_1, \cdots, y_n\}$は互いに独立であるとして、この2標本の母分散σ_x^2, σ_y^2が等しいかどうかを検定する場合を考える。s_x^2, s_y^2をそれぞれの標本の不偏分散（$n-1$で割って計算した標本分散）とすると、

$$(m-1)s_x^2/\sigma_x^2 \sim \chi^2(m-1)$$
$$(n-1)s_y^2/\sigma_y^2 \sim \chi^2(n-1)$$

であることから、統計量

$$F = \frac{\dfrac{(m-1)s_x^2}{\sigma_x^2}\Big/(m-1)}{\dfrac{(n-1)s_y^2}{\sigma_y^2}\Big/(n-1)} = \frac{\sigma_y^2}{\sigma_x^2} \cdot \frac{s_x^2}{s_y^2}$$

は自由度$(m-1, n-1)$のF分布に従うことがわかる。この事実に基づき、F統計量の値から帰無仮説の正否を検定する。(R.S.)

FCF（free cash flow）
➡ フリー・キャッシュフロー

エマージング市場
(emerging market)

新興国市場のこと。新興国の定義は相対的で、明確な基準はないが、第二次世界大戦以降に急速に経済力を付けてきた国々を指すことが多い。最近では、BRICs、NEXT11などとして取り

上げられている。そうした新興国の株式市場は、先進国の株式市場に比べて時価総額が小さく流動性が見劣りする場合が多いため、値動きが荒っぽくなることがある。経済の成長スピードの速さと相まって、上昇時には利益を早く大きく獲得し得る可能性が見込まれるが、逆に売りたいときになかなか売れなかったり、下落時に急速に株価が下がることもあり得る。先進国経済が成熟化に伴って成長性が鈍化するなど、投資対象としての魅力が薄れていくのに対して、潜在的な経済成長の可能性やそのスピードの速さなどが魅力である。反面、政情不安を原因とする税制を含めた制度変更のリスクや、金利・債券市場が未整備、未発達なことなどから、インフレに対する抵抗力が脆弱な場合もある。(A.I.)

M&A（merger and acquisition）

　企業の合併（merger）と買収（acquisition）を総称してM&Aという。合併は、複数の企業が1つの企業になることをいう。買収は、ある企業が他の企業の事業や株式を取得し、自社のコントロール下に置くことである。日本では、1999年以降に法制度や税制が整備され、M&Aを行いやすくなった。企業がM&Aを行う目的は企業価値の向上である。具体的な施策は、規模の経済やシナジー効果の実現である。大量一括仕入れは、売り手に対する交渉力を強め、原材料単価を安くできる。経営統合によって買い手に対する交渉力を強化し、販売単価の下落を抑制することもできる。その結果、売上高総利益率が向上する。重複している管理部門を統合することで、販売費及び一般管理費の効率化が進み、営業利益率が高くなる。様々なシナジー効果を実現する機会も増える。M&Aによる成果は、合併比率や買収価格を通じて投資家に配分される。(N.I.)

MSCB（moving strike convertible bond）➡ **修正条項付CB**

MMF（money market fund）

　マネー・マーケット・ファンド（money market fund）の略称である。投資信託の一種で、短期ものの公社債を中心に投資し、元本の安全を確保しながら安定した利回りを得られるような運用を行う。即日の購入・解約が可能となっている。外貨建てのMMFも日本における幾つかの証券会社・銀行で取り扱われており、米ドル、ユーロ、豪ドル、カナダドル、NZドル、英ポンドといった先進国を中心に複数の通貨建てのものがある。(A.I.)

MM理論
（Modigliani－Miller theorem）

　MM理論は、現代のコーポレートファイナンス理論の礎である。ノーベル経済学賞を受賞したモジリアーニ（Modigliani）とミラー（Miller）は、1958年と1961年の論文で、資本政策と企業価値に関する理論を展開した。彼らは、1958年の論文において、資本構成が企業価値と無関連なことを示した。次いで、1961年の論文において、配当政策が株式価値と無関連なことを述べ

た。彼らの理論はMM理論や無関連命題として知られている。MM理論は、資本市場の完全競争や情報効率性を前提にしている。その後、完全競争の前提を崩したり、情報の非対称性を取り込んだりしながら、コーポレートファイナンスの理論は進化してきた。タックスシールドと倒産コストを考慮した最適資本構成の理論、配当や自社株買いのシグナリング効果などが理論的な成果として知られている。（N.I.）

MTN（medium term note）

　MTNプログラムによる取決めに基づいて発行される債券のことで、スキームや使用通貨などについて多様な形態での発行が規定されている。一般的に名前の示すとおり中期社債が多いが、償還期間が20年という長期のものもある。MTNプログラムでは、社債発行により資金調達を計画している発行体が、ディーラー数社と予めMTN発行に関する基本契約を締結する。これにより、発行限度の枠内で回数の制限なく随時継続して社債を発行できる。発行体は個々の発行に際しては、使用通貨、発行額、償還期間、利率、発行価格、償還価格などをそれぞれ決めることができる。また、発行体は発行のたびに発行する証券や発行体についての情報開示を行う必要がなくなり、契約書や目論見書も事前作成で、追補書類以外は発行ごとに作成する必要がなくなるため、個別のコストが抑えられ、機動的な発行が可能になる。欧米市場では以前から盛んに発行されてきたが、日本でも規制緩和で近年は利用が進ん

でいる。（A.I.）

MBS（mortgage-backed securities）

　一般に、不動産担保融資債権を裏付けにして発行された証券のことで、**モーゲージ証券**ともいう。証券組成の流れとしては、まず、住宅ローンの貸し手が、自らが保有する住宅ローン債権を証券発行体に売却する。証券発行体は、買い取った住宅ローン債権を基にしてモーゲージ証券を発行する。モーゲージ証券は、元利金支払いの保証などによって信用力や格付が高められたうえで、投資家に販売される。米国では政府系のジニーメイ（連邦政府抵当金庫）、ファニーメイ（連邦住宅抵当公庫）、フレディマック（連邦住宅金融抵当金庫）が保証ないし発行している。期限前償還のリスクがあるため、比較的高い利回りになっている。RMBS（residential mortgage-backed securities）については、日本では貸付債権担保住宅金融支援機構債券、住宅ローン債権担保証券として、住宅金融支援機構（旧住宅金融公庫）や銀行、生命保険、ノンバンクが発行している。（A.I.）

MBO ➡ マネジメントバイアウト

MVA（market value added）

　企業が投下資本を用いて生み出す付加価値の総和である。企業価値は将来のフリー・キャッシュフロー（FCF）の現在価値の総和として評価される。したがって、MVAは、FCFの現在価値から投下資本を引いた値とも言える。

企業を投資に置き換えると、FCFの現在価値から投下資本を引いた値は正味現在価値（NPV）にほかならない。また、NPVはEVAの現在価値である。このため、MVAは企業のNPVであり、毎期の企業活動が生み出す将来のEVAの現在価値の合計ということもできる。企業が将来価値を生むと評価されると、MVAは正になる。効率的な市場では、企業の評価が高まり、株価が上昇する。その結果、PBRは1を上回る。逆に、投資家が企業価値の毀損を懸念すると、MVAは負の値になり、株価は下落する。この傾向が続けば、PBRが1を下回ることになる。(N.I.)

AUM（asset under management）

資産運用総額、資産運用残高のことをいう。機関投資家あるいは運用機関が運用している資産の総額、特定のファンドが運用している資産の総額などを示すこともある。資産運用総額は機関投資家あるいは運用機関の規模の大きさを表す1つの指標であり、この額が大きいほど市場に与える影響度が大きくなる。一方、ファンドの資産運用総額は運用戦略により適正規模が存在し、一定額以上に資産運用総額が増えると運用戦略に悪影響を与えることもある。(S.S.)

エリサ法（ERISA, the Employee Retirement Income Security act）

米国における企業年金の基本法で、被雇用者引退所得保障法と訳される。エリサは頭文字のERISAをそのまま読んだもので、1974年に制定された。米国では企業年金の実施は企業の任意であり、エリサ法は企業年金を実施する場合に最低限満たすべき基準を定めており、①加入者等に対する定期的な情報提供、②給付設計等の最低要件（加入対象範囲、受給権の付与、勤務期間に応じる給付の付与、制度資産の積立て）、③受託者責任、④給付および受託者義務違反に関する加入者等の訴訟権といった内容で構成されている。エリサ法によってPension Benefit Guaranty Corporation（PBGC、年金給付保証公社）が設立され、これによって、給付建て制度が積立不足のまま終了した場合などにおける給付支払いが保証されている。エリサ法は、受給権の保護に取り組んだ画期的な法律とされるが、一方で、そのために、DB制度の衰退を招く原因になったとの見方もある。エリサ法は、日本における企業年金のあり方に関する議論にも大きな影響を与えた。(Y.F.)

LIFFE（London International Financial Futures and Options Exchange）

ロンドン国際金融先物取引所の略称である。短期金利、長期国債、株価指数、国際商品さらには気象などを原資産とする先物やオプション取引などの派生商品を取り扱う。金利や為替等のリスクをヘッジするマーケットを提供するために創設された。ロンドン商品取引所などとの合併を経て、2001年には欧州取引所連合（ユーロネクスト）に買収され、世界有数のデリバティブ取引所となった。さらに、2007年には

ニューヨーク証券取引所を運営するNYSEグループと合併した。(A.I.)

LDI（liability driven investment）

DB型の企業年金における制度資産の運用方法の考え方の一種で、特に日本語の定訳はなく、LDIのまま用いられることが多い。あえて訳せば、債務適合型運用、債務重視型運用などが考えられる。対象とする債務として、財政上の債務と会計上の債務が考えられるが、一般的には会計上の債務を対象とし、バランスシート型ALMの実践として、制度資産の運用方針を作成して実施することを指す。具体的な方法として特定のものはないが、会計上の債務（退職給付債務、DBO、PBO）の金利感応度に着目して、自国通貨建ての債券運用の比率を高め、制度資産の金利感応度を債務のそれになるべく一致させることを基本的な考え方とすることが多い。金利感応度を一致させるためには、例えば凍結された制度（勤続年数を凍結、新規加入を停止）の場合、制度資産を債券で運用し、年金支払いのキャッシュフローに債券のキャッシュフローを一致させる戦略が考えられる。その場合に、現物の債券だけではなく、金利スワップや先物を活用して効率的にその効果を得ることや、金利感応度以外の要素で積極的にリスクテイクを行うことで、超過収益を狙うことが検討される場合がある。

LDIのより広い用法としては、単に債券の比率を高める運用を指すこともある。英米において、かつて株式運用の比率が非常に高く、会計基準の改正によってバランスシートに積立不足が直接反映されるようになり、DB型の企業年金制度を凍結するケースが多く、財政基準が厳しくなったことなどを背景に、LDIへの注目が高まっているといわれている。これに対して、オランダでは、財政運営基準における債務評価に市場金利が導入され、積立不足に対して厳しい追加拠出が求められることになったことがLDIへの注目の背景とされる。

LDIの手法は、凍結された制度では比較的有効性が高い。しかし、会計上の債務の対象となるキャッシュフローは評価時点までの勤続期間に関して発生している部分であり、凍結されていない制度ではその後の勤続による発生が逐次あることなどから、LDIの取組みは容易ではない面がある。国際会計基準における債務の計算には優良社債の利率が用いられるが、優良社債で長期のポートフォリオを組むことは容易ではなく、債務計算に用いる割引率が必ずしも市場金利に完全に連動しないことも、LDIの効果が十分得られない原因になり得る。(Y.F.) ⊃年金ALM

LTCM

（Long-Term Capital Management）

米投資銀行ソロモン・ブラザーズの副会長だったジョン・メリウェザー（John Meriwether）が1994年に設立したファンドである。FRB元副議長デビッド・マリンズ（David Mullins）やノーベル経済学賞を受賞したマイロン・ショールズ（Myron Scholes）とロバート・マートン（Robert Merton）

がアドバイザーとして参加していた。設立当初から人気を集め、各国の有力金融機関が同ファンドに投資した。同ファンドの基本的な運用手法は数理モデルを用いて、割安とみられる債券を買い、割高とみられる債券を売る裁定取引であった。さらに、レバレッジを活用して収益の最大化を目指した。同ファンドは高い運用成績を上げていたが、1998年にロシアの債務危機が発生すると、保有していたロシアなど新興国の債券・株式にモデルの想定を超えた価格下落が発生し、ファンドの資金繰りが急速に悪化し、実質的に破綻状態となった。その後は、金融機関への波及を懸念したFRBの支援により清算が進められた。(T.K.)

LTV (loan to value)

借入金比率のことをいう。総資産に対して有利子負債（社債・借入金など）が占める比率で、LTVが高いほど有利子負債が多く、自己資本が少ないということであるため、自己資本に対する利益率（ROE）は高くなる。一方、有利子負債が多いということは、金利上昇による支払利息の増加リスクが大きい可能性や、支払金利の負担が大きいために損益分岐点が高いこと、元金返済によってフリー・キャッシュフローの確保が難しいことなどの可能性を示すと言える。また、不動産証券化スキームでは、LTVは対象不動産の資産価値に対する負債の比率を示す。債務履行能力を判断し、銀行による不動産担保融資審査や格付機関が格付を付与する場合に、参考にされる指標である。(A.I.)

LBO (leveraged buyout)

買収ターゲット企業の資産を担保とした負債調達により、企業買収を行うことをいう。LBOの手法を用いることで、少ない自己資本で企業買収が可能になる。LBO後に企業業績が向上すれば、負債の利用（レバレッジ）が奏功し、ROEが高くなる。企業業績が悪化し、レバレッジが裏目に出ることもある。多額の有利子負債を用いるLBOのスキームでは、タックスシールドや経営者の規律付けなどの効果が見込める。(N.I.)

エンジェル (angel)

エンジェル投資家ともいう。ベンチャー企業に資金を提供する個人の資産家で、企業オーナー、成功した起業家などがエンジェルとなっている例が多い。一定額以下は出資しないベンチャーキャピタルとは異なり、比較的少額でも出資する場合があり、企業のスタートアップ段階で重要な役割を果たしている。出資は主に株式への投資という形で行われ、IPOや企業売却時に回収される。業種としては医薬ベンチャーやITベンチャーのウェイトが高い。米国ではこのようなエンジェルが数十万人存在するとされ、エンジェル同士でもネットワークを形成している。出資だけでなく、経営アドバイスを行うこともある。(T.K.)

エンダウメント (endowment)

エンダウメントとは基金を意味し、

事業の継続や特定の目的のために富裕層を中心とした資金提供者からの寄付金をベースに、その他の形態で集められた資金を加え、さらに運用益を加えた基金をいう。ファンドは資金が集まった法人や団体に焦点を当てるのに対し、エンダウメントは資金そのものに焦点を当てているようにみえる。米国では大学の基金が代表的なエンダウメントである。資金の規模でいえばハーバード大学は数兆円規模の基金を有し、イェール大学、スタンフォード大学、マサチューセッツ工科大学などでも1兆円前後の大規模な基金を持っている。こうして集められた資金は、それぞれのポリシーで運用され、その運用成績も総じて良好で、金融・証券市場でも大きな存在感を持つに至っている。しかも、公共サービスを提供する性質上、税制面での優遇措置も整備されている。(A.I.)

円建外債
　（Yen-denominated foreign bond）
非居住者により日本国内市場で募集（公募）・発行され、払込み、利払い、償還とも円建てで行われる債券である。一般にサムライ債と呼ばれる。当初は国際機関または国、州、公的機関のSB（普通社債）のみだったが、次第に発行体、商品ともに多様化していった。サムライ債は日本の国内債であるために、日本法を準拠法とする。他方、非居住者により日本国内市場で募集（公募）・発行され、払込み、利払い、償還とも外貨建てで行われる債券を「ショーグン債」という。(A.I.)

エントレンチメント（entrenchment）
塹壕（ざんごう）を意味するtrenchの派生語であるが、ファイナンスでは「塹壕の中に身を隠す」ことになぞらえて、「経営者の保身」という意味で使われ、コーポレートガバナンスに対する経営者の抵抗や経営権の強固さをいう。企業の所有者（株主）と経営者が分離した企業では、経営者は様々な手段を使ってコーポレートガバナンスの力を弱めようとする可能性がある。例えば、経営状態が悪化しているにもかかわらず、何の努力もせずにトップに居座り続けたり、社内出身の取締役だけで取締役会を構成し、代表取締役に対して反対意見を出しにくくしたり、買収防衛策導入や株式持合い強化を通じ、経営者にとって敵対的な株主による株式取得を妨げ、経営者の交代を迫られることを避けたり、株主総会を集中日に実施させるなどして株主の議決権行使に時間的な余裕を与えないなどの手段がある。(Y.Mi.)

エンハンストインデックス運用
　　（enhanced index investment）
明確な定義はないものの、洗練されたマルチファクターモデル等の計量モデルを使い、十分なリスク管理のもとでわずかなリスク（トラッキングエラーで2％を超えない程度）を取ることで、大きくはないものの安定してベンチマークリターンを上回るリターンの獲得を目的とした運用手法をいう。アクティブリターンを獲得するために、例えば何らかの基準で個別銘柄の割高割安を判断し、割安銘柄をオーバー

ウェイトし、割高銘柄をアンダーウェイトしたり、あるいは特定銘柄を除外したり、さらにはレンディングを積極的に行うなどにより、ベンチマークを上回ろうとする運用戦略である。名称からインデックス運用の1つと考えられがちであるが、運用者の運用スキルを生かしてベンチマークを上回る運用を目的としているという意味では、アクティブ運用の一種と考えるべきである。(S.S.)

オ

黄金株(golden share)

　会社法では、議決権や配当条件などの株主の権利が普通株式と異なる株式の発行が認められており、これを種類株式という。黄金株は拒否権付きの種類株式で、株主総会・取締役会において決議すべき事項のうち、拒否権付種類株式を持つ株主による種類株主総会の決議も必要とする内容の株式をいう。この決議事項として、会社のM&A（合併、会社分割、株式交換、株式移転、事業譲渡、解散）や取締役の選任を定めることができる。黄金株を会社経営者にとって友好的な所有者に保有してもらえば、買収防衛策として活用できる。一方で、こうした特殊な株式は株主平等の原則に反し、一般株主の権利を著しく毀損する可能性があるという問題もある。2012年3月現在、日本の上場企業では、国際石油開発帝石のみが黄金株を発行している（黄金株の所有者は経済産業大臣）。(Y.Mi.) ➡ 種類株式

応募者利回り（yield to maturity）
　　　　　　　　　　➡ 債券利回り

OAS ➡ オプション調整スプレッド

大型株（large-capital stock）

　一般に、上場株式は時価総額の大小によって大型株、中型株、小型株などと分類される。東京証券取引所では、規模別株価指数算定に当たり、上場後6ヵ月以上経過した東証1部銘柄のうち、時価総額と流動性が高い上位100銘柄が大型株とされる。従来は単元株換算後の発行済株式数の大きさに応じて「大型株（2億株以上）」、「中型株（6千万株以上2億株未満）」、「小型株（6千万株未満）」と定義されていた。しかし、単元株換算の発行済株式数に応じた分類が、必ずしも市場実態を反映していないこともあり、海外の主要株式指数を参考に定義が変更され、2005年に現在の方式が採用された。同様に中型株は大型株に次いで時価総額と流動性が高い上位400銘柄、小型株は東証1部銘柄のうち大型株と中型株に属さないすべての銘柄を指す。一般に大型株には成熟した大企業が多く高成長を望みにくい面はあるが、安定した値動きと高配当が魅力である。中型株、小型株と規模が小さくなるにつれて、成長性もリスクも大きくなる傾向がある。(A.I.)

オークション銘柄
　　　（auction stock, auction issue）

　1つの市場に買い注文と売り注文を集め、「価格優先・時間優先の原則」にのっとり、注文どうしで約定を成立させる、オークション（競売）方式で売買される銘柄である。

　オークション方式以外に、マーケットメイカーが常に売り気配と買い気配

とを提示し値付けを行うマーケットメイク方式がある。(A.I.)

OCI（other comprehensive income）
➡ その他の包括利益

オーダードリブン（order driven）
　証券取引所における注文主導の価格決定方式の1つで、投資家からの売りと買いの注文を突き合わせることにより価格が形成され、注文駆動方式、オークション方式とも呼ばれる。東京証券取引所をはじめ多くの取引所では、「価格優先の原則」と「時間優先の原則」という2つの原則により、売買契約が締結される。「価格優先の原則」は、売りの注文に対して価格の低いものが価格の高いものに優先して売買契約が締結され、買いの注文に対して価格の高いものが価格の低いものに優先して売買契約が締結される規則により、公平性が保たれるという原則である。「時間優先の原則」は、同じ価格の注文に対して先に注文が出されたものを優先して売買契約が締結されるという規則により、公平性が保たれるという原則である。オーダードリブン方式では、こういった原則に従うことで、取引の公平性と高い透明性が保たれている。一方、注文が一方に偏った場合に、投資家からの売りと買いの注文が突き合わせできなくなり、商いが成立しないというデメリットがある。なお、証券取引所を介さずに証券会社がマーケットメイクを行い、「売り気配」と「買い気配」を投資家に提示することで売買を成立させる方式を**クォートドリブ**ン方式、あるいは気配駆動方式、マーケットメイク方式ともいう。(S.S.)

OTC（over the counter market）
➡ 店頭市場

OTDモデル
　　（originate-to-distribute model）
　信用リスクの移転スキームの1つで、売却（ディストリビュート）を前提にローンを組成（オリジネート）することをいう。証券化による資金調達の多様化に重要な役割を果たしている。住宅ローンを証券化してCDO（債務担保証券）を組成することも、OTDモデルに基づいている。しかし、本来、貸し手側は借り手側の信用リスクを厳しく吟味して貸出しを行うが、OTDモデルにおいては、信用リスクを取るのではなく、証券化商品の組成、売却による手数料収入が収益源となるため、信用リスクの査定が甘くなる傾向が見られた。バーナンキFRB議長は、OTDモデルがサブプライム問題の一因になったと指摘している。また、最初のローンの貸し手と証券化商品購入者との間に、プリンシパル・エージェント問題が生じているとの指摘もある。(T.K.) ⊃CDO、エージェンシー理論

オーバーアロットメント
　　　　　　　　（over allotment）
　株式の募集や売出しなどにおいて、需給動向に応じた販売を行う目的で導入された。当初予定数量を超える需要があった場合、主幹事証券会社は、発行会社の大株主などから一時的に株券

を借り、同一条件で追加的に投資家に販売することをいう。主幹事証券会社は、オーバーアロットメント分を、将来、返却しなければならない。オーバーアロットメントによる売出しが行われる場合、発行会社は主幹事証券会社に対して、オーバーアロットメントによる売出しに係る株式数を上限に、第三者割当増資の割当を受ける権利(「グリーンシューオプション」)を付与する。主幹事証券会社は、借入株式の返還を目的に、上限株式数の範囲内で普通株式を市場買付け(「シンジケートカバー取引」)する場合があり、上限株式数からシンジケートカバー取引で取得した株式数を控除した株式数についてのみ、グリーンシューオプションを行使して第三者割当増資に応じることになる。(A.I.) ⊃ グリーンシューオプション

オーバーウェイト(overweight)
　基準となる保有比率(政策アセットミックスや個別資産のベンチマークの保有割合等)に対して、比較対象となるファンド内での対象資産の保有割合が高ければオーバーウェイト、低ければ**アンダーウェイト**、等しい比率であればイコールウェイトという。例えば、株式ポートフォリオでは、ベンチマーク全体のセクター比率に対して、対象となるポートフォリオのセクター比率が高いセクターをオーバーウェイト、低いセクターをアンダーウェイトと呼んでいる。保有割合に関する情報は、簡単に確認できるリスク管理項目の1つとして広く利用されている。なお、セルサイドのアナリスト情報として、買い推奨の銘柄をオーバーウェイト、売り推奨の銘柄をアンダーウェイトということがある。(S.S.)

オーバーパー(over par)
　額面を基準として債券価格の状態を表したもので、額面よりも債券価格が高い状態をいう。また、額面と債券価格が等しい状態をパー(par)、額面よりも債券価格が低い状態をアンダーパー(under par)という。債券価格はこの3つの状態のどれかに該当することになる。オーバーパーの状態の債券を購入すれば、最終利回りは表面利率を下回り、アンダーパーの状態の債券を購入すれば、最終利回りは表面利率を上回ることになる。オーバーパーの債券を購入して満期まで保有すると、債券購入価格と額面の差額の分だけ損失(償還差損)が発生し、アンダーパーの債券を購入して満期まで保有すると、債券購入価格と額面の差額の分だけ利益(償還差益)が発生することになる。なお、債券を発行する際に、額面価格よりも高い価格で発行されることをオーバーパー発行(割増発行:premium issue)、額面価格と等しい価格で発行されることをパー発行(額面発行、par issue)、額面価格よりも低い価格で発行されることをアンダーパー発行(割引発行、discount issue)という。(S.S.)

オーバーレイ戦略(overlay strategy)
　年金基金のように複数の運用機関に運用を外部委託していると、委託後に出来上がった自らのポートフォリオ全

体が、当初目的としているポートフォリオ（例えば政策アセットミックス）と差異を生じていることがある。特にアクティブ運用部分では運用機関ごとにアクティブリスクを取るため、全運用機関を合計したポートフォリオが想定していないリスクを取ってしまっていることも少なくない。このとき、全体としての想定外のリスクをコントロールする（例えば為替ヘッジ比率がトータルとして目標比率を下回っていれば、ヘッジ比率を上げるようにする）ために、特定の運用者によってポジションを一時的に調整してリスクを調整する戦略をオーバーレイ戦略という。なお、オーバーレイの対象となる資産を、**アンダーレイ資産**という。(S.S.)

オフショア市場（off-shore market）

国境を越えて行われる資金取引（調達、運用）に対して、規制や課税方式などを国内市場と切り離し、比較的自由な取引を認めた、主に非居住者向けの国際金融市場のことをいう。岸から離れた市場という意味で「オフショア」と呼ばれる。日本では1986年12月に「東京オフショア市場」が創設された。源泉所得税が課されないのが一般的である。日本の金融機関が本邦オフショア市場で取引を行う場合は、財務大臣の承認を得て「特別国際金融取引（JOM, Japan Offshore Market）勘定」を開設し、通常の国内資金取引とは区別して行う。具体的には、海外から調達した資金を海外へ貸し付ける「外－外取引」を原則とし、取引の相手方は非居住者および特別国際金融取引勘定を持つ国内の金融機関に限られている。(A.I.)

オプション（option）

デリバティブ取引のうち、先物取引、先渡取引、金利スワップ取引、通貨スワップ取引などとは異なり、対象となる資産や指数値の変動に対して、その価格や支払額（ペイオフ）が、非線形となるものの総称である。具体的には、特定の商品（**原資産**もしくは**対象資産**と呼ぶ）を、満期までの間に予め定められた価格（**行使価格**もしくは**ストライク価格**と呼ぶ）で買う権利（**コールオプション**）もしくは売る権利（**プットオプション**）の取引が、例として挙げられる。コールオプションやプットオプションにおいて、満期までの間いつでも権利行使できるタイプのオプションをアメリカン・タイプ・オプション、オプションの満期日にのみ権利行使できるタイプのオプションをヨーロピアン・タイプ・オプションと呼ぶ。コールオプション、プットオプションのそれぞれの満期日における価値の例を図に示す。ここではいずれも行使価格100円の場合の例を示している。

図表　オプションの満期価値

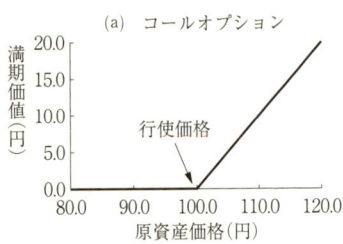

(a) コールオプション

(b) プットオプション

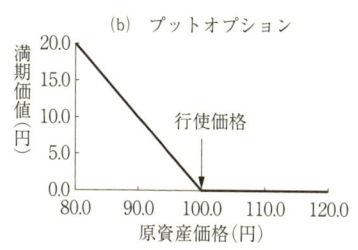

満期価値(円): 20.0, 15.0, 10.0, 5.0, 0.0
原資産価格(円): 80.0, 90.0, 100.0, 110.0, 120.0
行使価格 ↓

コールオプションは原資産を購入する権利であるから、このオプションの買い手は、その権利を行使して自らに有利になる場合には権利行使し、そうでない場合には権利を放棄する。図表の例では、満期日においては、予め決まっている行使価格よりも、市場で取引される原資産の価格が高い場合には、コールオプションを行使して原資産を行使価格(ここでは100円)で購入し、直ちにその原資産を市場で売却することによって、差額を得られる。一方、行使価格よりも原資産価格が低い場合には、あえて行使しても損失を被るだけなので、権利を放棄することが有利である。この場合には、コールオプションの価値はゼロとなる。ゼロもしくは権利行使によって得られる利益が満期時点におけるコールオプションの価値となる(図表(a))。

これに対し、プットオプションは原資産を売る権利であるから、コールオプションとは逆に、その買い手はプットオプションの満期日に、行使価格よりも市場で取引される原資産の価格が低い場合に権利を行使して、市場価格より高い価格(行使価格)で原資産を売却することが有利である。一方、行使価格よりも原資産価格が高ければ、市場で原資産を売却する方が有利なので、プットオプションの権利を放棄することになる。したがって、プットオプションの満期価値は図表(b)のようになる。

このようなオプションの買い手は、一般にはオプション購入時にその対価(オプション料もしくはオプションプレミアムと呼ぶ)を支払うことが必要となる。オプション料の支払いとオプションの満期までの時間経過、およびオプションの満期価値の例を、図表に示す。

図表 オプション取引の例

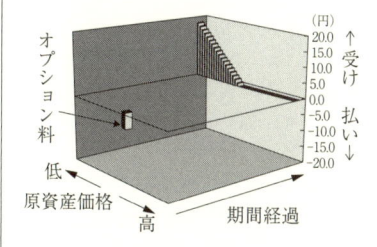

オプション料 / 原資産価格 低〜高 / 期間経過 / (円) 20.0, 15.0, 10.0, 5.0, 0.0, -5.0, -10.0, -15.0, -20.0 ↑受け払い↓

逆に、オプションの売り手はオプション料を受け取る代わりに、オプションの行使を受ける義務を負うことになる。なお、オプションを売ることを、ライト(write)するといい、オプションの売り手をオプションライターと呼ぶことがある。(T.O.) ➲ デリバティブ、ペイオフ

オプション価格決定理論
　　(option pricing theory)
　➜ **オプション評価モデル**

オプション戦略 (option strategy)

複数のオプションや、オプションとその原資産や先物などを組み合わせたポジションを構築することをいう。原資産と組み合わせる例として、カバードコールやプロテクティブプット、オプション同士を組み合わせる例として、ストラドルやストラングル、レシオスプレッド、各種のスプレッド取引(ブルスプレッド、ベアスプレッド、ボックススプレッドなど)が挙げられる。これらは、原資産価格やオプションのインプライドボラティリティの将来の変動方向についての予想(相場観)に沿った投資や、裁定取引などの目的のために用いられる。このため、投資目的等に合致したオプション戦略を選択することが重要となる。(T.O.) ⊃ オプション、原資産、カバードコール、ストラドル、レシオスプレッド、ブルスプレッド、ボックススプレッド、インプライドボラティリティ

オプション調整スプレッド
(OAS, option adjusted spread)

債券投資の際に投資収益率の参考指標として、債券個別銘柄とその銘柄に残存年数が近い国債との利回り差(これをTスプレッドと呼ぶ)が、参照されることがある。しかし、コーラブル債やモーゲージ証券(住宅貸付債権担保債券)などでは、その全部または一部が期限前に任意に償還されることがあり、全額満期償還型の国債と単純に利回りを比較することには問題がある場合がある。このような債券のオプション的性質を考慮したのが、オプション調整スプレッド(OAS)である。これは、モデルによってデリバティブとして評価した場合の債券の理論価格が、その債券の市場価格と等しくなるような国債タームストラクチャー(国債のスポットレート)に対するスプレッドと定義される。実際の計算においては、両価格が等しくなるように数値的に反復探索計算をして、オプション調整スプレッドを求めることになる。(T.O.) ⊃ コーラブル債、デリバティブ、MBS

オプション評価モデル
(option pricing model)

オプションの価格は、その原資産の価格をはじめ、幾つかの変数に依存して決定されると考えられる。そのオプション価格を理論的に説明しようとするモデルである。その種類は多岐にわたるが、多くのモデルは、原資産とオプションを用いた裁定取引によって利益を得る機会がないという条件(これを無裁定条件と呼ぶ)に基づいて、オプションが合理的に価格形成されているものとして導かれる。このような、オプション価格を説明しようとする理論を、**オプション価格決定理論**と呼ぶ。代表的なオプション評価モデルとしては、主に株式オプションや通貨オプションなどの評価に用いられる、二項モデルやブラック・ショールズ・モデルがある。また、より複雑なオプションの評価には、ブラック・ショールズ・モデルの基礎となっているブラック・ショールズの偏微分方程式(これを通常のコールオプションやプットオプ

ションのペイオフを表す境界条件を付けて解いた解が、ブラック・ショールズ・モデルである）の解を、複雑なオプションそれぞれのペイオフを表す境界条件付きで有限差分法やモンテカルロ法などの数値的解法によって求めることも多い。なお、一般にデリバティブの価格を評価するモデルを総称して、デリバティブ価格評価モデルと呼ぶ。(T.O.) ➲ブラック・ショールズ・モデル

オフバランスシート
(off balance sheet)
　資産や負債になり得る項目が貸借対照表に載っていないこと、またはそのような状態にすることをいう。その分だけ貸借対照表の資産負債の金額を小さくでき、収益性等をよく見せることができる。資産負債の認識要件を満たさないように、予め取引を構築することもしばしば見られる。例えば、オペレーティングリースに該当するリース取引、金融資産の譲渡時の売却処理、連結の範囲外となるSPE（特別目的会社）への投資などが典型例である。(S.Y.)

オープンエンド型投資信託
(open-end investment trust)
　投資信託設定時点で決められている上限に達するまで、資金の途中追加が可能で、かつ途中解約も認められた証券投資信託のことである。一般には信託期間は無期限のものが中心となっており、事実上、顧客の意向によって金額・時点ともに、追加設定と解約が自由にできるため、オープンエンド型投資信託と呼ばれている。あるいは追加型投資信託とも呼ばれることがある。一方、当初設定されると、その後は償還まで追加設定ができない投資信託をクローズエンド型投資信託、あるいはユニット型（単位型）投資信託という。クローズエンド型投資信託は、解約にも一定の制限が付いているものが多い。(S.S.) ➲クローズエンド型投資信託

オリジネーター（originator）
　証券化あるいは債権流動化スキームにおいて、原資産（債権）を保有する者あるいは企業をいう。オリジネーターは原債権に対して関連性を維持しつつ債権をオフバランス（譲渡）することで、その債権が生み出すキャッシュフロー（代金）を受け取る。(Y. Mo.)

オールソンモデル（Ohlson model）
　オールソン（Ohlson）[1995]で示された株主価値を算出するモデルの1つである。株主価値導出の基本的な考え方は、配当割引モデルにクリーンサープラスの関係式を代入するというものであり、将来の企業活動から得られる残余利益の現在価値の総和と簿価純資産の和を取ることで、株式価値が得られるとする考え方である。ここで、残余利益は会計利益に基づく期間収益から期初簿価純資産と株主資本コストの積を引いたものであり、割引率は株主資本コストである。このモデルは、エドワーズ・ベル（Edwards and Bell）[1961]と類似しているため、後に

EBOモデルと呼ばれることになるが、両者のモデルには相違点もあり、同一のモデルではない。厳密には、エドワーズ・ベルのモデルを一般化したモデルがオールソンのモデルと位置付けることができる。キャッシュフロー割引モデルと異なり、貸借対照表の純資産額や損益計算書の当期純利益といった財務諸表のデータを直接使って計算できるという特徴を持っている。(S.S.) ⇒ クリーンサープラス関係

オルタナティブ投資
（alternative investment）
　伝統的な資産である株式、債券、現預金に替わり得る代替的（オルタナティブ）な資産、商品、運用手段への投資を指す。伝統的資産に不動産等の実物資産を入れる場合と、入れない場合がある。代替的資産の典型としては、金や石油などの商品が挙げられる。それ以外にも、ベンチャー企業への投資を行うベンチャーキャピタル投資や、ヘッジファンドのように特化した戦略に基づく投資行動を行う主体への投資も、一般的にはオルタナティブ投資に含めている。オルタナティブ投資は一般的に流動性が少なく、時価評価が難しい場合も多く、リターンデータの履歴も少なく、売買コストや運用フィーが高い場合がある一方で、絶対リターン、低リスク、伝統的資産との低相関などを特徴とする場合もあり、ポートフォリオに組み入れた場合にリスク分散を図れることがメリットになる。(Y.Mo.)

カ

回帰分析(regression analysis)

2つの変数 x、y において、x が y を左右ないしは決定する関係があるとき、x と y の間に回帰方程式を当てはめ、y が x によって説明される関係や程度を定量的に分析する作業である。例として、個別株式（あるいは株式ポートフォリオ）のリターンの変動を、株式市場全体のリターンの変動によって説明しようとするマーケットモデルでは、個別株式（株式ポートフォリオ）のリスクフリーレートに対する超過リターンと市場インデックスの超過リターンの間に、次の回帰方程式を仮定する。

$$R_i = a + \beta R_M + \varepsilon$$

ただし、R_i は個別株式（株式ポートフォリオ）の超過リターン、R_M は市場インデックスの超過リターン、ε は誤差項である。このとき、説明する変数である R_M を独立変数あるいは説明変数、説明される変数である R_i を従属変数あるいは被説明変数といい、a と β を回帰係数と呼ぶ。また、マーケットモデルのように回帰方程式が線形の場合を線形回帰、それ以外の場合を非線形回帰と呼ぶ。(R.S.)

カイ2乗分布(chi-squared distribution)

$Z_1, Z_2, \cdots, Z_n$ を n 個の独立な標準正規分布 $N(0, 1)$ に従う確率変数として、その2乗和

$$Y = \sum_{i=1}^{n} Z_i^2$$

が従う分布のことを自由度 n のカイ2乗分布といい、記号は $\chi^2(n)$ と表記する。確率密度関数は

$$f(y) = \frac{y^{\frac{n}{2}-1} e^{-\frac{y}{2}}}{2^{\frac{n}{2}} \Gamma\left(\frac{n}{2}\right)}, \ 0 < y < \infty$$

で与えられる。ただし、Γ はガンマ関数である。カイ2乗分布の形状は自由度の値 (n) によって決まる。期待値 $E(Y) = n$、分散 $Var(Y) = 2n$ である。

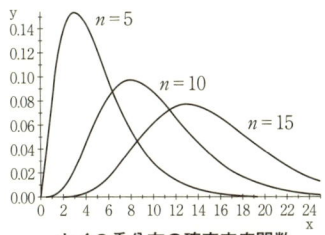

カイ2乗分布の確率密度関数

母分散についての統計的推測において、母分散を σ^2、標本 $x_1, \cdots, x_n$ の標本分散（不偏分散）を

$$s^2 = \frac{1}{n-1}\left[(x_1 - \bar{x})^2 + \cdots + (x_n - \bar{x})^2\right]$$

とすると、統計量

$$\frac{(n-1)s^2}{\sigma^2}$$

は自由度 $n-1$ のカイ2乗分布に従う。(R.S.)

会社型投資信託

(corporation type investment trust)

投資信託には会社型と契約型の2種類がある。会社型投資信託は（証券）投資法人とも呼ばれ、わが国では「投資信託及び投資法人に関する法律」(1998年12月施行)で新たに設立が認められ、投資法人は投資家からの資金を基に不動産などの資産を保有し、運用することを目的とした会社（法人）とされる。J-REITはこの会社型投資信託の形態をとっている。会社型投資信託の仕組みは、運用会社などの設立企画人が証券投資を目的とする会社（証券投資法人）を設立し、株式会社でいうところの株式に当たる「投資証券」を発行して、投資家はこの投資証券を購入する。投資家から預かった資金を基に運用を行い、得られた収益を投資家に配当として分配するものである。なお、証券投資法人は一種の器にすぎないため、運用などの実質的な業務を行うことが法律によって禁止されている。このため、資産運用の業務は「運用会社」に、資産保管の業務は「資産保管会社」に、一般事務は「事務受託会社」にそれぞれ委託される。投資法人は「会社」であるため、意思決定をする「取締役会」が設置され、株式会社の株主総会に当たる「投資主総会」があり、取締役の選任などについて投資家が意思を示すことができる仕組みになっている。

これに対して契約型は、投資家から預かった財産を、信託財産として預ける投資信託委託会社と、預かる側である受託銀行が、信託契約を結ぶことで組成され、主に証券投資を中心に運用される投資信託である。受益権を分割して受益証券として一般投資家に販売する。日本の証券投資信託は契約型が主流である。(Y.Mo.) ⇒投資信託

会社更生法

(corporate reorganization act)

日本において会社倒産の手続きを定めた法律である。苦境にある株式会社について、更生計画の策定およびその遂行に関する手続きを定めること等により、債権者、株主その他の利害関係人の利害を適切に調整し、その株式会社の事業の維持更生を図ることを目的としている。1952年に制定され、2002年に全面改正された。会社更生法下での手続きはきわめて厳格で、経営権は管財人に移動し、担保権の行使も制限される。再建計画を裁判所が認可するまで非常に長い時間がかかるため、その間に企業の事業基盤が損なわれるケースも見られた。一方、2002年に主に中小企業（株式会社以外の法人や個人を含む）を対象に施行された民事再生法は、従来の経営陣が残ることも可能、担保権の行使が可能、裁判所による再建計画の承認までの期間が比較的短いなどの特徴がある。手続きが容易なことから大企業でも民事再生法を選択する例がしばしば見られる。(T.K.)

会社分割

(company split, corporate divestiture)

M&A（買収合併）の取引形態の1つで、会社にある資産を分割して別の会社に譲渡することをいう。特定の事

業目的のために組織化され、有機的に一体として機能する資産（財産）を他の会社に包括的に承継させる経済行為である。法的には当該事業に従事する社員も転籍する。日本では会社分割の制度は2001年に創設された。会社分割には、承継する会社が新設会社である新設分割と、既存の会社である吸収分割がある。吸収分割では、承継企業から分割した元の会社に対価が支払われる。経済的には、分割会社を事業の売り手、承継会社を事業の買い手と考えると理解しやすい。新設分割を複数の企業が共同で行う場合、経済的には、複数の企業がおのおのの事業を拠出して合弁会社（承継会社）を設立するジョイントベンチャー形式と考えればよい。この分割スキームを共同新設分割という。共同新設分割には、どちらが存続しどちらが消滅するかという争議が生じない長所がある。(N.I.)　⊃M&A

会社法（companies act）

会社の設立・解散、組織、運営、資金調達（株式、社債等）、管理などについて規律する法律で、2006年5月から施行された。それまで、商法や有限会社法などに規定されていた会社に関する法律が、会社法として統合・再編成された。統合・再編成の過程で、国際化・スピード化が進む経済・企業の実態に合うように、定款で定められる事項の拡大（例えば、取締役会の決議による剰余金の配当も可能になった）、会社の機関設計の柔軟化、M&Aをはじめとする手続きの簡素化（例えば、三角合併も可能になった）、最低資本金の撤廃などが図られた。また、株主総会における取締役の解任決議要件を特別決議から普通決議へ緩和したり、大会社には内部統制システムの概要の開示を求めたりするなど、ガバナンスの強化も図られた。(Y.Mi.)

回収期間法

　　　　（payback investment rule）

投資案件評価尺度の1つで、投下資金がどの程度の期間で回収できるかを示したものをいう。この値が基準となる期間より短ければこの案件を採用し、長ければ不採用とする。計算が簡単でわかりやすいものの、資本コストが考慮されていない、資金回収期間以降のキャッシュフローを無視している、採否の判断基準となる期間の決め方があいまい等の問題点があるため、これらの問題点がない正味現在価値が推奨されている。(S.S.)

買い建玉（long account）

信用取引、先物、オプション取引、外為取引などで、買付けはしているものの決済が済んでいない取引あるいは残高のことで、買い玉（ぎょく）とも呼ばれる。未決済の残高という意味では、「買い残」と同じことを表す。逆に、売付けはしているものの決済が済んでいない取引、あるいは残高のことを「売り建玉」という。例えば、先物取引で、100枚の買い注文を出して約定が成立した場合、後から決済のための100枚の売り約定が成立して残高がなくなる。この100枚の売り約定が成立するまでは、「買い建玉」が残っているという。

この買い建玉が残っている間は、市場価格の変動により損益が発生する。市場価格が低下して損が拡大すると、場合によっては買付け時に納めた証拠金では足りず、追加証拠金（略して追証「おいしょう」と呼ばれることが多い）を要求されることがある。また、先物取引で売り注文を出している場合には、同量の買い注文が成立するまでは売り玉が残り、市場価格が上昇すると損が拡大する。(S.S.)

買い持ち（long）➡ **ロング**

買い持ち戦略
　　　　　　　（buy and hold strategy）
　購入した証券あるいはポートフォリオを、市場の動きを見て売買したり、銘柄の入替えや保有比率の調整などリバランスを行うことなく、長期間保有し続ける戦略をいう。**バイアンドホールド戦略**とも呼ばれることもあり、債券であれば満期まで、株式であれば5年、10年の長期間保有し続けることになる。買い持ち戦略のメリットは、途中での売買がないため、取引コストが低く、税金が掛からないうえに、情報収集の費用や時間も不要な点である。デメリットは、購入時点の証券あるいはポートフォリオ選択が重要で難しいことである。買い持ち戦略に近い投資戦略で成功を収めた有名な投資家に、ウォーレン・バフェット（Warren Buffet）がいる。また、買い持ちとは逆に、市場の状況に応じて、保有している証券あるいはポートフォリオの入替えや保有比率の変更を随時行う戦略をリバランス戦略という。(S.S.) ➲ リバランス

乖離率（conversion value premium）
　転換社債の時価と**パリティ価格**（株価から見た転換社債の価値を表す理論価格で、株価÷転換価額×100で表す）との乖離の大きさを表したもので、パリティ乖離率ともいう。パリティ価格を基準として、転換社債の時価がどの程度、理論価格であるパリティ価格と離れているかを比率で表したものである。

　（パリティ）乖離率＝（転換社債時価－パリティ）÷パリティ×100（％）

　この式からわかるように、この値がプラスであると時価がパリティ価格よりも割高であることを示し、株式に転換しないで転換社債のままで売却する方が有利である。逆にこの値がマイナスであると、株式に転換した方が有利となる。(S.S.) ➲ 転換価額

カウンターパーティ・リスク
　　　　　　　　　（counterparty risk）
　資金取引を行う当事者間で、取引成立の時点と実際に決済される時点までの間に、取引の相手方（カウンターパーティ）がデフォルトを起こして、取引の履行に支障が生じる、ないしは履行されない場合のリスクである。市場取引ではなく、主として相対型取引で発生する。デフォルトリスクと呼ばれる場合もある。米国大手保険会社であるAIGが、クレジットデリバティブ、クレジット・デフォルト・スワップ、信用保険契約などで多くの取引の相手方

となっていたが、リーマンショック後、取引が成立したのに契約を履行できない事態に陥って、このリスクが表面化した。金融当局はAIGを救済したが、カウンターパーティ・リスクはこの事件で顕在化し注目を集めることとなった。平時ではポートフォリオのリスク要因とカウンターパーティ・リスクの相関は低くても、ポートフォリオのリスク要因が悪化する方向に拡大するとき、カウンターパーティ・リスクも影響を受けて同時に悪い方向に向かう傾向が指摘されている。(Y.Mo.)

確実性等価(certainty equivalent)

危険資産から得られる対価の期待値(50%の確率で100万円もらえるが、50%の確率で0となるような危険資産の場合には50万円)に対応する期待効用の水準をXとするとき、この水準と同一の期待効用を得られる無リスク資産(安全資産)の価値を確実性等価という。危険資産の期待値と確実性等価の差額がリスクプレミアムであり、あえてリスクを冒して危険資産を持とうとするために必要とされる「安全資産の価値に対する期待値の増分」を意味する。同一の危険資産であっても、確実性等価やリスクプレミアムは投資家のリスク回避度によって異なる。リスク回避度の大きな投資家ほど、図における曲線の曲率が大きくなるため、確実性等価は小さくなり、リスクプレミアムは大きくなる。(M.T.)

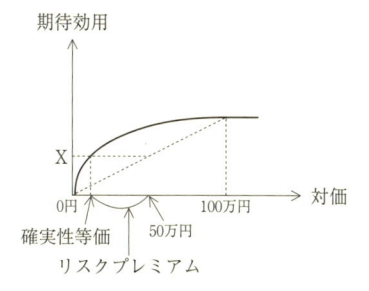

格付(信用格付)(rating)

特定の公社債やその他の証券やその発行体について、元本や利息の支払いが契約どおりに行われないリスク(信用リスク)をアルファベットなどわかりやすい記号で表し、投資家に広く知らせるものである。発行体そのものに付けられるものと、個別の債券などに付けられるものとが存在する。概ね①定量分析、②定性分析、③格付機関による会議といった手順を踏んで発表される。発表後も、格付機関は常に財務分析やヒアリングなどを行い、信用リスクの変化が予想された場合、直ちに格付の変更を行う可能性についてアナウンスする。これらの手順で、格付機関は未公表のデータを扱うこともあるため、守秘義務が課せられている。日本においては、米国サブプライム問題に関連して格付機関の規制の必要性が認知され、2009年の金融商品取引法改正により信用格付業についての規制が導入された。(A.I.)

確定給付(DB, defined benefit)

defined benefit (DB) の訳語として用いられることが多く、他の訳語とし

ては「給付建て」がある。国際会計基準では、DBはDC以外の退職給付制度と定義されており、エリサ法および米国会計基準でも類似の定義が用いられている。DBには、積立金のあるものとないもの、積立金がある場合には積立方法について法令上の規制があるものとないものが含まれる。

日本では制度上の定義はないが、確定給付企業年金法に基づく確定給付企業年金で「確定給付」の語が用いられるので、狭義には当該制度を指すことが多い。広義には一般的な分類として、厚生年金基金、退職一時金制度、自社年金など様々な形態のものが含まれる。DBの給付額は、それぞれの制度における給付額の定義に基づいて、例えば勤続年数、退職時の給与（または加入期間中の平均給与など）、現役期間中や退職後の市場金利などに連動する場合があるので、必ずしも事前に確定するものではなく、金額が固定するものでもない。もとより、defineの意味は「定義する」であって「確定する」ではないので、「確定給付」と訳すことで、給付額が確定または固定しているとの誤解を少なからず与えていることから、「給付建て」の語を用いるべきとする主張が根強くある。また、DBでは、死亡や脱退状況の不安定性、積立金の運用成績の変動などの様々な要因から生じるリスクを、雇用主である企業が掛金の主要な負担者として負うという特徴がある。ただし、規約などの定めに基づいて給付額を市場の指標に応じて変動させることによって、これらのリスクの一部を自動的に吸収する設計（キャッシュ・バランス・プラン）が日本で認められているように、年金制度のリスクを企業と加入者や受給者が何らかの方法で分かち合う仕組みが用いられる場合もある。(Y.F.) ◯キャッシュ・バランス・プラン

確定拠出（DC, defined contribution）

defined contribution（DC）の訳語として用いられることが多い。他の訳語としては、「掛金建て」や「拠出建て」がある。DCは、国際会計基準では、個人別に勘定が設けられ、当該勘定に払い込まれた掛金と運用による増減や費用支払いの結果に基づいて給付額が計算される制度と定義される。エリサ法および米国会計基準でも同様の定義が用いられている。日本では制度上の定義はないが、確定拠出年金法に基づく確定拠出年金で「確定拠出」の語が用いられるので、狭義には当該制度を指すことが多い。広義には一般的な分類として、ほかにも財形貯蓄などが含まれる。DCの掛金額は、それぞれの制度における掛金額の定義に基づいて、例えば給与に比例する場合や、本人拠出がある場合には本人が金額を決定または変更できる場合があるので、必ずしも事前に確定するものではなく、金額が固定するものでもない。defineの意味は「定義する」であって「確定する」ではない。したがって、「確定拠出」と訳すことで、拠出額が確定または固定しているとの誤解を少なからず与えていることから、「掛金建て」や「拠出建て」の語を用いるべきとする主張が根強くある。DCでは、長生きリスクや積立金の

運用リスクなどについて、雇用主である企業が追加的な掛金負担の制度的な義務を負わないという特徴がある。(Y.F.)

確率 (probability)

事象の起こりやすさを示す数値である。各事象に対して 0 以上 1 以下の数を対応させる関数 P を確率測度といい、ある事象 A が起こる確率を記号で $P(A)$ と書く。確率測度は以下の 3 つの公理（確率の公理）を満たす。

公理 1．任意の事象 A に対して $0 \leq P(A) \leq 1$ である。

公理 2．空事象 $\emptyset$ と全事象 Ω に対して $P(\emptyset) = 0$、$P(\Omega) = 1$ である。

公理 3．互いに排反な事象 $A_1, A_2, \cdots$ に対して $P\left(\bigcup_{i=1}^{\infty} A_i\right) = \sum_{i=1}^{\infty} P(A_i)$ である。(R.S.)

確率的ボラティリティモデル
  (stochastic volatility model)

時系列モデルの 1 つで、資産リターンのボラティリティが時間の経過とともに確率的に変動することを表現したモデルである。SVモデルとも呼ばれる。ボラティリティ変動を記述するモデルとしてはGARCHモデルがあるが、GARCHモデルでは今期のボラティリティの予測値が数期前までの既知な変数の確定的関数として与えられる。これに対し、SVモデルではボラティリティを記述する式にかく乱項が存在するため、数期前の変数が確定してもボラティリティは確率的に与えられる。SVモデルは潜在変数（latent variable）を含むため、尤度（ゆうど）の計算が難しい。このため推定において最尤（さいゆう）推定法を直接適用することが困難で、カルマンフィルタを用いた疑似最尤法や、粒子フィルタやMCMC（マルコフ連鎖モンテカルロ法）など計算機統計学的手法によって推定される。SVモデルはボラティリティの推定に用いられるほか、ボラティリティが確率的に変動する場合のオプション価格の導出などに応用されている。(S.S.) ⊃GARCHモデル

確率変数 (random variable)

取る値が変動し、それぞれの値を取る確率が与えられている変数をいう。特に、取る値が有限個あるいは可算無限個である確率変数を離散型の確率変数、非可算無限個である確率変数を連続型の確率変数という。(R.S.)

確率密度関数
  (probability density function)

連続型確率変数 X の確率が、任意の $a < b$ に対して

$$P(a < X < b) = \int_a^b f(x) dx$$

と表されるとき、$f(x)$ を X の確率密度関数あるいは単に密度関数という。確率密度関数は以下の性質を持つ。

① すべての x に対し、$f(x) \geq 0$

② $\int_{-\infty}^{\infty} f(x) dx = 1$

(R.S.)

過去勤務債務
  (PSL, past service liability)

確定給付企業年金、厚生年金基金の

財政運営で用いられる語であり、制度発足前の勤務期間を通算して給付額の算定や受給資格の判定に使用する規約の場合に、制度発足時に存在する年金数理上の債務を指す。発足前の勤務期間を通算すること以外の理由で生じる年金数理上の債務もあるが、これらも区別せず、過去勤務債務あるいは過去勤務債務等と呼ばれる。過去勤務債務は一定の範囲内で償却することとされており、そのために設定される掛金は特別掛金と呼ばれる。制度発足以降、過去勤務債務は、特別掛金による償却によって減少するほかに、年金数理上の計算の前提と実際の相違（予定利率と実際の利回りの相違ほか）や、計算の前提の変更（予定利率の変更、予定死亡率の変更ほか）の影響によって増減する。また、給付設計の変更を行った場合にも増減する。なお、過去勤務債務は、企業会計基準で用いられる過去勤務費用（past service cost）とは、異なる概念である。(Y.F.)

貸株（stock lending）

信用取引等で空売りを行う投資家が、売却するために借り受ける株式のことをいう。空売りを行う投資家は、取引当初は売却する株式を持たないため、当該株式を借りることになる。貸し手は証券金融会社のほか、大量の株式を保有する信託銀行や生命保険会社などが多い。貸借される株式を、貸し手から見れば貸株、借り手から見れば借株という。株式を借り受ける投資家は、貸し手に品貸料を支払う。信用売りが殺到した銘柄などで貸株不足が生じた場合、証券金融会社が追加的に当該株式を調達せねばならず、その際に追加的に発生するコストを借り手全員が負担する（逆日歩の発生）場合がある。このように借株のコストは需給によって左右される。株式が貸借される取引とはいえ、貸株が行われている期間中は、名義は借り手側にあり、その間は株主としての権利は借り手に帰属する。貸株を受けた場合には売買も可能ではあるが、最終的に貸し手に株式を返さなければならない。(A.I.) ➲ セキュリティレンディング

加重株価平均（weighted stock price average）➡ **株価平均**

加重平均資本コスト ➡ **WACC**

カスケード理論（cascade theory）

1990年代に社会心理学の分野で得られた知見が行動経済学に採り入れられ、情報カスケードという概念が提唱され、理論化されたものである。情報が不十分なとき、他者の行動を合理的なものと考えて、それを模倣する行動が繰り返される現象を指す。例えば飲食店の前に、その店についての情報を持った人間が2人並ぶと、その後に情報を持っていない人々が次々に並ぶ現象が該当する。金融市場においては、合理的な情報を持った投資家が売り（あるいは買い）の行動を取った後、その動きに追随する投資家が売り（買い）を繰り返すことで、市場全体または個別証券の価格形成がゆがみ、過剰に割安（割高）になる状況が該当する。(T.K.)

カストディアン(custodian)

投資家に代わって有価証券の保管、預り資産の受渡決済、元利金、配当金などの代理受領業務、議決権の行使、コーポレートアクションの報告などを行う機関である。日本の投資家が海外の有価証券を購入する場合、購入した有価証券を日本へ輸送して管理すると外国為替及び外国貿易法（外為法）や輸送関連費用の問題があり、現地のカストディアンに委託することが一般的になっている。なお、複数の国の有価証券の保管業務等を行うカストディアンをグローバルカストディアン、現地の有価証券の保管業務等を行うカストディアンをサブカストディアンという。(S.S.)

仮説検定(hypothesis testing)

母集団に関する情報を持った検定統計量の値に基づいて、未知の母数について立てられた仮説を検証する手続きである。このとき、検定対象となる仮説を**帰無仮説**といい、記号でH_0と表し、帰無仮説と相対する仮説を**対立仮説**といい、H_1と表記する。

仮説検定の手順は次のとおりである。
① 帰無仮説に基づき検定統計量の確率分布を求める。
② 求められた確率分布において、起こる確率が非常に低い極端な値の範囲を決め、これを危険域もしくは棄却域と呼ぶ。
③ 標本から検定統計量を求めて、その値が危険域に入っているかどうかを調べる。入っている場合、それは帰無仮説に反する意味のある事象が生じた（有意である）と考え、帰無仮説を棄却する。すなわち、帰無仮説は誤りであると判断する。一方で、危険域以外の範囲を採択域と呼び、標本から得られた検定統計量の値が採択域に入っていれば有意でないとして、帰無仮説を採択する。すなわち、帰無仮説が誤りであるとは言えないと判断する。

危険域の確率の大きさは、有意であるかどうかを判断する基準となるため、有意水準と呼ばれ0.01（1％）、0.05（5％）などの値を用いることが多い。

仮説検定には常に2つの誤りの可能性が付随することに注意しなければならない。1つ目は、帰無仮説が正しいにもかかわらず棄却されてしまう誤りで、これを**第1種の誤り**と呼ぶ。2つ目は、帰無仮説が正しくないにもかかわらず採択されてしまう誤りで、これを**第2種の誤り**という。(R.S.)

加速償却(accelerated depreciation)

減価償却を伴う資産について、相対的に早く償却することをいう。加速償却には2つの意味がある。1つは定率法を適用する減価償却である。定率法は定額法と比較して、初期の減価償却費が多くなるという特徴がある。初期に加速度的に償却するため、定率法は定額法と比較して、加速償却とみなせる。もう1つは、通常の耐用年数よりも短い期間で減価償却を行うことである。定額法にせよ定率法にせよ、耐用年数を短くすることで、当初の計画に比べて毎期の減価償却費が多く計上される。特に、製品のライフサイクルが

短く、設備稼働率の低下や更新時期が予想以上に早まった場合、貸借対照表上の資産は実態とかけ離れた値になる傾向がある。資産の減価償却を早めることで、より実質的な資産額と財務情報を投資家に開示できる。償却率を引き上げることも加速償却につながる。(N.I.)

合併比率(merger ratio)

複数の企業が1つの会社になる合併において、各企業の株式1株に与えられる新会社の株式の比率をいう。ここでは、2つの企業が合併する場合を考える。合併後に新会社を設立する新設合併では、2つの企業の株式1株につき、合併比率に応じた新会社の株式が割り当てられる。合併比率が1対1であれば、各企業の株式1株につき、新株式が1株ずつ与えられる。合併比率が2対1であれば、前者の株式1株に新株2株が、後者の株式1株に新株1株が与えられる。2つの企業のうち一方が存続し他方が消滅する吸収合併は、消滅企業の株主に存続会社の株式が合併比率に応じて割り当てられる。合併比率が1対1であれば、消滅企業の株式1株に対して存続会社の株式1株が与えられる。合併比率が2対1であれば、消滅企業の株式1株に対して存続会社の株式0.5株が与えられる。合併比率の算定には、合併前後における各社の企業価値を適切に算出する必要がある。(N.I.)

カバードコール(covered call)

オプション戦略の1つで、原資産1単位の保有(ロング)に対して、その原資産を対象とするコールオプション1単位を売却(ショート)するポジションをいう。原資産価格の小幅な上昇を予想する場合などに用いられる。(T.O.) ⇒オプション、オプション戦略

図表 カバードコールの損益の例

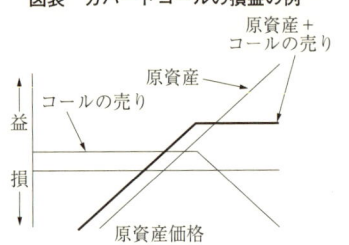

カバードワラント(covered warrant)

有価証券の1つで、オプションを表示する(すなわち証券化した)証券または証書をいう。投資家にとってはオプションと類似の投資効果を持つ有価証券であり、その対象は株価指数、商品など多岐にわたる。金融機関などが、自らがライト(売却)した店頭オプションをバックに、発行することが多い。通常、店頭取引により取引される。ただし、取引所に上場され、取引所取引されているカバードワラント銘柄も存在する。投資家から見た場合、店頭オプションや上場オプションとの主な相違として以下の2点が挙げられる。

① 店頭オプションの場合、オプションの買い手は、購入後に第三者にオプションを転売することは困難で、反対取引によって相殺するなどの方法を取ることになる。これに対しカバードワラントは、流動性の制約は

あるもののワラント自体の転売が可能である。
② 上場オプションと異なり、オプションの売り手は発行体に限定されている。このため、投資家は発行体の信用リスクを負うことになる。また、投資家自らがオプションの売り手となることはできない。(T.O.) ⇒オプション

カバーなし金利パリティ

(uncovered interest rate parity)

国内外の金利差と為替レートの直物・先渡価格の関係に関する金利パリティ（カバー付き金利パリティ）において、先渡レートFを為替レートの期待値（S^e）に代えた関係式をカバーなし金利パリティ（カバーなし金利平価）という。この関係はrを国内の金利、Rを外国の金利とすると次の式で表される（Sは為替レートの直物レート）。

$$\frac{S^e}{S} = \frac{1+r}{1+R}$$

カバー付き金利パリティが成立していない場合には、理論的には裁定行動によって確実に利益を獲得できる。しかし、カバーなし金利パリティにおいては、あくまでも国内外の金利差に応じて為替レートが変動すると期待されることを表しているにすぎず、厳密な意味での裁定関係とは言えない。(M.T.) ⇒金利パリティ

株価売上高倍率

(PSR, price to sales ratio)

株式分析には、株価の絶対的な水準を求める収益還元法と、業界内の相対的な比較を行う倍率法（マルチプル法）がある。株価売上高倍率は後者に属する評価尺度で、株価を1株当たり売上高で割った値（株価÷1株当たり売上高）と定義される。企業収益のうち、株主に帰属する部分は当期純利益がベースになる。損益計算書上、売上高はトップラインであり、当期純利益はボトムに位置する。そのため、株価売上高倍率よりも、当期純利益を用いたPERや株価キャッシュフロー・レシオの方が、株式分析に適しているといわれる。しかし、創業期のベンチャー企業のように当期純利益が赤字の場合、PERや株価キャッシュフロー・レシオは意味を持たないことがある。このようなケースでは、株価売上高倍率を同業他社と比較することで、株価の相対的な評価ができる。株価売上高倍率を用いる際には、将来の黒字化についての判断を織り交ぜて分析する必要がある。(N.I.)

株価キャッシュフロー・レシオ

(PCFR, price cash flow ratio)

株価の相対評価に用いられる倍率の1つで、株価を1株当たりキャッシュフローで割った値（株価÷1株当たりキャッシュフロー）である。厳密にいうと、分母には株主に帰属するキャッシュフローを用いるべきであるが、簡便的に当期純利益と減価償却費の合計を用いることが多い。会計処理方法の影響を受けにくいキャッシュフローを用いる指標のため、異なる会計基準を採用する国際間の株式評価に有効であるといわれる。(N.I.)

株価指数 (stock price index)

株式市場全体の動きを示すことを目的として算出された指数である。株式指数ともいう。当該株式市場から代表的な企業を選択して算出する方式（日経225など）や、株式市場全体の時価総額から算出する方式（TOPIXなど）などがある。前者は算出が簡易な一方、一部の値がさ株の動きの影響を受けやすいといった特性がある（後者は逆）。算出に際しては新規上場・上場廃止、新株権利落ち、新株時価発行なども考慮される。株価指数の算出は取引所のほか、新聞社、情報提供会社、金融機関など（日本経済新聞社、スタンダード・アンド・プアーズ社など）が行っている。また、時価総額の規模、業種、特定のテーマなどのグループ分けにより株価指数が算出されることもある。例えばハンセン指数は香港株式市場全体の指数のほか、香港に上場している中国企業、中国資本が多く入っている企業というくくりで、H株指数、レッドチップ指数なども算出している。(A.I.)

株価指数オプション (stock price index options)

株価指数を対象とするオプションで、東京証券取引所に上場されているTOPIXオプションや、大阪証券取引所に上場されている日経平均株価（日経225）オプションが、上場オプションの例として挙げられる。これらはヨーロピアンオプションで、取引最終日の翌日にのみ行使可能である。行使された場合には、取引最終日の翌日の最終清算指数（SQ「スペシャルクォーテーション」とも呼ばれる）に基づいて差金決済される。また、株価指数を対象とする店頭オプションも取引されており、こちらはヨーロピアンオプションではないタイプのオプションも取引可能である。(T.O.) ➲ オプション

株価指数先物 (stock price index futures)

株価指数を対象とする先物取引で、将来の特定日付にその時の株価指数値と、現時点で定めた一定価格とを交換することを約束した契約（先渡取引）と、同様の経済的効果を持つ取引である。店頭取引である先渡取引（forward）に対し、取引所に上場されて取引されているものを先物取引（futures）と呼ぶ。東京証券取引所に上場されているTOPIX先物、大阪証券取引所に上場されている日経平均株価（日経225）先物が代表的な例として挙げられる。取引最終日まで決済されなかった取引は、取引最終日の翌日の最終清算指数（SQ「スペシャルクォーテーション」）に基づいて差金決済される。(T.O.) ➲ 最終清算指数

株価収益率 (PER, price earnings ratio)

株価の相対評価に用いられる代表的な倍率で、株価を1株当たり当期純利益で割った値（株価÷1株当たり当期純利益）である。株価収益率が高い企業は、利益水準を調整しても、なお相対的に高く評価されている。主な理由

は、リスクが小さい（資本コストが低い）ことか、成長率が高いことである。実際、定率成長配当モデルを前提にすると、株価収益率が株式資本コストと負の関係にあり、配当成長率と正の関係にあることがわかる。(N.I.)

株価純資産倍率

（PBR, price book-value ratio）

株価を1株当たり純資産で割った値（株価÷1株当たり純資産）で、株価収益率と並ぶ代表的な倍率である。株価収益率がフローである利益を用いるのに対し、株価純資産倍率はストックである純資産簿価を用いる。株価純資産倍率が1を下回る企業は、蓄積された純資産を有効活用できないとみなされている。逆に、株価純資産倍率が1を上回る企業は、純資産を有効活用し、株主資本コストを上回るリターンを上げることが期待されている。(N.I.)

株価平均（stock price average）

市場の全体的な株価水準を見るための指標で、対象となる全銘柄の株価合計を全銘柄数で除したものである。代表的なものとして、**単純株価平均**と**加重株価平均**がある。東証第一部上場銘柄を対象とした単純株価平均は、「東証第一部上場銘柄の終値合計÷東証第一部上場全銘柄数」で算出される。単純株価平均は、計算が簡単で株価全体の高低を知るのに便利だが、増資権利落ちの銘柄があると株価は連続性を失い、過去との比較ができない欠点がある。加重株価平均は、単純株価平均の算式に上場株式数によるウェイトを付したもので、「加重株価平均＝対象銘柄の時価総額合計÷対象銘柄の上場株式数合計」で算出される（上場株式数は、1単元の株式数が1,000株とした場合の換算株式数を使用している）。株式市場全体として見た場合、単純株価平均よりもその株価の水準をより的確に表すことができるという特徴がある。(A.I.)

株価レーティング（stock rating）

将来の予め定めた期間での対象銘柄の株価の市場全体（例えば東証株価指数）に対する相対的なパフォーマンスを評価したものをいう。証券会社の企業アナリストが当面の経済動向を想定し、対象企業の企業業績を予測したうえで、株価動向を予測して、株価レーティングを行う。レーティングの表記方法や基準は、レーティング公表会社により異なり、数値や英記号などで表される。規模の小さな企業は規模の大きな企業と比較して、フォローしている企業アナリストの数が少なく、株価レーティングが発表されない上場企業も存在する。なお、株価レーティングの水準自体に加えて、レーティングの変化やばらつき（複数のアナリストが評価している場合）なども、投資判断に利用されている。(S.S.)

株式（stock, share）

株式会社に対して資金を拠出している出資者の持分を表すもので、株式会社の所有権の割合を示すとも言える。持分は1株という単位に分割され、持分の大きさは株数で表現される。発行

済株式総数に対する割合が、所有権の割合ということである。株券とは、持分を表章する有価証券のことであり、株券のことを株式ということもある。株式の所有者を株主というが、株主が株式会社に対して有する権利（株主権）には、株主総会での決議に際し1株につき1票の割合で議決権を行使すること、株式会社の利益の分配を請求すること、株式会社の解散時に残余財産の分配を受けることなどがある。これらの権利について、特に制限のない株式を普通株式という。2001年10月の商法改正で、権利内容の異なる株式（種類株式）の発行が認められ、議決権制限株式、利益配当優先株式、トラッキングストックなど、投資家のニーズと株式会社の資金調達ニーズの多様化に対応するように制度が改められた。(A.I.)
⊃ 種類株式

株式公開買付
（**TOB**, takeover bid, tender offer）
　買付けの意向を公開して、不特定多数の株主から株式を買い付けることである。イギリスではtakeover bid（TOB）、アメリカではtender offerといわれることが多い。株式公開買付は、買付主体が、企業買収やコントロール権の確保など特定の目的を達成するために、一般株主に対して株式の売却を勧誘する行為である。そのため、個人投資家を含む投資家保護の観点からルールや規制が設けられている。標準的な株式公開買付のスキームは、買付者が価格や買付予定株数などの情報を開示公告し、一定の期間を定めて、公平に応募を受け付けるというものである。企業買収やコントロール権の確保を目的とする場合、買付予定株数は発行済株式数の50.1％以上であることが多い。応募が予定株数の下限に達しない場合、買付者は応募株式の買付けをしなくてもよいという条件を設けることが認められている。上場企業の株式を対象とする公開買付では、市場価格にプレミアムを付加した買付価格の提示がほとんどである。(N.I.)

株式交換（share exchange, stock swap, share swap）
　M&Aの取引形態の一種で、企業（買収企業）が被買収企業の発行済株式のすべてを取得して100％子会社にすることをいう。合併との相違は、被買収企業が子会社として存続することである。日本では株式交換の制度は1999年に設立された。当初は被買収企業の株式を買収企業（親会社）の株式と適切な比率（合併比率と同様）で交換する取引であったため、株式交換という。会社法のもとでは、現金を対価として被買収企業の株式を買い付けることが認められるようになった。株主総会で株式交換が認められると、子会社化される被買収企業の株主は、子会社の株式を保有し続けることができない。株式交換は合併と同様に、買収企業と被買収企業の双方の株主総会における特別決議が必要である。(N.I.) ⊃ 特別決議

株式時価総額（market capitalization）➡ **時価総額**

株式消却 (cancellation of shares)

企業が既発行の自己株式を買い（自社株買いを行い）、その株式を消却することをいう。自社株消却といわれることもある。企業が自社株買いによって買い入れた株式は、金庫株として保有することができる。この場合、株主名簿に自社（自己株口）が記載される。金庫株として保有する目的は、M&Aに伴う株式交換やストックオプションの権利行使に対する備えである。金庫株は、取締役会決議により、再び市場に売却することも、消却することもできる。完全競争で情報効率的な市場では、自社株を金庫株として保有しても償却しても、株式評価に影響はない。実際には、金庫株が売り出されて、一時的に需給関係が緩くなったり、EPSやROEの指標の悪化を懸念する投資家もいる。金庫株が多い企業では、株主名簿の上位に自社（自己株口）が掲載されるが、これは不自然だという意見もある。このような懸念を払拭するため、株式消却が行われる。(N.I.) ⊃ 自社株買い

株式譲渡 (transfer of shares)

ある会社の既存株主が株式を他に移転することをいう。現行の会社法上、株式譲渡を制限することも、制限しないこともできる。組織再編手法の1つとして、株式の現金取得と同義に用いられることもある。法人税法上も所得税法上も、株式譲渡益は課税されている。なお、連結子会社の株式譲渡は、証券取引所の適時開示の対象の1項目である。(S.Y.)

株式の有利発行 (advantageous placement)

新規の株主に有利な価格で株式を発行することをいう。第三者割当増資において市場価格より著しく低い価格で株式を発行する場合や、新株予約権とストックオプションの条件が取得者にとって著しく有利な場合などが相当する。新株発行では、直近の一定期間の株価の終値平均より1割以上下回る場合に、有利発行とみなされる可能性がある。株式の有利発行は、既存株主から新規株主等への資産価値の移転が生じるという問題を引き起こす。(N.I.)

株式分割 (stock split)

既存（既発行）の株式を分割することをいう。1株を1.1株に分割する場合、1株につき0.1株の新株が発行される。1株を2株に分割する場合、1株につき1株が発行される。株主の保有株式数は、それぞれ1.1倍と2倍になる。株式分割は新株発行を伴うが、株主から資金を調達するわけではない。完全競争で情報が効率的な株式市場では、株式分割は企業価値や株式価値に影響せず、分割割合に応じて株価は低下する。1株を1.1株に分割する場合、分割後の理論株価は分割前の1/1.1倍になる。1株を2株に分割する場合、分割後の理論株価は1/2になる。実際には、株式分割によって株価が低下するため、個人投資家などが株式を買いやすくなるという効果がある。また、1株当たり配当金が分割割合に応じて低下せず、実質的な増配となることもある。投資家が、株式分割による増配

を将来の好業績のシグナルとみなせば、株式分割は株価に好影響を与える。株式分割とは逆に、1株以上の複数の株式を1株にすることを**株式併合**という。(N.I.)

株式併合（stock consolidation, reverse split of stock）➡ **株式分割**

株式ポートフォリオ戦略
　　　　　　（stock portfolio strategy）
　複数の株式を組み合わせて作る株式ポートフォリオ戦略として、パッシブ運用戦略とアクティブ運用戦略がある。運用者の主観的判断が入らないパッシブ戦略には、特定のベンチマークに連動するインデックス運用がある。運用者の運用スキルにアルファ獲得を期待するアクティブ戦略は、個別企業の企業分析から銘柄選定を考えるボトムアップ型と、マクロ、セミマクロ等の将来見通しからセクター選択、個別銘柄選択を行うトップダウン型に分けられたり、企業アナリストが行うリサーチ（またはジャッジメンタル）型と、定量分析を中心としたクオンツ型などに分けられたりしている。また、近年では、日本株式市場の市場平均をベンチマークとした運用のパフォーマンスが悪いため、少数銘柄（30～50銘柄程度）に集中投資する戦略も注目されている。この戦略は、長期保有を前提としたバイ・アンド・ホールド型に近い運用戦略であるが、運用者の判断で銘柄入替えを行うことも少なくない。(S.S.)

株式保有制限（limitations on investment in stocks）
　企業による株式保有が制限されることで、独占禁止法により規定されている。株式保有を通じて企業を支配することにより、自由な競争が阻害されることを防ぐのが目的となっている。銀行など金融機関は特に厳しく、金融機関は原則として、ある国内企業の発行済株式総数の5％（保険会社は10％）を超えて保有してはならない。企業救済など特別な事由がある場合などは、保有制限が緩和されることもある。また、その他の法律に基づき外国人が放送・通信・航空会社の株式を一定の限度を超えて保有することも禁止されている。(A.I.)

株式ミニ投資
　　　　　　　（stock mini investment）
　通常の株式の売買単位株（最低取引単位もしくは単元株）数の10分の1の単位で売買ができる株式投資のことをいう。ミニ株投資と呼ばれることもある。例えば単元株数が100株の銘柄の場合、10株から90株まで売買可能となる。個人投資家の株式投資を促すため、1995年に導入された。株式ミニ投資により少額の資金でも投資可能な銘柄が増えるが、取り扱っている証券会社が購入した株式を分割して投資家へ売却しているので、株式の名義は証券会社であり、株主総会の議決権も証券会社にあり投資家にはない。また、売買単位株の売買と比較して手数料が割高、指値注文ができず成行き注文のみ、株主優待がないなどの欠点がある。なお、

1株未満の株式を発行できない単元株式のもとでは、1株単位で取引されている銘柄は株式ミニ投資の対象とならない。株式ミニ投資の詳細は取扱証券会社により異なるので、証券会社の約定を確認する必要がある。(S.S.)

株式持合い（cross shareholding）

企業と、取引先企業や取引金融機関が、お互いの株式を保有し合うことで、日本特有の資本取引慣行とされる。歴史的には、1960年代の資本自由化の進展により、敵対的買収の防衛策としてメインバンクを中心に株式持合いが進展し、持合比率は1980年代まで上昇を続けた。その後、1990年代以降はバブル崩壊による株式保有リスクの上昇、非効率な投資採算、持合いの不透明性が指摘されたこともあり、持合比率は低下傾向にある。メリットとしては、持合企業間では通常、会社議案に反対はしないので、経営者は長期的視野に立った経営戦略を取れ、企業間関係の強化につながること等が指摘されている。デメリットとしては、一般株主の議決権が形がい化し、一般株主によるチェック機能が働かず非効率的な経営を温存する可能性があること、資金は本業への投資か株主還元に充てるべきであること、株価下落が経営に悪影響を及ぼすこと等が指摘されている。(Y.Mi.)

株式リスクプレミアム
　　　　　　（ERP, equity risk premium）

株式市場に投資することにより負担するリスクへの対価、すなわちリスクフリー・レートに対する株式の超過リターンをいう。投資理論では、リスクと期待リターンとの間にはトレードオフの関係があり、負担するリスクが大きければ高いリターンが期待できると考えられている。債券市場に投資をすれば債券市場全体のリスクの大きさに見合うリターンが期待され、債券市場よりも価格変動の大きい（すなわちリスクが大きい）株式市場に投資すれば、債券市場に投資するよりも高いリターンが期待される。なお、株式のリスクプレミアムを推定する方法として、過去の株式リターンとリスクフリー・レートから計算する方法、市場参加者のコンセンサスデータによる方法、デマンドサイドアプローチ（投資家が要求するプレミアムを推定）、サプライサイドアプローチ（企業のファンダメンタルデータからプレミアムを推定）などがあるが、株式リスクプレミアムの水準を推定することは簡単ではない。(S.S.)

株主アクティビズム
　　　　　　　（shareholder activism）

株主が企業経営に対して改善を促す意見（voice）を発することをいう。改善を促す事項には、配当政策や自社株買い、負債の有効活用といった資本構成に関する事項、企業の成長戦略に関する事項、企業と投資家のコミュニケーション改善（IR「インベスターリレーションズ」改善）に関する事項などがある。意見（voice）の発し方としては、株主総会での株主提案権の行使や議決権の行使といった公式な発

言のほかに、日常の企業とのIRでの接触を通じて意見を発する非公式な発言、メディアを通じた発言などがある。米国では1980年代半ばからCalPERSなどの公務員年金基金が、2000年代に入るとファンドが、株主アクティビズムを活発化させた。日本では、2000年代から日系の村上ファンドや外資系のスティールパートナーズ、ＴＣＩなどのファンドが株主アクティビズムを活発化させた。(Y.Mi.) ➲ アクティビストファンド

株主還元性向 ➡ **株主還元率**

株主還元率（total payout ratio）
　企業が獲得した利益を配当等の形でどれくらい株主に還元しているかという総還元性向を示すもので、自己株式取得総額と配当金総額の合計を当期純利益で割って算出される〔(自己株式取得総額＋配当金総額)÷当期純利益〕。**株主還元性向**ともいう。株主還元の方法には、配当金の支払いや株式分割によって実質増配をして株主の手元に現金等が入る方法と、株主の手元に現金等は入らないが、企業が自社株を買い戻すことによって実質1株当たりの価値を上昇させる方法がある。そのため、分子には、自己株式取得総額と配当金総額の合計が用いられる。当期純利益には、単体の数値を用いる場合も連結の数値を用いる場合もある。配当性向ではなく株主還元率を意識して配当政策を決定する企業も少なくない。(S.Y.) ➲ 配当性向

株主資本（shareholders' equity）
　貸借対照表の純資産の部の1項目で、株主から拠出された資本とその果実からなる。現行の企業会計制度では、株主資本は、資本金、資本剰余金及び利益剰余金に区分される（2009年3月改正企業会計基準第5号「貸借対照表の純資産の部の表示に関する会計基準」第5項）。ROEなどの財務比率を算出する際には、株主資本に純資産の部の1項目であるその他の包括利益累計額（連結）または評価・換算差額等（個別）を加えた**自己資本**がしばしば用いられる。(S.Y.) ➲ ROE

株主資本回転率 ➡ **総資本回転率**

株主資本配当率
　　（DOE, dividend on equity ratio）
　株主資本簿価に対する配当の比率（配当総額÷株主資本）である。生命保険協会の調査によると、日本の上場企業の平均は2％程度である。株主資本配当率は、配当性向と株主資本利益率に分解できる。このうち、配当性向は、当期純利益に対する配当の比率（配当÷当期純利益）である。株主資本は当期純利益より安定しているため、株主資本配当率を目標とする企業の配当は、配当性向を目標とする企業の配当よりも安定的になる。(N.I.) ➲ 配当性向

株主資本比率
　　　（capital ratio, equity ratio）
　企業の安全性を示す財務指標の1つで、株主資本÷使用総資本（自己資本

÷使用総資本＝自己資本比率）として算出される。安全性の観点からは、返済義務のない株主資本や自己資本が多く、この比率が高いほど好ましい。一方、過剰資本といわれることがあるように、高過ぎる株主資本比率が疑問視される場合もある。特に、金利が低い状態で好調な業績が見込める企業は、適度に負債を利用することで、株主資本利益率を高めること（レバレッジ効果）が期待できる。(N.I.) ⊃株主資本

株主資本利益率

(ROE, return on equity)

企業の収益性を評価する指標の1つで、当期純利益を株主資本で割った値（当期純利益÷株主資本）である。分母の株主資本は、期首・期末平均を用いることが多いが、使用目的によっては、期首や期末の値を用いる場合もある。**自己資本利益率（ROE）**は、売上高当期純利益率・総資産回転率・財務レバレッジ（総資本÷株主資本）に分解できる（デュポン分解）。企業業績が好調（不調）なとき、財務レバレッジ（負債）の利用は、株主資本利益率に好影響（悪影響）を与える。(N.I.) ⊃デュポン・システム

株主優待（complimentary goods, services for shareholders）

株主に対して企業が物品あるいはサービスを進呈する制度である。企業が株主優待として進呈する物品は、自社製品の詰合せや自社サービスの割引券などが多い。図書カードやお米など自社製品でないものを送る企業もある。自社製品や自社のサービスを提供する企業は、株主に自社をアピールをする効果がある。株主からの口コミが、自社製品やサービスの宣伝広告になることも期待できる。現金配当と異なり、株主優待は持株数に応じて比例的に進呈されるものではない。小口株主と大口株主に同額の商品やサービス券を進呈することもある。ほとんどの株主優待は、小口株主を優遇することが多いため、個人投資家にとって魅力的な制度と言える。株主優待を導入することで、個人株主数を増やしたり、株主数の増加を通じた流動性の向上を実現することも可能である。株主優待を利益還元とみなせば、増配と同様の効果がある。(N.I.)

貨幣の現在価値

(present value of money)

ある金額の貨幣を受け取る場合、現在受け取るのと、将来受け取るのとでは価値が異なる。将来受け取る予定の一定額（将来価値）の貨幣を現在受け取ろうとすれば、将来受け取った場合の金利分を割り引いた金額を受け取ることになる。現在価値PVはn年後の将来価値FVを金利rで割り引いたものとなる（この時の金利を割引率と呼ぶ）。すなわち$PV = FV/(1+r)^n$と表される。例えば1年後に100万円を受け取るとし、その1年間の金利が5％とすると、それを現在受け取れば100万円/1.05＝95万2380円となる。現在価値の概念は企業の将来のキャッシュフローを割り引いて企業価値を算出する場合や、年金運用などで、将来

必要な資金を確保するための現在の必要額を算出する場合などに用いられる。(T.K.)

下方リスク (downside risk)

リスク資産のリターンが確率的な挙動に従うとすれば、リスク資産のリターンは確率分布でとらえる必要がある。このとき、この確率分布の左裾野の下落部分の形状に着目したリスクを下方リスク（**ダウンサイドリスク**）という。リスク資産のリターン分布を正規分布と仮定することが多いが、厳密には両裾が厚い（ファットテール）、あるいは左右非対称な分布をしていることが実証的に示されている。こういった正規分布とは異なる確率分布の左裾野の下落部分の形状を基にすると、幾つかのリスク尺度が考えられる。例えば、VaR（value at risk）は一定の確率で起こり得る最大の損失額であり、リターン分布の分位点として表される。また、CVaR（conditional value at risk）と呼ばれる尺度は、VaRを超える損失が生じた場合の平均損失額と定義され、テールリスクをより適切に表現できる。下方部分積率（LPMs：lower partial moments）と呼ばれる尺度は、投資家が外生的に与えた目標リターンを下回る大きさをk乗したものの平均を求めている。下方リスクに対して、確率分布の右側の裾野の形状から考えたリスクを上方リスク（アップサイドリスク）という。(S.S.) ⊃ テールリスク

空売り (short selling)

信用取引の一種で、実際には保有していない証券あるいは保有していてもそれを使わずに、証券会社等から証券を借り入れて（株式であれば借株）きて売却することをいう。ただし、証券はあくまでも借りてきたものであるから、一定期限内に証券を返さなければならない。売る証券を借りるために、株式であれば貸株料を取られる。借株を売った後に株価が上がると、これを買い戻す際に損失が発生する。一方、借株を売った後に株価が下がると、これを買い戻す際に利益が得られる。(S.S.)

借入金融 ➡ デットファイナンス

為替リスク (foreign exchange risk)

為替変動に伴うリスクをいう。各国の投資家は自国通貨を用いて自国内で消費するため、自国通貨建てのリターンが重要となる。日本の投資家の場合は日本で円を用い、財・サービスを購入して消費するため、円建てリターンが重要となる。外貨建て資産への投資には、現地通貨建て資産の価格変動リスクだけでなく、円換算による為替リスクを伴う。外国資産を購入する場合、各国の投資家は保有する自国通貨を外国為替市場で外国通貨へ交換し、得られた外国通貨を通じてその外国資産を購入する。外国資産を保有する場合の自国通貨建てリターンは、例えば期首と期末の為替レートと現地通貨建て価格を用いて計算できる。為替リスクを考えるとき、外国為替市場で決定され

る為替レートによる名目為替リスクと、名目為替レートを2国間の物価水準で調整した実質為替リスクとを区別する必要がある。(T.K.)

簡易買収倍率 ➡ **EV/EBITDA比率**

環境報告書

(environmental reporting)

企業などの事業者が、環境保全に関する方針・目標・計画、環境マネジメントに関する状況（環境マネジメントシステム、法規制遵守、環境保全技術開発等）、環境負荷の低減に向けた取組みの状況（CO_2排出量の削減、廃棄物の排出抑制等）等について取りまとめ、定期的に公表する報告書で環境省がガイドラインを発表している。環境報告書の作成・公表により、環境への取組みに対する社会的説明責任を果たし、利害関係者による環境コミュニケーションが促進され、事業者の環境保全に向けた取組みの自主的改善とともに、社会からの信頼を勝ち得ていくことに大いに役立つとされている。また、消費や投融資を行う者にとっても有用な情報を提供するものとして、活用が期待されている。(T.K.)

関係会社（affiliated company）
➡ **関連会社**

幹事証券会社（manager）

有価証券発行会社ないしは所有者を代行して、有価証券の募集や売出しなどを行う証券会社のことをいう。定義上は有価証券の元引受契約（当該有価証券を取得させることを目的として、有価証券の全部または一部を発行者ないし所有者から取得する契約）の内容を確定するため、発行者や所有者と協議することのある会社とされる。株式の新規公開（IPO）時には、株式の引受け・販売のほか、社内管理体制の整備や申請書類の作成など公開前の準備や、公開後の資金調達、経営に関するアドバイスなども行う。幹事証券会社は通常は複数だが、特に中心的な役割を果たす会社を主幹事証券会社と呼ぶ。具体的には発行価格を取り決めるブックビルディングや株式公開を取り仕切る役割がある。通常は主幹事証券会社、補佐的な業務を行う副幹事証券会社、それ以外の幹事証券会社に分けられる。幹事証券会社になるためには資本金が30億円以上なければならない（金融商品取引法施行令第15条の7）。(A.I.)

カントリーアロケーション

(country allocation)

外国証券投資をする際の国ごとの資産配分の意思決定プロセス、あるいはその結果であり、国別資産配分、国別構成比率ともいう。外国証券投資では、ベンチマークが与えられている場合、基準となる国ごとの配分比率が決められている。この比率から乖離した配分は、アクティブリスクを取ることになり、運用資産のパフォーマンスに与える影響は小さくない。為替のヘッジ比率、個別銘柄要因と並んで、運用成果に与える影響は大きい。カントリーアロケーションは、市場が統合されていない、すなわち国ごとの市場が独自の

動きをすると考えれば意味があるが、市場が統合されていると考えれば、国という単位での投資判断は意味がなくなり、国を横断した業種という基準で投資判断を行うことが妥当となる。近年では、新興国市場でも市場の統合が進み、カントリーアロケーションを議論する意義が薄れているとの指摘もされている。(S.S.)

カントリーファンド（country fund）
　特定の国または地域に投資することを目的として設立されたクローズドエンド型の投資信託を指す。ファンドは一般的に投資対象国の代表的な銘柄へ分散投資を行うため、投資家は個別銘柄の情報を収集することなく、投資対象国全体の経済成長に沿った投資収益を得られる。カントリーファンドは大阪証券取引所に現在、2ファンドが上場されている（2011年11月現在）。(Y.Mo.)

カントリーリスク（country risk）
　海外の企業と商取引または投資を行う際、対象となる個別企業の固有リスクではなく、その企業が事業を行っている国の環境に由来するリスクをいう。具体的には当該国の政府の債務不履行、極端なインフレーション、法制度の変更、軍事紛争などが挙げられる。カントリーリスクの程度は民間格付会社によって計測され、公表されている。(T.K.)

完備市場（complete market）
　将来の自然状態がn通りあると仮定した場合、ある特定の状態が発生した場合に1支払われ、その他の$n-1$通りの状態が発生した場合には何も支払われないような証券のことをアロー・ドブリュー証券という。このような証券の価格がすべての状態にわたって特定化されている市場を完備市場という。完備市場においては、どのような複雑なキャッシュフローが発生する証券であっても、理論価格を容易に特定できる。(M.T.) ⇨状態価格

元本確保型ファンド
　　　　　（principal protection fund）
　満期時点で、元本が確保できるように構築されたファンドのことをいう。具体的な方法としては、ファンドを満期時点での元本確保を目的とした部分と高いリターンの追及を目的とした部分に分けて運用する方法がある。このとき、元本確保を目的とした部分の運用は、ファンドの満期と残存年数が同じ国債のような安全性の高い資産で運用する。したがって、低金利局面での運用では元本に対するこの部分の比率が高くなる。一方、高いリターンを追及する部分の原資が、結果として少なくなることも多いため、派生商品を使ってレバレッジを掛けた運用を行うなど、比較的大きなリスクを取ることもある。なお、元本確保型商品の多くは元本を確保できるような運用を目標としているが、元本を100%保証するものではない。(S.S.)

ガンマ（gamma）
　オプションなどデリバティブの評価

モデルにおいて、原資産価格の変化に対するデルタの変化を指し、ギリシャ文字でΓ（ガンマ）と表記する。オプションの理論価格は、通常、原資産価格の変化に対して非線形（曲線的に変化すること）であるが、この曲がり方の大きさを表すのがガンマである。オプション等の評価価格w、原資産価格Pに対して、

$$\Gamma = \frac{\partial^2 w}{\partial P^2} = \frac{\partial \Delta}{\partial P}$$

である。すなわちwのPによる2階偏微分であり、デルタ（Δ）のPによる偏微分とも表される。(T.O.) ⇒オプション評価モデル、デルタ、原資産

監理銘柄　（securities under supervision）

証券取引所に上場されている銘柄で、上場廃止基準に抵触する恐れがある場合、その事実を投資家に周知徹底し、注意を促すために指定された銘柄をいう。有価証券報告書への虚偽記載等により上場廃止となるかの審査中の場合は監理銘柄（審査中）、その他の事由により上場廃止となるかどうかの確認中の場合は監理銘柄（確認中）として区別している。審査および確認の結果、上場廃止が決定されると整理銘柄となり、上場廃止基準に抵触していないと決定されると、監理銘柄の指定は解除され、一般の株式銘柄となる。なお、2007年10月17日以降、それまで使われていた「監理ポスト」は「監理銘柄」に、「整理ポスト」は「整理銘柄」に呼称の見直しがされている。(S.S.) ⇒上場基準

関連会社（associate company）

企業が連結会計の対象とする会社を**関係会社**といい、子会社と関連会社がある。子会社は、議決権の過半数を保有するなど実質的に経営を支配している会社である。関連会社は子会社ほどではないが、経営に重要な影響を与える企業をいう。具体的には、議決権の保有比率が高く、資金、人事、技術、取引等の関係を通じて、財務や経営方針に重要な影響を与える場合、その会社は関連会社として連結会計の対象になる。従来は議決権の20％以上という持株基準が適用されていたが、連結財務諸表原則および連結会計基準では、経営への影響力を考慮する影響力基準も適用される。関連会社に対する投資の成果は、持分法によって測定される。この場合、関連会社を**持分法適用会社**ともいう。持分法とは、関連会社の損益や純資産のうち、自社に帰属する部分（持分）を決算に反映させる方法である。連結貸借対照表における投資有価証券や、損益計算書における持分法による投資損益などが、関連会社への投資の成果を反映した項目である。(N.I.)

キ

機会費用（opportunity cost）

ある行動を選択したときには、他の行動はあきらめることになるが、あきらめた行動から得られたはずの利益のうち最大の利益をいう。例えば就職せずに進学した場合、もし就職すれば得られていたはずの報酬が機会費用である。実際に金銭の支払いを伴う会計上の費用とは異なる。(T.K.)

幾何平均（geometric average）
➡ 平均

機関投資家（institutional investors）

主に株式や債券など証券投資による資産運用を行う個人以外の法人の投資家を指す。その範疇にどのような投資家が入るかの明確な定義はないが、世界的には投資信託、年金基金、生命保険会社、財団法人・大学法人などがある。わが国では信託銀行、投資信託、生命保険会社が主要なもので、ほかに農林系金融機関、損害保険、年金基金などもある。商業銀行は本来的には機関投資家ではないが、わが国では実態としては機関投資家的側面を持っている。近年は政府系金融機関、ソブリン・ウェルス・ファンドなども、機関投資家としての活動が目立つようになってきた。機関化現象は証券市場、特に株式市場で機関投資家の売買シェアが高まり、個人投資家のシェアが低下する現象を指す。わが国においては、戦後継続して個人投資家のシェアが低下傾向にあり、機関化現象が進んできたといわれている。米国においては個人投資家のシェアはまだ高いが、1990年代以降に投資信託のシェアが拡大しており、機関化現象が進んでいるともいわれている。(Y.Mo.)

企業改革法
（Japanese Sarbanes-Oxley act）

米国での2002年のSOX法の制定を受けて、日本で導入された金融商品取引法の一部の規定をいい、通称J-SOX法ともいわれる（2006年6月成立）。金融商品取引法では、財務報告に関する内部統制に関連し、上場会社等の経営者による有効性を評価した内部統制報告書の作成と提出の義務化（金商法第24条）と、公認会計士または監査法人による監査証明の義務化（同193条）が定められており、この部分が一般的にJ-SOX法といわれる。(Y.Mi.)

企業会計基準委員会（ASBJ, Accounting Standards Board of Japan）

2001年7月に設立された民間の会計基準設定団体である。公益財団法人財務会計基準機構（FASF）の1組織で、委員長1名、副委員長2名を含む11名の委員からなり、複数の専門委員会やワーキンググループを有する。企業会計基準・企業会計基準適用指針・実務対応報告を開発しており、2012年6月

現在、企業会計基準は第26号、企業会計基準適用指針は第25号、実務対応報告は第29号までがそれぞれ公表されている。

ASBJが開発した会計基準は、金融庁により一般に公正妥当と認められた企業会計の基準として認められることとなる。IASBやFASBなどの海外の会計基準設定主体とコミュニケーションを取り、グローバルな会計基準の開発に貢献している。(S.Y.) ⇨IASB、FASB

企業会計原則 (business accounting principles, accounting principles for business enterprises)

企業会計の実務の中に慣習として発達したものの中から、一般に公正妥当と認められたところを要約したものであって、必ずしも法令によって強制されなくても、すべての企業がその会計を処理するのに当たって従わなければならない基準とされる(企業会計原則の設定について 二 1)。狭い意味では、1949年7月に現在の企業会計審議会の前身である旧経済安定本部企業会計制度対策調査会の中間報告として公表され、その後4度の改正(最終改正は1982年4月)が行われてきた「企業会計原則」を指す。この「企業会計原則」は、一般原則、損益計算書原則、貸借対照表原則からなる。現在では、損益計算書原則と貸借対照表原則の特定の項目については、企業会計審議会から公表された意見書や企業会計基準委員会から公表された企業会計基準等が優先することになっている。(S.Y.)

企業会計審議会 (Business Accounting Deliberation Council, Business Accounting Council)

金融庁(旧大蔵省)の諮問機関で、「①企業会計の基準及び監査基準の設定、②原価計算の統一、③その他企業会計制度の整備改善」など、企業会計に関する重要事項について調査審議し、その結果を内閣総理大臣、金融庁長官または関係行政機関に報告、建議することを任務としている(金融庁組織令第24条)。前身は旧経済安定本部の企業会計制度対策調査会であり、1952年に大蔵省へ移管され改称された。その後、2000年には金融庁へ移管されている。

なお、2001年に企業会計基準委員会が設立された後は、会計基準の設定を新たに着手していない(2003年10月の企業結合に係る会計基準に関する意見書の公表が最後である)。現在、企画調整部会、内部統制部会、および監査部会が置かれ、監査基準の設定や国際対応に関する審議を行っている。(S.Y.)

企業価値 (enterprise value)

証券投資やファイナンスで、投資家の立場から企業の資産を現時点で評価した値をいう。企業は、投資家から調達した資本を用いて事業用資産を購入し、事業を行うことでキャッシュフローを生み出す。この考え方により、企業価値を将来キャッシュフローの現在価値と定義することができる。企業価値を定量的に求めることを企業価値評価という。企業価値評価では、事業リスクを反映した割引率(WACC:

加重平均資本コスト）を用いて、投資家に帰属する将来のフリー・キャッシュフロー（収益）を現在価値に換算する。この方法は、割引キャッシュフロー法（DCF法）や収益還元法と呼ばれ、実務でもよく用いられている。DCF法が企業価値評価に適しているという判例もある。実際には、ある程度の期間のフリー・キャッシュフローを予測し、それ以降の継続価値は簡便的な方法を用いて評価する。EV/EBITDA比率を用いることもある。(N.I.) ➲WACC、DCF法、EV/EBITDA比率

企業年金制度
　　　　　　　　（corporate pension plan）
　企業がその従業員等のために実施する年金制度を幅広く表す。日本では、確定給付企業年金、厚生年金基金、確定拠出年金（企業型）、自社年金などがあり、より広義には、退職一時金制度のように、一時金のみで支払われる制度を含めることもある。企業年金制度は、個々の企業が実施する個々の制度を指す場合と、そのような制度を設けることができる法的枠組みを指す場合がある。corporate pension planの訳語として用いる場合には、前者の意味になるが、日本語としての企業年金制度は、後者の意味の場合も多い。国によって、企業年金制度の実施は任意の場合と強制の場合があるが、日本では企業年金制度の実施は企業の任意である。ただし、実施・変更・廃止等に当たっては、それぞれの所轄法令等に基づいた対応が求められる。日本では歴史的経緯から、確定給付企業年金、厚生年金基金、確定拠出年金（企業型）は、退職一時金制度からの移行によって実施しているケースが比較的多い。(Y.F.)

企業年金二法
　確定給付企業年金法（2002年4月1日施行）と確定拠出年金法（2001年10月1日施行）の2つの法律を指すものとして用いられることが多い。厚生年金保険法の改正によって1966年にスタートした厚生年金基金は、公的年金である厚生年金保険の一部を代行し、終身年金を原則とする等の制約があるが、次のような状況の変化から、代行を行わず、労使の合意で柔軟に設計ができる企業年金制度の創設の要望が政府に対して寄せられた。
・資産運用環境の悪化等により財政状況が厳しくなった。
・2000年4月から適用された退職給付会計基準に基づく代行部分の債務評価が、年金制度上の債務額より非常に大きなものになった。
　このため、確定給付企業年金法が成立し、国の厚生年金の代行を行わず、上乗せの給付のみを行う仕組みとして、確定給付企業年金の実施が可能になった。厚生年金基金は確定給付企業年金への移行が可能であり、その場合には、代行部分の支給義務とそれに見合う年金資産は厚生年金保険の本体へ返還する。これは一般に代行返上と呼ばれる。確定給付企業年金法の成立で、10年後の2012年3月で廃止されることになった適格退職年金の受け皿として、適格

退職年金を確定給付企業年金へ移行することが認められた。確定拠出年金法の成立によって、加入者が運用対象を選択し、運用リスクを負う仕組みである確定拠出年金の実施が可能になった。確定拠出年金へは、厚生年金基金、適格退職年金からの移換のほかに、確定給付企業年金、退職一時金制度からの移換も可能である。(Y.F.)

企業買収（合併・買収）➡ M&A

議決権（voting right）

株式会社の基本方針を定める最高意思決定機関である株主総会に参加して説明を受けたり発言をし、総会での決議事項に賛否を表明する権利をいう。株主は1単元株につき1票の議決権を保有するが、売買単位未満の株主には議決権がない。また、当該会社が保有する自己株式や、相互保有株式（4分の1以上相互保有される会社等の保有する株式）にも議決権がない。議決権は共益権の1つであり、その過半数によって取締役の選任が可能になることから、経営参加権とも呼ばれる。議決権行使の方法は、株主総会に出席して行使することが原則であるが、一定の場合には書面や電磁的記録による行使も可能である。株主総会の決議事項には、出席株主の過半数の決議で決する普通決議と3分の2以上の賛成を必要とする特別決議がある。(Y.Mi.) ➡ 特別決議

危険資産（リスク資産）（risk asset）

無リスク資産（安全資産）に対して、将来得られる収益が不確実性を伴う資産をいう。市場で取引されている大半の資産は、将来の価格が定かでないため危険資産である。株式が典型的な危険資産である。債券（固定利付債）はデフォルト（債務不履行）が起こらなければ、予め定められた設定どおりに利子と元本が支払われるため、安全資産と分類されることもあるが、満期前に価格評価する場合には、金利水準や信用リスクの変化の影響を受けて時価が変動するため、危険資産と位置付けられる。(M.T.)

期先・期近

（distant・nearby/near maturity）

先物・オプション取引では、限月（げんげつ）といって決済の期限があるが、その取引最終日が近いものを期近（きぢか）（物）、遠いものを期先（きさき）（物）と呼ぶ。同一商品の先物の異なる2つの限月、つまり期近物と期先物を利用した代表的な取引として、限月間スプレッド取引がある。限月間スプレッド取引とは、期近限月取引と期先限月取引、例えば、3月限月と6月限月の2つの取引の間の価格差（スプレッド）を呼値として取引を行い、1つの取引で、2つの限月取引について同時に売りと買いの反対のポジションを成立させることができる取引を指す。スプレッドが一定水準以上に乖離したときには割高な限月を売り建て、同時に割安な限月を買い建て、その後、スプレッドが一定水準に戻ったところで、それぞれの先物取引について反対取引を行い、利益を得る取引である。また、

限月間取引は、期近物で保有するポジションを期先物にロールオーバーする際にも利用される。(A.I.) ⊃ 限月

基準化(standardization)

期待値 μ、分散 σ^2 の確率変数 X から期待値 μ を引いて標準偏差 σ で割ることによって、期待値0、分散1の確率変数 Z に変換することを確率変数の**基準化**という。すなわち、

$$Z = \frac{X - \mu}{\sigma}$$

である。**標準化**とも呼ばれ、標準化によって生成される確率変数 Z のことを標準化変数という。特に、確率変数 X が正規分布に従うとき[$X \sim N(\mu, \sigma^2)$]、Z は標準正規分布に従う[$Z \sim N(0, 1)$]。データの基準化とは、標本平均 $\bar{x}$、標本分散 s^2 のデータ $x_1, \cdots, x_n$ を、

$$z_i = \frac{x_i - \bar{x}}{s} \quad i = 1, \cdots, n$$

と変換することによって、標本平均0、標本分散1のデータ $z_1, \cdots, z_n$ に変換することである。また、変換後のデータ $z_1, \cdots, z_n$ を標準得点と呼ぶ。(R.S.)

基準価格〔投資信託〕(base price)

受益権1口当たりの時価(純資産価値)を示す価格を指す。基準価額ともいう。信託財産の資産時価総額から、未収益分配金や未払委託者報酬などの負債総額を控除したものが純資産総額で、それを残存受益権口数で除して算出する。投資信託の運用パフォーマンスを示す数値として、基準価格の騰落率が用いられる。(Y.Mo.)

期待仮説 ➡ **市場分断仮説**

期待効用(expected utility)

経済学では、財を消費したときに得られる満足度を効用と呼ぶ。市場に不確実性が存在し、複数の状態が発生する確率がそれぞれ与えられているとき、それぞれの状態がもたらす効用を加重平均したものが期待効用となる。フォン・ノイマンとモルゲンシュテルンは、合理的な投資家は複数の投資案件からの選択に当たって、最大の期待効用をもたらす投資案件を選ぶものであることを、幾つかの簡単な前提条件から導き出した。人間は効用の期待値を最大にすべく行動するという主張のため、これをフォン・ノイマン・モルゲンシュテルンの期待効用最大化原理と呼ぶ。(T.K.)

期待値(expectation)

確率変数が取る値を確率で重み付けした加重平均で、母平均とも呼ばれる。確率変数 X の期待値を記号では $E(X)$ と表す。確率変数が離散型の場合、確率変数 X が取る値を $x_1, \cdots, x_n$、各値を取る確率を

$P(X = x_i) \quad i = 1, \cdots, n$

とすると、

$$E(X) = \sum_{i=1}^{n} x_i P(X = x_i)$$

である。確率変数が連続型の場合、確率変数 X の確率密度関数を $f(x)$ とすると、

$$E(X) = \int_{-\infty}^{\infty} x f(x) dx$$

である。

確率変数Xの任意の関数$g(X)$についても同様に期待値$E[g(X)]$を定義することができる。すなわち、確率変数Xが離散型の場合、

$$E[g(X)] = \sum_{i=1}^{n} g(x_i) P(X=x_i)$$

Xが連続型の場合、

$$E[g(X)] = \int_{-\infty}^{\infty} g(x) f(x) dx$$

である。

X, Yを確率変数、a, bを定数とすると、以下の法則が成り立つ。

① $E(a) = a$
② $E(aX) = aE(X)$
③ $E(aX + bY) = aE(X) + bE(Y)$
(期待値の加法性) (R.S.)

期待リターン (expected return)

投資は将来に向けて行われるものであり、投資対象資産の将来期待されるリターンをその分布の期待値で表したものをいう。期待収益率と呼ばれることもある。一般にリスク資産の将来のリターンは不確実であり、確率変数として扱われる。したがって、将来のリターンの分布は確率分布としてとらえられ、この確率分布の期待値を取ることで期待リターンが求められる。ただし、将来の確率分布を推定することは難しく、一般にはリターンそのものの過去データから推定する方法（ヒストリカルデータ法）や、リスクプレミアムから推定する方法（ビルディングブロック法）、さらにはストラテジストの将来シナリオ予測から推定する方法（シナリオアプローチ）などがある。過去に実際に発生したリターンは実績リターンと呼ばれる。(S.S.)

希薄化 (dilution)

増資等により発行済株式数が増えることで、1株当たり利益（EPS）が減少することをEPSの希薄化という。増資により調達された資金は、実物投資等を通じて、収益性の向上につながる。ただし、利益やキャッシュフローとして成果が出てくるのは将来である。一時的には、当期純利益はほとんど増えず、株数が増えるため、EPSは減少することが多い。新株予約権付社債を発行する場合は、将来の増資や株式分割によって保有者の価値が希薄化されないように、条件を調整する条項が付される。これを**希薄化防止条項**という。(N.I.)

希薄化防止条項

(anti-dilution provision) ➡ 希薄化

帰無仮説 ➡ 仮説検定

逆選択 (adverse selection)

情報の非対称性を経済学的に分析した成果が逆選択である。情報量の多い経済主体は、情報が少ない経済主体に対して、粗悪なものを良質と偽って取引しようとする。情報が少ない経済主体は、このリスクを避けるため、（良質であっても）一定の確率で粗悪であることを前提に対価を付ける。その結果、市場では粗悪なものしか選択・取引されない。良質なものが選択されないために逆選択といわれる。証券投資の分野では、企業と投資家の間に情報

の非対称性がある場合、公募増資において逆選択の可能性がある。公募増資は、有益な投資を行う資金を調達するため、企業が投資家に株式を売却する取引である。投資家は投資機会が悪質であることを恐れ、低い株価でしか増資に応じない。このように公募増資後に株価が下落する現象は、逆選択で説明される。株価下落を嫌がる企業は、内部資金調達を優先し、次いで負債調達を選ぶ。資金調達に関するこの選好順位をペッキングオーダーという。(N.I.) ●情報の非対称性

逆張り戦略（contrarian strategy）

価格が上昇した銘柄を売り、下落した銘柄を買うことで収益の獲得を狙う投資戦略をいう。コントラリアン戦略と呼ばれることもある。逆に、価格が上昇したものを買い、下落したものを売る戦略を、順張り戦略、モメンタム戦略あるいはトレンド（フォロー）戦略という。個別銘柄の価格変動の特性として、モメンタムが存在すればモメンタム戦略すなわち順張り戦略が優位であり、リターンリバーサルが存在すればコントラリアン戦略すなわち逆張り戦略が優位となる。なお、市場全体が上昇している中で上昇している資産を購入し、下落している中で下落している資産を売却すると、取引コストが比較的大きくなる傾向がある。逆に、市場全体が上昇している中で上昇している資産を売却し、下落している中で下落している資産を購入すると、取引コストが比較的小さくなる傾向がある。資産配分の比率を一定に保つリバランス戦略は、代表的な逆張り戦略である。(S.S.) ●モメンタム効果、リターンリバーサル効果

キャッシュ・バランス・プラン
（cash balance plan）

DBの給付設計の一種で、DCの個人別の勘定に似た仮想的な個人勘定を設け、給付額を仮想的な個人勘定を基に規定する制度である。仮想的な個人勘定の計算には、仮想的な掛金と仮想的な運用利率が用いられ、それぞれの計算方法は規約で定められる。仮想的な個人勘定は計算上のものであって、DCの個人別の勘定のような運用対象を直接持たない。そのため、仮想的な個人勘定の残高は、現金と同様に計算されるとのニュアンスからキャッシュ・バランスと呼ばれ、それを用いる制度という意味でキャッシュ・バランス・プランと呼ばれる。何らかの意味で、DBの特徴とDCの特徴を持つ制度をハイブリッド・プランと呼ぶことがあるが、キャッシュ・バランス・プランはその中の1つとされる。キャッシュ・バランス・プランは、米国において1980年代に発案されたもので、大企業を中心に採用が見られた。その後、同給付設計を非合法とする法解釈が登場する動きがあったが、2006年に成立した企業年金保護法によって一定の条件を満たす場合について合法とすることが明確化された。米国におけるDBの伝統的な給付設計は、年金額が退職時の給与や勤務期間中の最高給与に比例するものとして定義される終身年金であるのに対して、キャッ

シュ・バランス・プランでは、仮想的な掛金を用いることで勤務期間全体の給与が給付額の計算に用いられる点、および仮想的な個人勘定をベースにした一時金支給を原則とするという点が、基本的な特徴とされる。これによって、キャッシュ・バランス・プランは、簡明性や公平性に優れ、ポータビリティに資する制度として、評価されている。日本では、確定給付企業年金法の施行に伴う法令等の整備によって、2002年4月から確定給付企業年金および厚生年金基金においてキャッシュ・バランス・プランの採用が可能となった。日本では、それまでのDBの給付設計で固定的な給付利率が用いられていたことに対して、キャッシュ・バランス・プランでは、仮想的な運用利率として国債の利回り等に連動する率を用いる設計が可能である点がクローズアップされている。(Y.F.)

キャッシュフロー（cash flow）

原則として、現金の流入・流出、すなわち現金収支のことをいう。ファイナンスでは、しばしば利益等よりも重視される。企業価値を求めるために割引キャッシュフロー（DCF）法を用いるとき、企業の生むフリー・キャッシュフローは、事業からのキャッシュフローと投資のキャッシュフローに分けられ、以下のように求められる。

・事業からのキャッシュフロー
 ＝（売上高－現金支出を伴う費用－減価償却費）×（1－法人税率）＋減価償却費
 ＝営業利益×（1－法人税率）＋減価償却費
・投資のキャッシュフロー＝設備投資額＋正味運転資本増加額
・フリー・キャッシュフロー＝事業からのキャッシュフロー－投資のキャッシュフロー

また、企業会計制度上、キャッシュフローは、連結キャッシュ・フロー計算書において開示されている。ここでいうキャッシュとは、「現金及び現金同等物」のことである。連結キャッシュ・フロー計算書においては、営業活動によるキャッシュ・フロー、投資活動によるキャッシュ・フロー、および財務活動によるキャッシュ・フローの3つに区分されて示される。なお、DCF法で用いる事業からのキャッシュフローでは、営業活動によるキャッシュ・フローで控除されている支払利息は控除せず、そこで含まれている正味運転資本増加額は含まないなどの違いがある。

なお、株式価値算定に使われるキャッシュフローに、株主が自由に使えるキャッシュフローという意味の、株主に対するフリー・キャッシュフロー（FCFE, free cash flow to equity）があり、以下の式で表される。
FCFE＝純利益＋減価償却費－設備投資額－正味運転資本増加額＋負債増加額
(S.Y.) ⊃フリー・キャッシュフロー

CATボンド（catastrophe bond）

損害保険会社などが、大規模自然災害の補償に直面することによる損失の発生を回避するために売り出す債券で、

大災害債券とも呼ばれる。保険会社にとっては再保険の代替手段でもある。再保険ではリスクを別の損保会社が負うことになるのに対し、CATボンドは投資家（債券購入者）がリスクを分散して負うことになる。投資家はCATボンドを保有することにより、一般債券より高い利率での金利（LIBORに一定のスプレッドを上乗せするのが一般的）を受け取れる。反面、事前に取り決められた条件、例えば特定地域に直撃した台風や一定のマグニチュードを超えた地震などの災害が発生した場合に、CATボンドの保有者は元本の償還が受けられなくなる等の不利益がある。発行者はこうして得た資金を補償に充てることになる。1992年の米国に大被害をもたらしたハリケーン・アンドリューで自然災害リスクを証券化する考えが生まれ、補償補填の多様化ニーズのある発行体とリスク分散ニーズのある投資家が結び付いた。(A.I.)

キャップ（cap）

金利オプションの1種で、予め定めた金利（例えば6ヵ月LIBOR「London Inter-Bank Offered Rate」）が一定の値（これを行使レートという）を超えた場合に、ペイオフが生じるものをいう。キャップの期間（例えば5年）を通じて、一定期間ごと（6ヵ月LIBORの場合、金利適用期間に合わせて6ヵ月ごととするのが一般的）に、その時点の金利に基づいて次の支払額が決定されるのが、典型的なキャップの例である。この場合、6ヵ月ごとの実際の支払額は、

MAX（6ヵ月LIBOR－行使レート、0）（年率％）

を金利適用期間の日数と想定元本額を用いて換算した額となる。6ヵ月ごとにその時点の金利に基づいて支払額が確定し、その6ヵ月後に実際の支払いが行われる（金利が前決めされる）形態のものが一般的である。

一方、金利（例えば6ヵ月LIBOR）が逆に一定の値を下回った場合に、

MAX（行使レート－6ヵ月LIBOR、0）（年率％）

が支払われるものを、**フロア**と呼ぶ。また、フロアとキャップを組み合わせたもの（一方を購入し、他方を売却する）を、カラーと呼んでいる。(T.O.)
➪ 金利オプション、ゼロコストカラー

キャピタルゲイン（capital gain）

時価変動するリスク資産の価格が購入時点より上昇した高い価格で売却して得られる利益をいう。逆に下落した状態で売却した時に失う損失を、キャピタルロスという。なお、資産を購入すると、配当や利息が得られる資産もある。この利益はインカムゲインと呼ばれ、キャピタルゲインと合わせたリターンをトータルリターンという。(S.S.) ➪ インカム

キャピタルコール（capital call）

ベンチャーキャピタルファンドや不動産ファンドなどの投資ファンドには、ファンド組成時に一括して全資金の払込みを投資家へ要求するファンドと、キャピタル・コール・アグリーメント

という契約書に従い、予め決められた期間内で投資の進捗状況に応じて決められた出資上限の範囲で投資家が資金を段階的に提供するファンドがある。後者はキャピタルコール方式と呼ばれ、必要に応じて、投資ファンドが投資資金の払込みを投資家に要求することをキャピタルコールという。これは、投資期間が比較的長期かつ大きな額となるため、投資開始時点での一括払込みは投資家にとってだけでなく、運用者にとっても当面使う予定のない資金を保有することが大きな負担となるために、設けられた手法である。(S.S.)

GAAP (generally accepted accounting principles)

一般に認められた会計原則。**一般会計原則**や**一般に公正妥当と認められた会計原則**と呼ばれることもある。一般的には、具体的な会計原則・会計基準を指すというよりも、会計基準設定主体の公表物や証券監督庁の規制なども含まれる総体として用いられる。実務慣行の中から一般的なもの、または一般的承認を受けているものを帰納したものとされる。その発祥は米国にあるが、現在では米国以外でもこの概念は用いられている。(S.Y.)

キャリーコスト (carry cost, carrying cost)

現物を取得するための調達コスト（例えば短期金利）から、現物を取得することで得られる利益（例えば配当）を差し引いた値をいう。持ち越し費用や理論ベーシスと呼ばれることもある。先物理論価格は現物価格とこのキャリーコストを合計したものとなり、先物を持つ代わりに現物を保有した場合に掛かる費用と解釈できる。現物を取得するための調達コストと現物を取得することで得られる利益を比較して、資金調達コストが利益より大きければキャリーコストはプラス（ポジティブキャリーという）でプレミアムの状態となり、逆に資金調達コストの方が利益より小さければキャリーコストはマイナス（ネガティブキャリーという）でディスカウントの状態となる。一般にキャリーコストは、先物の最終取引日が近づくにつれてゼロに収束していくことになる。(S.S.)

キャリードインタレスト (carried interest)

ヘッジファンドやプライベートエクイティ投資を行う運用会社の運用収益が目標リターンを上回った場合に、ファンドマネジャーが受け取る報酬をいう。預かり資産の一定割合を報酬として受け取ることに加えて、運用のリターンが目標収益に対してプラスとなった場合、このプラスのリターンに対して一定割合が支払われる報酬のことで、成功報酬とも呼ばれる。運用者は、高い運用成果が得られない限り高い報酬を得られないため、合理的な報酬体系とも考えられるが、運用者の過度なリスクテイクなどを管理する必要があり、問題点も指摘されている。なお、キャリードインタレストは、もともと石油や天然ガスの採鉱・開発権利保有者間の利益配分に関する慣行とし

キャリートレード (carry trade)

金利の低い通貨建てで資金を調達し、相対的に金利の高い通貨で資金を運用することで、金利差を活用して利鞘を稼ぐことを目的とする運用手法である。特に円建てで資金調達をして他の通貨で運用する場合に、調達通貨名を頭に付けて、円キャリートレードと呼ばれる。大手機関投資家やヘッジファンドなどの間では有力な投資手法の1つとされる。円キャリートレードの場合、調達した円を運用対象となる他の通貨に交換するため、円売りが発生する場合が多く、円安の要因となる可能性がある。また、市況環境の変化などにより、いったん実行した円キャリートレードを解消する場合には、逆のマネーフローが生じ、円高を誘発する可能性がある。日本の個人投資家の間に浸透した外為証拠金取引で、円売り、米ドル買いのポジションを保有することも一種の円キャリートレードと言える。(A.I.)

QFII (qualified foreign institutional investors)

中国における適格海外機関投資家のことである。2002年12月にQFIIによる中国証券市場への投資を条件付きで正式開放し、人民元建て中国本土株(上海A株、深圳A株)の売買を可能にした。QFIIの対象となるのは、投資信託会社、保険会社、証券会社、およびその他の資産管理機関とされており、対象となる事業者の資産規模には一定の条件があるため、大手企業でなければ参入しにくい状況となっている。(A.I.) ●中国株

Qレシオ (Q ratio)

企業の将来の収益性や企業資産の利用効率性を表す指標の1つ。トービンによって提唱されたことから、トービンのqとも呼ばれる。時価総額(または時価総額と負債時価の合計)を純資産の再調達原価(replacement cost)で割って計算される比率。データの入手可能性から、簡便法として、時価総額と負債の簿価の合計(または時価総額)を純資産簿価で割って算出される。(S.Y.)

業種別株価指数 (sector index)

上場銘柄を業種別に分類し、指数化した株価指数である。代表例の東証業種別株価指数は、東証一部に上場している内国普通株式全銘柄(TOPIXの構成銘柄)を、「証券コード協議会」が定める業種区分に基づき33業種に区分した「時価総額加重型」の株価指数である。基準日である1968年1月4日の各業種別時価総額を100ポイントとし、現在の各業種の時価総額を指数化して表示している。(A.I.)

共分散 (covariance)

2つの確率変数もしくは2つのデータ集合の相互連動によるばらつきを表す値である。2つの確率変数 X, Y の(母)共分散 $Cov(X, Y)$ は、それぞれの確率変数 X, Y からそれぞれの期待

値 $E(X), E(Y)$ を引いた差の積の期待値である。すなわち、

$Cov(X, Y)$
$= E[(X - E(X))(Y - E(Y))]$

と定義される。

$Cov(X, Y) = E(XY) - E(X)E(Y)$

と書き換えられる。$Cov(X, Y) > 0$ ならば、2つの確率変数 X, Y は大小が同じ方向に連動しがちで、$Cov(X, Y) < 0$ ならば反対方向に連動しがちである。また、2つの確率変数 X, Y が独立ならば、$Cov(X, Y) = 0$ となる。ただし、$Cov(X, Y) = 0$ であっても、2つの確率変数 X, Y が独立であるとは限らない。

2つのデータ集合 $\{x_1, \cdots, x_n\}$, $\{y_1, \cdots, y_n\}$ の(標本)共分散 S_{xy} は、それぞれのデータ $x_i, y_i (i = 1, \cdots, n)$ からそれぞれのデータ集合の平均 $\bar{x}, \bar{y}$ を引いた差(これを偏差という)の積の平均である。すなわち、

$$S_{xy} = \frac{1}{n} \sum_{i=1}^{n} (x_i - \bar{x})(y_i - \bar{y})$$

である。性質は確率変数の(母)共分散の場合と同じである。(R.S.)

恐怖指数 ➡ **VIX指数**

曲率(curvature)

曲線の曲がり具合を表す数値である。関数 $f(x)$ が与えられたときに、

$$-\frac{f''(a)}{f'(a)}$$

を $f(x)$ の $x = a$ における曲率という。ただし、$f'(a), f''(a)$ はそれぞれ $x = a$ における $f(x)$ の一階微分と二階微分の微分係数である。

投資家の富を W として、効用関数を $U(W)$ とすると、効用関数の曲率

$$-\frac{U''(W)}{U'(W)}$$

を投資家の絶対的リスク回避度という。

また、イールドカーブの変動を主成分分析すると、第3主成分が短期債および長期債では低く、中期債で高い値を取ることから、曲率ファクターと呼ばれる。(R.S.)

金額加重収益率
(dollar-weighted rate of return)

ファンドのリターンを評価する方法の1つで、評価期間中の資金の流出入の影響を考慮したリターンの算出法で、内部収益率(IRR)と同じ定義式から計算できる。金額加重収益率は、評価期間の期初と期末の時価および期中の資金の流出入額とその時期がわかれば、計算できる。内部収益率の定義式からわかるように、期中の資金の流出入の時期や大きさが変わると、算出されるリターンも変わる。金額加重収益率は資金の流出入額の大きさと時期の効果を考慮した総合的なリターン尺度である。したがって、資金の流出入を自分自身でコントロールできる運用者の評価には金額加重収益率が適し、資金の流出入を自分自身でコントロールできない運用者の評価には時間加重収益率が適している。(S.S.) ⊃ 時間加重収益率

緊急経済安定化法(Emergency Economic Stabilization act of 2008)

2008年10月、リーマン・ショック後の経済危機に対処するため、米国で成

立した法律である。この法律で最も重要な部分は、財務省が金融機関から最大7,000億ドルの不良債権の購入を可能とする不良資産救済プログラム（TARP）であるが、その後、解釈変更により金融機関に対する資本注入にも資金が使用された。(T.K.)

金庫株
　　　　（treasury stock, treasury share）
　発行会社が保有している自己株式を指す。わが国においては、株式消却やストックオプションなどの目的規制や数量規制があったが、2001年の商法改正により、特定の取得目的がなくても自己株式の保有を認めた。取得価額の総額は、配当可能利益の範囲内とされている。(Y.Mo.)　→株式消却

金融危機（financial crisis）
　信用の過剰な拡大や資産価格の大幅な上昇が続いた後、金融引締めなど何らかの原因でその状況が反転すると、銀行など金融機関においては不良資産が増加して経営内容が悪化する。債務超過に陥ったり経営が悪化した金融機関は、預金の取付けや短期金融市場での資金調達難などにより、資金繰りが維持不能となり破綻する。破綻まで至らない金融機関でも融資の減少など信用の急激な収縮が発生し、実体経済にも大きなダメージを与える。このような状態が金融危機である。規模の大きい金融機関の場合、経済に与える影響の大きさから政府が公的資金を投入して救済することが多い。しかし、その後、政府債務が増加して財政危機を招く例もしばしば見られる。1920～30年代の大恐慌、90年代末の日本の山一証券、北海道拓殖銀行の破綻、2008～09年のリーマン・ショックなどが、金融危機の例として挙げられる。(T.K.)

金融規制改革法（Dodd-Frank act）
　金融危機の再発防止を目的に、2010年7月に成立した米国の包括的な金融規制法で、大恐慌以来約80年ぶりの大型改革である。法案成立の中心的役割を果たした2名の委員長の名前から、ドッド・フランク法ともいわれる。2012年3月現在、施行に向けた決定事項を検討中の部分はあるが、銀行がリスクの高い事業に傾斜するのを防ぐ「ボルカー・ルール」を導入するなど、巨大金融機関に対してより厳格な規制を課す一方、秩序だった破綻処理の枠組みを整備する方向である。(Y.Mi.)
→ボルカー・ルール

金融工学（financial engineering）
　工学の分野で開発し利用されている手法を使い、ファイナンスに関連した問題を解決する実践的な研究分野である。実際には計算機の能力を最大限に生かしたオペレーションズ・リサーチや、乱数を使った資産価格評価やリスク管理手法など、現実的な問題解決の方法を示してくれる学術分野の1つである。しかし、金融工学に関する明確な定義が存在するわけではない。例えば、日本では金融工学をより広い意味で使用することが多く、「ファイナンス」と同義語で使われることがある。ここでいう「ファイナンス」とは、

1952年にハリー・マーコウィッツ（Harry Markowitz）が示した平均分散投資に始まる投資理論を指している。サブプライムローン問題（2007年）や世界同時金融危機（2008年）の発生に対して、「金融工学」は無力であっただけでなく、事態の悪化を助長させたという非難を浴びることとなったが、一方で「金融工学」を利用する側に問題があったとの指摘もある。(S.S.)

金融先物取引（financial futures）

金融関連の金利、為替などの先物取引である。東京金融取引所には、ユーロ円3ヵ月金利先物や取引所為替証拠金取引などが上場されている。このうちユーロ円3ヵ月金利先物は、元本1億円単位、100から年利率（％、90/360日ベース）を差し引いた数値を表示価格とした取引が行われる。直近限月に売買が集中する株価指数先物などと異なり、金融先物取引はフォワードレートに連動する将来金利の取引のため、かなり期先の先物取引まで売買が行われる、という特徴がある。また、東京金融取引所には金融関連のオプションとして、ユーロ円3ヵ月金利先物オプションも上場されている。(T.O.)

金融商品取引法（Financial Instruments and Exchange act）

2006年6月に、証券市場における有価証券の発行・売買その他の取引について規定した証券取引法が改正されて成立した法律である。同時に4法律を廃止し、その他89の法律を改正して金融商品取引法に統合された。略称は金商法。政府行政が「貯蓄から投資へ」と舵を切る中、投資家保護のための投資環境整備が課題として認識されたほか、粉飾決算やインサイダー取引など市場の公正性を揺るがす不祥事が相次ぎ、市場の信頼を取り戻す必要に迫られたことが法改正の背景にある。法改正のポイントは主に以下の4点である。①投資サービス法制の構築。これは規制対象商品（有価証券、デリバティブ）の拡大、規制対象業務の横断化、業者が遵守すべき行為規制、属性（特定投資家と一般投資家の区分など）に応じた行為規制等、参入規制の柔軟化などが主な内容となっている。②開示（ディスクロージャー）制度の拡充。四半期開示の法定化や財務報告に係る内部統制の強化など上場会社における開示の充実、公開買付制度の見直し、大量保有報告制度の見直し等が含まれる。③取引所の自主規制業務の適正な運営の確保。取引所の株式会社化による「営利」と、取引所取引の公正性・透明性確保に向けた自主規制機能との間の利益相反を防ぐための施策が規定されている。④罰則の強化。風説の流布や相場操縦、インサイダー取引などの不公正取引などに対する罰則強化、見せ玉行為についての罰則適用範囲の拡大などが含まれる。(A.I.)

金融派生商品（derivative, derivative instrument）➡ **デリバティブ**

金融ビッグバン（financial big bang）

ビッグバンとは1986年に英国で行わ

れた金融市場改革で、取引所会員権の開放や売買手数料の自由化などが実施された。結果的には海外資本がロンドン証券市場へ参入し、金融市場が活性化した（ウィンブルドン現象）。日本でもこれに倣って1996年から2001年にかけ、Free、Fair、Globalをスローガンとして順次金融市場改革が進められ、これを金融ビッグバン（日本版ビッグバン）と呼んでいる。具体的な導入措置として、証券総合口座の導入、証券デリバティブの全面解禁、債権流動化、証券会社の業務多角化、持株会社制度の活用、株式売買委託手数料の自由化、証券会社の免許制から登録制への移行、証券子会社、信託銀行子会社の業務範囲制限の撤廃、保険会社と金融他業態との間の参入解禁、取引所集中義務の撤廃、店頭登録市場における流通面の改善、連結財務諸表制度の見直し、などが挙げられる。(T.K.)

金融持株会社（holding company of financial institutions）

銀行、信託銀行、証券会社、保険会社、リース会社、ベンチャーキャピタルなど、傘下企業の大半が金融に関する事業を行うグループの持株会社をいう。日本では第二次世界大戦後、財閥解体の一環として金融持株会社の設立は禁じられていたが、1998年の独占禁止法の改正により設立が解禁された。それまでの護送船団方式から金融自由化に政府行政の舵が切られたことで、国内金融機関の体質強化、国際競争力の向上が必要になったことが背景にある。金融持株会社の導入により、銀行、証券、保険など業種の垣根を越えた再編が促される効果や、機動的に経営戦略を展開するようになる効果が見込まれる。また、1つの傘下企業の業績が悪化しても、他の傘下企業に影響が及び難いこともメリットとして挙げられる。一方で、金融持株会社の利点が発揮されるためには、各傘下企業の独立性とグループの求心力が共に保たれるというバランスが重要とされている。(A.I.)

金利オプション（interest rate option）

ペイオフが金利水準に依存するオプションである。東京金融取引所のユーロ円3ヵ月金利先物オプションや、店頭取引されるキャップ、フロアなどが例として挙げられる。キャップ／フロアは、個々の支払い期日に対応する金利オプションの集合と考えられるが、その1つ1つのオプションを、キャップレット／フロアレットと呼ぶ。金利オプションは、金利のフォワードレートを対象とするオプションと考えられる。一般にはフォワードレートは年限によって異なるため、行使レートが単一（キャップレット間で共通の行使レート）であるキャップにおいても、個々のキャップレットごとに、イン・ザ・マネー、アウト・オブ・ザ・マネーの程度には相違が生じることになる。(T.O.) ➲オプション、キャップ、ペイオフ

金利裁定（interest arbitrage）

金融資産（商品）の金利に差が存在するとき、金利の低い資産（商品）を

空売りし（資金調達）、金利の高い資産（商品）を購入して、リスクを取ることなく利益を獲得することをいう。債券の現物市場と先物市場、コールやCD金利、2国間の金利差などに着目した金利裁定がある。これらの金利差は金利裁定取引により縮小することになる。なお、2国間の金利差に着目した金利裁定はキャリートレードと呼ばれ、活発な金利裁定が行われている。本来は、2国間の金利差による利益は為替変化により相殺されるはずであるが、実際の市場では相殺されていないことが知られている。(S.S.)

金利・税・減価償却・その他償却前利益（earnings before interest, taxes, depreciation and amortization）
➡ **EBITDA**

金利・税引前利益（earnings before interest and taxes）➡ **EBIT**

金利の期間構造
（term structure of interest rates）
ある時点での金融資産の利回り（金利）と残存期間との間の構造的な関係を示す。一般的にデフォルトリスクが同じ程度の債券なら、利回りと残存期間には一定の関係があるとされる。この関係は縦軸に金利、横軸に残存期間を取った平面上に、両者の関係を示した利回り曲線（イールドカーブ）で示される。通常は利回り曲線は右上がり、すなわち残存期間が長くなるほど利回りが高くなる傾向がある（順イールドと呼ぶ）が、金利の先行きに対する期待によって、右下がり（残存期間が長くなるほど利回りが低下する）の局面（逆イールド）も見られる場合がある。

金利の期間構造に関する伝統的な理論としては次の3つがよく知られている。市場で取引されている長期金利は、その残存期間に対応する将来の短期金利の予想値の積重ねに等しいという考え方を基にイールドカーブの形状を考える純粋期待仮説、投資家がリスク回避的な行動を取る中で、不確実性を補償するため残存期間が長くなるほど流動性プレミアム（利回りの上乗せ）を要求する流動性プレミアム仮説、短期金利と長期金利はそれぞれの規制や投資家の異なった選好により、両者の代替性が高くないという市場分断仮説である。(Y.Mo.) ⊃ イールドカーブ

金利の3ファクターモデル
（three-factor interest rate model）
債券の残存期間と利回りの関係を利回り曲線（イールドカーブ）というが、この形状もしくは変化を3つの要因で説明しようとするモデルで、3ファクター金利期間構造モデルともいう。具体的な3つのファクターは、金利の水準（level）、傾き（slope）、曲率（curvature）である。主成分分析と呼ばれる統計的な手法を用いて実際の債券市場における金利の期間構造を分析したところ、利回り曲線の変化は、利回り曲線の水準の全体的な変化（パラレルシフト）、傾きの変化（ツイスト）、曲率の変化によって説明できることが示されている。(M.T.)

金利パリティ(interest rate parity)

2国間の為替レートの直物レートをS、先渡レートをFとするとき、両者の比率は、両国の金利格差によって以下のように表せる。ただし、ここでは為替レートを円/ドルレートとし、rを日本国内の金利、Rを米国の金利とする。この関係式をカバー付き金利パリティもしくは単に金利パリティ(金利平価)という。

$$\frac{F}{S} = \frac{1+r}{1+R}$$

例えば、現在の円/ドルレート(S)が100円、国内の金利が1%($r=0.01$)、米国の金利が5%($R=0.05$)とする。このとき、投資家にとっては、国内で運用して1%の利子を稼ぐか、資金を現在のSでドルに変換したうえで5%の金利を稼ぎ、将来の先渡レート(F)で円転換を予約するか、2通りの運用方法が選択できる。金利パリティは、どちらの方法で運用しても投資結果が変わらないようなFとSの均衡関係を表しており、上の例ではFの理論値は$F/100 = (1+0.01)/(1+0.05)$より約96円になる。この関係が成立していない場合には、金利パリティが成立するまで、利鞘を稼ごうとする裁定取引が続くと想定されている。(M.T.) ⇒カバーなし金利パリティ

金利リスク(interest rate risk)

価格が金利に影響される資産の場合に、その金利変化に対する価格変動の大きさをいう。債券であれば、金利が上昇すると債券価格は下落し、金利が低下すると債券価格は上昇する。価格変動の大きさは、金利の低下(上昇)の大きさ、満期までの期間の長さ(期間が長いほど価格変化は大きく金利リスクは大きい)、クーポンの大きさ(クーポンが大きいほど価格変化は小さく金利リスクは小さい)により異なる。ただし、債券を満期まで保有すれば、期中の金利変動の影響はない。なお、金利は期間の長さにより異なるので金利の期間構造でとらえる必要があり、価格変化の大きさも本来は期間構造の変化で評価する必要がある。(S.S.)

ク

クォートドリブン(quote driven)
→ **オーダードリブン**

クオンツ
(quants, quantitative analyst)

　数理的・計量的な分析手法を用いて、証券運用や金融取引を分析することやその分析者を指す。クオンツ運用は、主に計量的分析手法を用いた資産運用を指す。もともとクオンツは、証券投資管理やリスク管理、デリバティブ取引などを分析対象としていたが、金融数学を用いた計量的な分析、運用、取引も対象として広がっている。金融取引での応用例としては、統計的アービトラージ取引、アルゴリズム取引などがある。(Y.Mo.)

クーポン効果(coupon effect)

　債券の魅力度を測る1つの尺度の最終利回りは、債券の種類、クーポン(利息)の大きさ、満期までの長さ、信用リスクの大きさ、流動性の高さなどにより異なる。銘柄ごとにこれらの要因が異なることによって、利回り格差が生じる。これらの要因の中で、クーポンの大きさの違いにより生じる利回りの格差をクーポン効果と呼んでいる。他の条件が同じで、クーポンの大きさが異なる債券を比較した場合、クーポンが小さい債券の金利感応度(デュレーション)は、クーポンが大きな債券の金利感応度よりも一般に大きい。これは、クーポンの大きさの違いが、金利変化に対する債券価格変化の大きさの違いをもたらすことを示している。他の条件が同じであれば、高クーポン債は、低クーポン債と比較してデュレーションが短く、リスクが小さいことになり、その分利回りも低くなると考えられている。(S.S.)

クーポンレート(coupon rate)

　債券の表面金利のことで、一般に額面金額に対する年率で表示される。従前、債券の券面が印刷されて流通していたときに、債券本体に付随して印刷されていた利息支払いのための利札(りさつ、りふだ)をクーポンといい、クーポンに係る利率、すなわち債券の表面金利をクーポンレートと呼んでいる。現在では、利札ではなく、表面金利を指してクーポンと呼ぶこともある。(A.I.)

クラウンジュエル(crown jewel)

　企業買収に関連する用語で、買収ターゲット企業が保有する価値の高い経営資源(資産、事業、技術など)を意味する。買収企業は、ターゲット企業の経営資源を獲得するために、買収提案や敵対的な買収を行う。ターゲット企業は、買収者が高く評価する自社の経営資源を売却することで自社の魅力を低下させ、買収防衛を試みる。ターゲット企業を王冠(クラウン)、高評

価の経営資源を宝石（ジュエル）に例える。ジュエルを外すことで王冠の価値は低下し、買い手が付かなくなる。これがクラウンジュエルの語源である。ターゲット企業がクラウンジュエルに相当する経営資源を売却したり、分社化したりする買収防衛策を焦土戦術という。焦土戦術によってクラウンジュエルに相当する経営資源を売却する場合、株主総会の特別決議や取締役会決議が必要な場合がある。(N.I.)

グラス・スティーガル法
(Glass-Steagall act)

1929年の米国における大恐慌時には、預金の取付けや、銀行と株式ブローカーの兼営による利益相反が多数発生したため、これに対処すべく1933年に制定された法律（1933年銀行法）である。提案者であるカーター・グラス（Carter Glass）元財務長官とヘンリー・スティーガル（Henry Steagall）下院議員の名前に由来する。この法律によって商業銀行と投資銀行の分離、預金保険制度の導入とそれを管理する連邦預金保険公社（FDIC）の設立が定められた。しかし、1980年代に入って銀行業界は同法廃止を議会に働き掛け、一部条項が徐々に緩和された。最終的にクリントン政権下の1999年11月に同法は廃止された。(T.K.)

繰上償還
(pre-maturity redemption, call)

満期の定めのある債券や投資信託を、満期以前に元本の一部または全部を償還することをいう。債券に関しては、発行会社の清算、合併などによって行われることがあるが、一般的には金利低下に伴って低利率の新債券への借換えを目的として実施されることが多い。この場合、債券保有者の投資機会を奪うため、償還価格にはプレミアムを上乗せすることが多い。債券の発行者はプレミアムの支払いを踏まえたうえで、低利に借換えするかどうかを判断することとなる。投資信託に関しては、通常、信託約款の中で信託期限の有無にかかわらず、残高基準などの形で、途中で償還できる旨が規定されている。これは信託期間中にその投資信託の規模が減少した場合に、当初想定した運用が困難になることがあるためである。国内の投資信託の繰上償還には、受益者と協議のうえ、金融庁長官の承認を必要とする。(A.I.)

繰延資産 (deferred expenses, deferred charges, deferred assets)

すでに代価の支払いが完了または支払義務が確定し、これに対応する役務の提供を受けたにもかかわらず、その効果が将来にわたって発現するものと期待される費用（企業会計原則注解（注15））をいう。費用収益対応の原則から、特定の支出が支出した期の費用とされずに、将来の費用とされるべく資産として繰り延べられたものである。その範囲は制限されてきており、現在、企業会計上の繰延資産としては、①株式交付費、②社債発行費等（新株予約権の発行に係る費用を含む）、③創立費、④開業費、⑤開発費の5つが認められている（実務対応報告第19号「繰

延資産の会計処理に関する当面の取扱い」)。貸借対照表においては、流動資産、固定資産の次に表示される。なお、法人税法上は、上記のほか、支出の効果がその支出の日以後1年以上におよぶ特定の費用が規定されている（法人税法施行令第14条）。(S.Y.)

クリーンサープラス関係
　　　　　　　(clean surplus relation)

　配当支払いや増資などによる資本取引を調整した期中の株主資本の変動が、当期純利益の金額に等しいという関係である。クリーンサープラス関係が成立する会計を、クリーンサープラス会計と呼ぶ。資本取引を配当支払いのみと仮定する場合、クリーンサープラス関係は、期末株主資本＝期首株主資本＋当期純利益－配当、として定義される。クリーンサープラス関係は、株式評価の残余利益モデルの前提である。また、企業価値評価や事業計画の作成等で予測財務モデルを作成する際、損益計算書と貸借対照表が整合的であるか否かをチェックする際にも用いられる。(N.I.)

グリーンシート市場
　　　　　　　(green sheet market)

　一定の条件を満たした株式未公開企業の株式等を売買できるように、日本証券業協会が1997年7月にスタートした制度である。アメリカでは、NY市場やNASDAQ、OTCブリティンボード以外の未公開企業が店頭で取引されるピンクシート市場がある（これらの株式の相場がピンクの用紙にプリントされていることが由来）。グリーンシート市場はこのピンクシート市場を範としている。グリーンは同市場に関する公表媒体にグリーンの紙が用いられていることが由来だが、同時に若い樹木が若葉を芽吹きながら育つさまをイメージしたもの。もともと未公開株式の投資は大きなリスクを伴うため、一部の機関投資家以外は日本証券業協会の自主ルールによって投資が禁止されていた。しかし、東証マザーズや大証ヘラクレス（現ジャスダック）などの新興市場が創設される中、さらに小規模の企業にも資金調達の道を開く必要性が増した。日本証券業協会は適切な情報開示を行っている銘柄に限り、証券会社による投資勧誘を解禁するに至った。(A.I.)

グリーンシューオプション
　　　　　　　(green shoe option)

　募集または売出しを行う株券等について、主幹事証券会社が当初の募集または売出予定数量のほかに同一条件で追加的に売出しを行うことを、オーバーアロットメントという。オーバーアロットメントを行うためには、主幹事証券会社はその株式等を保有する大株主などから一時的に株式等を借りることになる。この借りた株式等を返還するためには、通常、主幹事証券会社が市場から株式等の買戻しを行うことになる。これを、シンジケートカバー取引と呼ぶ。

　しかしこの場合、買戻し時の市場価格が募集または売出価格を上回ると、主幹事証券会社が損失を被ることにな

る。このリスクを回避するために主幹事証券会社が、予めその発行企業や株式等の保有者から、当該株式等を取得する権利の付与を受けておくことがある。この権利を、グリーンシューオプションと呼ぶ。(T.O.)

グリーンメール（green mail）
　一定の株式を取得しその株式の影響力を行使して、発行体やその関連企業等に取得した株式の高値での買取りを要求する行為をいう。敵対的買収をする目的で企業の株式を買い集めたが、買収防衛策等を発動され買収を断念し、結果的にグリーンメールになるケースと、買収の意図は当初からなく、投資目的でグリーンメールが行われるケースがある。ドル紙幣の緑色とブラックメール（脅迫状）を合わせた造語といわれる。(Y.Mi.)

クレジットイベント（credit event）
　債務履行に支障を来たす恐れのあるイベントで、信用事由（問題）とも呼ばれる。企業に係るクレジットイベント、国家や政府関係機関に関するクレジットイベント、証券化商品に関するクレジットイベントなどが考えられる。企業に関するものには、倒産（bankruptcy）だけでなく、債務不履行（failure to pay）や債務の条件変更（restructuring）に関するイベントもある。(S.S.)

クレジットカーブ（credit curve）
　社債のように信用（債務不履行）リスクを伴う債券と、同一残存期間の国債のようにリスクを伴わない債券の利回りの格差をクレジットスプレッドというが、横軸に残存期間、縦軸にクレジットスプレッドを表記する曲線をクレジットカーブという。債券の格付別に表示されることが多い。AAA（Aaa）のように格付の高い債券のクレジットカーブは水準が低く、格付が低くなるに従って、クレジットカーブの水準は高くなる傾向がある。また、残存期間が長くなるほど債務不履行リスクが高まる場合には、クレジットカーブは右上がりの曲線、逆の場合には右下がりの曲線となる。(M.T.) ➲クレジットスプレッド

クレジットクランチ（credit crunch）
　多くの銀行が融資額を絞ったり、融資条件を厳しくしたりする状況をいう。これによって企業などの借り手は資金調達が困難となる。クレジットクランチは、不動産・証券価格などが下落して担保価値が不足する場合、銀行の自己資本が不足して自己資本比率規制達成のために資産を削減せざるを得ない場合、金融当局によって融資規制が実施される場合などに発生する。クレジットクランチが深刻化すると、企業や家計の資金調達が困難になることで設備投資や消費が落ち込み、経済全体に大きなマイナスの影響をもたらす。(T.K.)

クレジットスプレッド
　　　　　　　　（credit spread）
　社債のように信用（債務不履行）リスクを伴う債券は、国債のように信用

リスクを伴わない債券よりも、債券市場において相対的に低い価格で取引される傾向が見られ、その分、利回りは高くなる。また、債券価格のディスカウント率や国債の利回りに対する利回りの増分は、信用リスクの大きさに応じて異なる。このとき、同一残存期間の債券間で比較した場合の「社債利回り－国債利回り」をクレジットスプレッド（あるいは信用スプレッド）という。一般的に格付が同一の債券の場合には、クレジットスプレッドが近い水準になる傾向が見られるため、AAA（Aaa）債のクレジットスプレッドというように、格付水準別にクレジットスプレッドが計測・表示されることが多い。信用力の大きさを表している格付の違いに応じて生じる平均的な利回りの格差を、格付スプレッドと呼ぶことがある。一般的に景気が良好な時期には債務不履行リスクが緩和されるため、クレジットスプレッドは縮小し、景気が悪化すると拡大する傾向が見られる。(M.T.) ⊃クレジットカーブ

クレジット・デフォルト・スワップ
　　　　　（credit default swap）
➡ **クレジットデリバティブ**

クレジットデリバティブ
　　　　　（credit derivatives）
そのペイオフが、企業や国などの信用力に依存して決まるデリバティブで、店頭デリバティブの1種である。クレジット・デフォルト・スワップ（credit default swap: CDS）やファースト・トゥ・デフォルト・スワップ（first to default swap: FTDS）などが例として挙げられる。

CDSの最も単純な例は、1つの参照組織（企業や国など）を対象としたもので、①プロテクションの買い手は、定期的（四半期ごと等）に保証料（プレミアム）を支払う、②一方、プロテクションの売り手は、参照組織に信用事由（credit event）が発生した場合に、予め決まった手順に基づいて、その債権の買取りに応じる（現物決済）もしくは損失相当額を現金で支払う（差金決済）ものである。これをシングルネーム（single-name）CDSと呼んでいる。これに対し、複数の参照組織からなるクレジットインデックスを対象とするCDS取引をCDSインデックス取引という。クレジットインデックスの例としては、マークイット（Markit）社のiTraxx Japanなどが挙げられる。この場合には、CDSの満期までの間、参照クレジットインデックス内に信用事由が発生する都度、損失相当額の授受が行われる。その後も、対象インデックスからその銘柄が除外され、CDS契約は継続する。

一方、ファースト・トゥ・デフォルト・スワップは、複数の参照組織から成るバスケットの中で、最初の信用事由が発生したときにのみ、プロテクションの買い手に一定額が支払われるものである。これに対しNth to default swapは、バスケット中にN番目の信用事由が発生した場合にのみ、一定額が支払われるものである。(T.O.)

クレジットリンク債

(credit linked bond/note)

クレジットデリバティブの一種であるクレジット・デフォルト・スワップの仕組みが組み込まれた債券で、一般的に予め定められたクレジットリンク先の債務不履行などのクレジットイベント発生時に、発行者が特定のクレジット・リスクを投資家に移転する仕組みとなっている。すなわち、クレジットリンク債は、契約により指定された会社のイベント発生時には債券の期限前でも、指定された会社の発行した債券で償還されるか、その債券を売却した時の代金と額面を相殺して精算される。特別目的会社ないしは信託の形式で発行され、予め定められたイベントが発生しない限り、満期には投資家に額面で償還する。クレジットリンク債発行のメリットは、特定のデフォルトリスクをそのリスクを負ってもよいと考える投資家へ移転すると同時に、投資家はより高い利回りを得られることである。クレジットリンク債の発行の際には、米国財務省証券など高い格付の担保が付されるのが典型とされる。(Y.Mo.) ➲クレジットイベント

グロース株投資（グロース投資）

(growth investment)

企業の成長性、収益性に着目して、将来の成長が期待できる銘柄を選択して投資する投資手法で、成長株投資とも呼ばれる。グロース株投資の対象は、将来において高い成長性が見込める銘柄群であり、株価は1株当たり当期利益や1株当たり純資産と比較して割高な場合が多い。したがって、選ばれる銘柄の多くは人気企業であり、一見して魅力度の高い企業である。将来、高いリターンを期待するには、投資家が想定しているよりもさらに高い収益を上げることが必要となる。すでに株価が将来の高い水準の利益を織り込んでいるため、悪いニュースが流れると株価が大きく低下することもある。バリュー株投資と対称的な投資戦略であり、選ばれる銘柄も対照的である。(S.S.) ➲バリュー株投資

クロスセクション推計

(cross-section analysis)

同一の時点あるいは期間において、異なる主体に対して観測されたデータをクロスセクションデータという。クロスセクション推計は、クロスセクションデータを分析することで、特定の時点あるいは期間における経済変数間の関係を調べることである。(R.S.)

クローズドエンド型投資信託

(closed-end investment trust)

一般に株式会社の形態を取り、投資家が解約請求等を行うことにより換金できないタイプの投資信託を意味する。投資家はその株式を取得して株主となり、運用益を配当として受け取るとともに、キャピタルゲインも期待できる。投資家が資金回収を図りたいときは株式を売却する。投信会社は運用資金の流出リスクがないため、安定した運用が可能となる。(Y.Mo.) ➲投資信託、オープンエンド型投資信託

クロス取引 (cross trading)

ある同一の銘柄について、同一数量の買い注文と売り注文を発注し、同一の証券会社が自ら「買い手」、「売り手」となって取引を約定(成立)させることをいう。証券会社が売り買いそれぞれの注文を取引所に出さないで売買を成立させる「バイカイ」が禁止され、クロス取引によって価格優先・時間優先の原則に基づいて取引が行われるようになった。節税のために含み益のある銘柄と含み損のある銘柄でクロス取引を行う場合や、株主優待取得のため現物買い信用売りのクロス取引を行う場合もある。(A.I.)

グローバル株式 (global equity)

日本を含む世界の国々の株式のことをいう。グローバルエクイティと呼ばれることもある。これまで、多くの投資家は自国資産への投資を中心と考え、自国株式と自国以外の株式という区分で考えていた。しかし、自国資産への投資に偏重する合理的な理由はなく、自国を含む世界中の投資対象国のうちの1つを日本と位置付ける考え方が、一部で採用され始めている。グローバル株式投資はこういった考え方に沿ったものであり、今後普及することが予想される。(S.S.)

グローバル債券 (global bond)

日本を含む世界の国々の債券のことをいう。株式と同様に多くの投資家は自国債券への投資を中心と考え、自国債券と自国以外の債券という区分で考えていた。債券は株式と異なり、自国債券を保有することで投資家の負債がヘッジできることがあるため、自国債券を他国債券と比較して多く保有することを合理的に説明できる場合がある。しかし、日本の金利水準が低いのに対して、国外で発行、流通している債券に利回りの魅力的なものも少なくない。そのため、個人投資家を中心に、自国以外の債券も注目されている。(S.S.)

グローバル投資パフォーマンス基準
→ GIPS

グローバルマクロ戦略 (global macro strategy)

ヘッジファンドの戦略の1つで、各国の経済・市場動向を予測し、その予測に基づいて各国の債券、株式、外国為替市場などで売買を行う方法である。この戦略のもとでは、超過リターンを得るべく、ヘッジファンドマネジャーはしばしば一方向のポジションを大きく動かすため、リスクも高い。著名なヘッジファンド投資家であるジョージ・ソロスが採用していた戦略としても知られている。1990年代までは規模の大きなヘッジファンドでこの戦略を採用するものは比較的多かったが、近年は減少傾向にある。(T.K.)

ケ

経過利息（accrued interest）

　一定期間ごとに利息が支払われる利付債の売買において、経過日数（前回の利払日から受渡日までの日数を片落ち計算して算出する）に応じて、日割り計算された利息相当分を、債券の買い手が売り手に対して支払う利息のことである。利付債の利息は利払日に利札を呈示した者に対して支払われることから、利払日前に売却する場合は売り手が保有期間に相当する利子を得られるよう、買い手から売買代金と経過利息を受け取る必要がある。例えば、年に1回、1万円の利息が付く利付債を、前回の利払いから1年間（365日）のうち100日過ぎたところで売買する場合には、経過利息は1万円×100日÷365日＝2,739円となる。一般に経過利息は債券の売買価格には含まれていないため、この時の売買価格を「裸値段」、経過利息を含めた価格を「利含み値段」という。（A.I.）

景気循環（business cycle）

　経済活動の水準が、景気の谷と呼ばれる地点に下降していき、その後、景気の山と呼ばれる地点に上昇していく一連の過程をいう。景気循環において、経済活動の水準が上昇していく局面を景気拡大、経済活動の水準が低下する局面を景気後退（景気縮小）と呼んでいる。日本では景気後退の程度が大きいものを不況と呼ぶ。①景気回復→②拡大・好況→③後退→④悪化・不況という4局面でとらえる見方もある。景気の谷と山は景気の転換点ともいわれており、米国では全米経済研究所（NBER）、日本では内閣府が判定し、公表している。景気循環は古くから観察されているが、その期間については諸説がある。ジョセフ・A・キチン（Joseph Kitchin）が主張した約40ヵ月の短期の循環（キチンの波）は、企業の在庫循環が影響しているとされるが、近年の米国では在庫管理手法の進歩から、この循環が弱くなっているともいわれている。クレメンス・ジュグラー（Clement Juglar）が主張した約10年の循環（ジュグラー・サイクル）は、設備投資の循環に対応しているとされる。サイモン・グズネッツ（Simon Kuznets）が主張した約20年の循環（グズネッツ・サイクル）は建設循環ともいわれ、住宅やビルなどの建築物の建直しサイクルに対応しているとされる。さらに、ニコライ・コンドラチェフ（Nikolai Kondratiev）が主張した約50年の循環（コンドラチェフ・サイクル）は、技術革新に対応しているとされる。（T.K.）

景気敏感株（cyclical sector）

　景気の動向によって受注高や業績が大きく左右され、その結果として株価が影響を受ける銘柄を指す。景気の動向にやや先行して受注高や業績が動き

出す側面もある。具体的には、鉄鋼、化学、紙・パルプなどの素材産業や、工作機械メーカー、運輸業が代表的である。経済のグローバル化を反映して、商社や建設機械メーカー、半導体や太陽電池に関連した装置メーカーも、景気敏感株として注目される場合がある。(A.I.)

経済付加価値
（Economic Value Added）➡ EVA

経済物理学（econophysics）
　経済的な事象を物理学の分析手法を用いて解明しようとするものである。特に株式、債券、為替、派生商品といった金融市場について適用されている。1990年代に入って、米国の物理学者ユージン・スタンレーなどによって研究が進められた。金融市場については、膨大な価格変動データを相転移、フラクタル、カオスなどの概念を導入して分析している。例えば、物質が個体から液体に変化する（相転移）前後の物理データと、市場が平常の局面と暴落局面に変化する前後の価格変動率が、ベキ分布に従っている点で類似していることなどが指摘されている。(T.K.)

系列相関（serial correlation）
　同一の時系列データ内において、一定時間だけ離れた時点における観測値との間に相関関係がある状態、あるいはその相関関係を示す値を指す。自己相関とも呼ばれる。$\{x_1, \cdots, x_n\}$を順序付けられた時系列データとすると、一定時間h後のデータとの相関を示す、遅れhの系列相関r_hは

$$r_h = \frac{\sum_{i=1}^{n-h}(x_i - \bar{x})(x_{i+h} - \bar{x})/(n-h)}{\sum_{i=1}^{n}(x_i - \bar{x})^2/n}$$

で定義される。変量が各時点で独立ならば系列相関はない。(R.S.)

ケース・シラー指数（S&P/Case-Shiller home price indices）
　カール・ケース（Karl Case）とロバート・シラー（Robert Shiller）によって開発された米国の住宅価格指数である。現在はファインサーブ社が算出した1987年以降の月次データが、スタンダード＆プアーズ（S&P）社によって提供されている。ケース・シラー指数の中には10大都市価格指数（ボストン、シカゴ、デンバー、ラスベガス、ロスアンゼルス、マイアミ、ニューヨーク、サンディエゴ、サンフランシスコ、ワシントン）、20大都市価格指数（10大都市にアトランタ、シャーロット、クリーブランド、ダラス、デトロイト、ミネアポリス、フェニックス、ポートランド、シアトル、タンパを追加）、20都市の個別価格指数、全国価格指数、上位・中位・低位価格指数、集合住宅価格指数などが含まれる。ケース・シラー指数のうち、11指数の先物（10大都市個別の指数と10大都市価格指数）がシカゴ商品取引所（CBOT）で売買されている。一般的に用いられる頻度が高いのは10大都市価格指数、20大都市価格指数である。(T.K.)

決定係数
（coefficient of determination）
　線形の回帰モデルにおいて、被説明

変数の変動のうち、説明変数によって説明できる変動の割合であり、回帰モデルの説明力を示す値である。0から1までの値を取る。記号でR^2と表記する。Yを被説明変数、$X_1, \cdots, X_n$をn個の説明変数とする重回帰モデル
$$Y = a + \beta_1 X_1 + \cdots + \beta_n X_n + \varepsilon$$
を考える。このとき、被説明変数Yの総変動の大きさ(全平方和という)は$\sum (Y_i - \overline{Y})^2$である。$Y$のうち説明変数によって説明できる部分を$\hat{Y}$($\hat{Y} = a + \beta_1 X_1 + \cdots + \beta_n X_n$)とすると、この部分の変動の大きさ(回帰平方和という)は$\sum (\hat{Y}_i - \overline{Y})^2$である。決定係数は、
$$R^2 = \frac{\sum (\hat{Y}_i - \overline{Y})^2}{\sum (Y_i - \overline{Y})^2}$$
と定義される。特に線形の単回帰モデルの場合には、決定係数は説明変数と被説明変数の標本相関係数の2乗に等しい。(^は"ハット"と呼び($\hat{Y}$はワイハットと読む)、推定量を意味する)(R.S.)

気配値(indication, quote)

株式相場や債券相場において価格水準や需給の状況を表すものを気配といい、売り手や買い手が出した価格を気配値という。実際に取引が成立した価格は約定価格といわれるが、売買が成立していない段階で買い手が希望する価格を「買い気配」、売り手が希望する価格を「売り気配」という。一般的には買い需要が増えれば気配値は上昇し、売り需要が増えれば下がる。気配値は売買が成立しそうな価格を判断する材料になる。売り買いのいずれかの需要が極端に多い場合は、売買が短時間では成立しない可能性があり「特別気配」といわれる。店頭市場における債券の売買では参考値段として気配値が公表される。債券の売買は証券会社の店頭で行われることが多く、実際の流通価格は多様でわかりにくいため、日本証券業協会や証券会社が指標気配・標準気配という形で、投資家の目安として気配値を公表している。(A.I.)

ゲームの理論(theory of games)

相手の行動が自分の行動に影響を与えるような世界で、どのように行動すれば最適な結果を得られるのか考えるための理論である。数学者フォン・ノイマン(von Neumann)と経済学者オスカー・モルゲンシュテルン(Oskar Morgenstern)が1944年に発表した「ゲームの理論と経済行動」以降、広く知られるようになり、ファイナンスの分野でも取り入れられるようになった。一般的にはプレーヤーの取り得る行動と、その行動を採用した時に得られる利得の組合せによって分析が行われる。古典的なゲームの理論の例としては、相手の戦略を所与としたとき、自分の戦略を変えないほうがよいという状況が両方に成立する場合(ナッシュ均衡)、相手の選択にかかわらず自分にとって望ましい戦略(支配戦略)がある場合、他により多くの利得をもたらす戦略の組合せがあってもお互いが支配戦略を選択してしまう場合(囚人のジレンマ)などがある。(T.K.)

減価償却控除前純収入
（net operating income）➡ NOI

現金主義（cash basis）➡ 発生主義

限月（contract month）
　先物取引やオプション取引が満期となる月で、清算受渡しが行われる月。6月に最終期限を迎えるものを6月限（ろくがつぎり）と呼ぶ。わが国では先物取引の限月（げんげつ）は通常3、6、9、12月、オプション取引の限月は毎月となっている。各限月の中で、最初に最終期限を迎える限月を期近（きぢか）、または当限（とうぎり）といい、期近から最終期限が遠ざかると期先（きさき）といわれる。期近に商いは集中しやすい傾向がある。（A.I.）
➲期先・期近

限月間スプレッド取引
　　　　　（inter-month spread trading）
　先物取引において、同一商品の異なる2つの限月の価格差を利用した取引で、一方の限月の先物を買い、もう一方の限月の先物を売るというオペレーションを同時に行う。カレンダースプレッド取引ともいう。将来、両者のスプレッドが縮小すると予想されれば、割高な限月の先物を売り、割安な限月の先物を買う。予想どおりにスプレッドが縮小すれば利益が得られる。予想に反して、スプレッドが拡大すると、損失が発生する。（S.S.）

現在価値（present value）
　現在価値は、将来価値とともに、証券投資やファイナンスにおける最も基本的かつ重要な概念である。投資を行うか否かを判断するには、投資機会を評価する必要がある。投資機会を現時点で評価した値が現在価値である。証券投資論やファイナンス論では、DCF法（割引キャッシュフロー法）により現在価値を求める。投資成果である将来のキャッシュフローは、現在よりも時間が経過しており、不確実なことが多い。時間と不確実性を考慮した適切な割引率を用いて、将来のキャッシュフローを割り引き、現在価値を算出する。割引率をρ、t期後のキャッシュフローをEC_tとすると、現在価値PVは下記で与えられる。

$$PV = EC_1/(1+\rho) + EC_2/(1+\rho)^2 + \cdots$$

　将来価値とは、現在価値を将来のある時点で評価した期待値である。例えば、1年後の将来価値は、（現在価値）$\times (1+\rho)$となる。このとき、ρは期待収益率と解釈できる。割引率や期待収益率は、現在と将来の交換比率である。（N.I.）➲DCF法、将来価値

減資（capital reduction, reduction of capital）
　いわゆる資本を減少させることで、会社法では、資本金の額を減少させることを指す（会社法447条1項）。減少した資本金は、資本準備金またはその他の資本剰余金に振り替えられる。2006年の会社法施行後は、減資と会社財産の減少とは切り離されている。
　資本金の額の減少は、原則として株主総会の特別決議が必要であるが、一

定の場合には株主総会の普通決議または取締役会の決議でも可能である。(S.Y.)

原資産(underlying asset)

オプションや先物などのデリバティブ取引の対象となっている資産で、その価格がデリバティブの価格を決定付けるものをいう。コールオプションやプットオプションであれば、その権利行使に伴い買付け、売付けが行われる資産、もしくは差金決済時の清算金額計算の基礎となる指数などを指す。具体的な原資産の例として、個別株式や債券、通貨などの金融商品や、LIBOR (London Inter-Bank Offered Rate)のような利率、金融指標(株価指数など)、企業などの信用状態(信用リスク)、気温などの気象観測数値など多岐にわたる。例えば、東京証券取引所に上場されるTOPIX先物取引やTOPIXオプション取引は、TOPIXという株価指数を原資産とするデリバティブ取引である。(T.O.)

現代ポートフォリオ理論
(MPT, modern portfolio theory)

合理的な投資家によって市場価格が形成されているため、市場は効率的であるという前提のもとで構築された一連の理論体系であり、市場は効率的であるため裁定機会は存在しないという仮定のもとで多様なモデルが提示されている。1952年にハリー・マーコウィッツ(Harry Markowitz、1990年のノーベル経済学賞受賞者)によって提示された平均分散アプローチが出発点とされる。これらの理論体系では説明できない数多くのアノマリーが報告されているが、CAPMからAPT、ファーマ・フレンチ(Fama and French)の3ファクターモデルというように、モデルの改良が加えられてきた。ブラック・ショールズ・モデルのようなデリバティブ関連のモデルも含まれる。現代ポートフォリオ理論では十分に説明できないアノマリーが数多く存在するため、実際の証券市場における有効性は限定的という指摘が見られるが、ポートフォリオ運用やパフォーマンス評価、資本コストの推計などの際に現代ポートフォリオ理論の成果が活用されている。(M.T.)

権利落ち(ex-rights)

権利確定日を過ぎて、配当金、株主優待、株式分割や増資による新株や子会社株式の割当てを受ける株主としての権利が取得できなくなった状態をいう。新株の割当てを受ける権利が取得できなくなった状態を新株落ち、配当金を受ける株主としての権利が取得できなくなった状態を配当落ちという。通常は、権利落ち後の価格は、権利の価値の分だけ下落する。なお、権利確定日の終値を権利付最終価格、権利確定日の翌日を権利落ち日という。(S.S.)

コ

ゴーイングプライベート（非上場化）
（going private）

　証券取引所などで不特定多数の投資家が株式を売買できる状態を公開というが、ゴーイングプライベートは公開を取りやめることであり、株式の非上場化とほぼ同じ意味で用いられる。ここでは、株式の非上場化について解説する。株式の非上場化においては、経営陣や投資ファンドが主体となって、株式流通市場から株式の大半を買い取る。通常は、市場価格にプレミアムを乗せた価格で買い取る。プレミアムの源泉は、非上場化による価値の向上である。非上場化によって、長期的な視点から企業価値を高める経営ができるといわれる。上場企業は、四半期決算の導入などもあり、短期的な業績を追求せざるを得ないことがある。短期的な業績追求が長期的な経営方針と一致しないとき、経営者は非上場化を検討する。上場維持のコストを削減することも非上場化の理由である。エージェンシー問題や負債の利用によるタックスシールドも、非上場化の長所である。非上場化には、株式の流動性が失われることや内向きの経営に陥るという短所もある。(N.I.)　⇒IPO、マネジメントバイアウト

公開価格（public offering pricing）

　新規に株式を公開する（株式のIPO）際の1株当たり価格である。未公開企業がIPOをする場合、流通市場の価格がないため、適切な方法で株式評価を行う必要がある。従来は入札方式によって公開価格が決定されていた。入札方式とは、類似上場企業を参考に入札下限価格が設定され、公開株式の一部が入札対象になる。入札の結果である落札価格の加重平均が、公開価格の基準となる。入札対象でない株式は、引受証券会社が販売する。入札方式によるIPOでは、流通市場における初値が高騰するという現象が生じた。公開価格が初値を下回る（初値が公開価格を上回る）現象は、IPOのアンダープライシングと呼ばれている。アンダープライシング問題を緩和するため、日本では1997年に市場の需給バランスを重視するブックビルディング方式が導入された。現在では、公開価格の決定において、この方法を用いるのが一般的である。ブックビルディング方式では、引受証券会社が機関投資家などの意見を聴取し、価格の仮条件を決めて公表する。その後、仮条件に対する投資家の需要を積み上げ（ブックビルディング）、公開価格が決定される。(N.I.)
⇒IPO、ブックビルディング方式

交換比率（conversion factor）

　債券先物取引において、売り方が決済時に現渡しを選択した場合に受け渡す現物債の数量を算出するための係数である。先物取引で売り建てた場合、

決済方法としては反対売買（買戻し）のほかに、現物を差し入れる現渡しがある。ただし、債券先物取引で取引されるのは、長期国債先物ではクーポン6.0％、残存期間10年の架空の債券であり、同じ条件の現物債を現渡しできる可能性は非常に低い。そのため現渡しをする場合、売り建てた債券先物の決済時の価値と現渡しする現物債の価値を同等にする作業が必要になる。交換比率は受渡適格銘柄のクーポン、残存期間などから算出される。その結果、受渡適格銘柄ごとに異なった**変換係数**が存在し、残存期間の関係上、毎日変化する。（A.I.）⊃受渡適格銘柄

行使価格（exercise price, strike price, striking price）➡ **オプション**

恒常除数（constant divisor）
　株価指数には東証株価指数（TOPIX）など時価総額の変化を示す算定方式のものと、日経平均株価やNYダウのようにダウ方式と呼ばれる算定方式のものがあるが、恒常除数はダウ方式の算定方式において用いられる調整数値である。日経平均やNYダウはそれぞれの銘柄の株価を合算したものを銘柄数で除す方法が基本だが、市況とは無関係なイベント（例えば採用銘柄の入替え、採用銘柄の権利落ち、株式分割の実施など）により、株価の連続性が維持されない状況では指数が実勢を反映しなくなる。このような場合に、市況以外の理由による株価変動を防ぐために、当該イベントによる銘柄数を調整する数値を恒常除数という。ちなみに2011年10月25日現在、日経平均株価の恒常除数は24.966、NYダウの恒常除数は約0.1321。（A.I.）

公正価値会計（fair value accounting）
　貸借対照表の資産負債の項目を公正価値で評価する会計をいう。一般には時価会計と同義で用いられることが多い。その具体的な内容は、論者によって異なり、例えば、①公正価値の定義、②公正価値会計を適用する資産負債の範囲、③評価差額の扱いなどが異なる。
　①公正価値の定義について、米国会計基準や国際会計基準では「測定日において市場参加者間で秩序ある取引が行われた場合に、資産の売却によって受け取るであろう価格または負債の移転のために支払うであろう価格（出口価格）」とされているが、入口価格を含む異なる意味で用いている論者も存在する。②公正価値評価を適用する（またはすべき）資産負債の範囲は、一部の金融資産・金融負債等に限るもの、金融資産負債すべてとするもの、すべての資産負債とするものなどがある。③評価差額の扱いについては、売買目的有価証券のように純利益に含めるのか、その他有価証券のようにその他の包括利益に含めるのかが問題となる。(S.Y.) ⊃時価会計

公正価値モデル（fair value model）
　財務会計情報における資産項目を、簿価ではなく公正価値（時価）で評価する方法である。公正価値モデルは、投資不動産や有価証券の評価に適用されることが多い。簿価は変わらないが、

資産の公正価値（時価）評価は毎期変動するため、公正価値モデルでは、資産評価額の変動を財務情報として開示することになる。当期純利益に、資産評価額の変動による損益を加味した値は、国際会計基準でいう包括利益になる。公正価値モデルでは、公正価値の算出方法が重要である。公正価値の算出には、市場価格を基準にする方法やDCF法による価値評価の方法がある。近年では、DCF法による評価を適用する傾向が強い。投資不動産の場合、将来のフリー・キャッシュフローをリスクに応じた割引率（CAP Rateと呼ばれる資本還元率）で現在価値に換算する。(N.I.) ⊃公正価値会計

厚生年金基金

(employees' pension fund)

日本における企業年金の一種であり、国の老齢厚生年金の一部を国に代わって支給する（代行給付）とともに、独自の上乗せ給付により、より手厚い給付を行うことを目的として、1966年から設立が開始された仕組みである。上乗せ給付は終身年金が原則とされる。根拠法は厚生年金保険法で、厚生年金基金の設立には、一定の要件に従って厚生年金保険の被保険者の同意、労働組合の同意を得たうえで、厚生労働大臣の認可を受けなければならない。厚生年金基金は法人である。設立形態は、1つの企業が設立する単独型、資本関係等をベースとした複数の企業が共同で設立する連合型、一定地域の同業種の企業が多数で共同設立する総合型の3種類に分類される。確定給付企業年金法の成立により、2003年9月からは、代行部分を国に返し（代行返上）、確定給付企業年金へ移行することが認められるようになった。かつて単独型、連合型、総合型の基金数はそれぞれ概ね3分の1ずつであったが、単独型と連合型の多くが代行返上を行った結果、厚生年金基金の多くは総合型となった。2011年11月現在で、厚生年金基金の約85％が総合型である。(Y.F.)

厚生年金保険

(employees' pension insurance)

厚生年金保険法に基づいて政府が管掌する日本の公的年金の1つである。主として民間企業の事業所を適用事業所とし、適用事業所に常時雇用される70歳未満の者が被保険者になる。厚生年金保険の被保険者は、同時に国民年金の被保険者（第2号被保険者）にもなる。給付は、大きく分けて、老齢、障害、死亡（遺族）の3種類がある。例えば、代表的な給付である老齢の場合の年金額は、厚生年金保険から支払われる老齢厚生年金と国民年金から支払われる老齢基礎年金との合計である。年金額の計算には、賃金や物価の変動率に基づく再評価の仕組みがある。ただし、被保険者数の減少や平均余命の伸びに応じる調整（マクロ経済スライド）がある。また、保険料は、被保険者と雇用主が折半で負担することになっている。標準報酬に保険料率を乗じて保険料の額を計算することとされていて、この中に国民年金の本人分と配偶者（専業主婦 = 第3号被保険者）分の保険料が含まれている。事務的な

取扱いについては、2010年1月から、それ以前の社会保険庁から変わって、日本年金機構が行っている。積立金の管理運用については、2006年4月から年金積立金管理運用独立行政法人（GPIF）が行っている。(Y.F.) ➲年金積立金管理運用独立行政法人

公的年金（public pension）

日本において、給付額の計算方法、保険料率、管理運営方法が、法律によって規定されている年金制度を指すことが多い。通常、公的年金と呼ばれるものには次のものがある。
①国民年金
②厚生年金保険
③各省庁に設けられている国家公務員共済組合が行う長期給付
④地方公務員共済組合、公立学校共済組合などの共済組合が行う長期給付
⑤私立学校教職員共済組合
(Y.F.)

行動ファイナンス

（behavioral finance）

CAPMに代表される現代ポートフォリオ理論（MPT）は、投資家が市場に存在するあらゆる情報を瞬時に証券価格に織り込むことができるという、きわめて合理的な投資家像を前提に構築されている。MPTは理論的には精緻で完成度が高いが、数多くのアノマリーの存在が指摘されるなど、実際の証券市場における説明力はそれほど高くない。行動ファイナンスでは、投資家の合理性の水準には一定の限界があるという考え方のもとで理論展開される。1960〜70年代にカーネマン（Daniel Kahneman、2002年のノーベル経済学賞受賞者）たちによって基礎的な研究が行われた。彼らは、直感的に行動するヒューリスティクス（簡便的意思決定）が意思決定上のゆがみの発生原因となっている可能性を示唆したうえで、MPTの基礎である期待効用理論に対する代替的な評価モデルとしてプロスペクト理論を提唱した。その後、セイラー（Richard Thaler）は心の会計（mental account）を設定して、細分化された勘定ごとに最適化を行おうとする傾向も、合理的な意思決定の阻害要因ではないかと指摘した。(M.T.)
➲アノマリー

購買力平価

（purchasing power parity）

2つの国のインフレ率に格差が生じた場合に、両国通貨の購買力に格差が生じないように為替レートが調整されるという考え方である。同一の商品の価格がどこで購入しても等しいという一物一価の法則に基づいている。これを一国の物価水準に適用すると、例えば日本の物価水準は米国の物価水準を円ドルの名目為替レートで換算したものとなる。これを絶対的購買力平価という。一物一価の法則が成立するためには、財の価格に裁定が働くことが前提となるが、関税や輸送コストの関係で必ずしも裁定は成立しない。そのため、絶対的購買力平価の前提を緩めて、2つの国のインフレ率の相対的な格差によって為替レートの変化率が決まるという考え方に基づく相対的購買力平

価が一般的には用いられている。ただし、購買力平価は少なくとも短期では成立しておらず、長期の成立にも議論がある。(T.K.)

高頻度データ（high-frequency data）

日中（intra day）の価格データを含む金融証券取引に関する詳細で短いインターバルで観測された時系列データのことで、その中心は約定、気配値などの価格データと、これらの発生、更新あるいは記録された時刻などが含まれる。情報技術力の急激な向上により、大量の日中の取引情報が記録できるようになり、高頻度データの利用コストも急激に低下したことで、市場のミクロ構造（マーケットマイクロストラクチャー）の研究ができる環境が整いつつある。(S.S.)

効用関数（utility function）

証券投資の際、リスクを好む投資家もいれば、リスク回避的な投資家もいる。このようなリスク選好の違いを表現するために用いられる概念である。経済学では、財・サービスを消費したときに得られる満足度を効用と呼び、x単位の財の消費から得られる効用を、効用関数を使って$u(x)$と表す。ただし証券投資を扱う場合には、xは衣食住など個別の財の数量ではなく、消費や富の大きさを指す。効用関数は、消費や富の量が大きいほど効用は大きい（効用の単調性）、消費や富の量が大きくなるほど追加的に得られる1単位当たりの消費や富がもたらす効用の増分は小さくなる（限界効用の逓減）、という2つの性質を持つとされる。現代ポートフォリオ理論では、限界効用逓減型の効用関数（リスク回避型の効用関数）を前提にしている。(T.K.)

効率的市場仮説
（efficient market hypothesis）

投資家は合理的であるため、市場に存在するすべての情報を的確に反映して証券価格は形成されているという仮説で、現代ポートフォリオ理論の基礎とされている。証券価格の変動は、新たな情報が発生した場合にだけ起こるという結論が導かれる。将来発生する情報（ニュース）を予測できないとすれば、将来の証券価格はランダムに変動することになり（ランダムウォーク仮説）、現在利用可能な情報によって将来の価格を予測することは不可能となる。証券価格がどのようなタイプの情報まで反映して形成されているかによって、効率的市場仮説は3種類に分類される。ウィーク型（weak form）の効率的市場仮説のもとでは、証券価格は少なくとも過去の価格情報を反映して形成されていると仮定される。そのため、過去の価格情報の分析結果に基づいて証券価格の予測を行おうとするテクニカル分析（チャート分析）の有効性は否定される。セミストロング型（semi-strong form）では、証券価格はあらゆる公開情報を反映して形成されていると仮定される。そのため、公開されているデータを分析して割安・割高度を計測しようと試みるファンダメンタル分析の有効性も否定される。ストロング型（strong form）では、

証券価格はインサイダー情報も含めてすべての情報を反映していると仮定される。(M.T.)

効率的フロンティア
　　　　　　　　　　（efficient frontier）
　横軸に対象ポートフォリオ（または資産）のリスク（標準偏差で表したもの）を取り、縦軸に対象ポートフォリオ（または資産）の期待リターンを取った平面上に、対象資産の期待リターン、リスク、そして対象資産間の相関係数（もしくは共分散）から計算される実現可能な資産の組合せであるポートフォリオを考える。このポートフォリオは、各資産の組合せ比率を変えることで、いろいろなリスクと期待リターンの組合せが実現できる。この時、実現可能なポートフォリオの集合を「投資機会集合」という。この投資機会集合の中で、リスクが最小となるポートフォリオは（大域的）最小分散ポートフォリオ（global minimum variance portfolio）と呼ばれている。また、投資家が合理的でリスク回避的な行動を取ると仮定すれば、この投資機会集合の中でも、リスクが同じであれば期待リターンの高いポートフォリオを選択するはずである。また、この投資機会集合の中で期待リターンが同じであれば、リスクが低いポートフォリオを選択するはずである。これらの選択されたポートフォリオの集合の中で、（大域的）最小分散ポートフォリオよりも上に位置するポートフォリオの集合を効率（的）フロンティアと呼んでいる。投資家は、自らの効用の無差別曲線と効率（的）フロンティアが接する点を、最適なポートフォリオとして保有する。(S.S.)

子会社（subsidiary）
　ある企業の子会社とは、その企業が議決権の過半数を保有するなど経営を支配している会社をいう。連結財務諸表原則および連結会計基準では、議決権の過半数を有しているという持株基準に加え、所有割合が50%以下であっても、自社と緊密な関係があり、実質的に経営を支配している会社を子会社とみなす。緊密な関係とは、資金や財の取引関係が強いことや、役員を派遣しているなど人事面での影響が強いことなどをいう。子会社ほどではないが、持株比率が高く、その会社の経営に重要な影響を与える場合は、関連会社になる。連結会計では、子会社の財務状態を反映した連結財務諸表が作成される。子会社の資産と資本・負債は、連結貸借対照表に表示される。完全な子会社でない場合（所有権が100%未満）は、親会社以外の少数株主持分を表示することになる。連結損益計算書の作成では、親会社と子会社間の商品や金融取引を内部取引とみなして相殺する。(N.I.)　⊃関連会社、パーチェス法

小型株（small-capital stock）
　　　　　　　　　　　　➡ **大型株**

小型株効果（small-cap effect）
　古くから知られている株式市場のアノマリー（変則性）の1つで、株式の時価総額が小さい銘柄のその後のリターンは高く、時価総額が大きい銘柄

のその後のリターンは低い傾向があるとする現象である。バンズ（Banz）[1981]によりその存在が示され、その後、多くの研究者によりその存在が追証されている。また、ファーマ・フレンチ（Fama and French）[1993]は、小型株効果を考慮したファクターを3つのリスクファクターの1つと位置付けている。しかし、この小型株効果は、その存在が広く知られるようになって効果がなくなり、最近の実証研究の結果では、小型株のその後のリターンは低く、大型株のその後のリターンは高いとする研究成果も報告されている。なお、個別銘柄の株価変動要因を因子分析等の手法で調べると、小型株は大きな変動要因になっていることが示されており、リスクモデルの重要なファクターの1つであることには変わりはない。(S.S.)

国際会計基準（IAS, International Accounting Standards）

2001年にIASBへ改組された国際会計基準委員会（IASC）が開発した会計基準で、現在、その後継組織である国際会計基準審議会（IASB）が改訂・修正している会計基準のことをいう。International Accounting Standardsの頭文字を取ってIAS（アイエーエス）と略される。第1号から第41号まで開発されたが、その一部は他の国際会計基準および国際財務報告基準（IFRS, International Financial Reporting Standards）によって廃止されている。そのうちのコア・スタンダードについては、2000年に証券監督者国際機構（IOSCO）などから支持が表明されている。

なお、国際会計基準という日本語には、IASBが開発したIFRSを含むことも多い。その場合、IAS/ IFRSやIFRSsと書かれることもある。(S.Y.)
⇒IFRS

国際会計基準審議会（IASB, International Accounting Standards Board）

2001年に設立された、ロンドンに本部のある独立の民間非営利組織の基準設定機関で、国際会計基準および国際財務報告基準の開発等を行う。IFRS財団（旧IASC財団）の1組織。1973年に設立された、世界の職業会計士団体から構成されていた国際会計基準委員会（IASC）が大きく改組された組織である。

IASBは、公益に資するよう、一般目的財務諸表において透明性があり比較可能な情報を要求する、高品質かつ国際的な1組の会計基準の開発に取り組んでいる。このIASBが開発した会計基準は、国際財務報告基準（IFRS）と呼ばれる。IASBは現在、11ヵ国から選出された多様な職歴を持つ16名（2012年6月現在15名）の常勤メンバーから構成される。(S.Y.)

国際監査基準（international standards of auditing）

国際的に統一された会計監査の基準である。各国の会計士団体等で構成される国際会計士連盟によって作成され、公表されている。国際監査基準は、良質で専門的な監査基準を適用すること

で、国際的な経済発展に貢献することを使命としている。日本で適用されている一般に公正妥当と認められる監査の基準は、国際監査基準の内容と整合的なものになっている。国際監査基準の改正が行われた場合、日本の監査基準も整合性を保つように改訂されることがほとんどである。国際会計基準（IFRS）を適用する企業の会計監査には、国際監査基準が適用されることになる。(N.I.) ⇒IFRS

国際財務報告基準 ➡ IFRS

国債指標銘柄（bellwether issue of government bond）

　指標銘柄とは、債券市場で指標的な役割を果たしているとみなされる銘柄を指す。公式な決定ルールが存在するわけではなく、数多くの銘柄の中で自然発生的に取引が集中し、長期金利の代表的存在として新聞などで利回りが報道されてきた。発行量が多く、流動性が高く、残存期間が長い（10年に近い）ことが要件とされる。従前は、長期国債が指標銘柄に指定されてきたが、取引対象の多様化や、ディーリングの短期債シフトが進んだことなどにより、1999年に指標銘柄は廃止された。現在では、日本証券業協会から店頭売買参考統計値が発表される10年物国債の中で、残存期間が最長の銘柄が長期金利の指標的な存在とみなされ、「新発10年国債」などと表示され、各種メディアで利回りが報じられている。(A.I.)

国際投資インデックス

（international investment index）

　外国株式、外国債券への投資の際に基準となるインデックスのことをいう。日本株式市場の低迷や低金利政策が続く中で、新興国を含めた外国株式や外国債券への投資が注目されており、運用のためのベンチマークの選定も運用成果に大きな影響を与えている。外国株式の場合のインデックスには、モルガン・スタンレー・キャピタル・インターナショナル（MSCI）KOKUSAIをはじめ、幾つかの代表的なインデックスが存在する。また、外国債券の場合には、シティグループ世界国債インデックス（除く日本）をはじめ、幾つかの代表的なインデックスが存在する。このようなインデックスには、代表性、再現性、透明性、客観性などが求められるが、さらに銘柄のカバレッジの広さだけでなく市場のカバレッジの広さもインデックス選定の重要な要因となる。(S.S.)

国際分散投資（international diversified investment）

　自国以外の海外資産を含め分散して投資をすることをいう。自国資産だけでポートフォリオを構築した場合と比較して、自国以外の資産を含めることで、リスク・リターンで見て、効率的なポートフォリオを構築できると考えられている。自国資産間と比較して自国以外の資産との相関係数が低いために、リスク低減効果の大きなポートフォリオが構築でき、国ごとに景気循環や経済成長率等に違いがあり、自国のみの

国民経済計算（systems of national accounts）➡ **SNA**

国連責任投資原則（principles for responsible investment）

　2006年にアナン国連事務総長が提唱したイニシアチブで、機関投資家が受託者としての役割を果たすうえで、（ある程度の会社間、業種間、地域間、資産クラス間、そして時代ごとの違いはあるものの）環境上の問題、社会の問題および企業統治の問題（ESG）が運用ポートフォリオのパフォーマンスに影響を及ぼし得るとする原則をいう。以下の6つの原則がある。「①私たちは投資分析と意志決定のプロセスにESGの課題を組み込みます。②私たちは活動的な(株式)所有者になり、(株式の)所有方針と(株式の)所有慣習にESG問題を組み入れます。③私たちは、投資対象の主体に対してESGの課題について適切な開示を求めます。④私たちは、資産運用業界において本原則が受け入れられ、実行に移されるように働き掛けを行います。⑤私たちは、本原則を実行する際の効果を高めるために、協働します。⑥私たちは、本原則の実行に関する活動状況や進捗状況に関して報告します。」(T.K.)
⊃ESG要因

誤差項（error term）

　Yを被説明変数、$X_1, \cdots, X_n$を説明変数とする回帰モデル

$$Y = a + \beta_1 X_1 + \cdots + \beta_n X_n + \varepsilon$$

において、εを誤差項あるいは撹乱項と呼ぶ。誤差項は以下の3つの条件を満たす確率変数である。

① 期待値は0：$E(\varepsilon_i) = 0$
　　　　　　　　　　　　$i = 1, \cdots, m$
② 分散は一定：$Var(\varepsilon_i^2) = \sigma^2$
　　　　　　　　　　　　$i = 1, \cdots, m$
③ 任意の2つの誤差項は無相関：
　$Cov(\varepsilon_i, \varepsilon_j) = 0$　　　　　　$i \neq j$
(R.S.)

固定比率（fixed ratio, fixed assets to net worth ratio）

　長期的な視点から企業の財務健全性を評価するための静態的な指標で、自己資本（株主資本と評価・換算差額等の合計）に対する固定資産の比率（固定資産÷自己資本）。原則として返済の必要のない自己資本で、固定資産が賄えているかを見ることができる。さらに、自己資本と固定負債の合計に対する固定資産の比率である固定長期適合率［固定資産÷（自己資本＋固定負債）］も補足的に用いられる（分母に少数株主持分を加える場合もある）。一般的に、いずれも数値が小さいほどよく、100％未満が目安とされる。(S.Y.)

コモディティデリバティブ
　　　　　　　（commodity derivatives）

　コモディティとは商品のことで、農産物、林産物、畜産物、水産物や、金、銀、鉄、アルミニウム、石油などの鉱産物などを指す。このコモディティを原資産とするデリバティブである。日

本では商品先物取引法などの規定に基づき、商品取引所における商品や商品指数の先物取引、オプション取引および店頭における店頭商品デリバティブ取引（商品や商品指数の先渡取引、オプション取引、スワップ取引など）が行われている。(T.O.) ●デリバティブ、オプション、原資産

5％ルール（five percent rule）

　上場企業の発行済株式数の5％を超えて保有するようになった株主（新株予約権等の潜在株式を含む）は、5％超の株主になった日から5営業日以内に、内閣総理大臣（管轄地の財務局）に株式の大量保有報告書の提出義務を負うことをいう。また、報告書提出後に株式保有比率が1％以上増減した場合や、記載事項に変更があった場合は、変更日から5営業日以内に内閣総理大臣に変更報告書を提出しなければならない。一般投資家が買収情報などについて情報劣位にならないようにする目的で、1990年から導入された。なお、機関投資家等のように頻繁に売買をする投資家は、基準日（毎月2回以上の日）において5％超の場合に、基準日から5営業日以内に提出すれば足りるという特例報告措置の適用がある。ただし、機関投資家等であっても、事業支配に重大な変更を加え、または重要な影響を及ぼす行為（重要提案行為）を行う場合は、特例報告措置の適用がない。(Y.Mi.)

コーポレートアクション

　　　　　　　　（corporate actions）

有価証券発行企業による財務上の重要な意思決定のことを指し、企業の合併・買収、第三者割当増資、株式分割、株主割当増資等がこれに該当する。こういった企業のコーポレートアクションは、有価証券の価値（価格に影響を与える場合もあれば、数量に影響を与える場合もある）に影響を与えることになるため、何らかの行動（行動を起こす必要がない場合もある）を選択する必要もある。(S.S.)

コーポレートガバナンス

　　　　　　　（corporate governance）

　企業の経営者の監視や規律付けを行うことやその仕組みで、企業統治と訳される。経営の監視については、単に企業の不正や不祥事が起こらないようにするという範囲にとどまらず、株主のために株式価値を上げる努力をしているかどうかまでを範囲に含むと考えられている。さらに、企業経営者が企業を取り巻くすべてのステークホルダー間の利害調整をバランス良く行い、企業価値の継続的向上が行われているかどうかも監視する。日本では、メインバンク制度が機能していたころはメインバンクによるコーポレートガバナンスが機能していたが、現在は株主やステークホルダーによるガバナンスが必要といわれる。しかし、企業経営者とステークホルダーの間には情報量の違いがあるため、企業経営者は適切な情報開示や説明が重要になる。また、企業から独立した社外役員が取締役会を監視することも有効と考えられている。(Y.Mi.)

コーラブル債 (callable bond)

最終満期以前の予め決まった時点に決まった価格で、債券を償還させる権利を、発行体が持っている債券をいう。これに対し債券の投資家側が、最終満期以前の予め決まった時点に決まった価格で、発行体に対して債券の償還を要求する権利を有している債券をプッタブル債と呼ぶ。コーラブル債では、対象債券を原資産とするコールオプションを、債券の投資家が発行体に売却しているのと同様の効果があることになる。このため、コーラブル債では、このオプション料に相当する分、通常の債券よりも高いクーポンが可能となる。逆にプッタブル債では、投資家がプットオプションを発行体から購入しているのと同様の効果がある。このため、プッタブル債は、通常の債券よりも低いクーポンとなるのが通常である。(T.O.) ⊃ オプション

コールオプション (call option)
→ オプション

コンセンサス予想
(consensus on earnings estimate)

一般には、複数の企業アナリストが予想した個別企業の業績予想データ（1株当たり利益）や株価レーティングの平均値をいい、その時点における市場参加者の平均的な期待を表していると考えられる。このコンセンサス予想値が変わると、株式価格も大きく変化するため、市場の価格形成にも大きな影響を与えていることが確認されている。しかし、コンセンサス予想は企業アナリスト予測値の平均値でしかなく、1つの銘柄に対して、多くの企業アナリストが評価をしている場合もあれば、わずかな数の企業アナリストしか評価していない場合もある。また、同じ平均値でも、予測値にばらつきがある場合もあれば、ばらつきが小さい場合もある。なお、コンセンサス予想は、個別企業の業績予想だけでなく、金利、為替予想、さらにはGDP成長率などのマクロ経済指標の予測に対しても広く使われている。(S.S.)

コンティンジェントキャピタル
(contingent capital)

自己資本の毀損という条件のもとで、自動的に自己資本に転換される債券であり、条件付資本とも呼ばれる。コンティンジェントキャピタルの発行体は金融機関である。何らかの外的なショックで、複数の金融機関の自己資本が同時に毀損され過小資本になると、金融不安が生じる。コンティンジェントキャピタルは、その備えという役割を持っている。ある条件のもとで自己資本（株式）に転換される債券という意味では、転換社債（転換社債型新株予約権付社債）に似ているが、転換社債は、権利が社債権者にあり、転換されるのは株価が上昇している状況である。一方、コンティンジェントキャピタルは、ある条件が満たされると債権者の意図にかかわらず自動的に転換される。また、株式に転換されるのは、自己資本が毀損し、株価が下落している状況である。このように、両者には大きな相違がある。(N.I.)

コンバージョンファクター（conversion factor） ➡ **交換比率**

コンベクシティ（convexity）

債券の複利最終利回りの変化に対する価格変動は、直線ではなく若干非線形に「曲がっている」が、この曲がり方の程度を表す値である。コンベクシティは債券価格を、その複利最終利回りで2階微分してさらに債券価格で割ったものと定義される。式で表せば、年1回利払いの債券の場合、

$$Cv = \frac{\frac{d^2P}{dr^2}}{P} = \frac{\frac{1}{(1+r)^2}\left[\sum_{t=1}^{n}\frac{(t^2+t)\times C}{(1+r)^t} + \frac{(n^2+n)\times 100}{(1+r)^n}\right]}{P}$$

となる。ここでC：クーポン（年率%）、n：満期償還までの利払い回数、P：債券価格、r：年1回複利最終利回り（小数表示）、である。このコンベクシティ（Cv）とマコーレーのデュレーション（D）を用いると、利回り変化に対する債券価格の変化率は、次のように近似される。

$$\frac{\Delta P}{P} \fallingdotseq -D \times \frac{\Delta r}{1+r} + \frac{1}{2}Cv \times (\Delta r)^2$$

(T.O.)

コンベンショナル方式
（conventional auction system）

入札の一方式で、複数の入札の中からより良い条件のものを優先的に選び、予定入札量に達するまで入札に応じる方式をいう。最も自由競争の性格が強いとみられる方式のため、完全入札といわれることが多い。この方式がよく使われる債券の公募入札では、重要な価格（利回り）の決定方式の1つになっている。ダッチ方式といわれる単一価格による入札方式に対し、各入札者が自ら入札した価格（利回り）に応じて落札し債券を取得するため、落札者ごとに発行条件が異なることになる。このため、入札における価格の決定などの巧拙が、直ちに落札者のコストに反映されることになる。入札方式の中で自由競争の性格が最も強いといわれる理由である。これに対してダッチ方式は、落札された最高もしくは最低価格をすべての落札価格とするため、落札者は同一条件で債券を取得する。わが国では1981年の中期国債の入札以来、コンベンショナル入札が定着している。(A.I.)

コンポジットインデックス
（composit index）

内閣府が毎月発表する景気動向指数の1つで、景気変動の方向感だけでなく、その変動の大きさも含めて把握することを目的としている。コンポジットインデックスは、インデックスを構成する複数のインデックスのおのおのの変化を合成して累積したインデックスである。先行指数（景気に対して数ヵ月先行して動く指数）、一致指数（景気とほぼ一致して動く指数）、そして遅行指数（景気に対して数ヵ月から半年遅行して動く指数）の3つがある。景気動向を表す指数として、従来から景気の局面判断や転換点判断に有益なディフュージョンインデックスが使われているが、景気変動の量感（テンポ）を把握することが重要となってきたため、2008年4月以降はコンポジットインデックス中心の公表となった。(S.S.)

サ

債券(bond)

　金銭債権の内容を券面上に実体化させて発行する有価証券のことで、券面が発行されない場合もある。債券の発行者が債券の購入者から資金を調達する際に発行する借用証書の一種である。発行者は国（国債）、地方公共団体（地方債）、公団や公庫（政府機関債）、一般事業会社（社債）、外国政府や機関（外債）などがある。元本の返済期間である償還期間では1年以下の短期債、1年超5年以下の中期債、5年超10年以下の長期債、10年を超える超長期債に分けられる。債券は利息が支払われる。利息の支払い方法により、固定利付債（定期的に一定の利息）、変動利付債（利息が条件に応じて変わる）、割引債（利息分を額面金額から割引いて発行）等がある。購入者の募集方法も、一般投資家を対象として募集する公募債と、特定の購入者を対象に発行する私募債がある。(A.I.)

債券先物オプション
　　　　　(options on bond futures)

　債券先物取引を原資産とするオプションで、権利行使によって、債券先物取引のポジションが発生する。日本では、東京証券取引所に上場されている長期国債先物オプション取引（10年国債先物オプション取引）がその代表例として挙げられる。長期国債先物コールオプションでは、オプションの買い手は、権利行使によって権利行使価格で対象先物限月取引の買付けを成立させられる。逆に長期国債先物プットオプションでは、オプションの買い手は権利行使によって権利行使価格で対象先物限月取引の売付けを成立させられる。(T.O.) ⇒オプション

債券先物取引(bond futures trading)

　国債などの債券を、将来の予め定められた受渡日（期限日）に、現時点で定めた価格（約定価格）で売買することを契約する取引のことである。東京証券取引所における長期国債標準物の場合は、額面100円、利率年6％、償還期限10年という条件が設定されている。債券先物取引は、ヘッジ取引や裁定取引、スペキュレーション取引など、資産運用手段の多様化、取引の活発化に寄与している。(A.I.)

債券指数(bond index)

　債券のインデックス運用のために準拠すべきベンチマークのことをいう。債券の流通市場で売買される銘柄数は数万にも及ぶため、債券指数における対象銘柄はサンプリングによる抽出を余儀なくされる。対象銘柄群を発行体、その信用度、残存期間、クーポンなどによってグループ化し、各グループの全市場ポートフォリオに占める割合に応じて、各グループから銘柄を抽出するという手法（層化抽出法）でサンプ

ルポートフォリオを構築する。当該サンプルポートフォリオの時価評価額の推移を指数化したものが債券指数である。各国の大手証券業者が定期的に算出し、公表している。その対象銘柄群が「世界国債」(JPモルガン、MSCI、CITIなど)であったり、日本の債券市場全体(野村BPIなど)であったり、それぞれに特色のある債券指数が算出され、公表されている。(A.I.)

債券評価(valuation of bond)

利付債券における価格評価は次の式のとおり。

$$P=\frac{C}{(1+i)}+\frac{C}{(1+i)^2}+\cdots+\frac{C}{(1+i)^n}+\frac{F}{(1+i)^n}$$

ここで、Cを毎期の利子、nを満期までの期間数、Fを満期の債券額面、iを1期の利回り、複利法で評価した現在価値をPとする。

割引債券の1期ごとの複利法の価格の評価は次のようになる。

$$P=\frac{F}{(1+i)^n}$$

また、債券の評価方法としては収益性や流動性、安全性などの原則がある。収益性は投資効率の高さで示され、利回りが使われる。直接利回り、最終利回り、所有期間利回りなどがある。流動性はその債券の市場性、残存期間の長短、担保としての適格性などで測られる。安全性は元利金の支払いの確実性の高さで測られ、発行者の信用度や格付機関による債券の格付などが尺度となる。(A.I.) ⊃現在価値、格付

債券ポートフォリオ戦略
　　(bond portfolio strategy)

複数の債券を組み合わせて作る債券ポートフォリオ戦略として、パッシブ運用戦略とアクティブ運用戦略がある。運用者の主観的判断が入らないパッシブ戦略には、保有した債券を満期まで持ち続けるバイ・アンド・ホールド型運用(短期債から長期債までを保有)、ダンベル型運用(中期債を除いて、短期債と長期債を均等に保有)、特定のベンチマークに連動するインデックス運用、保有資産から生まれるキャッシュフローを利用したデディケーション型と呼ばれるキャッシュフローマッチング戦略(負債側のキャッシュフローと資産側のキャッシュフローをマッチングさせる)とイミュニゼーション戦略(期中の金利変化による価格変化とクーポンの再投資収益率の変化を相殺)などがある。アクティブ戦略には、将来の金利水準予測に基づく戦略と金利の期間構造の変化を予測する戦略、何らかの基準で個別銘柄の割高・割安を推定する戦略などがある。これらを総称して債券ポートフォリオ戦略という。(S.S.)

債券利回り(bond yield)

投資家が購入した債券を償還期日まで保有した場合に得られる利回りである。既発債売買で利回りという場合、通常は**最終利回り**を指す。利息収入のほか、償還時に生じる買付価格と償還価格との差額(償還差損益のこと)を加えて、償還までの1年当たりにならして算出する。わが国では、利息収入

等の再投資を考慮しない単利方式で計算される。

最終利回り（単利方式）＝

$$\frac{クーポン + \dfrac{償還価格 - 買付価格}{残存年数}}{買付価格} \quad (1)$$

これに対して欧米では、利息の再投資を考慮した複利方式が用いられており、年2回利払い債券が一般的な米国市場では年2回の複利利回りが一般的となっている。

債券価格＝

$$\sum_{t=1}^{2n} \frac{\dfrac{クーポン}{2}}{\left[1+\dfrac{最終利回り}{2}\right]^t} + \frac{償還価格}{\left[1+\dfrac{最終利回り}{2}\right]^{2n}}$$

（n：償還年限）(2)

所有期間利回りは、償還まで保有せずに売却した場合の、所有期間での1年当たりの利回りで、(1)式で、償還価格を売却価格、残存年数を所有期間年数に替えて計算する。

応募者利回りは、投資家が新規発行の債券を購入して、償還日まで保有した場合に得られる利回りである。利付債の発行価格は額面以下で設定される場合があり、クーポンに償還差益を加えて計算される。(1)式で、償還価格を額面価格、買付価格を発行価格、残存年数を償還年数に替えて計算する。通常、公社債の発行条件は応募者利回りで表される。

直接利回りは償還差損益を考慮せず、毎期の収益（クーポン）にのみ着目した利回りで、直利ともいう。直接利回りは債券本来の投資収益率を示すものではないが、わが国ではかつて機関投資家が簿価に基づいた単年度の期間利回りを重視した運用を行ってきたことから、直利も利回りとして使用されていた。

$$直接利回り = \frac{クーポン}{購入価格} \quad (3)$$

（Y.Mo.）⊃所有期間利回り

最終清算指数（**SQ**, special quotation）

株式先物取引や株価指数オプション取引の最終決済を行うために算出される価格をいう。決済最終期日（満期）までに反対売買による決済がされず、限月終了時に残った建玉を強制的に現金決済するための清算価格として用いられる。株価指数先物取引における最終清算指数は3、6、9、12月のそれぞれの限月の最終取引日（第二木曜日）の翌日の現物指数構成全銘柄の始値を基に算出される。株価指数オプション取引においては、12ヵ月のそれぞれを限月の取引最終日（第二木曜日）の翌日の始値が最終清算指数の基礎となる。最終清算指数は、**特別清算指数**、あるいは**スペシャル・クォーテーション**（**SQ**, special quotation）とも呼ばれる。当初、最終清算指数は取引最終日の現物株価指数を用いていた。しかし最終取引日の立会い終了時間間際に、株価指数先物と株式現物指数間の裁定取引に絡むポジション解消による売買が現物市場で生じ、現物株価の乱高下が生じた。このため、1990年9月限月取引より現行の制度が採用された。
（A.I.）

最終利回り(yield to maturity)
　　　　　　　　　➡ **債券利回り**

最小2乗法(least squared method)

　回帰分析において、被説明変数の観測値と回帰モデルが予測する値の差の2乗和が最小になるように回帰係数を求める方法である。Yを被説明変数、Xを説明変数とする単回帰モデル

$$Y = a + \beta X + \varepsilon$$

では、被説明変数の観測値と回帰モデルによる予測値の差の2乗和(残差平方和)は

$$L = \sum_{i=1}^{n} \left[y_i - (a + \beta x_i) \right]^2$$

である。ただし、x_i, y_iはそれぞれXとYの観測値、nは観測値の数である。Lを最小にする回帰係数a, βを求めるために、aとβでそれぞれ偏微分して0とおくと、次の連立方程式を得る。

$$\begin{cases} na + \beta \left(\sum_{i=1}^{n} x_i \right) = \sum_{i=1}^{n} y_i \\ a \left(\sum_{i=1}^{n} x_i \right) + \beta \left(\sum_{i=1}^{n} x_i^2 \right) = \sum_{i=1}^{n} x_i y_i \end{cases}$$

これをaとβについて解くと、

$$\beta = \frac{S_{xy}}{S_x^2}$$

$$a = \bar{y} - \beta \bar{x}$$

と求まる。ただし、S_{xy}はXとYの観測値の標本共分散、S_x^2はXの観測値の標本分散、$\bar{x}$と$\bar{y}$はそれぞれXとYの観測値の標本平均である。(R.S.)

最小分散ポートフォリオ
　　　　(minimum variance portfolio)

　リスク(標準偏差)と期待リターンで表した平面上に描かれた投資機会集合の中で、同じ期待リターンを持つポートフォリオのうちリスクが最小となるポートフォリオをいう。最小分散ポートフォリオは、期待リターンの水準ごとに異なるポートフォリオとなる。これらの異なる最小分散ポートフォリオの集合体は、一般に双曲線で描けることが知られており、これらの中でもリスクが最小となる最小分散ポートフォリオを、大域的最小分散ポートフォリオ(global minimum variance portfolio)ということがある。なお、大域的最小分散ポートフォリオのことを、単に最小分散ポートフォリオと呼ぶこともある。(大域的)最小分散ポートフォリオは、TOPIXのような時価加重型の市場を代表するベンチマークポートフォリオよりも優れている点が存在することが多くの実証研究で示され、実務でも活用されている。(S.S.)

財政再計算
　　　(pension actuarial revaluation)

　日本では2004年まで厚生年金と国民年金は、5年ごとに経済情勢や人口動態の変化を踏まえ、負担と給付の長期的なバランスを予測し、現行の給付水準を前提とした保険料率の見直しを行ってきた。これを財政再計算という。しかし、少子高齢化による年金財政の悪化を背景に、2004年の年金制度改正以降は財政再計算が廃止され、保険料水準固定方式が導入された。これは最終的な保険料水準を法律で定め、その範囲内での給付を前提に給付水準が自動的に調整されるというものである。

ただし、財政状況を検証するため、少なくとも5年に1度は政府により「財政の現況及び見通し(財政検証)」を作成し公表することになった。(T.K.)

財政状態計算書
（statement of financial position）
国際会計基準（IASあるいはIFRS）で情報提供が義務付けられている財務諸表の1つで、日本会計基準の貸借対照表に相当する。財政状態計算書では、有形固定資産、投資不動産、無形資産、金融資産、棚卸資産、現金及び現金同等物などに分類された項目の掲載が必要である。同時に、買掛金、引当金、金融負債などの負債と、株主資本、利益剰余金、非支配持分などの金額を表す項目を表示する。財政状態計算書では、流動資産と非流動資産、流動負債と非流動負債を別々に区分して表示する必要がある。固定性配列法を用いた財政状態計算書では、非流動資産に次いで流動資産が表示される。資本に次いで非流動性負債、流動負債が表示される。流動性に基づく表示に信頼性があり、より目的にかなった情報を提供する場合は、流動性配列法を用いることができる。流動性配列法は、現状の日本の貸借対照表に類似している。(N.I.)

裁定取引（arbitrage transaction）
2つないしはそれ以上の複数の市場間で、同一の商品あるいは類似の商品間で異なる価格が付けられている場合に、その価格差を利用して収益（利鞘）を上げる行動・取引を指す。学術的には、裁定によって得られる利潤は不確実性がなく（マイナスのキャッシュフローを引き起こさず、プラスのキャッシュフローしかない）、コスト・ゼロでリスクフリーの取引である。アービトラージ取引ともいう。複数の市場とは、同じ証券・商品を上場する証券取引所や、同じ商品の現物と先物など、同等ないしは同種の商品を取り扱う市場を指す。一物一価の法則が働く限り、同種の商品の価格差は、この裁定取引によって消滅する。APTやブラック・ショールズ式などのファイナンス理論は、「無裁定の取引機会」を前提としている。(Y.Mo.)

最適化法（optimization method）
制約条件を満たしながら目的関数を最適な状態（例えば、リスクを最小化、期待リターンを最大化、ある変数を決められた値にする）にする解を求める数理計画法の1つである。線形計画法（linear programming）、二次計画法（quadratic programming）、非線形計画法（non-linear programming）を応用したものが広く利用されている。最適化法は、代表的なポートフォリオ構築方法の1つでもあり、平均分散アプローチにより効率的フロンティアを描く際、インデックスファンドを構築する際（通常はファクターモデルが必要）、あるいは定量的手法でアクティブファンドを構築しようとする際などに使われる。特に、インデックスファンドを構築する際に、完全法、層化抽出法と並んで、最適化法は代表的な手法として利用されている。(S.S.)

最適資本構成
（optimal capital structure）

企業価値を最大にする資本構成（負債と自己資本や純資産の比率）である。有利子負債がゼロである場合の企業価値を基準とし、追加的な負債利用の長所と短所を取り入れて分析することが多い。定量化しやすい負債利用の長所は支払利息の節税効果であり、短所はデフォルトの可能性によるコスト（デフォルトコスト）である。負債比率（負債÷自己資本）が低いとき、節税効果がデフォルトコストを上回るため、負債を増やすことで企業価値が高まる。逆に、負債比率が高いときは、デフォルトコストが大きいため、負債を減少することが企業価値の向上に結び付く。この作業を繰り返していくと、企業価値を最も高くする負債比率に行き着く。この負債比率が最適資本構成である。節税効果とデフォルトコストに加え、負債利用による経営の規律付けや負債過多による経営の足かせなどを考慮して、最適資本構成を検討することもある。(N.I.) ●資本構成

再投資収益率（reinvestment rate）

投資期間中に投資対象資産から得られる利息や配当金を再度投資することによって得られるリターンのことをいう。利付債であれば定期的に満期まで利息が支払われるが、この利息は通常再投資される。なお、この再投資収益率が期初のリターンと同じと考えて計算されたものを最終利回りという。利息を再投資しようとすると、時間の経過とともに市場環境が変化し、満期までの投資期間は短くなるため、期初と同じリターンが得られる資産への投資は難しくなることが多い。そこで、異なる期間の長さを考慮して、再投資収益率を実勢金利に合わせて計算された債券利回りを実効利回りという。(S.S.)

再投資リスク（reinvestment risk）

投資期間中に投資対象資産から得られる利息や配当金を再度投資する際に、時間の経過とともに市場環境が変化し、さらに満期までの投資期間は短くなるため、再投資収益率が不確実になる。この再投資収益率の不確実性を再投資リスクという。例えば、投資期間中に、市場金利が低下すると再投資収益率は低くなり、市場金利が上昇すると再投資収益率は高くなるが、これは期初の段階では予測できない。結果的に、この投資全体の投資収益率も再投資リスクがあるために不確実となる。(S.S.)

最頻値 ➡ モード

財務上の特約（financial covenants）

発行会社の財務面を何らかの契約で拘束することにより、社債権者の地位を保全する規定のことである。発行会社の財務体質が弱くなったり、不測の事態が生じた際に、社債権者が他の債権者に比べて不利になることがないような保全を図るためのものである。従来、社債には「財務制限条項」が付されていたが、1996年1月に適債基準が撤廃されてからは呼称が「財務上の特約」となり、自由に条項およびその内容を設定できることとなった。財務上

の特約には「担保提供制限条項」「純資産額維持条項」「配当制限条項」「利益維持条項」等があり、会社が財務上の特約に違反した際に、当該社債に適当な担保が提供される「担保切換条項」等の措置が取られないときには、社債等の期限前の償還が義務付けられる（期限の利益の喪失）。発行された社債にどの財務上の特約が設定されているかについては、「目論見書」等に記載されている。(A.I.)

財務代理人（fiscal agent）

1993年改正商法で新設された商法297条（現在の会社法702条に当たる）で定められた社債管理会社制度の例外規定として、社債の券面が1億円以上の募集、または50人以下を対象とした私募による募集の場合、社債管理会社（社債権者の代理人の立場）に代わり財務代理人（発行会社の代理人の立場）を置くことで、社債管理会社の設置を必ずしも必要としない制度が制定された。発行会社にとっては、社債の発行コスト削減につながるため、発行会社主導で財務代理人設置社債（FA債ともいう）が現在の主流となっている。FA債の最初の事例は、1995年9月に発行されたソフトバンク第2回普通社債である。

日本の社債市場における財務代理人の役割は、元利金支払業務のほか、利払時の源泉徴収など、発行会社が社債の残存期間中に行うべき事務の一部を代行することとなる場合が多い。(A.I.)

財務比率分析（financial ratio analysis）

損益計算書、貸借対照表、キャッシュ・フロー計算書等の財務諸表の数値から算出される財務比率を用いて、企業の様々な能力等を分析すること。財務諸表分析や財務分析、経営分析などと呼ばれるものの一部で、比率分析の部分を指す。

財務比率分析には、①収益性分析、②安全性分析、③成長性分析などがある。①収益性分析とは、企業の利益獲得能力を資本の利用効率などから分析するものである。代表的な指標として、ROEやROAなどがある。収益性の分析を補助するものとして、付加価値や労働生産性を測る生産性の分析がある。②安全性分析とは、企業の財務構造や資金繰りが健全で、債務不履行などで倒産に陥ることがないか、企業の財務安全性を分析するものである。代表的な指標として、流動比率やインタレスト・カバレッジ・レシオなどがある。③成長性分析とは、主に株主の視点から企業の成長性を分析するものである。代表的な指標として、サステイナブル成長率などがある。

通常、ある企業の1期の財務比率だけを用いて分析するのではなく、財務比率の比較によって分析が行われる。比較対象で分類すると、理論値や目標値との比較、（同一産業内の）他の企業と比較するクロスセクション分析と、同一企業の過去と比較する時系列分析がある。(S.Y.)

債務不履行リスク（default risk）

与信行為や債券投資において、債務者が債務の履行つまり元本および利子の支払いなどができなくなる危険性のことをいう。信用リスクやデフォルトリスクと呼ばれることもある。バブル崩壊後は、経営が破綻する企業が急増したため、投資家は従前以上に債務不履行リスクに敏感となった。リスクの大小を示す指標としては、格付機関による格付が一般的である。デリバティブでは、債務不履行リスクをヘッジするCDS（クレジット・デフォルト・スワップ）などの取引も活発化した。（A.I.）

財務リスク（financial risk）

企業が事業資金の調達を負債により行う場合に発生するリスクをいう。総資本に占める負債の割合が高まると、利益変動が大きくなる、資本コストが上昇する、さらに資金調達が難しくなるなど多くの問題が生ずる可能性が高まる。これを財務リスクというが、負債比率や株主資本比率などの数字からそのリスクが判断される。過度の負債の増大は経営の安定を損なう可能性があり、財務リスクの増大は株価や債券の評価に影響を与えることがあり、それが新規の資金調達を困難にし、事業のリスクが高まることになる。ただ、負債の総資本に占める割合が高くなることによるレバレッジ効果によってROE（株主資本利益率）を高めたり、総資本のコストを下げることも可能なため、財務リスクは必要に応じて取るべきリスクでもある。（A.I.）

サーキットブレーカー（circuit breaker）

世界の主要な証券取引所や先物取引所で導入されている措置で、取引が過熱し価格が一定の変動幅を超えて急騰あるいは急落した場合に、相場の安定化のために発動される、取引を一時中断する措置をいう。投資家心理の過熱を鎮め、冷静な投資判断のための間を取ることで、相場の安定化を図る目的がある。日本では2001年の同時多発テロ発生後の日経平均先物（大証）、2008年のリーマンショック時の国債先物、TOPIX先物、日経平均先物などで発動例がある。（A.I.）⇒値幅制限

先物取引（futures transaction）

デリバティブ（派生商品）の1つで、将来の特定の時点における商品や指標について、特定の価格および数量での取引を保証する取引である。フューチャー取引ともいう。前もって売買の価格が決定しているため、先物契約により将来の価格変動による損失を回避（ヘッジ）し、利益を確定できる。同時に、先物市場がマーケットとして成立するためには、売買によって利益を得ようとする投機者を必要とする。同様の取引に為替予約などの**先渡（フォワード）取引**がある。先物取引は取引所で行われるのに対し、先渡取引は相対で行われる。決済の方法も先渡取引は原則として現物を引き渡す形で行われるが、先物取引は原則として現物を伴わない差金決済で行われる。この結果、先渡取引には相対取引ならではの取引条件の柔軟性（金額、決済日等）

があるが、決済期日前に転売などの反対売買はできない。先物取引は反対売買が自由である。(A.I.)

先渡取引（forward delivery transaction）➡ **先物取引**

差金決済（settlement on balance）
　売買の対象となった現物の受渡しを行わずに、反対売買を行って、売買価格差等に相当する金銭の授受のみにより決済を行うこと。先物取引やオプション取引においては、そもそも現物の受渡しが困難なことも多く（株価指数先物など）、反対売買と差金決済が取引において重要な役割を果たす。また、証拠金を預託して直接原資産の買付けを行わないFX取引（外国為替証拠金取引）や差金決済取引（CFD, contract for difference）などでも、決済は差金決済で行われる。一方、例えば株の現物取引で差金決済が許されれば、「同一資金」で「同一受渡日」となる「同一銘柄」の複数回の売買が可能となってしまう。これは一種の信用取引といえ、投資家が保有する資産以上の取引が可能となる。そのため、日本では株の現物取引において、差金決済は禁止されている。(A.I.)

指値注文（limit order）
　投資家が証券会社に株式の売買注文を出す際の一形態で、売買価格を明示して注文することである。買いの場合には指値（さしね）以下で、売りの場合は指値以上で注文が執行される。発注者が希望した値段で売買ができる反面、わずかの価格差や時間差で売買が成立しないこともある。
　一方、売買価格を明示せず、銘柄と数量のみを指定して注文をするのが**成行**（なりゆき）**注文**である。指値注文に優先するため売買が成立しやすい反面、相場変動が大きいときには、意外に高く買ったり、安く売ってしまうことがある。
　また、取引には価格優先原則と時間優先原則がある。時間優先原則は、同じ値段の呼値については、先に行われた呼値が後に行われた呼値に優先するという原則である。価格優先原則は、売呼値については値段の低い呼値が値段の高い呼値に優先し、買呼値については値段の高い呼値が値段の低い呼値に優先するという原則である。(A.I.)

サステイナブル成長率
　　　（**SGR**, sustainable growth rate）
　持続可能な成長率をいう。証券投資や運用の分野では、割引キャッシュフロー法や配当割引モデルにおける永続成長率に、サステイナブル成長率を用いることが多い。配当割引モデルでは、企業が外部資金調達（増資）を行わずに達成できる成長率という意味で用いられる。有利子負債等を考慮しなければ、配当のサステイナブル成長率は、自己資本利益率（ROE）と内部留保率（1 － 配当性向）の積［ROE×内部留保率＝ROE×（1－配当性向）］となる。下記の図表は、ROEが10％、内部留保率が40％の数値例である。この場合、サステイナブル成長率は4％になる。表からわかるように、自己資

本、利益、配当はすべて4％で成長している。

図表　サステイナブル成長率の数値例

	今期	来期	再来期
期首自己資本	1,000	1,040	1,081.6
利益	100	104	108.16
配当	60	62.4	64.896
内部留保	40	41.6	43.264

(N.I.)

サバイバルバイアス
　　　　　　　(survivorship bias)

　過去データを使った実証分析を行う際に、過去の状態そのままを再現させる必要があるにもかかわらず、何らかの理由で途中で消滅してしまったデータ系列あるいは入手が困難なデータ系列を再現できずに、残されたデータ系列のみで分析してしまった場合に得られた結果には偏りが生じている可能性が高い。具体的には、株式市場の分析をする際に、現時点で存在する企業だけを対象とすると、過去に買収された企業や倒産してしまった企業は、分析対象から外れてしまう。また、ヘッジファンドや投資信託についても、過去にパフォーマンスが悪かったり、何らかの問題があったファンドはクローズしてしまい、現時点では存在しないこともある。したがって、現存する企業やファンドのデータのみを使った分析では、パフォーマンスの悪かった企業やファンドが除外されてしまい、分析結果に上方バイアス（平均パフォーマンスが高くなる）を生じさせてしまう可能性が高い。このような偏りをサバイバルバイアスあるいは**生き残りバイアス**と呼んでいる。こういったバイアスの存在は、分析結果や投資行動に大きな影響を与えることがある。(S.S.)

サービサー（loan servicer）

　金融機関等から委託を受けまたは譲り受けて特定金銭債権の管理、回収を行う業者で、債権回収会社ともいう。従来、金融機関など原債権者以外の特定金銭債権の回収は弁護士が行うものとされていたが、不良債権処理を円滑化する目的で1998年に施行された債権管理回収業に関する特別措置法によって民間サービサー制度が創設され、民間企業が法務大臣の許可のもとで金銭債権の管理、回収を行えるようになった。特定金銭債権とは、金融機関等が有する（有していた）貸付債権、リース・クレジット債権、資産の流動化に関する金銭債権、ファクタリング業者が有する金銭債権、法的倒産手続き中の者が有する金銭債権、保証契約に基づく債権、その他政令で定める債権を指す。サービサーは金融機関、貸金業者の子会社である例が多い。整理回収機構は、預金保険機構が出資した政府系のサービサーである。(T.K.)

サブプライム問題
　　　　　　(subprime mortgage crisis)

　米国のサブプライムローン（返済能力が低く、本来であれば融資基準を満たさない借り手を対象とした住宅ローン）の焦付きによって引き起こされた一連の経済危機をいう。米国では2000年代前半の金融緩和期に住宅ブームが

発生し、その間に融資基準も大幅に緩んでサブプライムローンが急増し、新規不動産融資の2割を占めるに至った。しかし、2004年から2006年にかけてFRBが利上げに転じるとローン金利の上昇から借入返済負担が増し、一方、ローンの担保である住宅の価格が下落して、サブプライムローンは急速に不良債権化した。サブプライムローンは証券化され、細分化された債権は他の債権と合成されモーゲージ証券(MBS)や債務担保証券(CDO)として転売された。これらの証券化商品は格付会社によって最上級の格付を与えられ、欧米等の多くの金融機関や機関投資家が購入していた。これらの証券の価格が下落を始めると金融機関の財務内容が悪化し、金融機関の債務返済能力に疑問を持たれるようになり、短期金融市場での銀行間取引が滞る流動性危機の状態に陥った。銀行間貸付金利のスプレッドが拡大し、一部の金融機関の資金調達が困難となり、経営破綻する先が見られた。2008年9月には大手投資銀行リーマン・ブラザーズが破綻し、他の大手金融機関も米国政府の支援を受ける事態となった。これにより極端な信用収縮が発生し、実体経済も悪化して2009年前半にかけて米国のGDP成長率は大幅なマイナスとなり、他の先進国や新興国も世界的な同時大不況の様相を呈した。(T.K.) ⊃MBS、CDO

サープラス(surplus)

サープラスは一般に余剰、黒字と訳されるが、年金実務では資産と負債の差額をサープラスと定義している。このサープラスがプラスであれば余剰金、マイナスであれば不足金があるという。年金財政の健全な運営には、このサープラスの値に着目した資産と負債の管理が重要となる。サープラスの値は金利や株式価格の変動とともに変化することになり、サープラスの変動の大きさをサープラスリスクという。サープラスリスクの分布は左右対称の正規分布ではなく、左右非対称、ファットテールの形状に近いと考えられており、ダウンサイドのサープラスリスクが重要なリスク管理項目となる。(S.S.)

サーベンス-オクスリー法
 (Sarbanes-Oxley act) ➡ SOX法

サムライ債(Samurai bond)
 ➡ 円建外債

三角合併(triangle merger)

M&Aにおいて、買い手(買収企業)と売り手(被買収企業)の間に買い手企業の子会社が存在する取引である。相対で行われる合併(通常の取引形態)に対して、第三者が介在するために三角合併という。日本では、2007年5月から、外資系企業が在日子会社を通じて、日本企業を買収するスキームが可能になった。[図表]は三角合併のスキームを示している。グローバルに事業を展開する外資系企業の株式時価総額は、日本企業よりも大きい。三角合併が可能になった当時、自社株式という巨額のマネーを持つ外資系大企業による日本企業の買収が増えるのではな

いかといわれたが、そのような現象は観察されていない。

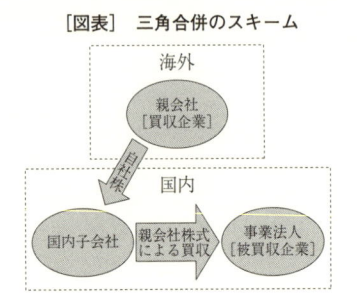

[図表] 三角合併のスキーム

海外
親会社
[買収企業]

国内
国内子会社 ← 親会社株式による買収 → 事業法人［被買収企業］

(N.I.)

産業再生機構（Industrial Revitalization Corporation）

株式会社産業再生機構法に基づき、預金保険機構の出資で設立された企業である。事業の目的は有用な経営資源を有しながら過大な債務を負っている事業者の再生で、2002年5月より業務を開始し、2007年3月に解散した。約4年間の活動期間中に41件の支援を決定し、事業再生を進めた。支援企業としては、大京、ダイエー、カネボウなどがある。資本金は505億円だったが、最終的に約745億円が国庫に納付された。(T.K.)

残差リスク（unsystematic risk）
　　➡ **システマティックリスク**

算術平均（arithmetic average）
　　　　　　　　　　➡ **平均**

残余利益モデル
　　（RIM, residual income model）

配当割引モデルとクリーンサープラス会計を前提とする株式価値評価モデルである。残余利益は当期純利益と株主資本コストの差額であり、期首株主資本×（ROE−株式資本コスト）で与えられる。残余利益モデルによる株式評価額は、（株主資本）+（将来の残余利益の現在価値の和）となる。残余利益の現在価値の算出に用いる割引率は株式資本コストである。モデルからわかるように、平均的にROEが株式資本コストを上回る株式の評価額は簿価を上回り、PBRが1より大きくなる。逆に、ROEが株式資本コストを下回る状態が続けば、PBRは1より小さくなる。残余利益モデルによる株式評価では、既知である自己資本の割合が大きい。そのため、将来収益の予測の精度が問題になる程度が小さいという長所がある。(N.I.)

シ

GIC

(guaranteed investment contract) 米国において主にDC制度の資産運用向けに保険会社によって提供される契約である。典型的なGICでは、受け入れた掛金に対して一定の保有期間が定められ、その間の利率が保険会社によって保証される。保険会社の一般勘定の一部を構成するもので、その保証は保険会社が契約を履行できる限りのものである。1980年代に入り一部の保険会社が契約を履行できない事態となり、この問題が顕在化した。その後に開発されたものに、他の契約者の請求権から独立した分離勘定によるもの（separate account GIC）、固定利付証券のポートフォリオに対して元本保証の契約をし、保険会社は管理手数料と元本保証料を受け取るもの（synthetic GIC）がある。後者については、銀行が提供するものもある。(Y.F.)

GIPS (Global Investment Performance Standards)

資産運用会社による見込・既存顧客に対する投資パフォーマンス実績の公正な表示と、完全な開示を確保するために定められた世界的に共通な自主基準であり、**グローバル投資パフォーマンス基準**と訳される。資産運用会社が基準に準拠するためには、その最新情報、ガイダンス・ステートメント、解釈、Q&Aおよび説明を含めた必須事項のすべてに準拠する必要がある。さらに、資産運用会社は、基準の勧奨事項にも準拠することが奨励されている。この基準は、AIMR（現CFA協会）の専門委員会により1999年に策定され、その後、基準の改訂・運営は、CFA協会傘下のGIPS executive committeeが所管している。日本証券アナリスト協会は、当初から基準の策定・改訂に関与するとともに、GIPSカントリー・スポンサーとして、日本における基準の普及・運営の役割を担っている。(SAAJ)

GARCHモデル (generalized autoregressive conditional heteroskedasticity model)

資産価値のボラティリティの時間的な変動を記述する時系列モデルの1つ。

いま、t期におけるある証券のリターンR_tのうち$t-1$期に予測不可能な部分をε_tとおく［$\varepsilon_t = R_t - E_{t-1}(R_t)$］。$z_t$を毎期、期待値0、分散1の独立同一分布に従う確率変数として、ε_tをz_tとボラティリティσ_tの積$\varepsilon_t = \sigma_t z_t$として表す。このとき、$E_{t-1}(\varepsilon_t^2) = \sigma_t^2$であることから、$\sigma_t^2$は$\varepsilon_t$の条件付き分散である。$t$期の条件付き分散$\sigma_t^2$を、過去の誤差項の2乗$\{\varepsilon_{t-1}^2, \varepsilon_{t-2}^2, ...\}$の線形関数

$$\sigma_t^2 = \omega + \sum_{i=1}^{q} a_i \varepsilon_{t-i}^2$$

と定式化するモデルをARCHモデル

という。ARCHモデルをより一般化したモデルで、σ_t^2の説明変数としてさらに過去の条件付き分散 $\{\sigma_{t-1}^2, \sigma_{t-2}^2, ...\}$ を加えた線形関数

$$\sigma_t^2 = \omega + \sum_{i=1}^{q} a_i \varepsilon_{t-i}^2 + \sum_{j=1}^{p} \beta_j \sigma_{t-j}^2$$

と定式化するモデルをGARCHモデルという。

金融資産の時系列データでは、ボラティリティが上昇した後にはボラティリティが高い期間がしばらく続き、同様にボラティリティが低下した後にはボラティリティが低い期間がしばらく続くという現象が観察されている。このようなボラティリティの時間的な変動を記述する時系列モデルである。$p=0$のときARCHモデルと一致する。(R.S.)

J-REIT(Japanese real estate investment trust)

日本版不動産投資信託のことをいう。不動産投資信託であるREIT（real estate investment trust）は米国で1960年に誕生したが、日本では2000年に「投資信託及び投資法人に関する法律」が改正され投資商品として登場した。仕組みが米国のREITと異なる点もあるため、J-REITといわれている。仕組みは、多くの投資家から集めた資金で、オフィスビルや商業施設、マンションなど複数の不動産などを購入し、その賃貸収入や売買益を投資家に分配する。収益の90％以上を分配すれば実質的に法人税が掛からないため、収益がほぼ分配金になる。不動産に投資をするが、法律上は投資信託の一種である。ただ、法律に基づき「不動産投資法人」という会社のような形態を取る。株式会社が株式を発行するように「投資証券」を発行し、投資家はこれを購入する。ただ、「クローズドエンド型」という仕組みを用いており、中途解約はできないが、ほとんどが証券取引所に上場されており市場で売買が可能である。(A.I.) ⊃クローズドエンド型投資信託

CSR（corporate social responsibility）

企業は利益を追求するだけでなく、様々なステークホルダー（投資家、従業員、顧客、仕入先、コミュニティなどの企業を取り巻く利害関係人）にも配慮した適切な意思決定を行う責任を負っている。この責任をCSR（企業の社会的責任）という。最も基本的なCSR活動は、企業活動についてステークホルダーに対して説明を行うことである。説明責任の内容が厳密に定まっているわけではないが、環境問題（対コミュニティ）、労働安全衛生・人権（対従業員）、品質（対顧客）、公正な事業慣行（対仕入先、顧客）などが考えられる。なお、ISOは社会的責任に対する国際規格として、2010年11月にISO26000を制定している。この中で、社会的責任の中核課題として、組織統治、人権、労働慣行、環境、公正な事業慣行、消費者課題、コミュニティ参画および開発の7項目がうたわれている。(Y.Mi.)

GSR (gold silver ratio)

金1グラムの価格を銀1グラムの価格で割ったもので、株式市場などで市場の心理状態を表す指標として注目されている。平常時は金も銀も産業用などに使用されるコモディティとして好況期には上昇し、不況期には下落するが、金は有事の際などの逃避先としての性質を持つため、市場で不安心理が高まっている時は金が産業用の素材としての性質しか持たない銀と比較して上昇度合いが大きくなるため、GSRも上昇する。逆に不安心理が収まるとGSRは低下に向かう。GSRは、平常時には50以下で推移していることが多いが、リーマン・ショック後には100近くまで上昇した。(T.K.)

ジェネラルパートナーシップ (general partnership)
➡ リミテッドパートナーシップ

CAPM (capital asset pricing model)

マーコウィッツ (Markowitz) の提示した平均分散アプローチのもとでは、有効フロンティア上のいずれかの点が最適という結論は導かれるが、投資家のリスク許容度に応じて最適なポートフォリオは異なる。シャープ (William F. Sharpe) たちは、リスクフリー・レートで無制限に貸借できるという前提条件を追加して、合理的な投資家が選択すべきポートフォリオを理論的に特定化することに成功し、これを市場ポートフォリオと見なした。リスクフリー・レートと市場ポートフォリオを結ぶ直線を資本市場線と称した。

さらに、シャープたちは、あらゆる証券の期待リターンは、市場ポートフォリオのリターンに対する感応度を唯一のリスク要因 (変数) とする一次式として、下式のように表現できることを数学的に示した。このベータと期待リターンの関係を表す直線を証券市場線と称した。この算式は、市場リスクプレミアム (右辺の大かっこ内) が正という状況のもとでは、ベータという形で表される市場リスクが高い証券ほど、高い期待リターンで報われるべきであることを示している。

$$E(\tilde{R}_i) = R_F + \beta_i [E(\tilde{R}_M) - R_F]$$
$$\beta_i = \frac{cov(\tilde{R}_i, \tilde{R}_M)}{\sigma^2(\tilde{R}_M)}$$

$E(\tilde{R}_i)$：証券iの期待リターン
$E(\tilde{R}_M)$：市場ポートフォリオの期待リターン
R_F：リスクフリー・レート
β_i：証券iの市場リスク (ベータ)
$cov(\tilde{R}_i, \tilde{R}_M)$：証券iと市場ポートフォリオのリターン間の共分散
$\sigma^2(\tilde{R}_M)$：市場ポートフォリオのリターンの分散 (リスク)

これら一連の理論体系はCAPMと呼ばれており、シャープたちによって1960年代に導かれた。同時期にシャープ、リントナー、モッシン (Sharpe, Lintner, and Mossin) の3人によってCAPMの証明が行われたため、シャープ・リントナー・モッシン・モデルと呼ばれることもある。CAPMは、証券は無限に細かく分割して取引可能、取引コストは存在しない、リスクフリー・レートでの無制限の貸借が可能など、幾つかの前提条件のもとで成立

する。また、CAPMの理論上、市場ポートフォリオは世界中の株式や債券にとどまらず不動産や人的資本も含む広い概念であるが、実際には観察できない。そのため、CAPMの有効性に関する検証は不可能という批判が、ロールから提示された。一方、世界各国の市場が十分に統合されておらず分断された状況とみなし得る場合には、世界の証券市場全体ではなく、各国の市場ごとにCAPMが適用されることも多い。(M.T.) ⮕APT、資本市場線、証券市場線

CME

(Chicago Mercantile Exchange)
シカゴマーカンタイル取引所の略称で、米国イリノイ州シカゴにある商品先物取引所および金融先物取引所を指す。「mercantile exchange」は「商品取引」という意味だが、シカゴ商品取引所（CBOT）との区別の必要性などから慣習的に上記のような訳語となっている。先物取引をはじめとしたデリバティブ商品の上場に積極的に取り組み、現在ではその取引量は世界最大規模である。日経平均先物も24時間取り扱っており、日本国内の投資家の注目も高い。CMEとCBOTは2007年に合併してできた新会社「CMEグループ」の一員となっている。(A.I.)

CMBS (commercial mortgage-backed securities)

資産担保証券の一種で、賃貸マンション、ホテル、オフィスビル、ショッピング・モールなどの商業用不動産に対して実施された貸付債権等をひとまとめにした証券である。まず、委託者（不動産保有者）と不動産信託受託者とで不動産管理処分信託契約を締結する。不動産信託受託者は委託者に対して不動産信託受益権を交付し、委託者は同受益権を特別目的会社（SPC）へ譲渡する。SPCは同受益権を裏付けとしてレンダー（貸し手）からノンリコースローンを借り入れ、レンダーはローン債権をCMBS信託受託者へ信託譲渡する。CMBS信託受託者は、CMBS信託受益権をレンダーに交付し、レンダーは同受益権を投資家に販売する。不動産信託受託者は、不動産のテナントから賃料収入を受け取り、SPCに信託配当を交付する。SPCは、信託配当からCMBS信託受託者に対して利息を支払う。CMBS信託受託者は、投資家に対し配当を交付する。(A.I.)

CLO ➡ CDO

ジェンセンのα (Jensen's alpha)

リスク調整後リターンの1つで、ファンドのリターンから資本資産価格評価モデル（CAPM）により推定される均衡リターン（β値で測定したリスクの大きさを考慮したリターン）を引いたもの、すなわちファンドの事後α値をいう。ジェンセン測度あるいはジェンセンの尺度と呼ばれることもある。別の見方をすれば、CAPMにおける証券市場線（SML）からの距離を測ったものとも言える。この値は、β値で測定したリスクの大きさでリターンを調整したことになるため、リ

スク調整後リターンと言える。この値がプラスであれば、CAPMから推定される期待リターンよりも高いリターンが得られたことになり、逆にマイナスであれば、低いリターンしか得られなかったことになる。実際には、ファンドと市場ポートフォリオの事後的なリターンの時系列データを回帰分析することにより、ジェンセンのαを推定できる。(S.S.)

時価会計
（mark to market accounting）
　貸借対照表の資産負債の項目を時価で評価する会計をいう。一般に、時価とは、公正な評価額をいい、市場において形成されている取引価格、気配または指標その他の相場に基づく価格（市場価格）のことであり、市場価格がない場合には合理的に算定された価額が公正な評価額とされる（企業会計基準第10号「金融商品に関する会計基準」第6項）。時価は、このように公正価値と互換可能に使われることもしばしばであるが、今買ったらいくらかを意味する再調達原価、今売ったらいくらかを意味する正味売却可能価額、または将来のフローを基にした現在価値（present value）を指すこともある。
　なお、時価会計は、公正価値会計と異なる意味で用いられることもある。例えば、インフレーションが社会・経済的に大きな問題であった1960年代から1980年代を中心に、時価会計（時価主義会計）と呼ばれたのは、インフレーション下における、適正な企業業績の把握や企業財産の過大な外部流出の回避などのため、一般物価変動や個別価格変動を反映した時価によって資産負債の評価を行うだけではなく資本維持や資本修正も行う（現行制度上は行われていない）会計技法であった。(S.Y.)
⮕公正価値会計

時価総額（market capitalization）
　上場株式を発行している企業がどの程度の規模であるかを示す指標となる数値で、**株式時価総額**ともいう。株価は市場の当該企業に対する評価を端的に表していると考えれば、企業価値を評価する際の1つの指標になる。株価は、時に過大（過小）評価される場合があるため、単純ではないが、当該銘柄の将来の成長性などに対する市場の期待値を反映した1つの尺度とも言える。個別銘柄の時価総額は発行済株式総数に当該銘柄の株価（時価）を掛け合わせることで求められる（発行済株式総数から、自己保有株式数を控除する場合もある）。1つの国の上場企業の時価総額の総合計をもって、一国の経済規模を図る際の尺度とする場合もある。また、同一市場内や業種ごとなど、一定の範囲内でランキングすることで、当該上場企業（もしくはその集合体としての国や業種など）が市場からどういった評価を受けているかを図る1つのバロメータとなる。(A.I.)

時間加重収益率
（time-weighted rate of return）
　ファンドのリターンを評価する方法の1つで、評価期間中の資金の流出入の影響を受けない幾何平均によるリ

ターンの算出法である。まず、資金の流出入が発生するたびに時価評価を行ない、その間の単位時間当たりのリターンを計算し、これを全期間繰り返す。次に、このリターンを時間の長さで重み付けしたリターン（幾何平均）を計算する。具体的な計算方法には、精度が最も高い厳密法、精度は劣るものの測定が比較的簡単な（資金の流出入が発生するごとに全資産の時価評価を行うことが困難な場合、一定期間ごとに時価評価してリターンを算出して積を取る）ディーツ法、修正ディーツ法、修正BAI法などがある。時間加重収益率は、資金の流出入を自分自身でコントロールできない運用者の評価に適し、資金の流出入を自分自身でコントロールできる運用者の評価には金額加重収益率が適している。(S.S.) ⇨ 金額加重収益率

時間分散（time diversification）

　一般に「時間を分散してリスク資産を一定額、定期的に購入する」こと（いわゆるドルコスト平均法）と、「リスク資産を長期間保有することで単位時間当たりのリスクが低減する」こと（リスクの時間分散効果）の2つの意味で使われている。前者は、対象資産の価格が高くなれば購入単位数（株式であれば購入株数）が少なくなり、安くなれば購入単位数が多くなるため、ドルコスト平均法と呼ばれ、個人投資家の投資方法として推奨されているが、理論的に有効性が示されているわけではない。また、後者の考え方は、リスクの時間分散効果と呼ばれていた。この考え方は、対象としている期間中、毎期の期待リターンもリスクも一定で、リスクを標準偏差として異時点間の相関がないと仮定できれば、簡単に導き出すことができる。しかし、これらの強い仮定は現実的ではないうえに、時間の経過とともにリターンの分布の裾野も拡大していくことになる。(S.S.) ⇨ ドルコスト平均法

事業譲渡（business transfer）

　M&Aの形態の1つで、事業を売却し、その対価として主に現金を受け取る行為をいう。事業譲渡は売り手の立場から見た用語であり、買い手にとっては事業譲受け（事業買収）になる。事業とは、一定の事業を営む目的で組織化され、有機的に一体として機能する有形・無形の資産の集合体である。無形資産にはのれんやブランドが含まれる。事業譲渡はあくまでも資産の譲渡であって、通常は株式の移転を伴わない。事業譲渡は取締役会決議で実施可能であるが、事業の全部または重要な事業（譲渡される資産の簿価が総資産の20％以上）を譲渡する場合には、株主総会の特別決議が必要になる。従来は営業譲渡と呼ばれていたが、会社法で事業譲渡に変更された経緯がある。(N.I.)

仕組債（structured bond）

　狭義では、デリバティブなどを組み込んだ債券を指す。より広い意味では、既発の転換社債などを組み替えたリパッケージ債や、資産担保証券（特にCMO（collateralized mortgage obligation）やCDO（collateralized debt obligation）のように優先劣後構造を持ち、複数のトランシェからなる証券化商品）などの債券も含めて、ストラクチャード債と呼び、このような手法を総称して、ストラクチャードファイナンスと呼ぶこともある。狭義の仕組債の例としては、償還金額が株価指数値にリンクして変動する株価指数リンク債、クーポンと満期償還金で支払われる通貨が異なるデュアルカレンシー債、償還金額が特定の参照組織の信用状況にリンクするクレジットリンク債などが挙げられる。近年は、償還金は円固定金額で、クーポン支払額がその時点の為替レートに連動して毎回大きく変動する、パワー・リバース・デュアルカレンシー（PRDC）債と呼ばれる債券が、比較的ポピュラーな商品となっている。さらに、特定の条件が発生した場合に期限前に強制償還される、トリガー償還条項付きのものも見られる。このような狭義の仕組債は、特定の投資ニーズを持つ投資家向けにカスタムメイドで発行されていることも多い。(T.O.) ⊃デリバティブ、トランシェ

シクリカル株（cyclical stock）

　特定のサイクルに従い、株価の上昇、下降が繰り返される株式のことをいう。循環株と呼ばれることもある。ある特定の企業群の収益は季節や景気などの特定のサイクルと連動して変化を繰り返し、この変化に連動して株価が変化する株式が存在する。代表的なシクリカル株として景気循環株があり、景気の波により企業収益が大きく変化する素材セクター（紙パルプ、化学、鉄鋼、繊維、非鉄金属など）や、設備投資関連セクター（工作機械、産業機械など）に属する株式が代表的である。(S.S.)

時系列分析（time series analysis）

　同一の主体に対して、時間の経過とともに観測されるデータポイントの列を時系列データという。時系列分析とは、時系列データの背後に隠れている構造を分析し、それに基づいて予測を行うことである。(R.S.)

自己資本（shareholders' equity）
　　　　　　　　➡ **株主資本**

自己資本比率（capital ratio, equity ratio）➡ **株主資本比率**

自己資本利益率（return on equity）
　　　　　　　　➡ **株主資本利益率**

自己選択バイアス
　　　　　　　（self-selection bias）

　株式・債券や投資信託等とは異なり、ヘッジファンドのパフォーマンスは一般に公開されていないため、ヘッジファンドを含むデータベースやインデックスのプロバイダーは、ヘッジファンド自身からデータを収集する必要がある。ところが、一定の規模まで運用資産額が拡大したヘッジファンドの一部は、データを公開して新規資金を獲得する必要性がなくなるため、プロバイダーへのデータ提供を中止してパフォーマンスを開示しなくなることも少なくない。こういったファンドの

存在が、データベースあるいはインデックス上のヘッジファンドのパフォーマンスに、何らかのバイアス（上方バイアスもしくは下方バイアスの両方の可能性がある）を生じさせる可能性がある。このようなバイアスを自己選択バイアスと呼んでいる。こういったバイアスの存在は、分析結果や投資行動に大きな影響を与えることがある。(S.S.) ➲ サバイバルバイアス

資産管理機関（trustee / insurer）

確定拠出年金法によって、確定拠出年金（企業型）を実施する場合に、積立金について事業主が次のいずれかの契約を締結しなければならないとされており、その場合における当該契約の相手方を指す。
・信託銀行等を相手方とする運用の方法を特定する信託の契約
・生命保険会社を相手方とする生命保険の契約
・農業協同組合連合会を相手方とする生命共済の契約
・損害保険会社を相手方とする損害保険の契約

これらの契約を利用して、確定拠出年金の積立金は、事業主および加入者から分離して管理される。信託の契約を用いる場合には、投資信託、生命保険、損害保険など幅広い運用方法の資産管理ができるので、信託銀行が資産管理機関となる場合が多い。(Y.F.)

資産担保証券（ABS, asset backed securities）➡ アセットバック証券

資産配分効果
　　　　　　（asset allocation effect）

ファンドパフォーマンスの要因分析を行う際の要因の1つで、アセットアロケーション効果と呼ばれることもある。パフォーマンスの要因分解の方法として、各資産のベンチマークのリターンを政策アセットミックス（ファンド委託者の投資方針に基づく基準となる配分比率）で加重平均したファンド全体のリターンを表す「複合ベンチマーク効果」、基準となるファンドの資産配分比率を変更した効果を表す「資産配分効果」、各資産の銘柄選定をベンチマークから乖離させた効果を表す「銘柄選択効果」、これらでは説明できない部分を表す「複合（その他）効果」という4つの要因に分けて寄与度が分析される。「資産配分効果」は、ファンドの基準となる配分比率と異なる比率を意図的（アクティブ）に取ったことに対するパフォーマンスの影響の大きさ（寄与度）を表している。(S.S.)

C-CAPM（consumption-based capital asset pricing model）

1978年にルーカス（Robert Lucas）によって公表された資本市場理論で、消費CAPMともいう。C-CAPMは、無限期間生き続ける経済主体（相続等で子孫に財産を受け継いでいくという前提のもとで想定可能）を想定して、この経済主体が将来の消費の現在価値を最大化するという前提条件のもとで導かれる。C-CAPMでも通常のCAPMと同様の均衡式が導かれているが、リスク指標として、通常の

CAPMのようなベータ（市場ポートフォリオのリターンに対する感応度）ではなく、消費と証券のリターンの感応度を表す消費ベータが用いられている。すなわち、消費との間の感応度が大きな証券ほど、消費が落ち込むときにリターンが低下して、消費の目減りをカバーする効果が期待できないため、価格が低く抑えられ、期待リターンが高めになりやすいと結論付けられる。C-CAPMの世界では、消費系列との相関が十分に低い株式は本来魅力的な資産であり、期待リターンは低くなってしかるべきにもかかわらず、実際の市場では株式のリターンが非常に高くなっている点でアノマリーと認識される。この現象は、株式プレミアムの謎（equity premium puzzle）と呼ばれている。(M.T.) ⇨CAPM

自社株買い
（share repurchase, share buyback）

企業がすでに発行している自社の株式を買い入れる行為である。自社株買いの対価として企業から投資家にキャッシュが支払われるため、現金配当と並びペイアウトとみなすことができる。自社株買いの実施については、企業が自社の情報を利用して有利な取引（投資家に不利な取引）を行うことを回避するための制度等が必要になる。日本では、1990年代に制度が整備され、企業による自社株買いが実質的に解禁された。2000年代に入ると自社株買いの総額が増加し、現金配当に匹敵するまでになった。自社株買いは、発行済株式数の減少や1株当たり利益（EPS）の増加をもたらす。企業が自社株買いを行う理由は複数ある。自社の株価が割安だというシグナルを市場に伝えるシグナリング仮説は、実証研究で支持されている。現金配当が硬直的（減配が困難）であるのに対し、自社株買いは柔軟な対応が可能という指摘もある。(N.I.)

市場心理（market psychology）

証券市場におけるバブルの発生や崩壊など異常な価格変動の背景には、過度な楽観や悲観などの市場心理の影響があるのではと指摘されることが多い。市場のセンチメント（market sentiment）という表現も用いられる。ファンダメンタル情報を無視したノイズ・トレーダー（noise trader）の感情的な行動によって、証券価格が理論的にあるべき価格水準から乖離するという形で、市場心理の影響を具体的にモデル化する試みも見られる。(M.T.)

市場性（marketability）

取引される商品（財・サービス）が相対取引でなく、市場取引で、取引が成立するための条件を具備しているかを示す特性を指す。市場性を持つ商品は、不特定多数の取引参加者が競りに参加し、価格等の取引条件が決定される市場メカニズムが円滑に機能することが必要である。そのためには、商品が規格化され、容易に等質的な評価判断が可能なことが要件となる。(Y. Mo.)

市場のマイクロストラクチャー
(market micro-structure)

機関投資家や個人投資家などの市場参加者の個別の意思決定と株価形成の関係の解明や、証券取引市場の構造やルールが市場の価格や流動性に与える影響などを、情報の非対称性のもとでの情報伝達、流動性の供給の側面などから分析する理論をいう。取引市場の構造は、①売買注文を価格や時間などの決まった要素の優先順位に従ってマッチングさせる注文駆動型の競争売買システム、②マーケットメイカーの示す気配値で投資家の注文を勧誘し、自己勘定で注文を決済する売買価格駆動型のマーケットメイクシステム、③マッチングとマーケットメイクの両方を行うスペシャリストが存在するスペシャリストシステムなどに大きく分けられる。投資家も情報を持った投資家、そうでない投資家、パッシブ投資家などに大別される。これらの構造や投資家の行動が価格形成や取引、流動性に影響するメカニズム全般を指していうことも多い。(A.I.)

市場分断仮説
(market segmentation hypothesis)

金利の期間構造理論の1つ。期待仮説では、長期金利は将来の短期金利に対する投資家の期待を反映して形成されると仮定されているが、市場分断仮説では、それぞれの残存期間ごとの投資家の需給関係を反映して、金利水準は残存期間ごとに独立して決定されると仮定される。したがって、市場分断仮説においては、長期金利は、将来の短期金利に対する投資家の期待とはまったく無関係に形成されると結論付けられる。(M.T.)

市場ポートフォリオ
(market portfolio)

取引可能な市場に存在するすべてのリスク資産を時価評価し、合計したものをいう(比率で表されることが多い)。市場が効率的で税金が存在しない場合、投資家が合理的でリスク回避的な行動を取るとすると、無リスク資産の存在が仮定できれば、投資家が持つリスク資産は「すべてのリスク資産から描いた効率的フロンティア上にこの無リスク資産から降ろした接線の接する点(接点ポートフォリオ)」のみとなる。すべての投資家が接点ポートフォリオしか保有しないことになれば、結果的にこのポートフォリオは市場全体を表すことになるため、この接点ポートフォリオを市場ポートフォリオと呼んでいる。市場ポートフォリオは、取引可能な市場に存在するすべてのリスク資産の合計と定義されているが、この定義では実際に市場ポートフォリオを特定することができず、実証不可能という問題点が指摘されている。(S.S.)

市場モデル (market model)

市場ポートフォリオのリターンを説明変数として、個別証券のリターンを被説明変数とした線形単純回帰分析を行い得られた回帰式を市場モデルといい、回帰直線のことを証券特性線(security characteristic line)という。こ

の市場モデルを使い、リスクのある証券への投資のリスクが、市場全体からのリスク（市場リスクあるいはシステマティックリスク）と市場全体以外のリスク（非市場リスクあるいはアンシステマティックリスク）から構成されることを示すことができる。また、分散投資をすることにより、市場全体以外のリスクを抑えることができるが、市場リスクは分散投資をしても低減しないことを示すことができる。(S.S.)
⇨ 証券市場線（SML：security market line）、資本市場（CML：capital market line）

市場リスク（マーケットリスク） (market risk)

市場価格や指標等の変動によって、保有する資産勘定や負債勘定（ポジション）の価値が変動し、損失が発生するリスクのことである。マーケットリスクともいう。市場リスクにさらされていることは、資産や負債が市場価格によって時価評価されているということと同義である。このため、市場リスクの管理には、時価評価が適正に行われていることが前提となる。市場リスク管理には、市場動向や資産負債に関する複数のシナリオを用意して、感応度分析やバリュー・アット・リスクなどの手法を用いる。(Y.Mo.)

指数平滑法（exponential smoothing）

指数移動平均とも呼ばれ、時系列データを平滑化する手法の1つである。時系列データに対して、過去に遡るほど指数的に減少するウェイトを掛けて移動平均を求める。t 時点のデータを P_t、t 時点の指数移動平均値を m_t とすると、指数平滑法の基本式は

$m_1 = P_1$

$m_t = aP_t + (1-a)m_{t-1}, t = 2, 3, \cdots, T$

である。a は平滑化定数と呼ばれ、$0 < a < 1$ である。a が0に近いほど直近のデータの影響を受けにくく、平滑化効果が大きくなる。m_{t-1} を展開すると、

$m_t = a\left[P_t + (1-a)P_{t-1} + (1-a)^2 P_{t-2} + \cdots\right]$

となり、ウェイトが a、$a(1-a)$、$a(1-a)^2\cdots$ と指数的に減少していくことから指数平滑法と呼ばれる。(R.S.)

システマティックリスク (systematic risk)

市場モデルを例に取ると、株式の投資リスク（分散）は下式のように分解できる。

$\sigma^2(\tilde{R}_i) = (\beta_i)^2 \sigma^2(\tilde{R}_m) + \sigma^2(\tilde{\varepsilon}_i)$

左辺を銘柄 i のトータルリスク、右辺第1項をシステマティックリスク、右辺第2項をアンシステマティックリスク（**残差リスク**）という。システマティックリスクは、市場モデルでは市場リスクとも呼ばれる。システマティックリスクは、ファクターとの相関が0（$\beta_i = 0$）という特殊なケースでなければ、いくら多くの銘柄に分散投資しても消去できない。そのため、システマティックリスクは投資家が最終的に負担すべきリスク要因となる。これに対して、アンシステマティックリスクは個々の銘柄固有のリスク要因であり、ファクターでは説明できない

残差リスクを表している。個別銘柄固有の変動要因は、多数の銘柄に分散投資することで消去できる。したがって、十分に分散されたポートフォリオにおいては、リスク要因はほぼシステマティックリスクと等しくなり、ファクターとの間の平均的な感応度によってリスク水準が決定される。CAPMやAPTのような資本市場理論では、分散投資によって消去できるアンシステマティックリスクに対しては、投資家が負担しても見返りが与えられず、分散投資しても消去できないシステマティックリスクに対してのみ、リスクの負担量に応じた期待リターンの提供という形で報酬が支払われると理論付けられている。(M.T.) ⊃ ファクターモデル

システム運用

予め決められたルール（アルゴリズム）に従ったプログラムを作成し、コンピュータシステム上でこれを実行することで自動的に投資判断（投資対象の取捨選択、入替えタイミング、取引量）を行い、運用する運用戦略をいう。コンピュータが最終的に運用指示を出すが、ルールを決定するのは運用設計者である。ルールの決め方にはいろいろなタイプがあるが、投資理論に基づく方法、テクニカル分析（チャート分析）に基づく方法、実証分析で発見した非効率性や行動ファイナンスに基づくものなどが代表的な手法である。長所としては、運用者のその時々の主観や恣意性が入らないこと、ルールが決まってしまえば比較的少人数で運用が可能なことなどがある。短所としては、ルール確定時に想定していた前提条件が崩れた場合に対応が遅れること、機動的な対応ができないことなどがある。(S.S.)

私設証券取引システム（proprietary trading system） ➡ PTS

実験経済学 (experimental economics)

CAPMをはじめとする現代ポートフォリオ理論は、一定の前提条件を設定したうえで何らかの理論的な関係を演繹的に導く規範的モデルであるのに対して、プロスペクト理論など行動ファイナンスのモデルは、実際の人間の選択行動を検証したうえで、その行動パターンとできるだけ整合的な関係を導く叙述的モデルと位置付けられる。実際の人間の行動を調べる際には、経済実験の手法が用いられることが多い。このとき、誘導的な実験にならないように、客観的な結論が導かれるような実験の方法論を研究する分野が実験経済学である。スミス（Vernon Smith）は実験経済学の方法論を確立したことが評価されて、2002年にノーベル経済学賞を受賞した。実験経済学は、証券バブルの発生メカニズムの研究などの際に活用されている。(M.T.)

執行コスト (execution cost)

株式や債券などの有価証券の取引を行う際に発生する費用のことをいう。執行コストは、マーケットインパクトコスト（自らの売買注文によって生じ

る価格変化のことで、売買する直前と実際の売買価格の差)、タイミングコスト(売買の決定をした時点と実際の売買の実行までの時間のズレから生じる価格差)から構成されている。これに加えて、固定部分(売値と買値のスプレッド、証券会社への手数料、有価証券取引税など)を含めたものを取引コスト(transaction cost)という。大量の証券を短時間で売買しようとするとマーケットインパクトが大きくなるので、何回かに分けて取引を行うことがあるが、すべての取引が終了するまでに時間を要し、証券価格が変化してタイミングコストが過大になることもある。なお、売買注文を出したにもかかわらず、取引が成立しなかった場合もコストの1つであり、このコストを機会損失コスト(投資判断したが取引できなかった場合のコスト)という。この両者を考慮した執行までの最適な時間を最適執行時間という。(S.S.)

質への逃避(flight to quality)

金融危機など、金融市場が混乱している際、投資家が株式などのリスクの高い投資対象から、国債など相対的にリスクの低い投資対象に運用をシフトすることをいう。米国国債投資は典型的な質への逃避の対象である。(T.K.)

CDS(credit default swap)
→ **クレジットデリバティブ**

CDO(collateralized debt obligation)
債務担保証券(collateralized debt obligation)の略称で、貸付債権や公社債といった大口金銭債権を裏付資産とする証券化商品をいう。裏付資産が公社債のみで構成される場合はCBO(collateralized bond obligation)と呼ばれ、同じく貸付債権のみで構成される場合はCLO(collateralized loan obligation)と呼ばれるが、いずれもCDOに含まれる。

裏付資産の所有者(オリジネータ)が、それらを特別目的会社(SPC)に譲渡し、それらを裏付けとして発行した社債や信託受益権などによって、投資家から資金を調達する。また、当該元利払いが不能になった場合でも、裏付資産のキャッシュフローのみを原資とする元利払いが可能なので、一般的にオリジネータの他の資産には影響を及ぼさない(ノンリコース)。また、CDOの裏付資産にデフォルト等が発生した際に元本が優先的に確保される順位を設定する優先劣後構造(シニア、メザニン、劣後など)を持っていることを特徴とする。順位が後位になるほど、ハイリスク・ハイリターンとなる。

他方、シンセティックCDOは、公社債などの現物資産から得られるキャッシュフローではなく、CDSなどデリバティブ取引を通じて得られるキャッシュフローを原資として投資家への利払いを行うものである。デリバティブなどの金融商品のキャッシュフローを合成することで、より多くのキャッシュフローを生み出し、高利回りの証券化商品の開発が可能となる。(A.I.) ⊃SPV

GDP (gross domestic product)

一定期間内(1四半期あるいは1年間)に国内で生み出された付加価値の合計(国内総生産)のことである。GDPが付加価値の合計であるということは、商品やサービスの生産額から、これを生産するために使われた原材料などの投入額を除いた、新しく生み出された価値の合計であることを意味している。GDPの拡大速度が速ければ、それだけ国内の生産活動が活発ということである。GDPの成長率が高ければ、それだけ国内の企業の利益や雇用者の増加速度も速いことが多い。GDPは生産、分配、支出の3つの側面からとらえられるが、それぞれから見たGDPは必ず等しくなる(三面等価の法則)。ここで、生産面からのGDPは各産業や政府サービスの生産額の合計、分配面からのGDPは雇用者報酬、営業余剰、混合所得などの合計、支出面からのGDPは民間最終消費支出、政府最終消費支出、国内総固定資本形成、在庫品増加、財貨・サービスの輸出の合計である。GDPに海外からの所得を加え、海外に対する所得を差し引いた額を国民総所得(GNI)と呼んでいる。GDPでは、生産に使った機械などが劣化することで価値が低下している点を考慮していない。これは企業では減価償却費に当たるが、これを固定資本減耗といい、GDPから固定資本減耗を控除した額を国内純生産といい、国民総所得から固定資本減耗と純間接税を引いたものが、要素費用表示の国民所得である。(T.K.)

GDPデフレーター (GDP deflator)

GDPは実際に取引された金額を使って計算されるが、物価が上昇すれば国内で生産された商品やサービスの量がまったく変わらないのにGDPの金額が大きくなることが起こる。こうした不合理を取り除くため、GDPは物価の変動を除いた実質値(実質GDP)が推計されている。経済成長率などの計算には、実質GDPを利用するのが一般的である。一方、実際の取引価格で計算されたGDPは名目GDPと呼ばれる。名目GDPから実質GDPを算出するのに用いる物価指数をGDPデフレーターという。物価指数にはラスパイレス型、パーシェ型があるが、実質GDPの計算に用いられているのはパーシェ型の物価指数である。日本の実質GDPの計算で用いられている連鎖方式では、基準年と計算を行う年の間の各年の指数を次々に計算していくことになる。パーシェ型の物価指数は物価上昇率を実際よりも低めに表示してしまう傾向があるとされる。(T.K.)

シナジー効果 (synergy effect)

複数の経営資源を用いることで、個別資源の価値の合計よりも大きい価値を生み出すことで結合効果、相乗効果とも呼ばれる。1+1>2、2+2=5などと説明される。シナジー効果は、アメリカの経営学者アンゾフ(Ansoff)が提唱した。企業経営におけるシナジー効果には、販売シナジー、生産シナジー、投資シナジー、マネジメントシナジーなどがある。販売シナジーは、

流通経路やブランドを複数の部門や製品間で共通利用することで売上高が増加する効果である。生産シナジーは、複数部門間における間接費の共有化や一括仕入れによるコスト削減の効果である。投資シナジーは、基礎研究や基盤工程を複数の部門や製品で共有化できることがもたらす効果をいう。マネジメントシナジーは、優れた経営者のノウハウを複数の事業戦略に共通利用できることを意味する。企業の戦略関連多角化やM&Aは、シナジー効果の実現が目的である。(N.I.)

シナリオ分析(scenario analysis)

将来起こり得るいろいろな経済の状態とその可能性の大きさを想定し、おのおのの状態が発生した場合の金利、株式、為替等のマーケットの変動を予測し、分析することをいう。通常は将来最も起こりやすいと想定される状態をメインシナリオとするが、投資家にとって最も好ましくない状態(リスクシナリオとも呼ぶ)、投資家にとって好ましい状態等をサブシナリオとして、メインシナリオだけではなくリスクシナリオ等も含めて、将来のマーケットの状況を分析して投資戦略を決定することになる。(S.S.)

ジニ係数(Gini coefficient)

主にある社会の中の所得格差を示す指標で、イタリアの統計学者コッラド・ジニ(Corrado Gini)が1936年に発表した。ジニ係数は、1905年に米国の経済学者マックス・ローレンツ(Max Lorenz)が考案したローレンツ曲線に基づいて計算される。ローレンツ曲線は横軸に世帯数の累積相対度数(所得を小さい方から並べ何%に位置しているか)、縦軸に所得の累積相対度数(全体の所得に対して何%を占めるか)を取り、原点と各点を結んだものである。所得の分配が完全に平等な場合に、ローレンツ曲線は45度線となるが、通常は下方に膨らんだ曲線となる。ローレンツ曲線と45度線に囲まれた面積の2倍がジニ係数で、0から1の間の値を取る。0は所得の分配が完全に平等な場合、1は所得の分配が不平等な場合である。日本では再分配前の所得(当初所得)で計算したジニ係数が上昇傾向にあるが、これは高齢化や核家族化などの影響とみられている。(T.K.)

ジニー・メイ

(Ginnie Mae, GNMA, Government National Mortgage Association)

1968年に米国国民の住宅取得促進のため設立された連邦政府抵当金庫の略称である。政府の100%出資で設立されており、形式上は民間企業として設立された連邦住宅抵当公庫(ファニーメイ)や連邦住宅金融抵当公庫(フレディマック)とは異なる。住宅ローン担保証券(MBS)の発行は行われず、連邦住宅監督局や退役軍人省などの政府系機関が提供もしくは保証した住宅ローンを裏付けとした住宅ローン担保証券の保証のみを行っている。(T.K.)

四半期報告書(quarterly report)

金融商品取引法(第24条の4の7)に従って、上場会社等が提出しなけれ

ばならない四半期（3ヵ月）ごとの報告書。各期間経過後45日以内に提出する必要がある。四半期報告書では、企業の概況、事業の状況、提出会社の状況、経理の状況などが開示される。そのうち、四半期財務諸表については、独立監査人による四半期レビューが行われる。

なお、2011年3月改正によって、四半期報告書のいわゆる簡素化が行われている。例えば、2011年4月から開始する会計年度からは、「四半期損益計算書及び四半期包括利益計算書」の開示、第1四半期と第3四半期の「連結キャッシュ・フロー計算書」の開示が任意とされた。ただし、開示を省略した場合は「減価償却費及びのれんの償却額」の注記が義務付けられている。(S.Y.)

CB（convertible bond）➡ **転換社債**

CBO ➡ **CDO**

CPPI（constant proportion portfolio insurance）

資産価値の下落に比例してリスク資産を売却し、無リスク資産の保有比率を連続的に上げることでフロアを確保するポートフォリオインシュアランスでは、一般にオプションの複製が必要で、複製のためにはリスク資産のボラティリティの推定が必要となる。しかし、ボラティリティの推定は簡単ではなく、推定誤差も大きい。一方、幾つかの前提条件のもとで、一定の単純なアルゴリズム（簡単な公式）に従って資産配分を動的に変更することで、フロアの確保を行うことも可能である。この方法はCPPI（constant proportion portfolio insurance）と呼ばれている。なお、実際の資産配分の変更は、連続的に行うことはできないため、急激な価格変動に対してはフロアが確保できない可能性もある。(S.S.)

CVA（credit value adjustment）

取引先（カウンターパーティ）の信用リスクの市場価値を示す値で、金融機関のリスク管理指標として用いられることが多い。CVAは、リスクフリーのポートフォリオの市場価値と、カウンターパーティの倒産確率を考慮したポートフォリオの価値の差として算出される。CVAは、2000年代に大手銀行がカウンターパーティの信用リスクを評価するために使用し始めた。その後、会計基準の変更等により、デリバティブポジションの価値評価において、カウンターパーティの信用リスクを反映することが義務付けられた。近年では、金融機関の破綻が頻出しており、カウンターパーティの破綻リスクをタイムリーに把握する必要が高まっている。金融機関では、日次ベースのCVAや毎時のCVAを算出し、リスクマネジメントを強化している。(N.I.)

CVaR（conditional value at risk）

将来の一定期間において、ポートフォリオの損失額がVaR以上になるという条件を付したときの、損失額の条件付き期待値。期待ショートフォールやテールロスとも呼ばれる。(R.S.)

4分位偏差　（semi-interquartile range）

データの散らばりの尺度である。データの第1四分位点をQ_1、第3四分位点をQ_3とすると、

$$\frac{1}{2}(Q_3 - Q_1)$$

を4分位偏差と呼ぶ。両端4分の1ずつのデータを切り落としているのは、データに異常値が含まれている場合、その影響を受けにくくするためである。確率分布についても同様の意味で使用される。(R.S.)

私募　（private placement）

金融商品取引法（以下金商法）においては、有価証券の取得勧誘のうち募集に該当しないものを私募とする。金商法の私募は、適格機関投資家向けのプロ私募、勧誘行為の対象が50名未満（ただし当該勧誘の開始日から6ヵ月以内に勧誘した者を通算）の少人数私募、その他政令で定める場合の3つに分類できる。基本的には不特定多数に対する少数、不特定多数に対するプロという位置付けである。このため、私募の形態にするメリットも多い。例えば私募債の場合、発行体にとっては社債管理者が不要、有価証券届出書の提出が不要など、手続き、コスト面でのメリットがある。また、投資家は高額所得者に限定されることが多く、これら投資家にとっては節税対策になる場合がある。私募投信の場合は、目論見書等法的書類の手続きが簡便であり、コストや手間を軽減できることがメリットとなる。また、運用会社にとっても公募に比べると解約の頻度が低いことから、長期的な運用計画が立てやすくなる。(A.I.)

資本還元　（capitalization）

直接的な意味は、投資家から提供を受けた資本を還元することである。実際には、資本を運用して将来に収益を還元することになる。そのため、証券投資や運用の世界では、資本還元を収益還元という意味で用いることが多い。投下資本は将来収益によって還元されるという考え方を定式化したものが、投資評価や資本・資産評価における収益還元法である。収益還元法において、将来収益を現在の資本価値に還元する率を資本還元率という。ファイナンス理論によると、資本還元率は金利（時間価値）とリスクプレミアムの和である。資本還元法は、割引キャッシュフロー法（DCF法）と同一視できる。DCF法では、将来の収益をフリー・キャッシュフロー（FCF）と明示し、資本還元率を割引率や資本コストという。(N.I.)

資本構成　（capital structure）

企業のバランスシートの貸方側、つまり負債（他人資本）と自己資本・純資産の構成をいう。実際には、負債を長期と短期に分離し、劣後債や転換社債、優先株なども考慮した構成割合をいう。証券投資や運用の世界では、企業の資本構成が企業価値や株式価値に影響を与えるか否かが問題になる。ノーベル経済学賞を受賞したモジリアーニ（Modigliani）とミラー（Miller）

によると、完全競争市場において資本構成は企業価値に影響しない（MM理論）。現実の市場は完全競争の状態にはないため、資本構成が企業価値や株式価値に影響する可能性がある。企業価値を最大にする資本構成が存在する場合、それを最適資本構成という。最適資本構成を決める要因は、節税効果やデフォルトコスト、負債が経営者行動に与える影響などである。資本構成は資産構成とも関係がある。長期間使用する資産は長期負債やエクイティで調達するのが好ましい。短期の運転資本などは短期借入で調達しても支障がない。実際の資本構成の決定においては、投資適格の格付を維持することも重視される。(N.I.) ⊃最適資本構成

資本コスト（cost of capital）

資本を受託する経済主体が、資本を委託する経済主体に対して負担するコストである。企業と投資家の関係でいうと、企業には資本コストが課せられる。投資家は企業に対してリターンを期待する。資本コストは投資家が期待するリターン（期待収益率）でもある。DCF法では、資本コストを用いて将来収益の現在価値を算出する。この場合、資本コストは割引率になる。資本コスト、期待収益率、割引率は、立場によって使い分けられる。(N.I.)

資本市場線（capital market line）

CAPMでは、縦軸（y軸）を期待リターン、横軸（x軸）をトータルリスク（標準偏差）とするリスク・リターン平面上において、y切片$R_F(0, R_F)$と市場ポートフォリオ$M[\sigma(\bar{R}_M), E(\bar{R}_M)]$を結ぶ直線を資本市場線と称した。マーコウィッツ（Markowitz）によって考案されたオリジナルの平均分散アプローチでは、すべての資産が何らかのリスクを伴う危険資産と想定されていたため、高い期待リターンと低いリスクを好むリスク回避型の投資家にとっての最適なポートフォリオ群を表す有効フロンティアは、投資機会集合を表す曲線上の左上方の部分を表していた。ところがCAPMでは、リスクフリー・レート（R_F）での無制限の貸借可能性を仮定することで、資本市場線の部分まで有効フロンティア（効率的フロンティア）が拡大することを示した。点Mは危険資産の中ではすべての投資家にとって最適なポートフォリオを表しており、CAPMの想定している合理的な投資家は、無リスク資産と市場ポートフォリオMの最適な配分比率を決定することになる。

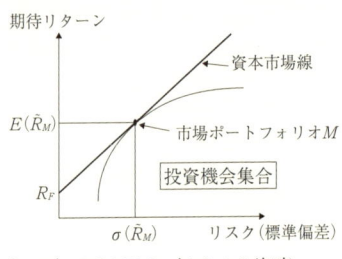

(M.T.) ⊃CAPM、無リスク資産

資本市場理論
　　　　（capital market theory）

株式や債券など資本市場で取引されている証券の価格もしくは期待リターンの均衡値を求める理論を総称してい

う。取引コストは存在しない、証券は無限に細かく分割して売買できる、リスクフリー・レートで無制限に貸借可能など様々な前提条件を与えたうえで、均衡的な証券価格もしくは期待リターンを算出する関係式が導かれている。CAPMやAPTが代表的な資本市場理論である。(M.T.) ⊃APT、CAPM

シミュレーション分析
(simulation analysis)

　実際の分析対象を、経済理論から導いた数式等を使ってコンピュータ上で擬似的に複製（モデル化）し、このモデルを動して、いろいろな分析を行うことをいう。時々刻々変化する金融の現実の世界では、同じ条件のもとで異なる外的要因の変化に対する影響の大きさを実際の市場で分析することはできない。そのため、過去データを使い、過去に起きていたとした場合にどうなったかをコンピュータ上で分析（バックテスト）したり、不確実な挙動をする分析対象を確率モデルで表して、将来起こり得るいろいろな状況をコンピュータ上で作り出して分析（乱数を使ったモンテカルロ・シミュレーション法やブートストラップ・シミュレーション法など）する方法などがある。コンピュータの処理能力の向上と価格低下により、さらに複雑な分析も可能となっている。(S.S.)

社会的責任投資 (SRI, socially responsible investment)

　投資基準にCSR（企業の社会的責任）やESG要因（環境、社会、ガバナンス）を組み込んだ投資をいう。日本のSRI型投資信託は、CSRやESG要因に前向きに取り組んでいる企業を探し出して投資する「ポジティブスクリーニング」といわれるケースが多い。欧州では、財務分析や投資意思決定プロセスにESG要因を取り込む「インテグレーション」が多い。このほかにも、倫理や価値観に基づいてタバコ・ギャンブルなど特定の業種・銘柄を排除する「ネガティブ・スクリーニング」、CSRやESG要因の改善を促すために企業に直接働き掛ける「エンゲージメント」、環境テクノロジーなど特定のサステイナビリティテーマに関連した銘柄へ投資をする「テーマ型投資」などがある。社会、環境、倫理、ガバナンス等の問題を企業が解決し、これが企業価値の増大につながるには長い時間が必要と考えられるため、SRI投資には中長期的視点が重要である。(Y.Mi.)

社会保険方式
(social insurance method)

　医療、年金、介護といった分野の社会保障を実施する仕組みとして、社会保険の考え方を用いる方法をいう。財源として社会保険料を用いることから、社会保険料方式とも呼ばれる（国によっては、社会保障税と呼ばれることがある）。これに対して、社会保険の考え方を用いない方法は社会扶助方式と呼ばれ、租税が財源であることから税方式とも呼ばれる。日本における社会保険料は、被用者に関しては、本人と雇用主が折半で負担することとされている。また、財源の一部には、租税

に基づく公費負担が入る仕組みとなっているものが多い。社会保険方式が民間の保険と異なる点としては、一定の要件に該当する者について強制加入が原則で、社会保険料の負担が相互扶助と社会連帯の責任を果たすための国民としての義務の性格を持ち、公的年金では物価スライド制があり実質価値の維持が図られており、低所得者の保険料軽減や所得再分配機能を持っていることが挙げられる。(Y.F.)

JASDAQ

JASDAQ（ジャスダック）は、株式会社大阪証券取引所が運営する日本の株式市場である。略称は「JQ」。かつては「株式会社ジャスダック証券取引所」が運営法人であったが、同法人は2010年4月1日付をもって、大阪証券取引所との合併により消滅した。2010年10月12日の取引より、(旧)JASDAQと、大証の新興企業向け市場であったヘラクレス、NEOの合計3市場を市場統合し、「新JASDAQ市場」としてリニューアルを果たした。新JASDAQでは損益や規模など対象企業の実績を踏まえて上場する「スタンダード市場」と、対象企業の損益が足元で赤字でも将来性を考慮して上場が可能となる「グロース市場」の2部構成となった。これは旧ヘラクレス市場の形式をそのまま受け継いだものである。統合時の上場銘柄数は「スタンダード市場」が950銘柄、「グロース市場」が54銘柄であった。(A.I.)

シャドーバンク（shadow bank）

金融当局の規制や監視を受けない運用機関、あるいは監視や規制が弱い分野で規制下にあって銀行と同様の金融取引を行う機関のことで、投資銀行やヘッジファンド、証券取引を簿外取引で行うための投資専門の特別目的会社（ストラクチャード・インベストメント・ビークル：SIVなどと呼ばれる）などが含まれる。預金取扱金融機関ではないため、預金発行や決済機能がなく、信用創造はできないが、通常の銀行と組んだり、市場取引を拡大することで同様の機能を持ち、規模拡大も実現できたといわれている。2008年の米国のサブプライム住宅ローン問題では、証券化商品の価格高騰の中心的な役割を果たしたともいわれる。米国におけるシャドーバンクは、米連邦準備制度理事会（FRB）の直接的な管轄下にはなく監視も弱い。また、FRBからの緊急融資や政府保証を受けられないという側面もある。2010年7月のFRBのレポートでは、米国のシャドーバンクの債務は約16兆ドルあり、銀行債務の約13兆ドルを上回っていると報告されている。(Y.Mo.)

シャープレシオ（Sharpe ratio）

リスク調整後リターンの1つで、ファンドのリターンからリスクフリーリターンを引いた超過リターンを求め、ファンド全体のリスク（ファンドのリターンの標準偏差）で割ったものである。この値は、標準偏差で測定したリスクの大きさで超過リターンを調整しているため、リスク調整後リターンと

言える。リスク1単位当たりに対して得られる超過リターンを表している。最も広く使われているリスク調整済みのパフォーマンス測定尺度で、シャープ測度あるいはシャープ尺度と呼ばれることもある。縦軸にファンドのリターン、横軸にリスク（標準偏差）を取ったグラフでシャープレシオの意味を考えると、リスクフリー資産を表す点とファンドを表す点を結んだ直線の傾きを表している。ベンチマークが与えられていれば、同様にこのグラフ上にプロットでき、ベンチマークのシャープレシオも計算できる。このベンチマークのシャープレシオよりもファンドのシャープレシオが大きければ（グラフでは直線の傾きが急であれば）、単位リスク当たりのリターンが大きいことを意味し、評価の高いファンドとなる。なお、シャープレシオは、評価の基準をリスクフリー資産としているが、これをベンチマークインデックスにしたものがインフォメーションレシオである。(S.S.) ⊃インフォメーションレシオ

ジャンクボンド（junk bond）

発行体に対する信用度が低いことから、利払いや償還が滞る、または支払われないリスクが高いと認識されている債券をいう。一般的には、格付がBBB（もしくはBBBに相当する格付）を下回る債券を指す。債券発行時にはジャンクボンドではなくても、格下げによりジャンクボンドとなることもある。「ジャンク」は「ガラクタ」「紙くず」という意味であるが、信用が低い反面、高利回りであることが多く、ハイイールド債と呼ばれることもある。また、機関投資家では、投資基準を格付がBBB以上と設定していることも多く、ジャンクボンドは投資不適格債と同義語とされることもある。日本では1996年に適債基準が撤廃されたことからジャンクボンドの発行が可能となった。(A.I.)

終身年金

　　（life annuity / lifetime pension）
年金受給者の生存を条件に支給する年金である。保証期間を設けて、その間に本人が死亡の場合は、遺族に対して保証期間の残りの期間について年金を支払うものや、保証期間の残りの期間に見合う一時金を支払うものもある。また、終身年金の中でも、本人死亡の場合に配偶者などの死亡まで年金を支払うようなものは、連生終身年金または連生年金という。終身年金ではない年金は、有期年金という。日本では、公的年金は終身年金である。日本のDB型の企業年金では、厚生年金基金では終身年金を原則とするが、確定給付企業年金では終身年金を設けることは給付設計上の選択である。日本では、退職一時金制度からの移行で企業年金制度を設けることが多いため、終身年金とする場合には保証期間を設けることが多い。確定拠出年金では、運用方法の選択肢の中に生命保険会社が提供する終身年金保険がある場合には、本人がそれを選択できる。ただし、実際には確定拠出年金における終身年金は一般的ではなく、普及は今後の課題で

ある。終身年金は、老後保障の面で有期年金や一時金より優れている。しかし、同時に長生きリスクを年金制度が抱えることを意味する。したがって、DBの場合には、主たる掛金の負担者である雇用主企業のリスク負担が前提になる。(Y.F.) ⊃ 長生きリスク、有期年金

修正株価平均
 (adjusted stock price average)
 日経平均株価などの株価指数を算出する際に、計算対象銘柄の1つが株式分割や時価から乖離した低い価格条件で新株を発行するような場合に、当該銘柄の1株当たりの価値が大きく変化して、権利落ちという現象が発生する。他の条件が一定ならば、平均株価もその分影響を受けて下落し、算出される指数の連続性が損なわれる場合がある。そうした場合に、平均株価を算出する際に用いる除数を調整するなどの手法で、算出される株価指数に連続性を持たせた数値をいう。調整の手法には還元式とダウ式の2種類が挙げられるが、日経平均株価ではダウ式に準拠し、連続性を保つため除数を調整する。その意味では、日経平均株価は**修正平均株価**の一種と言える。(A.I.)

修正現在価値
 ➡ APV (adjusted present value)

修正条項付CB (MSCB, moving strike convertible bond)
 転換社債型新株予約権付社債 (CB) の株式への転換価額について、発行から一定期間経過後に、転換価格をその時の時価で算定し直す条項が付されているCBである。略称のMSCBで呼ばれることが多い。転換価格を当初決定した価格よりも下値に設定し直すことのできる条項が付いた下方修正条項付CBの場合、株式が転換価格を下回った状態が続いても、転換価格を下方修正すれば、株式への転換促進が図られるほか、社債としての償還資金を用意する必要もなくなるため、資本を充実できる。ただし、調達資金による企業価値の向上が見込まれない企業がMSCBを利用すると、株式の希薄化や株価下落により、既存株主の利益が損なわれるとの見方がある。1990年代は主に再建を目指す経営不振企業の資金調達手段として利用されていた。しかし、現在ではMSCBの商品性が一般化し、経営が堅調な企業が多様化する資金調達手段の1つとして利用する事例も見られる。(A.I.)

修正倍率
 (ratio of adjusted stock price)
 修正平均株価の単純平均株価に対する倍率のことをいう。修正倍率に単純平均株価を乗じた積が修正平均株価である。日経平均株価に代表される日本の修正平均株価は、直接修正倍率を求める代わりに、恒常除数を修正することで修正平均株価を求めるダウ方式を採用している。日経平均株価の場合、計算式としては、「修正倍率＝225(銘柄数)÷除数」となる。(A.I.)

修正平均株価 ➡ **修正株価平均**

集中投資 (concentrated investment, intensive investment)

株式市場に連動する特定のベンチマークを持たず、長期的、安定的にリターンの獲得ができる少数銘柄（30～50銘柄程度）へ集中的に投資することをいう。多くの銘柄に分散して投資することの弊害、日本株式市場の長期低迷から生まれた市場平均をベンチマークとすることに対する疑問などから注目されるようになった投資手法である。集中投資はウォーレン・バフェットをはじめとする著名な投資家の投資手法として知られてはいたが、リスクが大きい投資手法として一般には敬遠されていた。しかし、近年になって、100を超える多くの銘柄に投資する分散投資が、優秀なアクティブマネジャーの運用スキルを生かす上で大きな障害となる可能性があること、日本株式市場に対して今後も高いリターンが期待できないことなどの理由により、投資家に注目されるようになった。(S.S.) ⇒分散投資

自由度 (degree of freedom)

カイ2乗分布、t分布などで現れるパラメータである。n個の独立な標準正規分布に従う確率変数の2乗和が従う分布を自由度nのカイ2乗分布という。また、標準正規分布に従う確率変数をZ、Zとは独立で自由度nのカイ2乗分布に従う確率変数をYとおくと、

$$\frac{Z}{\sqrt{Y/n}}$$

が従う分布を自由度nのt分布という。

一般的に、自由度とは自由に動くことができる値の個数を意味する。例として、m個の標本$x_1, \cdots, x_m$があるとする。このとき、$x_1, \cdots, x_m$はそれぞれ任意に値を取れるので自由度はnである。次に、平均からの偏差$(x_i - \bar{x})$を考えると、

$$(x_1 - \bar{x}) + (x_2 - \bar{x}) + \cdots + (x_m - \bar{x}) \equiv 0$$

であるから、$(x_1 - \bar{x}), \cdots, (x_{m-1} - \bar{x})$が任意の値を取り得るとすると、最後の$(x_m - \bar{x})$は自由には動けなくなる。このとき、自由度は$n-1$となる。変量に課された制約の数だけ自由度が減る。(R.S.)

受益権 (trust certificate)

投資信託の権利を指し、信託受益権ともいう。信託した資産の運用で発生した経済的利益を、信託銀行などを通して受け取る権利のことである。信託受益権は原則として分割や譲渡ができるため、投資家の運用商品としても活用されており、証券投資信託として均等に小口に分割された信託受益権が受益証券となっている。(Y.Mo.)

主成分分析 (principal component analysis)

多変量データが持つ情報をできるだけ損なわずに、より少ない次元の変数に縮約することで、データの構造をよりとらえやすくする方法である。手順としては、n次元データが存在している空間の座標軸を回転させ、軸上に射影したデータの分散（すなわち情報量）が最大となるような軸を探す。これが第1主成分である。次に、第1主成分軸と直交する軸のうちで、軸上に射影

したデータの分散が最大となる軸を探す。これが第2主成分である。この操作を十分な情報量を得るまで繰り返す。通常、最初の数個の主成分で十分な情報量が得られる。最後に各主成分を解釈して、データの構造をとらえる。(R.S.)

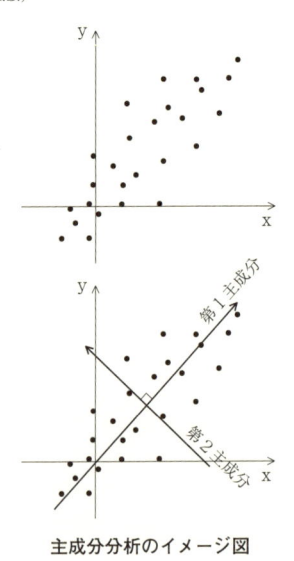

主成分分析のイメージ図

受託会社 (trustee company)

投資信託で運用資産(信託財産)を保管・管理する会社を指す。実際には信託銀行が務めるので受託銀行と呼ぶ場合もある。受託業務ができるのは、信託会社、信託銀行または信託業務を営む銀行に限られている。受託会社は、投資信託財産の保管・管理、投資信託財産の計算、投資信託委託会社からの指図に基づく運用の執行等を行う。その信託財産の名義人となって自己(=受託会社)の名で管理するが、その信託財産は受託会社固有の資産と切り離されて管理(分別管理)される。(Y.Mo.)

受託者責任 (fiduciary duty、fiduciary responsibility)

英米法において信認を受けた者(fiduciary)が履行すべき義務(duty もしくはresponsibility)を指す。「受託者責任」はこれを翻訳した言葉である。受託者すなわち自発的に他の者の権利、資産、利益の管理者となった場合、法律によって課される関係と定義される。もともとは信託関係が結ばれた受託者と信託委託者および受益者に対して、受託者が負う義務を指す概念だといわれる。受託者は広範な裁量権を有し財産の処分・管理を行うが、受益者の利益を専一に考え、裁量権の濫用を防止し、受益者への最大限の信義則、正直さ、誠実さ、忠実さ、そして受益者への全面的な貢献を履行する義務があるとされる。(Y.Mo.) ⊃忠実義務

需要積み上げ方式 (book-building formula) → ブックビルディング方式

種類株式 (classified stock)

株式の権利の内容が異なる複数の種類の株式をいう。会社法上で種類株式の内容を挙げている(会社法第108条第1項)が呼称は定めていない。種類株式の内容には次の9種類があり、9点のうち単数でも複数でも権利を変更することで種類株式となる。①剰余金の配当(普通株式に優先させることも、

劣後させることも可能（②も同様））、②残余財産の分配、③議決権の一部または全部の制限、④譲渡制限、⑤会社に対して買取請求できる取得請求権付株式、⑥一定の条件が発生した場合に会社がその株式を取得できる取得条項付株式、⑦株主総会の決議によって会社が強制的に株式を取得できる全部取得条項付株式、⑧株主総会や取締役会で決議すべき事項のうち、当該決議のほか拒否権付種類株式を持つ株主による種類株主総会の決議を必要とする株式（拒否権付株式、黄金株）、⑨種類株主総会において取締役または監査役を選任できるようにすること（取締役・監査役選任権付株式、委員会設置会社と会社法上の公開会社には認められない）。実務上の種類株式の呼称には、上記①②にかかわるものとして優先株式、劣後株式、普通株式、混合株式、③に関して無議決権株式、議決権制限株式、④に関して譲渡制限株式、⑤に関して転換予約権付株式、⑥に関して強制転換条項付株式、⑤⑥に関して償還株式等がある。(Y.Mi.) ⊃黄金株

順位相関（rank correlation）

データが順位である場合の、2つのデータの関連性のことを指す。通常の相関係数と同じ方法で順位データに関して求めた相関係数を、スピアマン（Spearman）の順位相関係数という。記号でρと書く。例として、n個の対象に対してXとYの2人に順位を付けさせ、付けられた2つの順位データをそれぞれ$\{x_1, \cdots, x_n\}$, $\{y_1, \cdots, y_n\}$とすると、

$$\rho = 1 - \frac{6\sum_{i=1}^{n}(x_i - y_i)^2}{n^3 - n}$$

である。$-1 \leq \rho \leq 1$である。

スピアマンの順位相関係数を求める場合、n個の対象に対して一連の順位を付けなければならない。対象の数が多くなるにつれて、この作業は困難になる。これに対して、n個の対象から任意に取り出した2つの対象に対してXとYそれぞれに大小を付けさせ、この作業をすべての組合せについて行う。全組合せのうち2人が付けた大小関係が一致する組合せの数を使って定義した順位相関係数を、ケンドール（Kendall）の順位相関係数という。記号でτと書く。全組合せのうち大小関係が一致する組の数をPとすると、

$$\tau = \frac{4P}{n(n-1)} - 1$$

である。$-1 \leq \tau \leq 1$である。(R.S.)

純現在価値（net present value）
→ **正味現在価値**

純粋期待仮説
（pure expectations hypothesis）

債券の残存期間と利回りの関係に関する理論体系を金利の期間構造理論という。その中で、長期債の利回りは、将来の短期金利に対する投資家の期待を反映して形成されるとする仮説を期待仮説という。期待仮説の中で、下式のように、長期債の利回りは将来の短期金利に対する期待値を累積した値とちょうど等しくなるとする仮説を、純粋期待仮説という。ただし、$R_{0,T}$は0

〜T期間の年率利回り、$R_{0,1}$は0〜1期間の短期金利、$R^E_{T-1,T}$は$T-1$〜T期間の短期金利に関する期待値を表している。

$$R_{0,T} = \sqrt[T]{(1+R_{0,1})(1+R^E_{1,2})\cdots(1+R^E_{T-1,T})} - 1$$

この仮説のもとでは、短期債より長期債の利回りの方が高い場合（順イールドと呼ばれる）に、投資家は将来の短期金利が次第に高くなっていくと期待していると解釈される。短期債よりも長期債の利回りのほうが低い場合（逆イールドと呼ばれる）は、逆の状況と解釈される。(M.T.)

順張り戦略（trend follow strategy）
価格が上昇した銘柄を買い、下落した銘柄を売ることで収益の獲得を狙う戦略をいう。トレンド（フォロー）戦略あるいはモメンタム戦略と呼ばれることもある。逆に、価格が上昇したものを売り、下落したものを買う戦略を、逆張り戦略あるいはコントラリアン戦略という。順張り戦略の代表的な手法として、ポートフォリオインシュアランスがある。(S.S.) ⊃ 逆張り戦略、モメンタム効果、リターンリバーサル効果

準分散（semi-variance）
ポートフォリオの下方リスクを計る尺度で、値が大きいほどポートフォリオの下方リスクが大きいことを意味する。ポートフォリオ収益率の時系列データを$\{x_1,\cdots,x_n\}$とすると、このポートフォリオの収益率の準分散は、各x_iから標本平均$\bar{x}$を引いた値と0のいずれか小さい方の2乗和の平均である。すなわち、

$$S_x^2 = \frac{\sum_{i=1}^{n}\left[\min(x_i-\bar{x},0)\right]^2}{n}$$

である。(R.S.)

準備金（reserve, provision）
会社法上の準備金には、かつては法定準備金といわれた、資本準備金と利益準備金がある。資本準備金からは資本金及びその他資本剰余金への振替が可能で、利益準備金からはその他利益剰余金への振替が可能である。剰余金の配当時には、資本金等の額の4分の1に達するまで、減少する剰余金の額の10分の1を準備金（資本準備金と利益準備金）として積み立てなければならないとされている。

税法上の準備金には、租税特別措置法上認められている各種の準備金がある。特定の準備金については、会社の任意で積み立てた準備金を損金の額とすることができる。(S.Y.)

償還差益（profit from redemption）
公社債や投資信託などの投資において、購入時の購入価格と償還時の償還金額（一般的に額面金額）との差額が利益になる場合に得られる収益のことをいう。投資商品を購入するときの購入価格が償還金額に比べ低いことにより生ずる収益である。逆に購入価格が償還価格より高く、償還時に損失が発生する場合を**償還差損**という。債券の償還差益は一般的に雑所得として総合課税の対象になるが、償還差損は他の所得との損益通算はできない。割引債

は原則として発行時に所得税が源泉徴収されているため課税関係は終了している。外国利付債、円建外債、ユーロ円債、ゼロクーポン債などの償還差益は雑所得として総合課税される。国内投資信託については、公社債投信の償還差益は源泉分離課税、株式投資信託は申告分離課税であり、外国投資信託についても同様である。(2011年10月現在)(A.I.)

償還差損(loss from redemption)
　　　　　　　　　➡ **償還差益**

証券アナリスト(securities analyst)
　証券分析を行うことを職種ないし職業とする人をいう。証券分析(security analysis)という言葉は、米国の大恐慌後の1934年、米国コロンビア大学ビジネススクールのグラハム教授(Benjamin Graham)とドッド教授(David Dodd)の共著"Security Analysis"から定着したと言える。その後の金融の進展に伴い、証券投資の分野においても当初の個別株式分析から各種投資の分析と投資価値の評価や金融資本市場の分析へと範囲は拡大している。狭義の証券アナリストは、証券会社(セルサイド)や運用会社(バイサイド)に所属し、産業や企業を調査し、個別証券の分析・評価をするアナリストである。広義にはマーケット分析からクレジット分析までを含み、職種としてもファンドマネジャー、投資ストラテジスト、投資アドバイザー、インベストメントバンカーと幅広い分野にわたっている。

　証券アナリストになるための公的な資格は必要ないが、多くの人が証券分析・金融の基礎知識を装備できる証券アナリスト試験を受験している。日本では公益社団法人日本証券アナリスト協会(SAAJ, The Securities Analysts Association of Japan)が、通信教育講座と検定試験を実施している。1次、2次の検定試験に合格し、実務経験ありと認定されると検定会員(CMA, Chartered Member of Securities Analysts Association of Japan)となれる。海外でも証券・投資アナリストの協会が資格試験を実施しており、米国に本拠を置くCFA InstituteのCFA、欧州・アジアを中心としたACIIA(Association of Certified International Investment Analysts)のCIIA(Certified International Investment Analyst)などの資格がある。日本証券アナリスト協会はACIIAのメンバーとして、CIIA試験も実施している。(SAAJ)

証券化(securitization)
　企業が保有する資産の価値を裏付けとして証券を発行し、投資家から資金調達する企業金融の手法を指す。資産としては売掛債権、リース債権、貸付債権等が挙げられる。証券化には、信託の仕組みを利用する方式や、SPC(特別目的会社)を設立して証券を発行する方式がある。証券化には企業が持つ債権等の資産を担保とした証券のほかに、不動産担保ローンを証券化したMBSや、不動産の所有権を証券化したREIT等、不動産の証券化も進んでいる。日本でも1998年のSPC法の施

行により、不動産の証券化が進んできた。(Y.Mo.)

証券外務員 (sales representatives)

金融商品取引法に基づき、金融商品取引業者や登録金融機関等の役職員のうち、証券取引やデリバティブ取引の勧誘等の行為を行う者をいう。営業所等の内外を問わず、業者に代わって職務を行い、その効果は直接業者に帰属するため、外務員の種類ごとに定める一定の資格がなければ証券外務員の職務を行うことができない。すべての外務行為ができる一種外務員資格のほか、信用取引外務員資格、二種外務員資格などがある。(A.I.)

証券監督者国際機構 ➡ **IOSCO**

証券市場 (securities market)

株式や公社債などの有価証券取引が行われる市場をいう。国や企業が資金調達のために有価証券の発行を行う発行市場と、発行された有価証券の取引が行われる流通市場の総称である。発行市場の機能は、投資家から小口の現金を集め、大口の資金として国や企業に提供することにある。ただ、発行市場が有効に機能するためには、ある程度の規模の流通市場での活発な取引によって有価証券の公正な価格形成が行われ、高い換金性が維持されることが必要と言える。流通市場には、取引所で集中的に取引が行われる「取引所取引」と、取引所を介さず証券会社同士、または顧客と証券会社との間などで、相対で取引が行われる「店頭取引」がある。特に公社債は銘柄数が非常に多いこともあり、店頭取引が重要な役割を担っている。(A.I.)

証券市場線 (security market line)

CAPMでは、資本市場線を用いて資本市場全体における最適ポートフォリオを議論したうえで、個々の証券もしくはポートフォリオレベルでは、市場リスクを表すベータと期待リターンの間の均衡関係を導き、これを証券市場線と称した。証券市場線は、縦軸(y軸)を証券iの期待リターン、横軸(x軸)を市場リスク(ベータ)とするリスク・リターン平面上において、y切片$R_F(0, R_F)$と市場ポートフォリオ$M(1, E(\tilde{R}_M))$を結ぶ直線として示される。この線は、$R_F(0, R_F)$をy切片、$E(\tilde{R}_M) - R_F\{=[E(\tilde{R}_M) - R_F] \div 1\}$を傾きとする直線であり、下式のように表すことができる。CAPMの基本的な構造式である。この式は、複数の証券を組み合わせてポートフォリオpを作成した場合でも有効であり、下式において、このポートフォリオの期待リターン$E(\tilde{R}_P)$とベータβ_Pに置き換えればよい。

$$E(\tilde{R}_i) = R_F + \beta_i[E(\tilde{R}_M) - R_F]$$

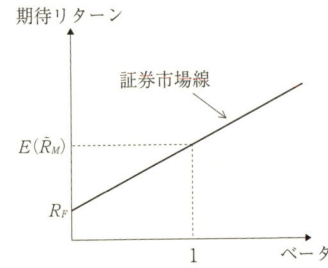

期待リターン

(M.T.) ⊃CAPM、資本市場線

証券取引所（securities exchange）
　株式等の有価証券やその派生商品を集中的に売買する専門の場所である。証券取引所には、その市場に大量の需給を集中することで流動性を高めるとともに、需給を反映した公正な価格を形成し、かつそれを公表する役割がある。なお、2007年9月に施行された金融商品取引法で、証券取引所と金融先物取引所の規定が統合され、証券取引所は「金融商品取引所」に名称変更された。金融商品取引所は、内閣総理大臣の免許を受けて金融商品市場（金融商品の売買、金融商品指数等先物取引または金融商品オプション取引を行う市場）を開設する「金融商品会員制法人（会員組織の社団）」または「株式会社（株式会社金融商品取引所）」のことである。金融商品取引所での金融商品の売買等は、当該金融商品取引所を開設する金融商品取引所の会員または取引参加者に限り行うことができる。(A.I.)

証券分析（securities analysis）
　証券投資の意思決定に際し、証券の市場価格の割安・割高やその投資価値（その証券の持つ内在価値または本来的価値）を比較検討する分析のことである。株式投資の場合、過去、現在にわたる企業の将来性、成長性、収益性、財務安全性など様々な側面について分析し、将来的な予測を行ったうえで、企業の内在価値を評価していく。その際、財務データや企業が属する産業やマクロ経済の動向等から得られる定量面のデータ分析だけでなく、経営者の能力や技量、政治的、社会的環境条件など定性面の分析を行う場合もある。証券分析は企業の真の価値、基本的な価値を分析するため、ファンダメンタル分析という場合もある。(Y.Mo.) ⊃証券アナリスト

上場基準（listing standards）
　新規に株式を上場する際に受ける各金融商品取引所による審査の基準をいう。第一部、第二部市場や新興市場では、市場ごとに異なる上場基準を設けている。具体的には、①株主数、②流通株式数（特定少数株主の持分の上限）、③上場時価総額、④純資産額、⑤利益の額または時価総額、⑥事業継続年数などについて、それぞれの市場ごとに基準値が設定されている。これらは総称して形式要件と呼ばれる。上場に際しては、形式要件の充足に加え、上場企業としての適格性があるかどうか、といった実質要件をクリアする必要がある。例えば、東証第一・二部では、「企業の継続性および収益性」、「企業経営の健全性」、「企業のコーポレートガバナンスおよび内部管理体制の有効性」、「企業内容などの開示の適切性」、「投資者保護の観点から取引所が必要と認める事項」等について、ヒアリングや実地調査、社長や監査役との面談、東証での社長説明会などを通じて確認する。(A.I.)

状態価格（state price）
　CAPMのように強い制約のもとで

成立する資本市場理論ではなく、汎用性の高い一般均衡理論であるアロー・ドブリュー型の価格評価理論の中で用いられる概念である。将来の自然状態（好景気や不景気、インフレ経済等）がn通りあると仮定し、ある特定の状態が発生した場合に1支払われ、その他のn－1通りの状態が発生した場合には何も支払われないような証券をアロー・ドブリュー証券という。このような経済を想定し、ある特定の状態iが生じた場合に1支払われる証券の現在価値のことを状態iの状態価格という。あらゆる状態に対応する状態価格が明らかになれば、どのような複雑なキャッシュフローをもたらす証券でも、理論価格を求められる。これが一般均衡理論のもとでの資産価格評価の基本的考え方である。(M.T.) ⇒完備市場

商品ファンド（commodities fund）

多数の投資家から集めた資金を1つにまとめて、穀物、原油、非鉄金属、貴金属などの商品先物を中心に運用を行い、そこで得られた運用益を投資家に分配する投資商品のことをいう。1991年に「商品投資に係わる事業の規制に関する法律（商品ファンド法）」が制定され、その後に規制緩和が進み、1998年に規制が撤廃された。商品ファンド法では、運用資金の50%以上を商品投資に振り向けているファンドを商品ファンドとしている。商品ファンドの仕組みには信託型、パートナーシップ型、匿名組合型の3つのタイプがある。(S.S.)

情報係数

（IC, information coefficient）

PERやPBR等の投資指標の有効性を示す指標の1つである。例えば、PBRの低い株式ほど、その後のリターンが実際に高い傾向が存在すれば、PBRは投資指標として有効性が高いことを示している。このような関係が実際に存在しているのかどうかを情報係数は表している。具体的には、ユニバース間で何らかの時点で計測した投資指標をランキングし、各銘柄のその後のリターンのランキングとの相関係数が、情報係数（－1～＋1の値）とされる。ただし、予想増益率のように数値が大きい株式ほどその後のリターンが高いと想定される指標の場合は数値が大きい順、PBRのように数値が小さいほどその後のリターンが高いと想定される指標の場合は数値が小さい順にランキングを行う。そのため、どのような指標に関する情報係数でも符号が正で、数値が大きい（＋1に近い）場合ほど、投資指標としての有効性が高いと判断される。(M.T.) ⇒PER、PBR

情報の非対称性

（asymmetric information）

市場取引において、当事者（売り手と買い手）間で持つ情報に格差がある状態をいう。通常は売り手のほうが買い手よりも情報を持っている場合が多いが、この状態は市場の円滑な働きを妨げるものとみなされる。1960年代以降、米国の経済学者ケネス・アロー（Kenneth Arrow）、ジョージ・アカ

ロフ（George Akerlof）、ジョセフ・スティグリッツ（Joseph Stiglitz）らによって理論的な発展をみた。情報の非対称性が存在する例としては、医師と患者、中古車販売業者と購入者の関係などが挙げられる。米国では欠陥商品をレモンと呼ぶことから情報の非対称性が存在する市場をレモン市場と呼ぶようになった。情報の非対称性を解消するための行動としては、情報を持っているものがコストのかかる行動を取ることによって情報を開示する（シグナリング）、情報を持っていない側が、情報を持っている側に幾つかの案から選択させることによって情報を開示させる（スクリーニング）などがある。（T.K.）⇨レモン市場

正味現在価値（net present value）

投資に関連するフリー・キャッシュフロー（FCF）の現在価値の総和をいう。**NPV**（**純現在価値**）と呼ばれることも多い。NPVはDCF法を投資評価に適用したものである。FCFは、税引後営業利益に減価償却費を加え、設備投資や運転資本投資を引いて算出する。投資初期には、設備や運転資本を投下するため、FCFはマイナスになることが多い。NPVを算出する際の割引率は、投資のリスクに応じて決まる。企業価値は、企業活動が生み出す将来FCFの現在価値の総和である。最も重要な企業活動である事業投資の評価は、企業価値評価と同じDCF法で行うことが好ましい。幾つかの投資評価指標の中で、NPVは企業価値評価と最も整合的な指標である。NPVが正の投資を実施すると企業価値は向上する。NPVが負の投資を実施すると企業価値は毀損される。（N.I.）

将来価値（future value）
　　　　　　　　　　　➡ 現在価値

ショーグン債（Shogun bond）
　　　　　　　　　　　➡ 円建外債

ショート（short）

証券を売却してマイナスの証券を保有している状態、あるいは売りが買いを上回っている状態のことで、**売り持ち**ともいう。売却した証券をそのままショートの状態で保有し続けることを「ショートポジション」を取る、あるいは「売り持ちする」という。所有していない証券を売却することで損益が発生するため、リスクを取っていることになる。ショートポジションは、その証券の価値が将来下落することを期待して取るポジションである。期待どおりに証券の価格が下落すれば利益が得られるが、逆に証券の価格が上昇すると損失が生じることになる。証券価格の下落は最大で100％である（投資金額をすべて失う）が、上昇には上限がないため、証券価格の上昇が急激で大きい場合、ショートポジションから発生する損失額は対象証券の価格を超えて大きくなる可能性がある。株式や債券の現物証券の空売り、先物などの派生証券の売り、外国為替の売り持ちなどをショートするという。なお、ショート（ポジション）の反対をロング（ポジション）という。（S.S.）⇨ロング

ショートフォールリスク
(shortfall risk)

投資家は資産の増殖を目的として投資を行うが、リスク資産への投資である以上、期待していたリターンを下回ったり資産が下落する可能性もある。この目標である資産額もしくは投資リターンに達しない確率のことをショートフォールリスクという。この尺度は、広く使われている標準偏差のようなリターンの分布の幅よりも自然なリスク概念と考えられる。例えば、企業年金であれば安定給付が最大の使命であり、目標とする運用収益が得られないと年金財政上の不足金が発生し、母体企業からの追加拠出や掛金の引上げを行わざるを得なくなることもある。そのため、目標リターン以上のリターンを上げることが重要であり、目標を下回ることは問題となる。この下回る確率、すなわちショートフォールリスクを最小化することが年金基金にとって重要なだけでなく、日常の運営面でも重要な管理項目となる。(S.S.)

所有期間利回り
(yield for holding period)

投資家が購入した債券を売却するまでの保有期間に得られる利回りのことで、**保有期間利回り**ともいう。所有期間中の利息収入のほか、売却時に生じる買付価格と売却価格との差額(売却差損益、いわゆるキャピタルゲイン/ロスのこと)を加えて、1年当たりにならして算出する。わが国では利息収入等の再投資を考慮しない単利方式で計算される。

$$所有期間利回り(単利方式) = \frac{クーポン + \frac{売却価格 - 買付価格}{所有期間(年数)}}{買付価格}$$

(Y.Mo.)

新株 (new share)

株式会社が株式分割や増資、株式交換や合併などにより新たに発行する株式をいう。すでに発行されている株式は旧株(親株)といわれ、新株は子株とも呼ばれる。新株と旧株の区別は、通常は配当金に対する権利関係が異なるためである。決算期の途中に発行された新株は、配当金の支払い計算を新株発行日から決算期末日まで日割りで算出する場合が多い。最初の決算期を通過すれば、配当金の権利以外に基本的な権利内容に違いはないため、新株と旧株の区別は不要になる。これを「新旧併合」という。新株は、既存の株主に対して持株数に応じて株式を割り当てる株主割当、取引先や従業員など関係のある第三者に割り当てる第三者割当、不特定多数に対し引き受けさせる公募などの方法により発行される。これらは有償で行われ、会社の設備投資や運転資金などに使われる。株式分割や無償割当など、無償で新株が発行される場合もある。(A.I.)

新株予約権付社債
(bond with warrant)

行使期間内であれば、社債権者に発行会社の株式を一定の価格で取得できる権利の付与された社債(**ワラント債**)である。新株予約権付社債は、社債の

一形態のため、確定利付債としての利息収入を毎期得られる。また、行使期間内に新株引受権を行使して、行使価格で所定の数の新株を社債発行会社に請求できる。この新株引受権をワラントという。ワラント部分は株価と連動する特徴がある。(A.I.) ➡ ワラント

新規株式公開 ➡ **IPO**

新興市場（emerging market）
　成長力、将来性という点でポテンシャルがありながらも、創業から日が浅いことなどの理由で実績が十分でないベンチャー企業などに対して、資金調達の場を提供するために創設された株式市場をいう。主なマーケットには、東証マザーズ（2011年10月3日現在、上場176社）、旧ヘラクレスと旧ジャスダックが統合した大証ジャスダック（同年10月12日現在、上場969社）、名古屋セントレックス（同年10月6日現在、上場23社）、福岡Q-Board（同年9月末現在、10社）、札幌アンビシャス（同年10月13日現在、9社）などがある。新興市場創設の趣旨や企業の性格から、上場のための基準は一部市場などに比較して緩和されている。一方で、業績や株価の変動が激しい中小型株式で構成されており、リスクも大きい。2006年新興企業であるライブドアの不祥事を機に、投資家保護の面から情報開示義務などが強化されている例が多い。(A.I.)

信託財産分別管理
　　　　（trust asset segregated）
信託の受託者に課せられる基本的な義務であり、投資家から信託財産として預かった資産は、自社の資産である「自己資産」や他の信託財産と厳密に分離して分別管理しなければならないことを指す。根拠法としては、信託法第34条〔分別管理義務〕で、「受託者は、信託財産に属する財産と固有財産及び他の信託の信託財産に属する財産とを、… 分別して管理しなければならない。」とある。受託者がこの分別管理義務に違反した場合、委託者はその受託者に対して損失のてん補または現状の回復を請求することができる（第40条〔受託者の損失てん補責任等〕）。契約型投資信託の場合、販売会社から投資信託を購入し、資産の運用（の指図）は運用会社が行うが、その預けた財産は信託財産となって信託銀行によって管理されている。この場合の受託者は受託銀行であり、たとえ運用会社や販売会社が倒産しても、投資家の資産は保全されていることになる。また、信託銀行が倒産しても、信託財産は分別管理されているので、投資家の資産は保護されている。(S.S.)

信託財産留保金（redemption fee）
　投資信託の追加設定や解約によって信託へ組み入れる有価証券等の購入や売却費用などのコストについて、投資家間の公平性を図るため、追加設定や解約を行う投資家から徴収する金額であり、信託財産留保額ともいう。一切徴収しないもの（いわゆるノーロード）、保有期間によって軽減するもの、一定期間保有すれば徴収されないもの

など、様々なものがある。後者2つのように保有期間で違いを設けることによって、短期的な売買を防ぐ狙いがある。通常、解約時に徴収されるが、投資信託によっては購入時に徴収されることもある。徴収された信託財産留保金は、販売会社や受託会社の手数料となることなく、信託財産内に組み入れられ、基準価額等に反映される。(S.Y.)

信託報酬 (trustee commission)

信託財産の運用・管理の対価として、受託者である信託会社が受け取る報酬のことである。通常は、予め定めた料率に従って、信託財産から差し引かれる。信託報酬額は個々の対象や契約によって異なる。投資信託の場合、運用・管理の対価として投資家は信託報酬を負担することになるが、それは信託財産の中から信託銀行が受領し、必要に応じてその一部が投資信託委託会社、販売会社に配分される。一般には、運用実績とは無関係に残高に比例して投資家が支払うもので、投資信託を保有している期間は継続して掛かることになる。(S.S.)

信用創造 (credit creation)

銀行が資金を供与することを与信ないし信用供与という。銀行は金融仲介機能を果たす際に受け入れた預金の範囲を超えて貸し出し、有価証券投資などの信用供与ができる。これを信用創造と呼ぶ。すなわち、銀行は赤字主体に資金を融通することで、その将来所得を現時点での所得に変換させ、本来であれば将来に発生する所得・貯蓄を前倒し的に現時点で発生させる。銀行は預金を受け入れ、赤字主体に資金を融通するという活動を行っている。これを繰り返すことによって預金が連鎖的に増加し、それに伴って信用供与も増加していく。これが信用創造のメカニズムである。この銀行の信用創造機能は、経済活動を円滑に行うためには欠かせないものとなっている。(T.K.)

信用取引 (margin transaction)

顧客が証券会社から証券を買うための資金、または売るための証券を借りて売買し、決まった期日までに反対売買や現引き、現渡しなどの方法で決済する取引をいう。顧客は担保として委託保証金、または現金以外の有価証券を証券会社に預託しなければならない。制度信用取引と一般信用取引の2種類あるが、前者は証券取引所が定めた品貸料や決済期限などが適用され、後者は顧客と証券会社の間で条件が決められる。制度信用取引では、証券会社が証券金融会社から株券や資金を借り入れる貸借取引を利用できる。投資家は少ない資金でより大きな金額の取引が可能になりレバレッジ効果を享受でき、多様な投資が可能になるメリットがあるが、手数料や金利負担などのコストも増える。信用取引は市場の流動性の増加や価格の安定化、より多くの投資家の参加などに有用とみられる。(A.I.)

信用リスク (credit risk)

与信先(貸出先、保有有価証券の発行体、債務保証先等)の財務状況の悪化により、与信に係る資産の価値が減

少または消滅し、損害を被るリスクをいう。典型的には、貸出先が倒産して貸出しの元利返済が行われなくなるケースが挙げられる。与信先が貸し手あるいは投資家に対して支払いを約束した利息や配当は、借り手の将来所得という不確実なものに依存しているため、信用リスクは常に存在する。このため、貸し手にとっては運用資産の安全性を確保するため、借り手の支払能力を事前に審査して借り手としての適格性を判断することや、貸出しを行った際に借り手が契約条件に従って行動しているかを監視することが重要になる。貸し手側は借り手の信用リスクを分析、評価のうえ、リスクに見合った形で貸出金利や債券の表面利率を決定する。債券の場合は格付会社が信用リスクを分析し、格付情報として貸し手に提供している。(T.K.)

信用リスクモデル(credit risk model)

社債等、債務不履行の可能性のある債券に関して、信用リスクの大きさを推計するモデルをいう。様々な推計方法が考案されているが、構造型アプローチと誘導型アプローチに分類される。構造型アプローチ(structural approach)は、企業の財務データに基づいて信用リスクの大きさを推計するもので、例えば企業価値が債務の時価を下回った場合にはデフォルト状態にあると判断するタイプのモデルが含まれる。バランスシートアプローチとも呼ばれ、実際にはオプションモデルを用いたものなど、様々なバリエーションが存在する。一方、誘導型アプローチ(reduced-form approach)では、デフォルトが起こるメカニズムは捨象し、一定の確率でデフォルトが発生するという過程を想定したうえで、信用リスクの大きさを推計しようと試みる。デフォルトの発生に関する確率過程の与え方によって、複数のモデルが提示されている。(M.T.)

森林投資(timberland investment)

森林を保有することから得られる利益の獲得を目的とした投資のことで**林業投資**ともいう。森林投資は、他の資産と比較して固有なリスク・リターン特性を持っており、資産クラスとしてはオルタナティブ資産に位置付けられている。一般的な不動産バブルの影響をほとんど受けないものの、投資対象の中心が商業用森林地域であることもあり、不動産に分類されている。一方、森林が貴重な天然資源の1つであることから、天然資源に分類されることもある。森林投資の特徴は、他資産との相関の低さである。また、インフレヘッジ機能があるともいわれている。さらに、地球環境の問題に貢献できるという特徴を持っている。留意点としては、自然災害や山林火災のリスク、材木の価格変動が決して小さくないことなどである。森林投資の市場規模は金融資産と比較すると決して大きくないが、他の資産クラスとの相関の低さをはじめとして大きな魅力を持った資産クラスであり、今後、年金資産などからの投資が期待されている。(S.S.)

ス

SWOT分析（SWOT analysis）

最もよく用いられている戦略分析のフレームワークである。企業内経営資源の強み（strengths）と弱み（weaknesses）、企業経営を取り巻く外部環境の機会（opportunities）と脅威（threats）を確認して、具体的な施策を検討する。各項目の頭文字を取り、SWOT分析といわれる。具体的には下記の図表のようなマトリックスを作成し、戦略分析に生かす。外部環境の分析では、ポーターが提唱した5 forcesに加え、マクロ経済動向や政策の方向性などを考慮する。内部資源の分析では、定性的な分析によって強みと弱みを掲げ、財務指標で確認する。同業他社と比較して良好な財務指標は強みを、劣っている財務指標は弱みを表している。(N.I.)

図表　SWOT分析

内部＼外部	opportunities（機会） 項目・財務指標	threats（脅威） 項目・財務指標
strengths（強み） 項目・財務指標	強みを生かして機会を利用する施策	強みを生かして脅威を除去する施策
weaknesses（弱み） 項目・財務指標	機会を利用して弱みを克服する施策	弱みを克服して脅威に耐える施策

数理計画法（mathematical programming）

与えられた制約条件（一定のルール）のもとで、ある1つの目的関数（達成すべき目的）を最大あるいは最小にするという最適化手法で、数理モデルとコンピュータによって解析が行われる。米国の数学者ジョージ・B・ダンツィクが線形計画法を1947年に開発すると、コンピュータの発展に伴って様々な最適化手法が開発され、これらの手法を数理計画法と呼ぶようになった。数理計画法には、線形計画法、非線形計画法、離散的計画法、動的計画法、ネットワーク計画法などがある。例えば工場で勤務時間の制約を考慮しつつ、最適な勤務シフトを決定する際や、限られた流通インフラのもとでリードタイムを最短にしようとする際などに、数理計画法の適用が可能である。(T.K.)

スクイーズアウト（squeeze out）

支配株主が少数株主を会社から強制的に締め出し、100％の支配権を確保することをいう。フリーズアウト（freeze out）と呼ばれることもある。会社法において種類株式が認められたことや、合併対価の柔軟化により現金対価による合併が認められたことにより、スクイーズアウトはより容易になった。一般に、TOBにより支配権を確保した支配株主が、その後の株主総会で定款を変更し、すべての普通株式を全部取得条項付株式という種類株式に変更する。その上で、同総会において、会社がその株式全部を株主から強制的に取得する決議を行うことで、少数株主が締め出される。また、別の手法として、現金交付合併の手法を用

いて、対象会社を消滅会社とする合併を行い、対象会社の少数株主には新会社の株式ではなく、現金を交付するという手法もある。少数株主は株式買取価格に不満がある場合などは、裁判で争うことも可能である。(Y.Mi.)

スタイルインデックス(style index)

特定のリスクを取ったスタイル運用をしている株式ファンドを管理、評価するために使われるベンチマークの一種をいう。スタイルベンチマークとも呼ばれる。株式アクティブファンドの多くは、株式市場全体のリスクに加えて特定のリスクを取った運用をしていることが多いため、株式市場全体の動きを表すベンチマークとは異なるベンチマークが必要となる。このベンチマークとなるのがスタイルインデックスで、運用ベンチマークと同様に、代表性、再現性、透明性、客観性などの条件を満たすものでなければならない。代表的なスタイルインデックスには、運用スタイルに対応して、割安（バリュー）株、成長（グロース）株、小型株などがある。(S.S.) ◐バリュー株投資、グロース株投資

スタイル管理(style management)

株式アクティブファンドは、幾つかの特徴のあるカテゴリーに分類できることが知られている。このカテゴリーは投資スタイルあるいは運用スタイルと呼ばれ、株式アクティブファンドの分類、マネジャーストラクチャー、運用評価（各スタイルの動きを表したスタイルインデックスを基に評価）などに使われている。年金基金や公的資金の運用では、巨額の資産を運用する必要があるため、資産クラスの分散だけでなく、株式投資にアクティブ投資が含まれている場合には特定のスタイルに偏らない分散された配分を考え、全体のバランスを見ながら運用をモニタリングし、必要があれば修正することになる。これらの一連の行動をスタイル管理という。また、アクティブファンドの中には、時間の経過とともに当初のスタイルとは異なるスタイルの運用をするファンドも存在する（意図的な場合もあれば意図的でない場合もある）。この時間の経過とともに運用スタイルが変化していくことを、**スタイルドリフト**という。株式資産全体でスタイルの分散されたポートフォリオが、時間の経過とともに変質してしまうため、望ましいことではない。継続したスタイル管理が必要となる。(S.S.)

スタイルドリフト(style drift)
➡ **スタイル管理**

スタグフレーション(stagflation)

通常、景気と物価の関係は、景気拡大期には高インフレーション、景気後退期には低インフレーションとなる。しかし、何らかの経済ショックによって物価が上昇し、一方で景気が後退する状況になることをスタグフレーションという。また、雇用との関係では、短期的には高インフレーション時には低失業率、低インフレーション時には高失業率と考えられてきたが、スタグフレーションの場合は高インフレー

ションでありながら高失業率となる。スタグフレーションの典型的な例は1970年代の先進国である。1973〜74年の第一次石油ショックと1979年の第二次石油ショックによって原油価格が大幅に上昇し、企業の生産コストは増加したが、需要は相対的に増加せず、不況を招いた。従来、経済政策の主流だったケインズ理論に基づく財政出動が不況脱出に対して効果を上げられず、ケインズ理論に対する懐疑的な見方が強まった。(T.K.)

スティープ化（steepening）
　イールドカーブ（金利の期間構造）は、時間の経過とともにダイナミックに変動している。この変動のパターンの代表的なものにスティープ化、フラット化、パラレルシフトの3つがある。例えば、将来の景気が好転すると予想されると、将来の資金需要が増加して長期金利が上昇する。このようにイールドカーブの傾きが急になることを、スティープ化という。一方、将来の景気が悪化すると予想されると、将来の資金需要が減少することになり長期金利が低下する。このイールドカーブの傾きが小さくなることを、フラット化（flattening）という。なお、イールドカーブ全体が短期、長期に関係なく全期間で同じ幅だけ上（あるいは下）へ移動することを、パラレルシフト（parallel shift）という。(S.S.)

ステークホルダー（stakeholder）
　企業の経営行動などによって直接または間接的に利害を受ける利害関係人をいう。利害関係人の範囲は考え方によって異なり、一定の定義が確立していないともいわれるが、一般にその企業の投資家・株主（株主であるシェアホルダーまたはストックホルダーに対する文意で使われる場合は、株主は含まれないとも考えられる）、債権者、顧客（消費者）、従業員（社員）、取引先だけでなく、地域社会、社会、行政官庁、税務当局、国民、環境保護団体なども含まれる。すべてのステークホルダーの利害は必ずしも一致しないため、企業の経営者はステークホルダー間のバランスを取りながら、付加価値を提供し、成長し続ける責任がある。この責任をCSR（企業の社会的責任）とも呼び、最も基本的なCSRは企業活動についてステークホルダーに説明することである。(Y.Mi.)

ストックオプション（stock option）
　株式を買う権利である。上場企業や上場を目指す企業では、役員や社員に対して、自社株式を対象とするストックオプションを与えることがある。この場合、ストックオプションは業績連動型（株価連動型）の報酬とみなすことができる。企業業績が向上して株価が上昇したり、株式公開が実現できたりすると、オプションを権利行使することで、役員や社員は報酬を得る。このことが、役員や社員のモチベーションを高めたり、企業価値や株式価値に対する意識を高めたりする。(N.I.)

ストライク価格（strike price）
　　　　　　　　　　　　➡ **オプション**

ストラテジックバイヤー（strategic buyer） ➡ **ファイナンシャルバイヤー**

ストラドル（straddle）

オプション戦略の1つで、同一の原資産のオプション取引で、同一行使価格、同一満期のコールオプションとプットオプションを同単位ずつ購入したものを、ストラドルの買い（もしくはロングストラドル（long straddle））と呼ぶ（図表1）。今後、原資産価格が大きく変動すると予想する場合などに用いる。

図表1　ストラドルの買いの損益の例

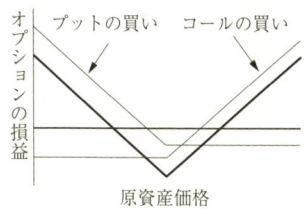

図表2　ストラドルの売りの損益の例

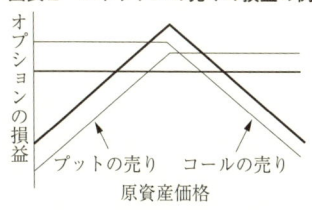

一方、同一行使価格、同一満期のコールとプットを同単位ずつ売却したものを、ストラドルの売り（もしくはショートストラドル（short straddle））と呼ぶ（図表2）。今後、原資産価格があまり変動しないと予想する場合などに用いる。

また、行使価格が異なるコールとプット（コールの行使価格のほうが高いもの）を用いた場合をストラングルといい、コールとプットを同単位購入したものをストラングルの買い（もしくはロングストラングル（long strangle））、同単位売却したものをストラングルの売り（シュートストラングル（short strangle））と呼ぶ（図表3、4）。

図表3　ストラングルの買いの損益の例

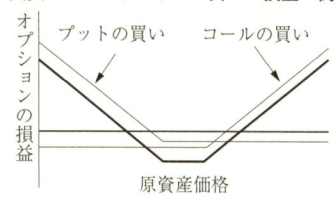

図表4　ストラングルの売りの損益の例

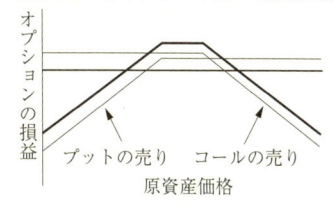

（T.O.）➲ オプション、オプション戦略

ストラングル（strangle）
　　　　　　　　　　　➡ **ストラドル**

ストリップス債（STRIPS bond, Separate Trading of Registered Interest and Principal of Securities,）

債券の金利部分と元本部分を分離して、それぞれをゼロクーポン債として売り出すものをいう。英文名称の頭文字を取ってストリップス債と名付けら

れている。1985年に米国財務省債券についてストリップス化を認めたことに始まり、大量に流通したが、わが国では当初は定着せず、大きく遅れて2002年から日本国債について実現している。特徴としては、クーポン部分、元本部分がそれぞれ独立した割引債として売買が可能なことから、①投資金額が少額で済むため取り組みやすい、②クーポン再投資に係る金利変動リスクを回避できる、③キャッシュフローマネジメントの調整のために利用できることなどが挙げられる。(A.I.)

ストレステスト (stress test)

検査対象に対して通常よりも厳しい状態を作り、これに耐えられるかどうかを検査することをいう。健全性テストとも呼ばれる。金融資産の管理では、市場の想定外の価格の急落が金融機関の経営に大きな打撃を与え、経営が行き詰まることもある。そこで、金融機関の健全性の確認をする1つの方法として、ストレステストが行われている。米国では2009年に19の金融機関を対象にストレステストを行い、金融機関の健全性を確認させている。(S.S.)

スプレッド (spread)

スプレッドとは、異なる証券や商品間の価格差や金利差のことを指す。例えば、証券や商品の売買価格の差を売買スプレッド (bid-offer spread)、2つの証券の利回り（金利）の差を金利スプレッド（イールドスプレッド）と呼んでいる。スプレッド取引はこれら差額を得るための取引行為を指す。(Y.Mo.)

スペキュレーション (speculation)

広義には資産価格の動きを予想し、比較的短期間でリターンを狙う取引のことをいう。スペキュレーションを行う投資家をスペキュレーターと呼ぶ。市場価格の形成にはスペキュレーターが一定の役割を果たしている。狭義には現物資産を購入または空売りしてリターンの獲得を目指す代わりに、デリバティブでリターンを獲得しようとする売買手法をいう。デリバティブにはレバレッジを利用でき、売買コストが安いなどの特徴があり、現物よりも相対的に少ないキャッシュ、低いコストでリターンを狙うことが可能となる。株価指数先物、債券先物、為替先渡先物を短期のリターン予想に基づいて機動的な取引を行うことや、価格が大幅に上昇すると予想し、原資産のポジションを大きく増やしたいものの、予想が外れた場合のリスク許容度が高くない場合のコール・オプションの買いなどが、デリバティブのスペキュレーションの例として挙げられる。(T.K.)

スポットレート (spot rate)

現在と将来の1時点の間に適用される金利のことで、その対語であるフォワードレートは将来の2つの時点の間に適用される金利のことをいう。フォワードレートは現時点ではなく、将来時点を起点とする期間に適用される。なお、理論的には別の意味で用いられることがあり、将来のキャッシュフローの現在価値を計算するために用いられる割引率を指す。スポットレートは、信用リスクのないゼロ・クーポン

債の最終利回りに一致する。(Y.Mo.)

スポンサーベンチマーク
(sponsor benchmark)

規模の大きな資産を運用している年金資金等の投資家は、複数の資産クラスを組み合わせた政策アセットミックスのパフォーマンスが運用成果の基準となる。この基準となる政策アセットミックスは、投資家ごとに資産配分割合や各資産クラスのベンチマークが異なるため、投資家独自のベンチマークが必要となる。この投資家ごとのベンチマークをスポンサーベンチマークという。一方、スポンサーは資産運用の一部あるいは全部を外部に委託する場合が多い。この時、委託した運用機関に対して運用評価の基準として示すベンチマークを**マネジャーベンチマーク**という。マネジャーベンチマークは資産クラスごとに決められたベンチマークと一致するとは限らないため、運用者に示したマネジャーベンチマークのリターンを時価加重平均（資産クラスごと）したものと、資産クラスごとに決めたベンチマークの間に乖離が生じる可能性があり、このリスクをミスフィットリスクという。なお、スポンサーベンチマークもマネジャーベンチマークも、ベンチマークに必要とされる代表性、再現性、透明性、客観性などの要件を備えている必要がある。(S.S.) ●ベンチマーク

スワップ (swap)

一般に交換を意味し、債券市場では銘柄入替売買をスワップ取引と呼ぶことがある。また、外国為替市場では、直物為替の売買と同時に先渡取引でその反対の売買を行うことを、スワップ取引と呼んでいる。さらに、外国為替証拠金取引 (FX) では、保有するポジションに応じて、通貨間の金利差に相当する率の金銭の授受が発生するが、この金利差調整分をスワップポイントと呼ぶ。また、各国中央銀行間で、自国通貨と引換えに相手国の通貨や外貨を融通し合うことを予め定めておくことを、通貨スワップ協定と呼んでいる。

一方、デリバティブ市場では、予め定められた条件に基づいて、将来時点でのキャッシュフローの交換を約束する契約を、一般にスワップ取引と呼ぶ。代表的なものとして、金利スワップ取引と通貨スワップ取引が挙げられる。

金利スワップ (interest rate swap) とは、予め定められた元本額（これを想定元本と呼ぶ）に基づいて、同一通貨の固定金利と変動金利を交換する契約をいう。スワップ取引の満期までの間（例えば5年間）、一定期間ごと（例えば6ヵ月ごと）に変動金利（例えば6ヵ月LIBOR）と当初に定めた固定金利（これをスワップレートと呼ぶ）を交換する契約が、例として挙げられる。

一方、**通貨スワップ** (currency swap) とは、ある通貨の金利および元本を別の通貨の金利および元本と交換する契約をいう。例えば、円元本5億円と米ドル元本5百万米ドルに基づいて、スワップ取引の満期までの間（例えば5年間）、一定期間ごと（例えば6ヵ月ごと）に円固定金利（これをスワップ

レートと呼ぶ）と米ドル金利（例えば米ドル6ヵ月LIBOR）を交換し、満期時点で円元本と米ドル元本を交換する契約が、例として挙げられる。通常の契約では、通貨スワップ開始時点でも元本の交換が行われる内容となっていることが多く、この場合のキャッシュフローを図示すると下図のようになる。なお、通貨スワップ取引では、元本交換を伴わないものや、変動金利どうしの交換、固定金利どうしの交換など、これとは異なる形の取引も行われている。

図表 通貨スワップのキャッシュフローの例

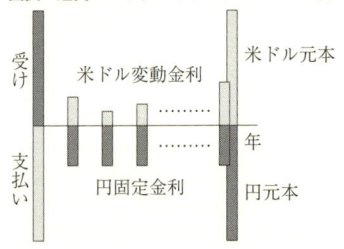

デリバティブとしてのスワップ取引は一般に、将来時点でのキャッシュフローの交換を約束する契約である。したがって、クレジット・デフォルト・スワップ取引や、株価指数、天候、コモディティなどに関連する金利スワップ取引や通貨スワップ取引に類似した形態の店頭デリバティブ取引も、スワップ取引の例として挙げられる。(T.O.) ⊃クレジットデリバティブ、天候デリバティブ、コモディティデリバティブ

スワップション（swaption）

スワップ取引を対象とする店頭オプションである。各種スワップ取引を対象とした取引もあり得るが、通常は金利スワップを対象とするものをスワップションと呼んでいる。この場合、予め定められた固定金利（行使レート：strike rate）と、変動金利を交換する金利スワップを開始する権利である。スワップションの買い手から見て、権利行使によって固定金利受けの金利スワップが発生するものをレシーバーズスワップション（receiver's swaption）、逆に固定金利払いの金利スワップが発生するものをペイヤーズスワップション（payer's swaption）と呼ぶ。(T.O.) ⊃スワップ

セ

正規化 (normalization)

データ $\{x_1,\cdots,x_n\}$ を、

$$y_i = \frac{x_i - x_{\min}}{x_{\max} - x_{\min}} \quad i=1,\cdots,n$$

と線形変換することによって、0から1の間の値を取るデータ $\{y_1,\cdots,y_n\}$ に変換する作業をいう。ただし、$x_{\min}$ はデータの最小値、$x_{\max}$ はデータの最大値である。正規化することで単位が異なるデータの比較が可能になる。(R.S.)

正規分布 (normal distribution)

代表的な連続型確率分布で、ガウス分布とも呼ばれる。期待値 μ、分散 σ^2 の正規分布の確率密度関数は

$$f(x) = \frac{1}{\sigma\sqrt{2\pi}} \exp\left[-\frac{(x-\mu)^2}{2\sigma^2}\right], \quad -\infty < x < \infty$$

である。確率変数 X が期待値 μ、分散 σ^2 の正規分布に従うことを記号で $X \sim N(\mu, \sigma^2)$ と書く。特に、期待値が0、分散が1の正規分布のことを標準正規分布と呼ぶ。正規分布の特徴は以下のとおりである。

(1) 確率変数 X が $N(\mu, \sigma^2)$ に従うとき、X を線形変換した確率変数 $Y = aX + b$ は $N(a\mu + b, a^2\sigma^2)$ に従う。

(2) 確率変数 X が $N(\mu, \sigma^2)$ に従うとき、標準化変数 $Z = \dfrac{X - \mu}{\sigma}$ は標準正規分布に従う。

(3) 同一母集団からの無作為標本の和や標本平均は、標本の数が大きいときには、正規分布に近似する(中心極限定理)。

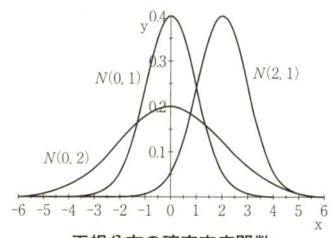

正規分布の確率密度関数

確率変数 X が $N(\mu, \sigma^2)$ に従うとき、期待値 μ から $\pm 1\sigma$ 以内の範囲に X が含まれる確率は68.3%、$\pm 2\sigma$ 以内の範囲に含まれる確率は95.4%、$\pm 3\sigma$ 以内の範囲に含まれる確率は99.7%である。また、確率変数 Y の対数 $\log Y$ が正規分布に従うとき、確率変数 Y は対数正規分布に従うという。(R.S.) ⊃ 基準化

清算取引 (clearing transaction)

決済が現物の証券の受渡しで行われるのが実物取引であるのに対して、反対売買によりその差金で決済する証券取引を清算取引という。戦前に日本では株式の先物取引として行われていた。短期と長期の2種類があり、取引所取引として現物の受渡しによる決済も差金決済も可能であった。売買約定値段と決済日の値段の差額を受払いして決済する差金決済が主流であったことから清算取引の名が付いたが、定期取引

ともいわれた。(A.I.)

成熟度 (level of maturity)

DB制度において取り上げられる指標の1つで、特に制度上の定義はないが、一般に人数ベースの成熟度（受給者数÷現役者数）や、金額ベースの成熟度（給付支払い額÷掛金収入額）を指す場合が多い。公的年金においては、世代間扶養の要素が強い仕組みであることから、人数ベースの成熟度の逆数が用いられることが多い。これは、1人の年金受給者を何人の現役世代で支えているかということを表している。企業年金では、積立型の制度（確定給付企業年金、厚生年金基金）における制度資産の運用のあり方との関係で注目される場合が多い。成熟度が高い制度では、給付支払いは掛金収入と運用収益によって賄われることになることから、安定的な運用収益の確保が重要として、運用リスクは年金制度の成熟度を勘案して決めるべきとの考えがある。しかし、成熟度が高くなると、給付支払いのためのキャッシュの手当てが必要になることは確かであるが、それと安定的な運用収益の確保は別問題であり、運用リスクへの影響は成熟度ではなく制度資産の額そのものの大きさが重要であり、リスク許容度は雇用主企業の経営状況によることなどから、成熟度に偏った議論への批判がある。(Y.F.)

政府系ファンド
(sovereign wealth fund) ➡ **SWF**

制約条件
(limiting conditions, constraint)

最適な資産配分、銘柄選定、保有割合を決定する際には、最適化手法が使われることが一般的である。その際、保有上限や空売り制限（すなわち保有割合は0以上）といった運用上の制約が課されることがあり、これらの条件を運用の制約条件と呼んでいる。本来、効率的なポートフォリオ構築のためには、合理性を欠くような制約条件を課すべきではないが、最適化を行うための入力パラメータ（一般には期待リターン、リスク、相関係数）の推定誤差が大きいため、制約を課さない場合の最適解に大きな偏りがあったり、入力パラメータのわずかな変更に対して最適解が大きく変わってしまうことを理由に、制約条件が課されることが多い。しかし、制約条件の与え方によっては、最適解自体が制約条件で決まってしまうこともあり、最適化手法を採用する際には、入力パラメータとともに制約条件の与え方にも細心の注意が必要である。(S.S.)

整理銘柄（整理ポスト）➡ 監理銘柄

セカンダリーマーケット
(secondary market)

発行済みの証券が投資家間で売買される市場のことで、**流通市場**と呼ばれ、具体的には取引所や店頭市場を指す。それに対し、新たに証券が発行され、証券会社が引き受けた証券が投資家に分売されるなどして、投資家から企業に資金が提供される市場を発行市場

（プライマリー・マーケット）と呼んでいる。発行市場と流通市場は車の両輪であり、流通市場があるために投資家はいつでも証券を売却し換金できると判断し、資金提供ができる。また、流通市場での売買で様々な情報が反映されて価格が決定され（価格発見機能）、それがシグナルとなって発行市場の価格決定に生かされることになる。(Y.Mo.)

セキュリティレンディング
(securities lending)

借り手が賃借料（品貸料）を支払うことにより貸し手から証券を借り入れて、一定期間後に借り入れた証券と同種・同等の証券を返還する取引のことで、証券貸出ともいう。対象証券が株式の場合は、ストックレンディング(stock lending、貸株)という。インデックス運用を行っている機関投資家の多くは、運用コストの削減（ファンドパフォーマンスの向上）を目的として、このセキュリティレンディングを行い、賃借料を得ている。しかし、レンディング期間中に借り手にデフォルトが発生して貸し出した証券が返済されなくなる等のリスクがあるため、貸出先の選別や貸出時に何らかの担保差入れを受けることが一般的である。また、レンディングを行っている期間は、証券保有者としての権利を含めて借り手に譲渡することになり、議決権行使や配当金等の受取りの権利も借り手に移る。なお、通常のセキュリティレンディングに、証券の価格を予め決められた価格で買い取るといった特別の条項（オプション）を付けた特約付株券等貸借取引または条件付株券貸借取引などもある。(S.S.) ➲貸株

セクターローテーション
(sector rotation)

株式投資戦略の1つで、期待リターンの高いセクターへの投資割合を高め、期待リターンの低いセクターへの投資割合を低くする戦略のことをいう。ここでいうセクターとは、ある一定のルールあるいは特性に従って企業を分類あるいはグループ化したものを指す。時間の経過とともに魅力度の高いセクターが変化し、これに合わせてセクターの保有割合を変化させていくため、セクターローテーション戦略と呼ばれている。セクターローテーション戦略は、金利敏感株、景気敏感株や循環株などに着目することになり、経済や景気の将来の動きを予想することが重要な役割を果たすトップダウンアプローチによる方法が一般的である。(S.S.)

セグメント情報
(segment information)

連結財務諸表または個別財務諸表を公表するすべての企業に求められる開示の1つで、企業集団を複数のセグメントに区分して、それぞれの情報を開示すること。日本の現行制度上、各報告セグメントの利益（または損失）及び資産の額が強制開示される（企業会計基準第17号「セグメント情報等の開示に関する会計基準」）。その利益または損失の算定に、減価償却費やのれんの償却額などの特定の重要な非現金項

目が含まれる場合には、それらも開示される。また、資産の額の算定に有形固定資産や無形固定資産が含まれる場合には、その増加額なども開示される。

日本を含む国際的な会計基準においては、セグメント情報開示にマネジメントアプローチが導入されている。マネジメントアプローチとは、開示セグメントの区分に当たって、経営上の意思決定を行い、業績を評価するために、経営者が企業を事業の構成単位へ分別した方法を基礎とする方法である。その方法には、例えば、製品、サービス、地域、又は規制環境によるものなどがある。(S.Y.)

セータ (theta)

オプションなどのデリバティブ評価モデルにおける、期間経過に対するデリバティブ価格の変化を指す。ギリシャ文字でΘ「セータ（シータ）」と表記する。オプション（デリバティブ）評価価格w、時間tに対して、

$$\Theta = \frac{\partial w}{\partial t}$$

である。すなわちwのtによる偏微分として表される（なお、オプションの満期Tによる偏微分でセータを定義している場合もあり、この場合セータは、上記の場合の符号「プラス・マイナス」を反転した値となる）。コールオプションやプットオプション（ヨーロピアンで満期までの間に原資産に配当がない場合）では、セータは負の値になる（ただしイン・ザ・マネーのプットでは、正の値となることがある）。このことは、他の条件を一定とすると、期間経過とともにオプション価格が低下することを意味する。オプション価格が、期間経過とともに低下することをタイムディケイ（time decay）と呼ぶ。(T.O.) ➲オプション評価モデル

世代間扶養 (pay-as-you-go system)

現役世代が同時代の引退世代を扶養することであり、子どもによる親の私的な扶養も、世代間扶養の一種である。公的年金においても、世代間扶養の考え方として、現役世代の保険料で同時代の高齢者の年金給付を賄う仕組みが取られる場合がある。年金制度の財政方式は、大きく分類すると賦課方式と積立方式に分けられるが、このような仕組みは賦課方式に当たる。公的年金を賦課方式で運営するには、強制加入の仕組みが重要である。英語のpay-as-you-go systemの訳語としては、賦課方式が当てられることが多い。公的年金に賦課方式を採用する場合、次のような特徴が挙げられる。

・受給者数や現役の加入者数が変化する影響をそのまま受ける。したがって、少子高齢化が進行すれば、給付を維持するとすれば保険料は上昇する。

・保険料の額は賃金の上昇に従って大きくなるため、賃金の上昇に対応して年金額を改定することは、保険料率に対してあまり大きな影響を与えない。

・積立金を保有しないので、資産運用市場の変動の影響を受けない。

日本の公的年金の財政は、基本的には、世代間扶養の考え方が取られてい

る。しかし、ある程度の規模の年金資産を保有していることから、完全な賦課方式ではない。これについて、厚生労働省は、「積立方式における運用リスクを軽減する一方、一定の積立金を保有し活用することで、将来の保険料水準や給付水準を平準化するとともに、賦課方式における少子高齢化に伴う急激な負担の上昇や給付の低下を回避する財政方式」（2009年財政検証結果レポート／厚生労働省年金局数理課）と説明している。なお、企業年金制度では、雇用主企業と被用者の間の雇用関係を基礎とし、掛金の主要な負担者が雇用主企業であることなどから、世代間扶養の語は一般に用いられない。(Y.F.)

z値 (z-value)

標準正規分布に従う検定統計量の値。(R.S.)

セルサイド (sell-side)

一般的に、証券や商品等の売り手をセルサイド、買い手をバイサイドと呼ぶ。証券市場においては、一般的に証券会社のように証券を売る主体をセルサイド、運用会社のように証券を買う主体をバイサイドと呼ぶ。このため、証券会社に所属する個別銘柄調査のアナリストをセルサイド・アナリストと呼ぶ場合がある。また、企業の買収・合併などの場合も、事業や会社を売却するほうをセルサイド、買収する側をバイサイドと呼ぶ。M&Aに関し買い手が行うものをバイサイド・デューデリジェンスと呼び、売り手が行うものをセルサイド・デューデリジェンスと呼ぶ。(Y.Mo.) ⊃ 証券アナリスト

ゼロクーポン債 (zero coupon bond)
➡ **割引債**

ゼロコストカラー (zero-cost collar)

キャップとフロアを1単位ずつ組み合わせたポジション（キャップの行使レートのほうがフロアのそれより高い組合せで、一方の売りと他方の買い）をカラー（collar）と呼ぶ。例えば、キャップの買いとフロアの売りというカラーを、変動金利借入れと組み合わせた場合の支払金利は、図のようになる。この形が、襟（カラー）に似ていることからこの名がある。

図表　カラーのキャッシュフローの例

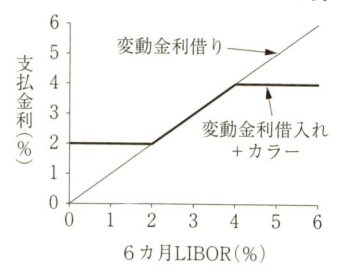

カラーはキャップの買いとフロアの売り（もしくはその逆）であるから、両者の行使レートを適当に選ぶとキャップとフロアの価格が等しくなり、当初のオプション料の支払いがゼロになる組合せが存在する。このコストゼロで取引できるカラーを、ゼロコストカラーと呼ぶ。なお、カラーに限らず、オプション料の支払いがゼロとなるオプション戦略を一般に、ゼロコストオ

ゼロベータCAPM (zero-beta CAPM)

CAPMが1960年代に構築された後、実際の証券市場におけるこのモデルの有効性の検証が行われた。具体的には、20銘柄程度ずつの株式ポートフォリオを組んだうえで、下式のようにポートフォリオのリターンを被説明変数、ベータを説明変数とするクロスセクションの回帰分析が実施された。

$R_p = a + b \cdot \beta_p + \varepsilon_p$

実際の証券市場におけるCAPMの妥当性が十分に高ければ、$a = R_F$、$b = E(\tilde{R}_M) - R_F$になると想定される。ところが、実際のアメリカの株式市場では、$a > R_F$、$b < E(\tilde{R}_M) - R_F$、すなわちCAPMの想定している水準と比べて、y切片はリスクフリー・レートよりも高く、傾きは市場リスクプレミアムよりも緩やかなことが示された。

このようなCAPMの弱点を補強するため、ブラック (Fischer Black) が提示したモデルがゼロベータCAPMである。ブラック型CAPMとも呼ばれる。このモデルでは、下式のように、リスクフリー・レートの代わりに市場ポートフォリオとの相関が0 (ベータが0) となるようなポートフォリオの期待リターン ($E(\tilde{R}_Z)$) を使用する。$E(\tilde{R}_Z) > R_F$であれば、実際の証券市場において計測されている関係とゼロベータCAPMの整合性が確保できるため、オリジナルのCAPMの実証的な弱点をカバーしようと試みたのである。

$E(\tilde{R}_i) = E(\tilde{R}_Z) + \beta_i [E(\tilde{R}_M) - E(\tilde{R}_Z)]$

(M.T.)

潜在株式 (potential ordinary shares)

将来において何らかの条件が満たされると発行される可能性がある株式のことをいう。具体的には、新株予約権付社債 (従来は転換社債やワラント債と呼ばれていた) やストックオプションがある。それらの保有者が権利を行使すると、企業の発行済株式数や株主資本が増加する。そのため、株主資本利益率 (ROE) や1株当たり利益 (EPS) などの財務指標の短期的な低下につながると考えられる。一方で、社債利息が減少したり、新株予約権の権利行使で払い込まれた資金が有益な投資案件に投下されて将来収益の向上をもたらすこともある。潜在株式について分析する際には、このように様々な可能性を検討する必要がある。企業の財務諸表には、通常のEPSに加えて、潜在株式調整後EPSが注記されることも多い。(N.I.)

戦術的アセットアロケーション (tactical asset allocation)

適切な資産配分を決定しようとする際に、「投資対象の資産特性」と「資金性格 (負債特性)」という2つの要素が重要である。ここで、「投資対象の資産特性」とは、各資産の期待リターン、リスク、リスクプレミアム、資産間の相関係数を指しているが、これらの値は景気循環や想定外のイベント等により時間とともに変動することが知られている。中短期で見て「投資対象

の資産特性」が時間とともに変動するのであれば、この中短期で推定される資産特性から適切な資産配分を決定しようとする考え方が有効であり、これを戦術的アセットアロケーション（TAA, tactical asset allocation）と呼んでいる。近年では、資産サイドだけでなく負債サイドを含めて、適切な資産配分を決定しようとする考え方も注目されている。具体的な手法としては、期待リターンに着目した期待リターン駆動型のTAAが広く知られているが、リスク水準に着目したリスク駆動型TAAやサープラスリスクに着目したサープラスリスク駆動型TAAも注目されている。しかし、時間とともに変動する変数（資産特性）の予測は簡単ではなく、特にコストやリバランス時のマーケットインパクトを考えると、TAAで期待リターンを高めることはさらに難しくなる。(S.S.)

尖度（せんど）（kurtosis）
　　　　　　　　➡ **歪度（わいど）**

戦略的アセットアロケーション
　　　　　　（strategic asset allocation）
　資産運用を中長期的な視点でとらえた場合の基準となる資産配分（比率）の考え方である。SAAと略称され、政策アセットアロケーション（PAA：policy asset allocation）ともいう。中長期的な視点で「投資対象の資産特性」と「資金性格（負債特性）」という資産配分を決定するうえで重要な2つの要素を評価し、足元の水準を考慮することなく決定されたアンカーとなる最適な資産配分（比率）である。金融市場のリスク資産の期待リターン、リスク、相関係数、さらにはリスクプレミアムといった特性は、景気循環や想定外のイベント等により時間とともに変動することが知られている。これらを中長期で見て、大きな構造変化がなければ、一定水準に落ち着くと考えられ、中長期の平均的な水準を用いて資産配分を決められる。また、資金性格（負債特性）も、委託者のリスク許容度や制約条件を中長期的な視点で一定とできる場合がある。戦略的アセットアロケーションは、こういった中長期的な視点で考えた前提条件のもとで決定された運用の基本となる資産配分比率である。したがって、構造変化や資金性格の変化があった場合には、その前提条件が変わったため、基本となる資産配分比率も見直す必要がある。(S.S.)

ソ

相関係数(correlation coefficient)

2つの確率変数もしくは2つのデータ集合の連動性の強さを表す値である。2つの確率変数 X, Y の(母)相関係数 ρ_{XY} は、

$$\rho_{XY} = \frac{Cov(X, Y)}{\sigma(X)\sigma(Y)}$$

と定義される。すなわち、X と Y の(母)共分散 $Cov(X, Y)$ をそれぞれの(母)標準偏差 $\sigma(X), \sigma(Y)$ の積で割った値である。相関係数は必ず $-1 \leq \rho_{XY} \leq 1$ の範囲に入る値であり、$\rho_{XY} > 0$ ならば X, Y は大小同じ方向に変化する傾向があり、正の相関があるという。$\rho_{XY} < 0$ ならば X, Y は大小逆方向に変化する傾向があり、負の相関があるという。また、$\rho_{XY} = -1$ または 1 のケースを完全相関といい、$Y = aX + b$(Y は X の線形変換)であることを意味する。ただし、$a > 0$ ならば $\rho_{XY} = 1$、$a < 0$ ならば $\rho_{XY} = -1$ であり、逆も成り立つ。また、X, Y が独立ならば、$\rho_{XY} = 0$ となるが、逆も成り立つとは限らない。すなわち、$\rho_{XY} = 0$ であったとしても、X, Y が独立であるとは限らない。

2つのデータ集合 $\{x_1, \cdots, x_n\}, \{y_1, \cdots, y_n\}$ の相関係数 r_{xy} は、2つのデータ集合の標本共分散 S_{xy} をそれぞれのデータ集合の標本標準偏差 S_x, S_y の積で割った値である。すなわち、

$$r_{xy} = \frac{S_{xy}}{S_x S_y}$$

である。性質は確率変数の相関係数の場合と同じである。(R.S.)

総合課税(aggregate taxation)

所得税の計算において、個人に帰属する各種の所得金額を合計し、これを課税標準として課税する方法。累進超過税率のもとでは、担税力に応じた公平な課税ができるとされる。日本の所得税法上、総合課税の対象となる所得の種類には、(1)利子所得、(2)配当所得、(3)不動産所得、(4)事業所得、(5)給与所得、(6)譲渡所得、(7)一時所得、(8)雑所得がある。

一方、他の所得金額と合計せずに、ある所得を単独で課税する方法を**分離課税**という。分離課税のうち、源泉分離課税では、一定の税率による源泉徴収で所得税の納税が完結するが、申告分離課税では、所得税額を確定申告により納める必要がある。所得の性格から、分離課税が行われているものには、退職所得と山林所得がある。さらに、総合課税が行われる所得のうちの一部について、分離課税が要求または容認されている。(S.Y.)

増資

(capital increase, equity finance)

新たに株式を発行し、資本金を増やすことをいう。株式発行によって調達された資金は、貸借対照表の株主資本の部に繰り入れられ、資本金(あるい

は資本剰余金）が増加する。増資の方法は、市場株価（時価）で不特定多数の投資家に株式を発行する増資が一般的である。特定の第三者に限定して株式を発行する第三者割当や既存の株主に新株を割り当てる株主割当という方法もある。第三者割当や株主割当では、時価より低い価格で新株を発行することが多い。特に、第三者割当において、時価より著しく低い価格で新株が発行されることを株式の有利発行という。有利発行は既存株主の価値を毀損する可能性がある。そのため、有利発行を行う際には、株主総会の特別決議において、その理由が説明され、既存株主の承認を得る必要がある。(N.I.) ⇨ 株式の有利発行

総資産回転率 ➡ **総資本回転率**

総資産利益率（return on total capital）➡ **総資本利益率**

総資本回転率（total capital turnover）

売上高を総資本で割って求められる比率（売上高÷総資本）。回転率という名称であるが、その単位は回である。ここでいう総資本とは、負債と純資産の合計のことである。**総資産回転率**と呼ばれることもあり、総資産と総資本とは等しい数値になるので、総資本回転率と総資産回転率は同じ数値になる。他の条件を一定とすれば、この数値が大きいほど、より効率的に資本（資産）を使用していることを表している。ただし、業種によって大きく異なり得るため、クロスセクションでの比較には注意が必要である。

また、分母に他の資本や資産を用いることによって、様々な回転率を求めることができる。例えば、分母に株主資本をとると、**株主資本回転率**が求められる。これは、効率的に株主資本を使用しているかを表す指標である。ROEを2分解するときによく用いられる指標であるが、その場合は株主資本にその他の包括利益累計額（連結）または評価・換算差額等（個別）を足した自己資本を分母に取った自己資本回転率が用いられる。(S.Y.)

総資本利益率

（return on total capital）

企業の使用総資産（総資本）が生み出す営業利益と金融収益の和を事業利益という。事業利益を総資産で割った値が**総資産利益率（ROA）**（事業利益÷総資産）である。分母の総資産は、期首・期末平均を用いることが多いが、期首の値を用いる場合もある。総資産利益率は、売上高事業利益率（事業利益÷売上高）と総資本回転率（売上高÷総資産）に分解できる。両者はトレードオフの関係にあることが多い。差別化戦略が奏功した場合、利益率は高いが、回転率が低くなる（売上高が小さい）。コストリーダーシップ戦略に成功した場合、売上高が多く回転率は高いが、利益率は低くなる。(N.I.)

想定元本（notional amount）

金利スワップ取引などで、受払額の計算に用いられる元本額である。授受される金利相当額の計算の基礎として

用いられるのみで、この元本額が授受されることはないため、「想定」という名で呼ばれる。例えば、想定元本：10億円、変動金利：6ヵ月円LIBOR＝0.21％（1年＝360日で計算）、固定金利：円1.20％（1年＝365日で計算）、付利日数：183日とすると、

$$変動金利 = 0.21\% \times 10億円 \times \frac{183}{360}$$
$$= 1,067,500円$$
$$固定金利 = 1.20\% \times 10億円 \times \frac{183}{365}$$
$$= 6,016,438円$$

であり、ネットで4,948,938円（＝6,016,438円－1,067,500円）の授受が行われることになる（実際の計算方法の詳細や金銭授受の具体的方法は、個々の契約内容によって異なる）。(T.O.)
⇨スワップ

遡及バイアス（backfill bias）

ヘッジファンドのパフォーマンスは一般に公開されていないため、ヘッジファンドを含むデータベースやインデックスのプロバイダーは、ヘッジファンド運用者からデータを収集する必要がある。ところが、データベースやインデックスに新しいファンドが追加される際、運用会社は過去のトラックレコードに関し、自社に有利な期間のリターンのみを報告することも少なくない。新しいファンドが追加された場合に、過去に遡及して値を算出し直すインデックスは、こういった情報操作されたファンドの存在がパフォーマンスに何らかのバイアス（上方バイアスの可能性）を生じさせる可能性がある。このようなバイアスを遡及バイアスと呼んでいる。こういったバイアスの存在は、分析結果に大きな影響を与えることがある。(S.S.) ⇨サバイバルバイアス、自己選択バイアス

SOX法（Sarbanes-Oxley act）

エンロン事件等で問題となった企業会計の不正に対処し、企業統治や企業会計の改革を狙いとして制定された法律である。基本的な目的は、企業のディスクロージャーを正確にし、投資家を保護し、企業の不正を防止することにある。エンロン事件では、取引損失を連結決算対象外の特別目的会社（SPE, special purpose entities）に付け替えて簿外損失としていたが、エンロンの外部監査人アーサー・アンダーセン会計事務所による監査も問題を指摘しなかったばかりか、アーサー・アンダーセンはSPE取引の設計や会計処理に深く関与していた。このような監査法人と投資家の利益相反を避けるため、同法では監査人の独立性が規定されている。また、年次報告書の開示が適正である旨の経営者の宣誓書提出の義務付け、財務報告に係る内部統制の有効性を評価した内部統制報告書の義務付け、公認会計士による内部統制監査の義務付けも盛り込まれた。ほかにも、証券アナリストなどに対する規制、内部告発者の保護などが規定されている。(Y.Mi.)

その他の包括利益

（OCI, other comprehensive income）
「包括利益のうち当期純利益及び少

数株主損益に含まれない部分」をいう（企業会計基準第25号「包括利益の表示に関する会計基準」第5項）。英語のother comprehensive incomeの頭文字からOCI（オーシーアイ）と略される。個別財務諸表においては包括利益と当期純利益の差額であり、連結財務諸表においては包括利益と少数株主損益調整前当期純利益の差額であり、親会社株主に係る部分と少数株主に係る部分が含まれる（同6項）。

その他の包括利益の具体的な項目としては、その他有価証券評価差額金、繰延ヘッジ損益、為替換算調整勘定、持分法を適用する被投資会社のその他の包括利益に対する投資会社の持分相当額がある（同第7項）。(S.Y.)

ソフトダラー（soft dollar）

運用会社が証券会社に対して一定額の証券売買手数料を支払うことを条件に、通信料や電子情報端末、リサーチレポートなどの代金を肩代わりしてもらう取引をいう。（現金で情報端末代金などの支払いを行うことをハードダラーと呼ぶ。）ソフトダラーは、証券売買手数料に情報端末などの代金が上乗せされているため透明性に欠け、運用会社と顧客の間で利益相反が生じる可能性があるという問題点もある。(Y.Mi.)

ソブリンリスク（sovereign risk）

世界の国々の政治（クーデター、政権交代や政策変更による外貨規制や税制変更等）、経済（景気の悪化やインフレ等）、地理（周辺国家との紛争や自然災害等）、環境（テロ、内乱、ストライキ等）等の不安定さから生じる投資資産価格の下落可能性の大きさをカントリーリスクという。その中でも、政府、政府機関、中央銀行、地方公共団体などから発行される債券や、これらの国・機関に貸し付けた資金がデフォルトを起こす可能性をソブリンリスクという。一般に先進国のソブリンリスクは低く、発展途上国は高いと考えられてきたが、最近では欧州や日米でもソブリンリスクの上昇が懸念されている。なお、政府、政府機関、中央銀行、地方公共団体などが発行する債券をソブリン債といい、比較的ソブリンリスクが低く高クーポンの債券をポートフォリオとした商品が、個人投資家を中心に注目されている。(S.S.)

ソルティノレシオ（Sortino ratio）

リスク調整後リターンの1つで、ファンドのリターンからリスクフリーレートを引いた超過リターンを求め、ファンドのリターンの下方偏差で除したものをいう。この値は、下方偏差で測定したリスクの大きさで超過リターンを調整しているため、リスク調整後リターンであり、リスク1単位当たりに対して得られる超過リターンを表している。ソルティノレシオはシャープレシオと類似した指標であるが、分母のリスクの定義が異なる。ソルティノレシオでは下方偏差すなわちダウンサイドリスクが分母であり、シャープレシオでは標準偏差である。比較対象となるファンドよりもソルティノレシオが大きければ、リスク1単位当たりの

リターンが大きいことを意味し、評価の高いファンドとなる。(S.S.)

損益分岐点分析
(break even analysis)

利益がゼロとなる売上高を損益分岐点、あるいは損益分岐点の売上高という。損益分岐点分析は、売上高と費用の関係を調べ、損益分岐点を求めると同時に、売上高の変動が損益に与える影響を調べる作業である。損益分岐点分析では、費用を売上高に連動する変動費（原材料費など）と、売上高に連動しない固定費（賃料、本社経費など）に分ける。損益分岐点が同じでも、費用構造(固定費と変動費の割合)によって、売上高の変動が損益に与える影響は異なる。固定費の比率が高い場合、売上高の変動が損益に大きな影響を与える。売上高が増加すると利益は大きく伸びるが、売上高が減少すると大きな損失が出る（ハイリスク）。逆に固定費の比率が低く、変動費の比率が高い場合、売上高の変動が損益に与える影響は小さい。売上高が増加しても利益が伸びない代わりに、売上高が減少しても損失は小さくて済む（ローリスク）。固定費がリスク要因となることは、ROE（株主資本利益率）における財務レバレッジと同じである。財務レバレッジは、金利が固定的な負債の利用がROEの変動を高めることを意味する。損益分岐点分析では、固定費の利用を営業レバレッジという。営業レバレッジの利用は、損益の変動を大きくすることになる。(N.I.)

タ

第1種の誤り／第2種の誤り
→ 仮説検定

退職給付債務（PBO, projected benefit obligation, DBO, defined benefit obligation）

日本の企業会計基準においてDB型の退職給付制度に関して用いられる語であり、退職給付のうち認識時点までに発生していると認められる部分を割り引いたものと定義されている。退職給付債務を用いる退職給付会計基準は、原則として2000年4月1日以降開始される事業年度から適用されており、その基本的な考え方は次のとおり示されている。
① 企業会計原則における将来の退職給付費用の引当ての考え方に立ち、企業間の比較可能性を確保する観点から、企業から直接給付される退職金と企業年金制度から給付される退職給付を合わせた包括的な会計基準を検討した。
② 基本的な会計処理の枠組みとして、支出の原因の発生時に費用を認識する「発生主義」の考え方を採用し、IAS（国際会計基準）との調和を図るとともに、具体的な計算方法においてはわが国の実態を踏まえた処理方法を採用した。
その後、2012年5月に会計基準が大きく改正され、割引率などの計算の前提について国際会計基準により近い内容に改正されるとともに、退職給付債務の計算方法については、2000年に導入された日本独自の方法（期間定額基準）の他に、国際会計基準に準じる方法（給付算定式基準）の選択適用が可能となった。

国際会計基準において退職給付債務に相当するものは、DBO, defined benefit obligationと呼ばれる。また、米国会計基準において退職給付債務に相当するものは、PBO, projected benefit obligationと呼ばれる。(Y.F.) ⊃DBO、PBO

退職給付制度

（post-employment benefit plan）
被用者の退職を条件に給付支払いを行うことを目的として企業が設ける制度で、企業年金制度、退職一時金制度のほかにも、退職後医療給付制度などを包括的に指す語である。国際会計基準で用いられるpost-employment benefit planの訳語として、企業会計の分野で用いられることが多い。(Y.F.)

ダイナミックヘッジ

（dynamic hedge）
リスク資産と無リスク資産の保有比率をリスク資産の価格変動に応じて動的に変化させることで、ポートフォリオの価値下落を抑制することをいう。ダイナミックヘッジング（dynamic hedging）とも呼ばれることもある。

ポートフォリオの価値下落を抑制したいのであれば、プットオプションを購入してプロテクティブプットのポジションを取ればよいが、条件に合うプットオプションが購入できないこともある。しかし、オプションのペイオフは原資産と無リスク資産から複製できることを利用して、原資産の価格変化に合わせて原資産と無リスク資産の保有比率を連続的に変化させれば、オプションと同じペイオフを持つ複製ポートフォリオを構築できる。原資産と無リスク資産の保有比率は、デルタと呼ばれる原資産価格に対するオプション価格の感応度から計算できる。理論的には完全なヘッジが可能であるが、連続的な比率変更ができない等の理由から、実際には完全なヘッジはできない。(S.S.)

対立仮説(alternative hypothesis)
➡ 仮説検定

ダウ工業株30種平均(Dow Jones 30-stock industrial average)

米ダウ・ジョーンズ社が発表する工業株30銘柄を対象とする代表的な米国の平均株価指数である。各銘柄の株価を合計する単純平均指数だが、増資などにより連続性が損なわれないために除数を用いて調整する修正平均株価である。銘柄数が少なく、国際優良銘柄が多いため、市場全体を反映しにくい面もある。カバー範囲が広い株価指数としては、5,000を超える銘柄を対象としたウィルシャー指数がある。NYSEだけでなく、AMEX、NAS-DAQも含め、中小型株も含まれている。(A.I.)

ダウンサイドリスク(downside risk)
➡ 下方リスク

多期間CAPM(inter-temporal capital asset pricing model)➡ I-CAPM

ターゲット・デート・ファンド
(target-date fund)

投資ポートフォリオを特定の時点に結び付けることを可能とするファンド・オブ・ファンズで、投資家の年齢・リスク許容度に応じたリスク・リターン特性を組み合わせるライフサイクル・ファンドの一種である。リスク許容度に沿った運用を行うターゲット・リスク・ファンドに対し、ターゲット・デート・ファンドは投資家の年齢など時間的側面に基準を置く。予定退職日(または年)を基準とした運用が、代表的な例として挙げられる。具体的には、予定退職日まで時間的余裕があるほど株式などの比率の高い(リスクの高い)運用が行われ、予定退職日に近づくほどリスク資産の比率を低下させる運用方法である。投資家側のメリットとしては、予定退職日まで資産配分比率の調整が自動的に行われることが挙げられる。販売側のメリットとしては、販売後の手間が少ないことが挙げられる。米国では確定拠出年金制度の導入やベビーブーマーの存在が、ターゲット・デート・ファンドの拡大に寄与したといわれている。(A.I.)

ターゲットバイイング
(target buying)

オプション投資戦略の1つで、原資産の市場価格よりも低い行使価格のプットオプション（アウト・オブ・ザ・マネーのプットオプション）を売却する戦略をいう。原資産の価格が低下して行使価格を下回れば、このプットオプションは行使され、行使価格で原資産を購入することになるが、原資産価格が行使価格を下回らなければ、オプションのプレミアム料が得られる。戦略としてはオプションを売る形を取るが、原資産の目標（ターゲット）とする価格（行使価格）を設定して、権利が行使されると原資産を購入（バイ）することになるので、ターゲットバイイングと呼ばれている。原資産価格の下落を待って購入しようとすると、結果的に購入できずに時間だけが経過してしまうことがあるが、この戦略はオプションプレミアム料が手に入るという利点がある。デメリットは、原資産価格が行使価格を下回った場合、その差額が損失になる点である。株式や債券、さらには為替を対象として、この戦略は広く活用されている。(S.S.)

他社株転換社債
(EB, exchangeable bond)

発行者とは異なる他社企業の株式に転換される可能性のある債券で、発行者の社債に他社株に対するプットオプションの売りを組み合わせた金融商品である。他社株転換社債の特徴は、高い利回りを享受できることである。プットオプションの売却に係るプレミアム収入が債券のクーポンに転化されることが商品構造の基本となっており、他社株式に転換される可能性があることから高いクーポンを実現させている。一方、信用リスク、流動性リスク、価格変動リスクなどがある。他社株転換社債の本債券は、満期償還時の最終判定日において償還参照株式の株価の終値が転換価格を下回った場合、および観測期間において一度でも予め定められた価格を下回った場合は、満期償還時に現金ではなく償還参照株式を受け取ることとなるため、満期償還額は当初投資された額面金額を下回る可能性がある。また、満期償還額は額面金額を上回ることはない。さらに、本債券所有期間中に、償還参照株式の配当を得ることはできない。(A.I.)

立会
(session)

もともとは、取引所で取引員（場立ち）が集まって株式の売買取引を執行することをいった言葉である。このようにして取引が行われる場所を立会場というが、現在の東京証券取引所（東証）では1995年5月以降、取引がすべて機械化され、立会場はなくなっている。現在では、取引所で定められた時間内に売買取引を執行することをいう。

各取引所では、それぞれに取引可能な時間帯が定められており、立会時間という。東証の現物株取引においては、前場（ぜんば）：9：00から11：30、後場（ごば）：12：30から15：00となっている。9：00の前場の取引開始時点を「寄付き」、11：30の前場の取引終了時点を「前引け」という。同様に

12：30は「後場寄り」、15：00は「大引け」という。他方、前場の「寄付き」と「前引け」の間、後場の「後場寄り」と「大引け」の間の取引が可能な時間帯のことを、「ザラ場」と呼ぶ。

また、イブニングセッション、ナイトセッションと称し、株価指数先物取引やオプション取引、長期国債先物取引などを中心に、大引けの後の時間帯にも立会時間を設定している。大阪証券取引所では、株価指数先物・オプション取引でナイトセッションを設定し、16：30から翌日3：00までを立会時間としている。日本時間の夜間にもヘッジニーズを充足するよう、立会時間の拡充を進めている。(A.I.)

立会外分売（off-floor distribution）

金融商品取引所の取引時間外（立会時間外）の時間を利用して、大株主などの大量の所有株式を不特定多数に売り出す売買方法のことをいう。個人株主の増加や株式の流動性を高めることなどを目的に行われることが多い。具体的には金融機関や創業者など特定の大株主から、証券会社が分売の執行を条件に売り注文を受託する。そして、金融商品取引所に予め届出を行ったうえで立会取引終了後に分売の条件を発表し、翌朝に買付けの申込みを受け付けて、立会開始前に売買を成立させる。立会外分売の値段は、分売実施日の前営業日の終値を参考に、数パーセントディスカウントされるのが一般的である。投資家にとっては前営業日の終値よりも低い値段で購入でき、買付手数料が無料などのメリットがある。一方、売り注文委託する大株主にとっては、大量の株式を株価の値崩れを防ぎつつ換金でき、上場市場での昇格や上場維持のための株主数の確保も期待できる。(A.I.)

タックスシールド（tax shield）

ファイナンスでは、費用計上されることで法人税が課せられないことを指す。代表的なものに負債の支払利息がある。タックスシールドは負債を利用する長所として認識されている。負債があり毎期20の金利を支払う企業と、負債がない企業を比較してみよう。両企業とも営業利益は100であり金融収益と特別損益はないとする。法人税率を40％とするとき、負債がある企業の課税対象所得は、支払利息が費用計上され課税対象にならないため、100－20＝80となる。法人税は32である。負債がない企業の課税対象所得は100であり、法人税は40となる。負債がある企業の方が、法人税の支払額が少ない。これがタックスシールドである。DCF法を適用すると、将来のタックスシールドの現在価値の分だけ、負債がある企業の価値は高くなる。(N.I.) ⊃最適資本構成

タックスヘイブン（tax haven）

外国資本を誘致するために極端な低税率あるいは無税にしている国や地域をいう。OECDは金融・サービス等の活動から生じる所得に対して無税または名目的にしか課税していない国・地域のうち、他国と実質的な情報交換を行っていない、税制や税務執行の透明

性がない、誘致される金融・サービス等の活動について自国・地域において実質的な活動を要求していないという条件のいずれかに該当するものを、タックスヘイブンと認定している。代表的なタックスヘイブンとしては、ケイマン諸島、英領ヴァージン諸島、リヒテンシュタイン、モナコなどが挙げられる。投資ファンドなどでタックスヘイブンを名目上の所在地にしている例も多く見られる。タックスヘイブンの閉鎖性を利用してマネーロンダリングが行われることもあり、国際的に問題視されている。(T.K.)

ダッチオークション
　　　　　　　　(Dutch auction system)
　オークション（入札）方式の1つである。通常のオークションは、売り手が安い価格を提示し、複数の買い手が価格を競り上げていき、最後に残った買い手が購入者となる方式で、これを**イングリッシュオークション**という。これに対し、バナナのたたき売りのように高い値を提示してから、売り手が徐々に提示価格を下げ、最初に購入の意思を示した買い手が購入者となる方式をダッチオークションという。ダッチオークション方式は、取引のスピードが非常に速いという特徴がある。なお、ダッチオークション方式は、国債入札や中央銀行による公開市場操作における債券オペでの債券価格決定方式の1つでもある。低価格を提示したものから順に募入し、予定総額に達したところで打ち切る方法だが、落札価格はその提示価格にかかわらずすべて共通の落札価格とし、すべての落札者が同じ条件で債券を取得することになる。(A.I.)

棚卸資産評価（inventory valuation）
　期末において棚卸資産の貸借対照表価額を決定すること。棚卸資産は、商品、製品、半製品、原材料、仕掛品等、企業がその営業目的を達成するために所有し、かつ売却を予定する資産のほか、売却を予定しない資産も、販売活動および一般管理活動において短期間に消費される事務用消耗品等も含まれる（企業会計基準第9号「棚卸資産の評価に関する会計基準」第3項）。企業会計上、認められている評価方法は、個別法、先入先出法、平均原価法、売価還元法がある。平均原価法には、特定の期間の平均を用いる総平均法と、その都度の平均を用いる移動平均法がある。法人税法上、上記の方法のほか、最終仕入原価法が認められている（法人税法施行令第28条）。
　通常の販売目的で保有する棚卸資産は取得原価で評価されるが、期末における正味売却価額が取得原価を下回るような場合には、その正味売却価額で評価される。トレーディング目的で保有する棚卸資産は、市場価格で評価される。(S.Y.)

WTI原油（west Texas intermediate）
　北海ブレント（欧州）、ドバイ（中東）と並ぶ、世界の代表的な原油の価格である。テキサス州西部で産出されるガソリン等に適した低硫黄の原油の価格で、ニューヨーク・マーカンタイル取引所（NYMEX）に先物が上場されて

おり、1バレル当たりの価格（米ドル）で表示される。WTI原油価格は、ガソリン価格との関連で米国経済に大きな影響を与えるため、金融市場でも注目度が高い。(T.K.)

ダービン・ワトソン統計量
　　　　　　(Durbin-Watson statistics)

時系列データの回帰モデルにおいて、誤差項間に自己相関があるか否かを検定するための統計量である。いま、時系列データ$\{y\}$を被説明変数、$\{x_1, x_2, \cdots, x_k\}$を$k$個の説明変数とする重回帰モデル

$$y_t = \beta_0 + \sum_{i=1}^{k} \beta_i x_{it} + \varepsilon_t$$

を考える。通常の最小2乗法による残差の系列を$\{\hat{u}\}$とすると、ダービン＝ワトソン統計量dは

$$d = \frac{\sum_{t=2}^{T}(\hat{u}_t - \hat{u}_{t-1})^2}{\sum_{t=1}^{T}\hat{u}_t^2}$$

で与えられる。ここでε_tとε_{t-1}の相関係数の最小2乗推定量を$\hat{\rho}$とおくと（^は"ハット"と呼び（ここではローハットと読む）、推定量を意味する）、

$$\hat{\rho} = \frac{\sum_{t=2}^{T}\hat{u}_t \hat{u}_{t-1}}{\sum_{t=1}^{T}\hat{u}_t^2}$$

であることから、ダービン・ワトソン統計量との間に

　$d \approx 2(1 - \hat{\rho})$

という関係が成り立つ。$-1 \leq \hat{\rho} \leq 1$であることから$d$は0から4の値を取ることがわかる。したがって、

(1) dの値が2前後のとき、誤差項に自己相関はない

(2) dの値が2より十分に小さいとき、誤差項に正の自己相関がある

(3) dの値が2より十分に大きいとき、誤差項に負の自己相関がある

と判断する。(R.S.)

単元株（stock trade unit）

銘柄ごとに決められている最低売買単位である。株式売買を単元株の整数倍で行う制度を、単元株制度という。1単元の株式について議決権の行使を認め、1単元未満の株式（単元未満株）には議決権の行使が認められないなど制限がある。単元未満株主は、発行会社に対し保有する単元未満株式の買取請求ができる。以前は単位株制度が採られていたが、2001年の商法改正により単元株制度が創設された。単元株制度導入の目的は、売買単位の引下げにより株式投資の裾野を広げることにある。以前の単位株制度においては、株主管理コストを軽減させるために50円額面の場合の売買単位は1,000株などと規定されていたため、売買単位の引下げには株式分割の実施などが必要であった。しかし、単元株制度では最低売買単位は発行企業が自由に設定できるようになり、株式発行は無額面株式のみとなった（1単元株数の上限は1,000株、株式総数の200分の1以下と定められている）。(A.I.)

単〔純〕回帰分析
　(simple linear regression analysis)
説明変数が1つの回帰方程式を仮定する回帰分析を指す。(R.S.)

単純株価平均（arithmetic stock price average） ➡ **株価平均**

ダンベル型ポートフォリオ
　　　　　（dumbbell portfolio）
　➡ **バーベル型ポートフォリオ**

単利法 ➡ **複利法**

チ

チャイニーズウォール（Chinese wall）

会社のある部門に所属する者が知り得る取引先等の内部情報を、利害・目的の異なる別の部門に所属する者が知ることのできないようにするために、企業の内部で自主的に設ける情報のやり取りを禁ずる制約をいう。本来は「万里の長城」の意味であるが、転用され使用されている。例えば証券会社では、引受部門と、証券を販売する営業部門や自己売買を行うディーリング部門の間では、組織・設備などを分離して双方の部門が情報共有できないようにされている。これは1989年の証券取引法改正で、インサイダー取引への規制が強化されたことを受け、証券界が制定した自主ルールでもある。証券会社の自主ルールである「内部者取引管理規則」において、チャイニーズウォールの具体的な内容が定められている。(Y.Mi.)

着地取引（transaction with delayed settlement）

約定日から受渡日までの期間が1ヵ月以上となる債券等の売買のことである。受渡日を相当期間先にすると信用リスクを伴うことになり、場合によっては投機的色彩を帯びかねない。そのため日本証券業協会では、着地取引を公正かつ円滑ならしめ、もって投資者の保護に資することを目的として、着地取引に関して、売買契約の締結、売買対象債券等の範囲、取引の方法等について必要な事項を定めている。(A.I.)

中位数／中央値 ➡ モード

中型株（medium-capital stock）
➡ 大型株

中国株（China stock）

2000年ごろから使われ始めた言葉で、大きく分けて3種類ある。①中国本土（上海、深圳）の市場で人民元建てで取引され、中国国内の投資家のみに（一部海外投資家にも）解放されているA株、②中国本土の市場で取引されるが、米ドルや香港ドル建てで取引されて海外投資家に開放されているB株、③中国本土で事業を展開し、中国に登記された純然たる中国企業が香港市場で発行しているH株、の3種類である。2001年にB株が国内投資家にも解放されて急騰したため、世界的に注目を集めた。2002年にはQFII（適格海外機関投資家）制度が導入され、A株が部分的に海外投資家に解放されている。このほかに、中国資本がある程度（一般に30％以上）入っており、中国本土内に主たる事業用資産を保有し、本社登記がケイマン諸島などの中国以外の場所にある銘柄をレッドチップ銘柄というが、あまり明確な基準はない。(A.I.) ➲QFII

忠実義務 (fiduciary duty of loyalty)

受託者に対して課される最も基本的な義務であり、受託者が受益者のために忠実に、また、もっぱら受益者の利益のために行動することを求めている。いわゆる「受託者責任」という場合の二大義務は、この忠実義務と注意義務を指すのが通常である(ほかにも自己執行義務、分別管理義務などがあるが、これらは忠実義務や注意義務からの派生とみることができる)。忠実義務についての根拠法は、信託法の第30条〔忠実義務〕で、「受託者は、受益者のため忠実に信託事務の処理その他の行為をしなければならない」とある。また、同法第31条で受託者の「利益相反行為の制限」、第32条で「競合行為の制限」についても触れられており、これらにより受託者はもっぱら受益者の利益のために受託財産を管理し、受益者の利益と相反するような地位に身を置いてはならないこととなる。(S.S.)

超過リターン (excess return)

評価対象となる個別資産あるいはポートフォリオのリターンが、基準となる資産のリターンをどれくらい上回っていたか、すなわち評価対象のリターンから基準となる資産のリターンを引いた値をいう。基準となるリターンは、無リスク資産のリターンの場合もあれば、ベンチマークインデックスが与えられていれば、このベンチマークインデックスのリターンの場合もある。なお、基準となる資産をベンチマークインデックスのリターンとした場合には、超過リターンのことをアクティブリターンと呼ぶことが多く、アクティブリターンがプラスであればベンチマークをアウトパフォーム(もしくはオーバーパフォーム)している、アクティブリターンがマイナスであればベンチマークをアンダーパフォームしているという。アクティブファンドでは収益目標として、超過リターンに具体的な数値を設定する場合が多い。(S.S.) ⊃ アクティブ運用、アウトパフォーム

直接利回り (current yield)

➡ **債券利回り**

ツ

積立不足〈積立超過〉(shortfall, underfunding〈surplus, overfunding〉)

　積立型のDB型の企業年金制度において用いられ、年金数理上の債務額と制度資産の額の差額を指す。積立不足（積立超過）は、年金財政の分野でも企業会計の分野でも用いられる。企業会計の分野で用いる場合には、退職給付債務（あるいは、DBO、PBO）と制度資産の差額を指す。これとは別に、会計上の債務として計上している額と制度資産の合計を積立額ととらえ、それと退職給付債務との差額を指すことが一部に見られる。しかし、会計上の債務は積立不足（積立超過）を計上しているものであり、これを積立額に含めて考えることは誤用というべきである。(Y.F.) ⊃退職給付債務

テ

TIFFE(Tokyo International Financial Futures Exchange)

東京金融先物取引所の略称である。各種の金融先物取引の場として「金融先物取引法」の成立を経て、1989年6月に開設された。上場されている主な先物取引は、日本円短期金利先物(3ヵ月)および同オプション、1年物日本円金利先物、米ドル短期金利先物(3ヵ月)、無担保コールオーバーナイト金利先物、取引所為替証拠金取引(「くりっく365」)、取引所株価指数証拠金取引(「くりっく株365」)などである。当初は金利系の先物取引が中心だったが、外為証拠金取引を規制する改正金融先物取引法が2005年7月に施行され、それと同時に「くりっく365」が上場された。(A.I.)

DES

(debt equity swap, debt-for-equity swap)
　　➡ **デット・エクイティ・スワップ**

TSE(Tokyo Stock Exchange)

東京証券取引所(略称は東証)のことをいう。国内最大規模の証券取引所であり、東証のある兜町は証券業界を指す言葉としても使用される。また、東証内には「兜倶楽部(記者クラブ)」が設置されており、上場企業の決算説明会なども実施される。設立は1949年で、2001年には株式会社化された。東証に関する上場審査や売買審査といった業務に関しては、コンプライアンス上の配慮から別会社である東京証券取引所自主規制法人が担っている。株式市場としては上場基準の異なる市場第一部、市場第二部、加えて新興企業向けのマザーズがあり、上場基準は市場第一部が最も厳しい。株式市場以外では公社債市場がある。また、日本の代表的な株価指数であるTOPIXは東証により算出されており、市場第一部に上場しているすべての企業の株価が対象となる。2001年には新たな株式売買システム「arrowhead」が稼動開始。売買注文の処理速度が大幅に高速化された。(A.I.)

DOE(dividend on equity ratio)
　　➡ **株主資本配当率**

TOB(takeover bid, tender offer)
　　➡ **株式公開買付**

t検定(t-test)

検定統計量が t 分布に従う場合に行われる仮説検定の総称。具体的には、母分散が未知のときの母平均の検定や、母平均の差の検定などがある。

いま、Z を標準正規分布 $[N(0, 1)]$ に従う確率変数、Y を自由度 k の χ^2 分布 $[\chi^2(k)]$ に従う確率変数であるとし、互いに独立であるとする。このとき、新たに確率変数 t を

$$t = \frac{Z}{\sqrt{Y/k}}$$

と定義すると、t が従う分布を自由度 k の t 分布という。形状は自由度の値によって決まり、標準正規分布と同様に $x=0$ について左右対称である。また、自由度が大きくなるほど標準正規分布に近づき、$k=\infty$ のとき標準正規分布に一致する。

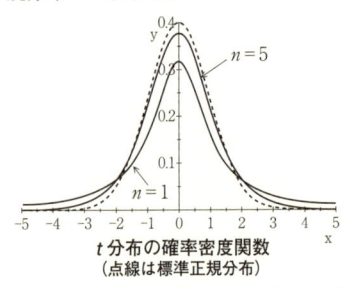

t 分布の確率密度関数
（点線は標準正規分布）

例として、母分散が未知のときの母平均の検定では、検定統計量として

$$t = \frac{\bar{X} - \mu}{\sqrt{s^2/n}}$$

を使用する。ここで、$\bar{X}$ は標本平均、μ は母平均、s^2 は不偏分散（$n-1$ で割って計算した標本分散）、n は標本の数である。これを（スチューデントの）t 統計量と呼ぶ。この場合、t 統計量は自由度 $n-1$ の t 分布に従う。この事実に基づき、t 統計量の値から帰無仮説の正否を検定する。(R.S.)

DCF法
(discounted cash flow method)

資産評価の原則は**割引キャッシュフロー（DCF）法**である。DCF法では、資産が将来生み出す収益をキャッシュフローとして予測し、リスクを反映した割引率で現在価値に換算する。来期にフリー・キャッシュフロー FCF_1、2期後に FCF_2、3期後に FCF_3、…を生み出す資産を考える。割引率を ρ とすると、割引キャッシュフロー法による評価額PVは下記で与えられる。

$$PV = \frac{FCF_1}{1+\rho} + \frac{FCF_2}{(1+\rho)^2} + \frac{FCF_3}{(1+\rho)^3} + \cdots$$

1期後のFCFは1回割り引き、2期後のFCFは2回割り引く。割り引かれることで、将来のFCFは現在価値になる。現在価値は足したり引いたりできる。割引率 ρ は、リスクフリーレートにリスクプレミアムを加えた値である。リスクプレミアムは、CAPMなどを用いて算出する。DCF法を用いることで、様々な資産を評価できる。(N.I.) ⊃現在価値

ディスカウントブローカー
(discount broker)

株式売買の取次ぎ・執行のみを行い、顧客に投資アドバイスを行わない株式ブローカーを指す。投資アドバイスを行わない一方、取引手数料を大幅に割り引く（ディスカウント）ことで、他のブローカーに対する競争力を持とうとする。1975年に米国の株式手数料自由化が実施され、個人投資家向けのブローカーとして出現した。日本においても1999年の株式売買委託手数料の自由化後に、インターネット専業の証券会社を中心に手数料の割引競争が生じた。このネット証券が日本版のディスカウントブローカーである。(Y.Mo.)

ディスクロージャー（disclosure）

企業の経営内容などを情報開示することをいい、これにより一般株主、債権者の利益が守られる。制度上のディスクロージャーと企業任意のディスクロージャーがあり、制度上のディスクロージャーは法律・規則によって、その内容や時期が強制されている。例えば、毎年の有価証券報告書の開示、決算短信の発表、影響の大きい出来事が発生した場合の適時開示などがこれに当たる。一方、企業任意のディスクロージャーは、一般にIRといわれ、決算発表説明会やアナリスト説明会、月次データの開示、HPでの説明などがある。より正確かつ投資家にとって質の高いディスクロージャーによって、企業は投資家の信頼を得ることができ、投資対象としての魅力を増すことができる。一方で、情報管理や人員の費用の増加、開示情報による競争他社との不利益の発生などが、デメリットとして挙げられる。(Y.Mi.)

ディストレスコスト（distress costs）
➡ **倒産コスト**

ディストレス債投資戦略（distressed security investing strategy）

ヘッジファンドの代表的な投資戦略の1つで、経営破綻手続き中の企業の社債や銀行ローン、財務内容が極端に悪化している企業に対する債権に投資する戦略をいう。該当企業の経営が厳しい状況にあるときに投資をして、落ち着いた段階で売却する短期的なトレーディングという投資手法や、企業再建にかかわり、企業業績を回復させて信用力を高めることで、長期的にリターンを期待するワークアウト戦略などがある。ディストレス債投資戦略は、流動性が極端に低いことが大きなリスク要因となり、目標とするリターン獲得のためには時間を要することも多い。反面、大きなリターンも期待できると考えられている。(S.S.)

ディストレスリスク（distress risk）
➡ **デフォルトリスク**

定性評価（qualitative analysis）
➡ **定量評価**

TBA（to be announced）取引

モーゲージ債の売買の際に、発行機関、年限、クーポン、額面金額などは特定するが、受渡しの対象となるモーゲージプール（複数の住宅ローンをまとめたもの）は指定せずに行う取引形態のことである。モーゲージプールは住宅ローンを証券化したために膨大な数があり、個別プールを特定して取引していたのでは、コストや手間がかかる上に流動性も限定的となってしまう。そのため、TBA取引がモーゲージ債市場において標準的な取引形態となっている。米国では、モーゲージパススルー証券（モーゲージ証券の一種）の取引において、TBA取引が標準的な取引形態となっている。モーゲージパススルー証券は、モーゲージプールに対する持分を表す有価証券で、借り手が毎月支払う元利金等がモーゲージ貸付金融機関を通して、同証券所有者に

支払われる。(A.I.)

DBO（defined benefit obligation）
　DB制度に関して、国際会計基準（International Accounting Standard 19 / Employee Benefits）で用いられる語で、日本の会計基準における退職給付債務に相当する概念である。ただし、両者には違いがある。(Y.F.) ⇨ 退職給付債務

ディフィーザンス（defeasance）
　社債の発行体である企業が社債の償還に用いる手法である。まず、企業が社債を信託基金に移転し、信託基金から社債の元利返済が行われる。次いで、企業は、社債の元利返済に必要な資金源として、国債等のポートフォリオ（債券ポートフォリオ）を基金に供与する。債券ポートフォリオから得られるキャッシュフローは、社債の元利返済に合致するように構成される。低金利の時期に発行した長期社債は、金利が上昇すると割引率が高くなり、額面より低い価格で取引される。ディフィーザンスとして構築される債券ポートフォリオは、同時期に発行された国債を含むことが多いため、購入価格はやはり額面より低くなる。企業は、社債額面と債券ポートフォリオの購入価格との差額を特別利益として計上できる。このように、ディフィーザンスは、社債をオフバランス化すると同時に、(見掛け上の) 利益を高めることができる。ただし、このような金融手法は、理論的には企業価値の向上に貢献しない。(N.I.)

T＋1決済（T＋1 settlement）
　証券取引において、売買が約定した翌日に資金、証券の受渡しを行って決済を完了させることをいう。T＋1（ティープラス1）のTはtrade date（約定日）で、これにプラス1日ということになる。T＋0は当日の決済ということになる。国債に関して米英ではT＋1決済を行っているが、日本の国債の決済はT＋2（約定日の2日後）となっている。約定日から決済（受渡し）のタイムラグは短いのが理想である。この間に急激な相場変動が起こる可能性があるほか、タイムラグが短ければ未決済残高（つまりは市場参加者の債権債務関係）が少なくて済み、全体のリスクを小さくできる。こうした中、わが国では国債の決済が2012年4月23日よりT＋2へ短縮された。将来T＋1決済を実現するためには券面の不動化ないしは廃止、取引の約定から資金決済、受渡しまでの一連の事務処理を人手を介さずコンピュータで自動的に処理するSTP（straight through processing）の実現などが必要とされている。(A.I.)

定量評価（quantitative analysis）
　過去の運用実績（投資リターンの過去のデータ系列）を定量的に分析して運用評価を行うことをいう。しかし、定量的なデータのみを使って運用の良否を判断することは、非常に難しく厄介な作業である。最終的な運用成果を示す数値は、不確実な世界で考えられる多くの事象の中から結果的に生れた1つの事象であり、結果のみを見たの

ではその数値の背景にある多くの情報を見捨てていることになる。例えば、ある期間のポートフォリオの実績リターンを見ただけでは、そのポートフォリオがその期間に取っていたリスクの大きさを正確に把握できない。大きなリスクを取っていても、実績としてはわずかなリターンしか得られないこともよくある。

一方、これを補う方法として**定性評価**がある。これは、リターンを生んだポートフォリオ構築までの意思決定（運用哲学、運用方針等を含む）の流れの中に、運用者（もしくは運用機関）の能力を評価する基準を見いだそうとする考え方である。ポートフォリオ構築までの一連の意思決定プロセスに着目して、構成要素ごとに評価するのが定性評価である。定性評価はあくまでも間接的で主観的判断が入らざるを得ないが、事後の結果的、表面的な数値である定量評価を補う評価方法である。(S.S.) ⊃パフォーマンス評価

ティルト戦略（tilt strategy）

株式投資戦略の1つで、与えられたベンチマークに対して、特定のファクターに傾斜（ティルト）させたポートフォリオを構築して、より高いリターンを上げようとする戦略をいう。一般的には、何らかの株式マルチファクターモデルを使い、特定のリスクを取ることで効率的にリターンが得られるファクター（例えば、過去データで見て安定的にプラスもしくはマイナスのファクターリターンが得られていたファクター）を選択し、そのファクターにティルトする（ウェイトを高くする）ことで、ベンチマークに対して超過リターンを獲得する戦略である。ティルトするファクターは1つが一般的であるが、同時に複数のファクターにティルトする戦略も存在する。また、ティルトするファクターは固定されていることが多いが、統計量を使い有意なファクターのみにティルトを掛ける（有意でなくなるとティルトしない）戦略も存在する。(S.S.)

適格機関投資家

（QII, qualified institutional investor）

金融商品取引法で認められた有価証券投資の専門家（プロ）のことである。同法第2条第3項では、「有価証券に対する投資に係る専門的知識及び経験を有する者として内閣府令で定める者」と定義されている。つまり、プロフェッショナルとしての十分な知識と経験を有すると認められる者のことである。適格機関投資家は、専門的知識や経験を有するため、自己責任に基づいた投資判断が可能だと考えられることから、金融商品取引法上の各種の規制（例えば、発行開示規制や販売・勧誘規制など）の適用が免除される。言い換えれば、各種の規制による保護を受けることができない。(Y.Mo.)

適格退職年金

（TQPP, tax qualified pension plan）

日本において、法人税法の改正によって1962年から制度の発足が開始されたDB型の企業年金で、税制適格年金または適格年金とも呼ばれる。確定

給付企業年金法の施行により、2002年4月以降は新たな適格退職年金制度の発足は認められなくなり、10年後の2012年3月末をもって廃止された。この間に確定給付企業年金、確定拠出年金、中小企業退職金共済への移行または制度の廃止が求められた。適格退職年金は、日本において税制上の措置を伴う本格的な企業年金として初めて導入された。適格退職年金は、年金資産を信託契約、保険契約などの形で外部機関に積み立てることなど、法人税法に規定される一定の条件を満たすものとして国税庁長官から承認を受ける必要があった。適格退職年金では、事業主が負担する掛金の全額が損金として扱われ、退職一時金とは違って年金資産が社外に確保され、厚生年金基金に比べて少人数でも企業年金制度を実施でき、給付設計や財政基準が厚生年金基金より緩やかであることなどの特徴があった。一時は制度数が9万件を超え、中小企業を中心に相当程度の普及が見られた。(Y.F.)

敵対的買収(hostile takeover bid)

主に経営陣が同意しない企業買収をいう。通常の企業買収においては、被買収企業の経営陣と株主が買収に合意する。敵対的買収では、経営陣が買収提案に合意しないため、買収側は委任状争奪や株式公開買付などを通じた強引な買収を試みる。日本では2000年代以降、成功しなかった事例も含めて、幾つかの敵対的買収が試みられた。敵対的買収を行う理由は、現経営陣の経営能力が劣っていることである。経営権の維持にのみ固執する現経営陣が、企業価値を毀損する経営を行っている場合、経営陣を更迭することで企業価値が高まる。あるいは、現経営陣より優れた企業経営を行い、企業価値を高めることができる。(N.I.)

出来高(turnover, volume)

売買高ともいわれ、金融商品取引所等で株式や債券、先物やＦＸなどが売買された量を表す。売りと買いとが合致した数量で示すのが一般的、いわゆる片道計算である。株式は取引が成立した株数、債券は取引金額、先物やＦＸは取引が成立した枚数を表す。出来高の多いときは売買が活発であり、少ないときはその逆の場合が多い。出来高と価格には相関関係があるとの見方が多く、出来高は価格の動きを予想する重要な要素の1つとされる。(A.I.)

テクニカル分析(technical analysis)

株式、為替、商品市場などの過去の価格や出来高のデータから何らかのパターンを見いだし、将来の価格変化を予測しようとする考え方である。弱度の効率性(weak form)を否定する立場と考えられているが、人間心理の一部をとらえているという指摘もあり、信奉者も少なくない。また、高度な時系列モデルを使った洗練されたテクニカル分析手法の有意性も示されている。ローソク足を使ったケイ線による分析(大きな相場のトレンドを把握し、トレンドの動向と転換点を予測する)、移動平均株価(一定期間の株価の平均を取ってグラフに表したもので、株価

の上昇、下降のタイミングを予測でき、買いや売りの時期の判断材料になると考えられている)、サイコロジカルライン(投資家のサイコロジカルすなわち心理的な面に着目し、市場が強気一色になった時に相場はピークを打ち、弱気一色になった時にボトムを打つ傾向があることから、これを数値化して買われ過ぎや売られ過ぎのタイミングを予測)、ストキャスティックス(現在の株価が売られ過ぎか買われ過ぎかに着目し、これまでの値動きに照らし合わせて今の株価がどのような位置にあるかを示したもので、具体例としては過去9日間の高値、安値に対して、当日終値がどのような位置にあるかを数値化して価格の推移傾向を判断する考え方)などが代表的なテクニカル分析の手法である。テクニカル分析のうち、特にチャートを用いた分析に特化した分析をチャート分析という。テクニカル分析を専門に行う人をテクニカルアナリスト、チャート分析を専門に行う人をチャーチストという。(S.S.)

デットアサンプション
(debt assumption)

　企業が社債の元利支払額に相当する資金(現在価値)を銀行等の金融機関に預託し、委託された金融機関が債務履行を代行する取引をいう。企業は債務の現在価値相当分を拠出するため、満期前償還とみなせる。例えば、1年後に満期が来る金利3%の社債を100億円発行している企業を考えよう。社債の現在価値は100億円とする。企業は100億円のキャッシュを保有しており、同時に負債比率を下げたいと考えている。社債には任意償還条項がないため、現時点で繰上償還することはできない。このとき、デットアサンプションにより、金融機関に100億円(プラス手数料)を委託すれば、社債はオフバランス化され、企業の目的は達成できる。金融機関は100億円を運用し、1年後に103億円を債権者に返済する。格付が低い高金利の社債のデットアサンプションでは、金融機関は預託金を低格付の債券ポートフォリオで運用することが多い。投資先がデフォルトに陥ると、償還資金が不足するため、委託した企業が不足額を追加で負担することになる。(N.I.)

デット・エクイティ・スワップ (DES, debt equity swap, debt-for-equity swap)

　過剰債務の企業などで、債権者がその債権を現物出資し、債権評価額分の株式の割当てを受けることをいう。もしくは、債権者が金銭出資を行って株式の割当てを受け、その出資によって債権の返済を受けること(擬似DES)もいう。借り手から見れば債務が株式に交換されるため、債務の株式化とも呼ぶ。債権放棄や債権リスケジュール(条件変更)などと並ぶ、債務リストラクチャリングの手法の1つである。また、DESに類似した手法として、DDS(デット・デット・スワップ)がある。DDSは、既存債権を劣後ローンなど債務者にとって有利な条件となる新しい債権へ転換するものである。(T.O.)

デットファイナンス (debt finance)

　企業の資金調達は、内部資金調達と外部資金調達に分けられる。外部資金調達は、デットファイナンス（借入金融、負債調達）とエクイティファイナンスに分けられる。銀行借入や社債発行などに代表されるデットファイナンスの特徴は、期日までに元本と利息の返済を約束することである。エクイティファイナンスには返済の義務がない。元本や利息の返済が滞るとデフォルトに陥り、債権者が企業資産をコントロールすることになる。債権者にとって、元本と利息の返済が約束されているローンや社債は評価しやすい。そのため、企業と債権者はデットファイナンスの条件に合意しやすい。一方、配当が約束されていない株式は評価が困難なため、エクイティファイナンスの条件は合意しにくい。エクイティファイナンスに時間と取引コストがかかるのは、このためである。企業は、時間がかからず取引コストの小さいデットファイナンスを、エクイティファイナンスより選好する傾向がある。この順序をペッキングオーダーという。(N.I.) ➲エクイティファイナンス

デフォルトリスク (default risk)

　企業等が発行する債券や借入金の利払いや元本償還に関する債務不履行の危険性を指す。債務不履行には元利支払いの遅延、債務履行の部分的不能および全面的不能がある。企業の場合は、経営不振で事実上の倒産によって発生することが多い。国家が債務支払いを停止することで、発生する場合もある。格付はデフォルトリスクを指標化したもので、財務状況や資産内容を精査して債務支払いの確実さを段階的に示したものである。一方、ディストレスリスクは財務面から危機に陥るリスクを指す。ディストレスリスクを取ってリターンを目指す投資手法もある。経営破綻もしくは経営不振に陥った企業に投資し、経営再建を成功させることで高い収益を目指す手法である。経営再建段階で積極的に経営に関与する場合もある。(Y.Mo.) ➲ディストレスト債投資戦略

テーマ型ファンド

　現在、投資家が注目している、あるいは今後、注目すると想定される特定の話題（テーマ）に関連のある株式銘柄を選定して、集中的に投資する株式投資戦略の１つである。具体的には、「自然エネルギー」、「資源」、「高齢化社会」、「地球温暖化」、「エコ」、「社会貢献」、「非タバコ」など、社会的に話題となっているテーマが多い。投資家の予想や興味と一致した銘柄群に投資できる一方で、特定の銘柄群の保有比率が市場平均と比較して大きく乖離し、多くの人が関心を寄せている銘柄の株価はすでに割高な状態が多いことなどから、リスクも大きくなることが一般的である。また、そもそもテーマ自体は一過性のものが多く、時間がたつと新しいテーマが次々と話題となり、それまでにあったテーマは忘れ去られてしまうというのが、これまでの歴史であった。(S.S.)

デュアルカレンシー債 (dual currency bond)

投資家による払込み、投資家への利払い、元本の償還が異なる2種類の通貨で行われる債券のことを二重通貨建て債券もしくはデュアル債という。この二重通貨建て債券で、払込みと利払いは円で元本の償還はドル等の外貨で行うものを順デュアル債またはデュアルカレンシー債という。逆に、払込みと元本の償還が円で、利払いをドル等の外貨で行うものを逆デュアル債または**リバース・デュアル・カレンシー債**という。リバース・デュアル・カレンシー債は利払いが外貨で行われるため、一般的に円建ての債券よりも利率が高いという特徴がある。反面では為替リスクがあるが、元本の償還が外貨で行われるデュアルカレンシー債よりは、為替リスクが小さくなることが多い。リバース・デュアル・カレンシー債の円建て外債は1989年に初めて発行された。(A.I.)

デューデリジェンス (due diligence)

投資家や金融機関あるいは事業買収者が、取引を実施する際、投資対象や対象企業などの実態把握を目的に事前に行われる一連の調査行動を指す。適正評価手続きと訳されることもあるが、そのまま「デューデリジェンス」として使われる場合も多い。もともとは、企業が証券を発行するときの開示情報が、証券取引法の基準に適合しているのかを、投資家保護の観点から精査することを指して使われたのが語源だといわれている。ヘッジファンドや不動産投資、金融機関の証券引受け、M&Aの意思決定の時やプロジェクトファイナンスへ関与する時などに実施される。(Y.Mo.)

デュポン・システム (Dupont system)

米国の化学会社E.I.デュポンが20世紀初頭に、事業部管理の目的で開発した財務分析手法の1つである。企業経営の目的の1つが自己資本利益率(ROE)を高めることにあるとする考え方から、ROEを細かい要素に分解し、ROEを構成する要素の改善がROEの改善に結び付くというもの。具体的には、下式にあるように自己資本利益率（当期純利益/自己資本）が売上高利益率（当期純利益/売上高）、総資本回転率（売上高/総資本）、財務レバレッジ（総資本/自己資本）という3つの要素に分解され、おのおのの要素を改善すればROEを高められるとする考え方である。

自己資本利益率＝当期純利益率×総資本回転率×財務レバレッジ

$$\left(\frac{当期純利益}{自己資本}\right) = \left(\frac{当期純利益}{売上高}\right) \times \left(\frac{売上高}{総資本}\right) \times \left(\frac{総資本}{自己資本}\right)$$

(S.S.)

デュレーション (duration)

将来発生するキャッシュフローの現在価値の総和（理論価格）に占める各キャッシュフローの現在価値の割合に、そのキャッシュフローが発生するまでの時間を掛けて、合計したものをマ

コーレー・デューレーションという。このデューレーションの値を「1＋金利」で割ったものを修正デューレーションと呼び、実務的には修正デューレーションが使われている。デューレーションには2つの解釈が可能である。1つは、計算方法に示されているように、各将来キャッシュフローの現在価値が理論価格に占める割合をウェイトにして、投資額の回収にかかる時間の長さの加重平均を求めていると考えられる。もう1つは、金利変化に対する価格変化の割合を示していると解釈できる。このことは、債券価格を金利で微分し、変形することで示せる。ただし、金利変化に対する債券価格変化の大きさを見るためにデューレーションを使う場合に、現実とは異なる仮定のもとで導出された値であることに注意が必要である。まず、微小な金利変化を想定しているため、金利変化の幅が大きいと実際の債券価格の変化との誤差が大きくなる。また、金利が上昇するか低下するかで、誤差の大きさが異なる特徴がある。さらに、金利の期間構造がフラット（残存年限が長くても短くても最終利回りは同じ）で、金利変化は全期間一定幅（微小変化）の上昇あるいは低下したと仮定して導出されている。(S.S.)

デリバティブ

(derivative, derivative instrument)
他の資産（原資産）価格などに依存して、その価格が決まる金融商品をいう。他の資産等（指数や指標などの場合も含む）から、派生したものという意味で、**金融派生商品**とも呼ばれる。

デリバティブ取引の具体的な例としては、先渡取引、先物取引、オプション取引、スワップ取引などが挙げられる。このうち先渡取引（forward）は、対象となる資産（原資産）等を、予め定めた価格（先渡価格）で、将来の一定時点に交換することを約束する契約で、店頭取引されるもの（店頭デリバティブ）をいう。例えば、1ヵ月後にその時点の日経平均株価と、予め定めた価格（例えば1万円）とを交換することを現時点で約束する契約（株価指数先渡取引）が、その例として挙げられる。これに対し、先渡取引に類似する経済効果を持つ取引で取引所に上場しているものを、先物取引（futures）と呼ぶ。例えば、大阪証券取引所に上場されている、日経平均株価（日経225）先物取引などが、その例として挙げられる。

なお、為替先渡取引（為替予約などとも呼ばれ、通貨を先日付で交換する店頭取引）は、日本では上場先物取引が導入される以前から取引されており、その当時から先物取引と呼ばれていた経緯もあって、上場取引ではないにもかかわらず現在でも為替先物取引と呼ぶことがある。

デリバティブ取引は、そのペイオフ（受払いキャッシュフローの形）や取引形態に応じて先渡取引、先物取引、オプション取引、スワップ取引などに分類される一方、対象とする資産（原資産）等に基づいて分類されることも多い。例えば、株式デリバティブ、債券デリバティブ、金利デリバティブ、天候デリバティブ、クレジットデリバティブ、コモディティデリバティブ等

である。(T.O.) ⊃ オプション、スワップ、金利オプション、天候デリバティブ、クレジットデリバティブ、コモディティデリバティブ

デルタ (delta)

オプションなどデリバティブの評価モデルにおいて、原資産価格の変化に対するデリバティブ評価価格の変化を指す。ギリシャ文字でΔ（デルタ）と表記する。オプション等の評価価格w、原資産価格Pに対して、

$$\Delta = \frac{\partial w}{\partial P}$$

すなわちwのPによる偏微分で表される。(T.O.)

テールリスク (tail risk)

正規分布よりも極端な値を示す可能性のあるリスクを指す。資産のリスク・リターン特性を考えるとき、リターンの分布は一般的には正規分布に従うと仮定する。しかし、資産によっては実際の分布が必ずしも正規分布になるとは限らず、正規分布よりも歪（ゆが）んだり、偏りができる場合がある。このとき、平均値から大きく乖離した値（極端に低い、あるいは高いリターンなど）が発生する確率が、正規分布よりも高くなる可能性が出てくる。実際の分布の形状が正規分布の形状よりも裾野が厚い「ファットテール」という統計用語に由来しており、極端な値を取る確率が高い。オルタナティブ資産ではこのテールリスクが高いといわれている。(Y.Mo.)

転換価額 (conversion price)

転換社債型新株予約権付社債（CB）において、新株予約権を行使し株式へ転換する場合に、払い込む1株当たりの金額をいう。CBの募集開始前の一定の日の株価終値を基準として、それよりも高い価格で決められる。また、株価と転換価額からCBの理論上の価値を算出したものを**パリティ価格**（parity price、理論価格）という。

　パリティ価格＝株価÷転換価額×100

CBの時価がパリティ価格を上回っていればCBのまま転売したほうが有利であり、下回っていれば株式に転換して売却したほうが有利になる。(A.I.) ⊃ 乖離率

転換株式 (convertible stock)

転換権が付与されている株式である。出資者の多様なニーズに応えるためや、会社の資金調達の利便性や必要性から、権利の異なる複数の株式（種類株式）が発行されている場合、ある種類の株式から他の種類の株式へ株主の判断で転換できる権利が与えられている株式である。優先株式から普通株式への転換などが代表的な例である。1950年の商法改正で発行が認められたが、2002年の商法改正では「転換予約権付株式」に変わり、さらに2006年施行の会社法では種類株式についての規定が整備され、条文上に名称は挙げられていないが、「転換予約権付株式」は「償還株式」などとともに「取得請求権付株式」として1つの制度へ統合された。「取得請求権付株式」は株式会社が発行する

全部または一部の株式の権利内容として、株主が当該株式会社に対して株式の取得を請求できる株式を意味する。会社が「取得請求権付株式」を発行するには、定款で定める必要がある。(A.I.) ⊃種類株式

転換社債 (CB, convertible bond)

正式には転換社債型新株予約権付社債という。2002年の商法改正により新株予約権に関する規定が明確化され、新株予約権付社債と定義された。CBと呼ぶ場合もある。社債保有者の意思により、予め定められた転換価額で債券額面を除した数の株式に転換可能な点が特徴である。保有者は、転換価額よりも株価が上昇すれば、株式へ転換し売却することで利益を得られる。逆に転換価額より株価が低いままなら、転換せずに償還日まで保有して社債としての利息を受け取り、元金の償還を受けることもできる。このように普通社債と異なり、投資家が利息以外で利益を得る手段を持つため、普通社債より金利が低めに(ゼロクーポンの場合もある)設定される。新株予約権を行使された発行会社は、予約権を行使した保有者に対して、新株を発行するか、自己株式(金庫株)を交付する。一般に、転換社債の発行は潜在的な新株発行(もしくは金庫株の放出)の可能性を示唆するため、株価の下落要因になる場合がある。(A.I.) ⊃金庫株

転換社債アービトラージ

(convertible arbitrage)

転換社債と同一発行体の他の証券との価格差の関係を利用して、超過リターンの獲得を狙う戦略をいう。転換社債をロングし、株式をショートするポジションを取ることが最も一般的である。同一企業の発行する異なる資産を使って相殺するポジションを取ることで、その企業の株価変動の影響を排除している。(S.S.)

天候デリバティブ

(weather derivative)

ペイオフが天候(気象の観測の成果に係る数値など)に依存するデリバティブである。日本では店頭デリバティブとして取引されているが、米国のCME (Chicago Mercantile Exchange) には天候先物取引や天候先物オプション取引 (HDD (Heating Degree Days)、CDD (Cooling Degree Days) や、ハリケーンを対象とするものなど) が上場されている。このうちHDDとCDDは、例えば1日のHDD = MAX (65 − A, 0)、CDD = MAX (A − 65, 0) のように定義される。ここで、Aは特定地点におけるその日の最高気温と最低気温とを平均したもの(足して2で割ったもの。華氏表示)である。HDDは暖房、CDDは冷房に必要なエネルギー量を近似的に求める指標として用いられる。CMEには、特定の地点(例えばニューヨーク)における一定期間(1ヵ月)の累積CDD値(もしくはHDD値)を対象とする先物などが上場されている。(T.O.) ⊃デリバティブ

店頭市場

（OTC, over-the-counter market）

広義には取引所を通さない相対取引や店頭取引をいう。OTCともいう。その対象を指すこともある。非上場株式や債券、為替、デリバティブなどの取引の多くがこれに当たる。狭義では、日本証券業協会に登録されている店頭取引有価証券のための店頭市場やその取引を指す。取引所を通さずに、顧客の注文に対し業者（証券会社等）が自ら取引の相手方となり、自己のポジションで顧客の注文に応じる。もしくは業者どうしが自己のポジションで取引を行うこともある。これらの取引は個別に相対形式で行われ、取引条件やその方法は当事者間の交渉により決定される。多くの注文が集められ同じ条件で一定のルールのもとに取引が成立する競争売買形式の取引所取引とは異なる。近年は店頭取引における投資家保護制度の整備や価格情報システムの拡充、公社債店頭取引の店頭気配公表制度の開始などが行われている。(A.I.)

店頭デリバティブ（OTC, over-the-counter derivatives）

店頭取引により取引されるデリバティブをいう。これに対し、取引所に上場され取引（取引所取引）されるデリバティブを、上場デリバティブ（exchange-traded derivatives もしくは listed derivatives、市場デリバティブ取引）と呼ぶ。上場デリバティブ取引が定型化・標準化されたデリバティブの取引であるのに対し、店頭デリバティブ取引では、当事者間で比較的自由に取引の内容を定めることができ自由度が高いという特徴がある。反面、上場デリバティブ取引では証拠金制度などのため、取引参加者は取引相手の信用リスクや決済不履行によるリスクを考慮する必要が少ないのに対し、店頭デリバティブ取引では、取引相手の信用リスク（これをカウンター・パーティ・リスクと呼ぶ）への配慮が重要という面もある。(T.O.) ⇒デリバティブ

ト

投下資本利益率 ➡ ROCE

当期純利益（net income, net profit, net income for the year）

　損益計算書における最終損益（ボトムライン）。損益計算書には、この当期純利益を含む複数の利益が表示されている。売上高から売上原価または製造原価を引いたものが売上総利益であり、粗（あら）利益または粗利ともいわれる。ここから販売費及び一般管理費を引いたものが、本業の儲けを表すといわれる営業利益である。さらに、これに営業外収益を加え営業外費用を引くと、経常的・反復的な利益を表す経常利益が得られる。経常利益に特別利益を加え特別損失を引き、税金等を控除すると、当期純利益が得られる。なお、包括利益を開示するときの1計算書方式においては、厳密にはボトムラインに示されない。

　また、それ自体は損益計算書上に表示されていないが、営業利益に受取利息・受取配当金・持分法による投資損益を足したものを事業利益といい、ROCEなどの財務比率分析に用いられる。（S.Y.）⊃包括利益

当座比率（acid ratio, quick ratio）
　　　　　　　　　　　➡ 流動比率

倒産コスト（bankruptcy costs）

　倒産あるいは財務的な困窮（financial distress）に陥った企業が負担するコストをいう。ディストレスコストともいう。倒産コストは直接コストと間接コストに分類することができる。直接コストとは、倒産のプロセスにかかわる弁護士等に支払う報酬や裁判費用、債権者集会に関する費用などである。間接コストとは、顧客離れや社員のモチベーションの低下、現金化を急ぐあまりに行う不当に安い価格での資産売却などがもたらすコストである。取引条件が厳しくなったり、資金繰りや法的手続きに時間を取られるために、経営陣が本来の職務を遂行できなくなることも、間接的なコストである。倒産コストは有利子負債を保有することが短所である。一方、負債を利用する明らかな長所はタックスシールドである。企業はタックスシールドと倒産コストを考慮して、現時点における最適な資本構成を求める。最適資本構成を考慮する際の倒産コストは、倒産確率と直接コストや間接コストの現在価値を用いて算出する。(N.I.) ⊃タックスシールド

投資価値（investment value）

　投資案件の評価をいう。投資価値には、金額ベースの指標と収益率ベースの指標がある。金額ベースの指標は正味現在価値（NPV）、収益率ベースの指標は内部収益率（IRR）である。NPVでは、投資額と投資が生み出す

将来の成果（フリー・キャッシュフロー、FCF）を比較する。将来のFCFは、リスクを反映した適切な割引率を用いて現在価値に換算する。NPVの金額が投資価値であり、投資価値が正である投資を行い、負である投資を見送ることが合理的な選択となる。IRRは投資案件の1期間当たりの収益率であり、投資額と将来のFCFから算出する。IRRはNPVをゼロにする割引率と定義されることもある。IRRの算出には、エクセルのIRR関数を利用するのが便利である。当初に資金流出があり、後で資金流入のあるキャッシュフロー・パターンを持つ通常の投資プロジェクトの場合には、IRRがリスクを反映した適切なハードルレートを上回れば投資を行い、下回れば投資を見送る。NPVが正である投資案件のIRRはハードルレートを上回る。(N.I.)

投資顧問業（investment adviser）

有価証券運用を行う投資家に対し、報酬を得て、銘柄、数量、価格、売買の時期など、投資判断に関する情報提供や投資助言を行う業務である。また、投資家の委任を受けて投資家に代わって投資判断や投資行動を行う形態の業務を、投資一任業務という。わが国で投資顧問業を営む者は、「有価証券に係る投資顧問業の規制等に関する法律」の規定によって、内閣総理大臣の登録を受けることが必要であり、投資一任業務を行う業者は登録に加え、さらに内閣総理大臣の厳重な審査に基づく認可が必要となっている。わが国の投資顧問業は、1990年に年金資金の運用が認められ、1995年に投資信託業務との兼営が認められるなどの規制緩和を受けて、年金資金等の巨大化と証券運用におけるパフォーマンス競争の中で、預かり資産を増やして発展してきた。(Y.Mo.)

投資尺度

（valuation measure of investment）

投資対象としての魅力度を評価するための指標の総称である。株式投資であれば、該当銘柄の投資魅力度を評価する代表的な投資尺度として、株価収益率（PER）、株価純資産倍率（PBR）、配当利回り、株価キャッシュフロー・レシオ（PCFR）などがある。これらの尺度は、現時点での該当銘柄に関する何らかの数値（収益、資産、配当、キャッシュフローなど）と株価との比率で魅力度を評価をするもので、マルチプルとも呼ばれている。しかし、将来得られるキャッシュフローを現在価値に割り引いた総和をその資産の価格とする理論価格の考え方とは異なる簡便的な尺度のため、魅力度判断の補完的な尺度として使われることが多い。(S.S.) ⊃株価収益率、株価純資産倍率、配当利回り、株価キャッシュフロー・レシオ

投資者保護基金

（investor-protection fund）

証券会社による投資家への支払いに支障が出た場合に、投資家1人当たり最大1,000万円を限度に支払いを補償するための基金であり、その仕組みを

指すこともある。1998年の証券取引法改正（現・金融商品取引法）により、証券会社は顧客からの預かり資産の分別管理を義務付けられている。しかし、証券会社に違法行為があったときなど、必ずしも投資者保護が徹底されない状況も想定されたために、投資者保護基金が補償を行うことになった。これにより、仮に証券会社が破綻しても、預かり金・保護預かり証券は、原則として投資家に1人当たり1,000万円を限度に基金から支払われることになった。証券会社は投資者保護基金に必ず加盟しなければならない。なお銀行預金の預金者にも保護制度がある。わが国には預金保険機構、米国にはFDIC（連邦預金保険公社）があり、銀行が破綻した際には一定の保護を受ける。日本の預金保険機構は1人1,000万円、米FDICは同10万米ドルが限度となっており、銀行が支払う保険料によって賄われる。（A.I.）

投資収益率（rate of return）
　一定の期間における投資元本の増減率をいう。一般に一定期間後の投資元本の増減は、時価の変化（キャピタルゲインもしくはキャピタルロス）と、配当や利息収入（インカムゲイン）の大きさで決定される。この両者の和が投資収益率であり、トータルリターンとも呼ばれている。資産運用の実績を計測する投資収益率には、時間加重収益率と金額加重収益率がある。なお、企業財務では投下資本に対して得られる利益の大きさの割合も、投資収益率（ROI, return on investment）と呼ばれている。（S.S.）

投資信託（investment trust）
　一主体が不特定多数の人から金銭の信託を受けて、合同信託財産を設定し、それを予め定められた運用方針に従って、各種の有価証券、不動産、貸付債権などに投資することで運用し、その成果を出資者に対して出資額に比例して分配する集団投資制度である。証券投資信託ともいう。信託した資産（共同財産）に対する権利者の持分を明示するため、受益証券が発行される。その特徴は、①不特定多数の少額の資金を結合して投資すること、②専門家が受益者のためにその専門知識を生かして運用すること、③原則として分散投資を行い、リスク低減化を図っていること、④持分に応じた運用損益の帰属、⑤原則として純投資目的で、投資した会社の支配権獲得を目的としていないことなどが挙げられる。設立形態で、契約型と会社型があり、日本では、通常、投資信託というと契約型であり、会社型はJ-REIT等に代表される。また投資家の換金という観点から、いつでも基準価額で買戻しのできるオープンエンド型と、買戻しの請求はできず市場で売買することになるクローズドエンド型がある。（Y.Mo.）⊃会社型投資信託、クローズドエンド型投資信託

投資スタイル（investment style）
　　　　　　　　　➡ 運用スタイル

投資戦略（investment strategy）

目的を達成するための投資方針、投資政策を具体的に実現するための方法をいう。投資の意思決定プロセスでは、上位に位置する最適資産配分戦略（戦略的アセットアロケーション）、中位に位置するカントリー、セクターアロケーション戦略、パッシブ/アクティブ戦略、マーケットタイミング戦略なども投資戦略の1つと考えられる。また、具体的な銘柄選定手順が含まれた株式投資戦略（割安株、成長株戦略）、債券投資戦略（イールドカーブ戦略、割高・割安戦略）なども、投資の意思決定のプロセスの下位に位置する投資戦略の1つと考えられる。投資戦略は、広義で解釈した投資スタイルと実質的に同義語である。(S.S.) ⊃イールドカーブ戦略

投資適格債（investment grade bond）

格付会社により一定以上の高い信用力があると評価され、高い格付（例えば、S&P社の場合はBBB以上）が付与された債券をいう。投資適格債は、信用リスクが小さく、デフォルトする確率は低いと考えられるが、評価の基準は格付会社によるもので、絶対的なものではなく、1つの判断材料にすぎない。なお、投資適格に満たない格付を付与された債券は、投資不適格債、投機的格付債、ジャンク債（ジャンクボンド）などと呼ばれ、デフォルトする確率が高い（その分期待リターンも高い）と考えられている。(S.S.) ⊃ジャンクボンド

投資方針（investment policy）

投資目的を実現させるための基本的かつ具体的な指針を示したもので、投資に関する一連の意思決定の中で最も重要な役割を担っている。投資政策と呼ばれることもある。投資家のタイプにより多少異なるものの、この指針には、投資目的（目標リターン）、制約条件、許容リスク、投資期間、負債特性、法的規制、資産配分に対する考え方、運用者選定の考え方、流動性等、投資成果に影響を与える可能性のある事項について、その詳細が記述されている。年金基金には、この方針に従い明文化された「投資方針記述書（IPS, investment policy statement）」があり、政策アセットミックスもこの投資方針に従って決定される。さらに、この投資方針記述書を基に、各運用者に対して投資ガイドライン（investment guideline）が示されている。この投資ガイドラインには、各運用者が遵守しなければならない多くの要件（基本方針、投資対象資産、リスク管理項目とレンジ等）が示されている。(S.S.)

投資ホライズン

（investment horizon）

投資家が想定している投資期間の長さをいう。単年度で投資成果を評価する金融機関の資金は投資ホライズンが短く、年金のように長期的視点で投資できる資金の投資ホライズンは長いと考えられてきた。しかし、最近では、年金資金でも単年度で評価される傾向が強まっており、長期のホライズンで投資を考えられる投資家は非常に少な

くなっている。投資ホライズンの長さとリスク許容度は比例関係にあり、長期のホライズンで投資できる投資家の減少で、リスクを取れる投資家が減ることになるため、市場の安定性がこれまでよりも損なわれる可能性が高まっている。(S.S.)

東証Arrows（TSE Arrows）

東京証券取引所内にある情報提供スペースである。投資家に対してはリアルタイムの市場情報の提供を行うこと、上場企業に対しては的確な情報開示をサポートすることを目的とする。日々の売買管理業務を行うマーケットセンターのほか、上場会社の会社説明会などが行われるスペースやメディアセンター、株式投資の疑似体験コーナーや証券取引所の資料館的設備も併設されている。ちなみに東京証券取引所のキャラクターは「あろーずくん」で、資料によると「妙に細かいことが気になる」らしい。(A.I.)

東証株価指数
　　（TOPIX, Tokyo stock price index）

東京証券取引所が算出している株価指数で東証市場第一部に上場しているすべての日本企業（内国普通株式全銘柄）を対象とした株価指数である。1968年1月4日を基準日とし、その日の時価総額を100として、その後の時価総額を指数化している。TOPIXの算出に用いる算出時点の構成銘柄の時価総額は、2005年10月31日より東証が定期的に算出する浮動株比率を反映した時価総額を用いている。(A.I.)

騰落レシオ（up-down ratio）

株式市場全体の買われ過ぎ、売られ過ぎの状態や過熱感を見るためのテクニカル指標の1つで、一定期間（一般的には25日間）での値上り銘柄数の合計を値下り銘柄数の合計で除してパーセント表示したものをいう。例えば、東証一部上場銘柄群に対して計算されたこの値が100％を大きく下回り、70％を切る水準になれば市場全体は弱気で売られ過ぎと判断され、逆に130％を超える水準になれば市場全体は強気で買われ過ぎと判断される。(S.S.)

登録債（registered bond）

債券発行に際し、本券が発行されずに、登録機関に債券の銘柄名・額面・記番号等が登録された債券をいう。債券の保有者には、本券の代わりに「登録済通知書」が発行され、売買時には登録名義を譲渡人から譲受人に変更することにより決済が行われる。2003年からの新振替決済制度への移行に伴い、新発国債はすべて振替債となり、登録債は発行されていない。また2008年以降は各種の税制優遇措置が振替債にのみ認められることとなり、現在は登録債の取引は限定的になっている。(A.I.)

特定目的会社／特別目的会社／特別目的事業体 ➡ SPV

特別決議（special resolution）

株主総会の決議の中で、発行済株数の過半数の株主が出席し（定足数）、出席株数の持ち株の3分の2以上の賛

成を必要とする決議をいう（会社法第309条第2項）。ただし、この定足数は定款を変更することによって、3分の1を下回らない水準に変更できる。株主の権利に重大な影響を及ぼす事項について、特別決議を求めることにより株主の権利保護を図っている。特別決議が必要な事項には、資本金の減少、定款の変更、重要な事業の譲渡（営業譲渡）、株式併合、一定の要件の合併・会社分割・株式交換および株式移転などがある。発行済株数の3分の1以上を保有する株主がいる場合、その株主が上記の事項に当てはまる事業譲渡や合併などに反対する場合、そのM&Aを行えない。このことから、3分の1以上を保有する株主のことを「拒否権を持つ株主」とも呼ぶ。（Y.Mi.）

特別清算指数（SQ, special quotation）
➡ **最終清算指数**

毒薬条項 ➡ **ポイズンピル**

度数分布（frequency distribution）

あるデータ集合において、値のリストとそれぞれの値が起こった回数の分布をいう。統計では、ある値が起こった回数を度数と呼ぶ。データの値が連続であるときや値が広範囲である場合には、データを幾つかの階級に分け、各階級に含まれるデータの数を度数と呼ぶ。度数をデータの総数で割った値を相対度数といい、大きさが異なるデータ集合間の比較に有効である。また、累積度数、累積相対度数は、度数や相対度数をリストの順に積み上げていったときの累積和である。一般的に、値（あるいは階級）のリストと各値（階級）の度数、相対度数、累積度数と累積相対度数をまとめた表を度数分布表（ヒストグラム）と呼ぶ。（R.S.）

途中償還（prepayment）➡ **任意償還**

ドッド・フランク法（Dodd-Frank act）➡ **金融規制改革法**

トップダウンアプローチ
　　　　　　（top-down approach）

資産配分戦略、セクターアロケーション戦略、個別銘柄選択などを行う際に、マクロの経済指標（投資対象国の鉱工業生産指数、物価指数、在庫指数等のマクロ経済指数だけではなく、海外の主要国の雇用統計や鉱工業生産指数も重要な要因となる）の変化を基に経済環境のファンダメンタルズを分析し、金利、株価、為替といった投資成果に直接影響を与える要因を予測し、最終的な資産配分、セクターアロケーション、銘柄選択などを行う戦略である。一方、企業アナリストやファンドマネジャーの個別企業の企業業績等の分析の結果として選択された銘柄群を、組み合わせてポートフォリオを構築する戦略をボトムアップ・アプローチ（bottom-up approach）という。ただし、ボトムアップ・アプローチであっても、まずマクロ経済の将来の見通しを基に企業分析が行われ、銘柄選択もセクターアロケーションの決定段階ではトップダウンアプローチが採用されることが少なくない。（S.S.）

TOPIX ➡ 東証株価指数

TOPIX Core30

　東京証券取引所は、市場第一部に上場しているすべての日本企業を対象とした、時価総額加重型の株価指数であるTOPIX（東証株価指数）を算出公表している。その中から時価総額と流動性（売買代金）により区分した時価総額加重型の株価指数としてTOPIXニューインデックスシリーズの7指数を算出しているが、その1つとしてTOPIX構成銘柄の中で特に時価総額、流動性の高い30銘柄を選びTOPIX Core 30を算出している。算出の基準日は1998年4月1日、このときの時価総額を1,000として同年4月2日から算出が開始された。構成銘柄は年に1度10月に見直されるが、2011年10月31日現在（見直し後）の銘柄は以下のとおり。

　JT、セブン＆アイ、信越化、武田薬、アステラス薬、新日鉄、コマツ、東芝、パナソニック、ソニー、ファナック、日産、トヨタ、ホンダ、キヤノン、任天堂、三井物産、三菱商事、三菱UFJ、三井住友、みずほ、野村、東京海上、三菱地所、JR東、NTT、KDDI、NTTドコモ、関西電力、ソフトバンク。（A.I.）

トービット・モデル（Tobit model）

　被説明変数がある限られた範囲の値しか取らない、あるいは、ある条件を満たしたときにのみ観測できるという性質を持つときに用いられる回帰モデルである。例として、Yを女性の労働時間、Xを女性の就労に影響を及ぼすファクター、Y^*を潜在変数として、回帰モデル

$$Y_i^* = a + \beta X_i + \varepsilon_i$$
$$Y_i = \begin{cases} 0 & Y_i^* \leq 0 \\ Y_i^* & Y_i^* > 0 \end{cases}$$

を考える。このように被説明変数が負の値を取れない回帰モデルを打ち切り回帰モデルと呼び、トービット・モデルの1つである。この場合、通常の最小2乗法を使って得られる回帰係数の推定値にはバイアスがあるため、回帰係数の推定には最尤（さいゆう）法を用いる。（R.S.）

トービンのq（Tobin's q）

　金融資本市場における企業の市場価値（株式時価総額と債務総額の和）と、その企業が保有する資本ストックの再取得価額（現存する資本をすべて買い換えるために必要となる費用の総額）との比率で示す指標である。経済学者のJ.トービン（James Tobin）によって提唱された。企業が資本ストックを有効活用して付加価値を生み出している限り、企業が保有する資本ストックの資産価値を上回るはずである。このためqは1を上回ることが通常と考えられている。1を下回る場合は、その資本ストックを市場で売却したほうが利益が上がることを意味し、市場はこの企業の価値が既存設備の価値よりも低いと評価しているため、企業は投資を控えるべきであり、場合によっては既存設備の縮小（マイナスの投資）が求められる。そのような会社は付加価値を生んでいないため、企業買収の対

象にもなる。このようにトービンのqは設備投資判断や企業買収判断の指標として利用されている。(Y.Mo.)

トラッキングエラー
（*TE*, tracking error）

比較対象となるファンドのリターンと与えられた目標ベンチマークのリターンの差を2乗して平均値を計算したものの平方根をいい、目標ベンチマークからの乖離の大きさを表している。

統計学でいう平均平方誤差（RMSE, root-mean-square-error）である。

$TE = \sqrt{\dfrac{1}{n}\sum_{i=1}^{n}(r_{pi}-r_{bi})^2}$、ここで$TE$：トラッキングエラー、$r_{pi}$：$i$期のポートフォリオ・リターン、$r_{bi}$：$i$期のベンチマーク・リターン、$i = 1, 2, \cdots, n$。

TEと類似した尺度にアクティブリターンの標準偏差があるが、これは超過リターンの平均値からの「ばらつき」の大きさを表している。アクティブリターンの標準偏差＝

$\sqrt{\dfrac{1}{n}\sum_{i=1}^{n}\left[(r_{pi}-r_{bi})-\dfrac{1}{n}\sum_{i=1}^{n}(r_{pi}-r_{bi})\right]^2}$

厳密に言うと両者はポートフォリオ・リターンとベンチマーク・リターンの平均値が一致しない限り一致しない。しかし、通常の場合、両者の違いは微小なもので、実務上、両者を区別しない場合も多い。TEは年率換算されたパーセントで表されることが一般的である。なお、マルチファクターモデル等を使い、将来予想されるベンチマークからの乖離の大きさを推定できる。この大きさもTEであるが、過去の実績リターンから算出されるTEを実績トラッキングエラー、将来の大きさを推定したTEを予想トラッキングエラーと呼んで区別して使われることが多い。インデックスファンドの場合は、TEはベンチマークとの連動性の高さを評価する際に使われ、この値が小さいほどベンチマークとの連動性が高いと判断される。アクティブファンドの場合は、ベンチマークに対して取っているアクティブリスクの大きさを見るために使われるが、さらにアクティブリスクを分解したり、アクティブ超過リターンとの比を取ることで利用されることが一般的である。(S.S.)

トラッキングストック
（tracking stock）

市場で取引されている一般的な株式（普通株式）は、その企業全体の業績や財務状態にある程度連動して変動するが、企業内の特定の事業部門やセグメントの業績に連動する種類株（クラスストック）の一種をいう。子会社連動配当株式、アルファベットストック、レターストック、ターゲティッドストックなどと呼ばれることもある。巨額の資金を必要とするM&Aや大規模なIT投資等を行うための資金調達手段として、有効な手段である。子会社の株式公開と類似しているが、親会社が子会社に対する支配力を維持したまま資金調達できる点が大きなメリットとなっている。(S.S.) ⇒種類株式

トランシェ（tranche）

証券化商品の優先劣後構造における

細分化されたそれぞれの部分をいう。トランシェは仏語で、英語のslice（ひと切れ）に当たり、**トランチ**ともいう。資産担保証券（ABS）などで、おおもとのキャッシュフローを、幾つかのトランシェに分配して、リスクとリターンの組合せを複数設けることによって、投資家のニーズにきめ細かく対応する仕組み（下図参照）。利金・償還金の支払いの優先度が高い順に、優先（シニア）・トランシェ、メザニン（「中2階」の意味）・トランシェ、ジュニア（劣後）・トランシェ、エクイティ（普通株）・トランシェに細分化されている。このように、一定の基準で細分化することをトランチングという。下図の例では、原資産から生じるキャッシュフローをシニアからエクイティまで配分するが、それが減少した場合に、上位のトランシェから順に決められたクーポンを支払うため、減少のしわ寄せはエクイティ等、下位のトランシェから順番に被ることになる。そのリスクがある分、リターンは高く設定され、格付機関も、そのキャッシュフローの確実性を判断してそれぞれのトランシェの債券に格付を付与することになる。社債の条件設定では、固定クーポンに限らず、変動クーポンもあり、多様な設定が可能。CBO、CDOといった証券化商品も同様の構造である。(A.I.) ⇒ アセットバック証券、CDO

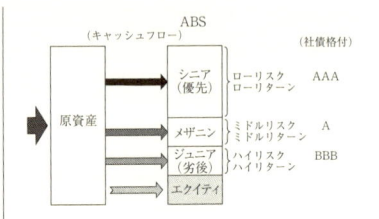

トランチ（tranche） ➡ **トランシェ**

トランチドインデックス
　　　　　（tranched index）

　債券や貸付けのポートフォリオをバックに、複数のクラス（トランシェ「tranche」、トランシェとも呼ぶ）の債券が発行され、担保ポートフォリオ内でデフォルトが発生すると、予め定めたルールに基づいて劣後するトランチから順にその損失が配分される構造（優先劣後構造）のものを、CDO（collateralized debt obligation）と呼ぶ。このCDOの担保ポートフォリオの一部もしくは全部を、現物債券や貸付けの代わりにデリバティブ取引によって構成しているものを、シンセティックCDO（synthetic CDO）と呼ぶ。このシンセティックCDO組成に用いられるクレジットデリバティブには大きく分けて、比較的標準化されたものと特別にカスタマイズされたものの2種類があり、主にこの標準化された取引のほうをトランチドインデックス取引と呼んでいる。

　これは、CDSインデックス取引（複数の参照組織からなるクレジットインデックスを対象とするCDS（credit default swap）取引）を、複数のトラ

ンチに分割した取引である。Markit社のiTraxxのような代表的なクレジットインデックスに対して、その総額面金額のうち最初の0－3％分の損失を負担するトランチ、次の3－6％分の損失を負担するトランチ、…等のように、トランチごとのインデックス（トランチドインデックス）が取引される。

参照クレジットインデックスに発生した損失のうち、特定のトランチが負担する区間（例えば3－6％）について、そのトランチの損失分担が開始するポイント（この例では3％）を、そのトランチのアタッチメントポイント（attachment point）、終了するポイント（この例では6％）をデタッチメントポイント（detachment point）と呼ぶ。トランチドインデックス取引では、参照クレジットインデックスごとに、標準的に取引されるトランチの種類（アタッチメントポイントとデタッチメントポイントの区割）が、予め定められている。

これに対して、参照ポートフォリオ、アタッチメントポイント、デタッチメントポイントの設定などが標準的ではない、特別にカスタマイズされたシンセティックCDOを、ビスポーク・シンセティックCDO（bespoke synthetic CDO）と呼ぶ。また、現物債券や貸付けを担保とするCDOと異なり、シンセティックCDOでは特定のアタッチメントポイントとデタッチメントポイントからなる、1つのトランチのみを単独で組成することも可能であり、これを特にシングル・トランチ・シンセティックCDO（single tranche synthetic CDO）と呼んでいる。(T.O.)
⊃クレジットデリバティブ

ドルコスト平均法
（dollar-cost averaging）

一定の金額を一定の時間間隔で投資する、主観的な判断を排除した機械的な投資戦略の1つである。平均回帰的な動きをしている金融資産を投資対象とする際に有効で、例えば株式を一定額だけ購入する際、価格が上昇すると一定額で購入できる株数は少なくなるが、価格が下落すると一定額で購入できる株数は多くなる。この時、価格上昇幅と下落幅が同じであれば、両方の株数（価格上昇時に購入できた株数と価格下落時に購入できた株数）の和は、価格変化前に購入できる株数よりも多くなる。この差は、変化の幅が大きければ（すなわちリスクが大きければ）大きくなる。ただし、価格が上昇トレンドを持っている場合には、必ずしも優位になるとは限らない。(S.S.)

トレイナーの測度
（Treynor measure）

リスク調整後リターンの1つで、資本資産評価モデル（CAPM）により、十分に分散化されたファンドでは、ベータ（β）値のみが投資家が注目すべきリスク指標であることに着目し、ファンドのリターンからリスクフリーリターンを引いた超過リターンを求め、ファンドのβ値で割ったものである。トレイナーの尺度と呼ばれることもある。β値で測定したリスクの大きさで超過リターンを調整しているため、こ

の値はリスク調整後リターンと言える。β1単位当たりに対して得られる超過リターンを表している。縦軸にファンドのリターン、横軸にリスク（β）を取ったグラフでトレイナーの測度の意味を考えると、リスクフリー資産を表す点とファンドを表す点を結んだ直線の傾きを表している。ベンチマークが与えられていれば、同様にこのグラフ上にプロットでき、ベンチマークのトレイナーの測度も計算できる。このベンチマークのトレイナーの測度よりもファンドのトレイナーの測度が大きければ（グラフでは、直線の傾きが急であれば）、単位リスク当たりのリターンが大きいこと意味し、評価の高いファンドとなる。(S.S.)

トレイナー・ブラック測度

（Treynor・Black measure）

アクティブファンドの運営では、ベンチマークからファンド特性を乖離させる（リスクを取る）ことで、アクティブリターンを得ようとする。シングルインデックスモデルを使い、ベンチマークと連動する部分と連動しない部分（残差）に分離し、後者のベンチマークに連動しない部分の残差リスクの大きさ（残差リターンの標準偏差）でアクティブリターンを除したものをトレイナー・ブラック測度あるいはトレイナー・ブラック尺度という。インフォメーションレシオ（IR）と類似した指標ではあるが、IRはベンチマークからの乖離の大きさから計算されるトラッキングエラーを分母としている点で異なっている。(S.S.) ➲ インフォメーションレシオ、トラッキングエラー

ナ

内部収益率 (internal rate of return)

投資案件（あるいは保有資産）から得られるキャッシュフローを現在価値に割り引いた価値の合計が、期初投資額（資産の価格）と等しくなる割引率をいう。IRRと表記することが多い。ここで、各時点のキャッシュフローは各時点の収入と支出の差であり、差引きで当初に資金流出、後で資金流入があるキャッシュフロー・パターンの投資案件の場合には求められた割引率が要求収益率よりも大きければ、この投資案件は採用すべきことになる。ただし、内部収益率の算出には、キャッシュフロー流列の符号が途中で変化する場合、その変化した回数と同じ数の解が存在する可能性（IRRが複数存在することがある）や、IRRは期間の長さに関係なく全期間で一定としているため割引率が期間の長さごとに変わる場合には対処が難しくなるといった問題点が存在する。なお、内部収益率を計算する際には、高次の方程式を解く必要があるが、Excel等の表計算ソフトを使って数値解として解くことができる。(S.S.)

内部留保 (retained earnings)

利益から配当支払いを引いた金額は留保利益として企業内に留保される。これが内部留保である。財務諸表では、純資産の部の利益剰余金が、過年度からの内部留保の累積額を表している。企業が内部留保を行う目的は、再投資による成長である。内部留保を一定の利益率で再投資できるとき、企業は持続可能な成長を実現できる。持続可能な成長率はサステイナブル成長率と呼ばれる。サステイナブル成長率は、資本利益率×内部留保率（内部留保÷利益）で算出できる。このように、内部留保は再投資が目的であり、設備投資や運転資本投資に充当されることが多い。内部留保に等しい現預金があるわけではない。(N.I.)

長生きリスク (longevity risk)

長生きすることによって生活資金がが不足し、生活に支障をきたす可能性をいう。日本では平均寿命が延びる中で問題になってきている。長生きリスクに対処するには終身年金に加入することが望ましいが、国民年金、厚生年金といった公的年金は終身年金であるものの、企業年金については、日本では多くは終身年金の形をとっておらず、また近年、確定拠出型年金への移行などに伴って終身年金は減少傾向にある。企業年金を実施する企業サイドに立ってみれば、終身年金とするコストの存在に加えて、年金加入者が予想以上に長生きした場合、損失が発生するリスクがあるためである。(T.K.)

NASDAQ(National Association of Securities Dealers Automated Quotations)

　全米証券業協会（NASD）運営の新興企業向け店頭株式市場である。取引所とは異なり、コンピューターネットワークを使って売買気配値を通知するシステムとなっており、1971年に開設された時には世界初の電子株式市場として注目を集めた。電子取引の効率の良さが認知され、世界を代表するマーケットに成長している。インターネット関連企業や情報技術関連などいわゆるIT企業が多く参加した。NASDAQの影響を受けて、わが国など多くの国が自国版NASDAQを開設している。（A.I.）

NASDAQ総合指数（NASDAQ composite index）

　米国の株式指数で、NASDAQが運営する米国の店頭株式市場に上場している企業などで構成された時価総額加重平均指数である。NASDAQは新興企業主体の店頭株式市場で、NASDAQ総合指数の算出対象銘柄には、ハイテク関連企業やインターネット関連企業が多く含まれている。そのため、ハイテク関連の代表的な株式指数としてとらえられることが多い。（A.I.）

成行注文（market order）

➡ **指値注文**

ナローバンク（narrow bank）

　銀行の決済機能の安全性を万全にするには、銀行の資産内容の悪化や流動性の消失を防ぎ、銀行の支払い能力を確保すればよい。そのため、銀行の資産内容を厳しく規制して貸付けなどの投融資活動を禁止し、銀行が保有できるのは低リスクで流動性の高い資産のみにすればよいという考え方をナローバンク論といい、銀行隔離論ともいわれる。この議論は1930年代の米国にも見られ、決して目新しいものではないが、2008年の経済金融危機後に金融システムが危機にさらされ、再び脚光を浴びることにもなった。決済システムの提供という銀行の重要性にかんがみ、銀行の資産運用を厳しく規制する「ボルカー・ルール」は、ナローバンクと同一線上の考え方ともいわれている。narrow bankという用語自体は、1987年、米ブルッキングス研究所のライタン（Litan）によって提唱された。（Y.Mo.）⇒ ボルカー・ルール

2計算書方式(two-statement approach)
→ **1計算書方式**

二項検定(binomial test)

2つのカテゴリーに分類されたデータの標本比率が、期待される理論値(母比率)と有意に異なるかどうかを調べるノンパラメトリック検定。

帰無仮説で仮定した母比率のもとで、二項分布を用いてデータの標本比率と同じかそれよりも極端な値が起こる確率(p値)を求め、この値が有意水準よりも小さい場合、帰無仮説に反する意味のある事象が生じたとして帰無仮説は棄却される。

例として、コインを10回投げたところ8回表が出たとする。このコインがフェアであるかどうかを有意水準10%で検定することを考える。このとき、帰無仮説は「コインはフェア」である。いま、対立仮説を「コインはフェアではない」として検定を行う。帰無仮説のもとで10回のうち表が8回以上出る確率を求めると、

$$\frac{1}{2^{10}}({}_{10}C_8 + {}_{10}C_9 + {}_{10}C_{10}) = 0.0547$$

であることから、有意水準10%の両側検定で帰無仮説を棄却できない。したがって、コインはフェアではないとは言えないという結論を得る。(R.S.)

二項モデル(binomial model)

時間に伴う資産価格の変動を上下2本の枝分かれ(二項ツリーという)の連鎖によって表現するモデルで、オプションをはじめ様々なデリバティブの価格評価に用いられる。枝の分岐点のことをノードと呼び、分岐する枝が再結合する点が特徴である。

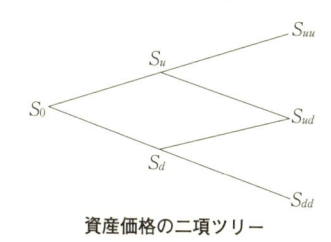

```
                    S_uu
              S_u
      S_0           S_ud
              S_d
                    S_dd
```

資産価格の二項ツリー

例として、オプションの価格評価では、まず原資産の確率過程に基づいて各ノードにおける原資産価格を計算し、原資産に関するツリーを構築する。次に各ノードにおけるオプションの価値を満期時点から現時点に向かって解いていく。その結果得られる値が現時点におけるオプションの価値である。ヨーロピアンオプションの場合、時間の刻みを十分に細かくすることでブラック・ショールズ・モデルの解に収束する。一方で、ブラック・ショールズ・モデルでは扱うことのできないアメリカンオプションや特別条項の付いたオプションも評価することができるため、ブラック・ショールズ・モデルよりも応用性の高いモデルである。(R.S.)

2次計画法

(quadratic programming)

ある変数の2次式を最大化もしくは最小化する手法である。1次式を最大化もしくは最小化する場合を線形計画法(linear programming)、2次式以上の多次式を最大化もしくは最小化する場合を非線形計画法(nonlinear programming)という。いずれの場合にも、線形(1次式)の制約条件が付けられることが多い。資産運用関連の代表的な2次計画法の問題として、一定の期待リターンのもとで(期待リターンを何らかの数値と等しいという制約条件を付けたうえで)、リスクを最小化する最適ポートフォリオを決定するケースが挙げられる。(M.T.)

2資産分離定理 (two-fund separation theorem) ➡ 分離定理

日経225オプション

(Nikkei225 option)

日経平均株価を原資産とするオプションである。オプションとは、予め定められた期日に特定の資産を、予め決まった価格で売る権利または買う権利だが、ここでは日経平均株価が原資産となる。日本を代表するデリバティブ(派生商品)であり、最も活発に取引されているオプションの1つである。大阪証券取引所に上場しており、立会時間は日中が午前9時から午後3時15分まで、夜間は午後4時30分から翌日の午前3時までと長い。(2011年10月現在)(A.I.)

日経225先物 (Nikkei225 futures)

日経平均株価を原資産とする株価指数先物取引で、大阪証券取引所に上場されている。日経平均先物、日経225先物とも呼ばれており、TOPIX先物取引と並び、代表的な株価指数先物取引となっている。原資産となる日経平均株価の価格を予め決めておき、それを将来の期日(満期)で取引(売買)することを保証する。原資産は株価指数であるため、決済は差金決済となる。(A.I.)

日経平均株価

(Nikkei225 average stock price)

株価指数の一種で、東証一部上場銘柄のうち、流動性が高く代表的な225銘柄の株価を基に算出される。連続性が失われないように増資や権利落ちなどの影響は修正される。日本経済新聞社によって算出され、ほぼ毎年、流動性などを基に銘柄の入替えが実施される(上場廃止、企業合併なども銘柄入替えの理由となる)。代表的な株式指数ではあるが、225銘柄の選択が現状の産業構造を反映しているかどうか、資本金の小さな小型株の動きに指数全体が大きく影響を受ける可能性、などが問題点として挙げられることもある。(A.I.)

入札方式 (auction formula) ➡ ブックビルディング方式

任意償還 (call provision)

社債の発行体である企業が満期以前に社債を償還することである。繰上償

還、**途中償還**ともいう。他の条項と同じように、社債や転換社債の発行時に契約され明文化される条件の1つである。発行時より市中金利が低くなると、割引率が低下して社債価値は高くなる。償還額が額面である任意償還条項が付された社債の発行企業は、任意償還の権利を行使することで、価値を下回る価格で社債を買い入れることができる。同時に、旧社債より低い金利で、新規の社債を発行できる。このように、任意償還は、発行体である企業側に有利な権利（オプション）である。任意償還がない社債と比較すると、利息を高くしたり、発行価格を低くしたりするなどの条件がなければ、投資家は社債を購入しない。転換社債に付される任意償還条項は、強制転換条項ともいわれる。株価が転換価格を上回った時点で企業が権利を行使すると、社債保有者は社債の株式転換を強いられることになる。これも発行体である企業のオプションである。(N.I.)

ネ

値洗い(marking to market)

先物取引の建玉について、清算値段により日々評価替えを行うことである。値洗いによって相場の変動に対応することで、決済の履行を確実にできる。値洗いは、清算参加者と清算機関との間においては、毎日、建玉ごとに清算値段を算出し、その翌日に差金を清算機関を通じて授受する方法により行われる。また、取引参加者と顧客との間においても、建玉の値洗いが毎日行われる。(A.I.)

値嵩(ねがさ)株
(high-priced stocks)

株価の高い銘柄を指し、株価が数千円以上、あるいは1単元当たりの取引金額が百万円を超えるような銘柄が値嵩株と呼ばれることが多い。特定のセクターや共通した要因を持った銘柄群で、価格変化の動きに類似性も見られ、主要な価格変動要因の1つと考えられることもある。ただし、基準となる明確な価格が決まっているわけではなく、そのときどきの市場の株価水準の高低により基準となる価格も異なるため、あいまいな部分も少なくない。株価の低い銘柄を低位株と呼び、値嵩株の対義語として実務的に使われている。値嵩株は該当銘柄の理論価値との対比をしているわけでもなければ、マルチプルズのような企業の財務指標等との比率を取っているわけでもなく、銘柄の割高割安を評価する上では本来適していない。銘柄全体の傾向として、値嵩株に成長株が多く、低位株に割安株が多いという特徴が見られる。(S.S.)

値幅制限(restriction of price range)

株価の異常な急騰・暴落を防ぐために、1日の呼び値の変動幅を制限するものである。この上限まで上昇することをストップ高、下限まで下落することをストップ安という。値幅制限は、金融商品取引所の目的の1つである適正な価格の形成と、不測の損害から投資家を保護するという観点から設定されている。前営業日の終値(特別気配のまま引けた場合は最終気配値)を基準株価とし、この基準株価から変動できる上下の範囲を価格帯ごとに定めている。日本のすべての取引所ではそれぞれ一定のルールのもとに値幅制限を設定している。なお、海外の取引所では、値幅制限を設定していない場合やサーキットブレイク制度が採用されている場合が多く、日本の取引所とは制度が違うため売買に当たっては注意が必要である。また、ストップ高(ストップ安)が連続した場合や監理ポストに移される場合など、取引所ごとに特例を設けている場合がある。(A.I.) ⊃サーキットブレーカー

年金ALM(pension ALM)

ALMはasset liability management

の頭文字で、もともとは銀行が資産と負債のミスマッチから生じるリスクを管理・コントロール（マネージ）することを指し、具体的には、調達金利と貸出金利のミスマッチから生じる金利リスクや流動性リスクの管理・コントロールを指す。保険会社の経営でもALMの考え方が見られる。

年金ALMは、企業年金に関するasset liability managementという意味で用いられる場合と、そのための手法としてasset liability modelingの頭文字とする場合がある。実際には、手法としてのALMが紹介される場合がほとんどである。

手法としてのALMには、一般的に次の2つがある。

① シミュレーション型ALM

モンテカルロ法によって、確率分布に従う年金資産の時価額の将来推計を行う方法である。この場合、債務サイドは確定論的に計算することが一般的である。年金財政に用いる数理債務の計算では、ある程度の期間にわたって固定的な予定利率を用いることが多いため、この方法は年金財政の将来見通しに用いられることが多い。その場合の一般的な狙いは、年金資産の運用リスクを視覚的に表現し、それが将来の掛金にどの程度影響するかを示すことである。

② バランスシート型ALM

会計上の債務（退職給付債務、PBO、DBO）の計算に用いる割引率は、市場金利を参照することとされているため、これを負の資産と考えて、正の資産である年金資産との総合計（すなわち積立不足額または積立超過額）の変動（リスク）を抑制しながら、積立超過の方向（リターン）を目指す方法である。具体的には、負の資産を含むポートフォリオの最適解を求める考え方が用いられる。年金資産のみを独立にとらえる場合には、短期国債証券が無リスク資産とされるのに比べて、バランスシート型ALMでは、会計上の債務と残存期間が等しい債券ポートフォリオが無リスク資産となるといった違いがある。ただし、退職給付債務の額は、割引率のみによって変化するものではなく、また、割引率は必ずしも市場金利に完全に連動するものではないため、実務での活用には様々な課題がある。(Y.F.) ⊃LDI

年金現価率

（present value annuity factor）

年金数理上の用語で、1年当たり1通貨単位を支給する年金の現在価値を表す。年金現価率の中に含まれる「現価」は、現在価値（present value）の意味であり、それを計算するために金利を用いる。将来支払われる年金の現在価値の計算に用いる金利は、割引計算に用いるので割引利率または割引率と呼ばれる。年金を一時金換算、あるいは逆に、一時金を年金換算する場合には、次の関係式を用いる。

・一時金額 ＝ 年金額×年金現価率
・年金額 ＝ 一時金額÷年金現価率

年金現価率は、年金の支給時期（年初、年央、年末）、年金の支給条件（有期、終身、保証の有無、ほか）、死亡率、

割引率によって数値が異なる。退職一時金を年金換算して企業年金の設計を行う場合には、保証期間を設けて保証期間について上記の関係式を満たすように年金額を定めることが多い。(Y.F.)

年金数理人（pension actuary, certified pension actuary）

一般用語としては、年金を取り扱うアクチュアリー（pension actuary）を指す。日本における制度としての年金数理人（certified pension actuary）は、厚生年金保険法の改正によって1988年9月から実施されているもので、年金数理の専門家として学力や経験などに関する一定の要件を満たす者から申請があった場合に、厚生労働大臣が認定する。厚生年金基金または国民年金基金から厚生労働大臣に提出する年金数理に関する書類について、年金数理人は、適正な年金数理に基づいて作成されていることを確認し、所見を記し、署名押印することとされている。2002年4月1日に施行された確定給付企業年金法に基づく確定給付企業年金においても、年金数理に関する書類について、年金数理人が確認等をすることとされている。(Y.F.)

年金制度（pension plan）

年金を支払うことを目的とする制度を幅広く指す。日本では、通常、年金制度は、公的年金と私的年金に大別される。さらに、私的年金は、企業年金と個人年金に大別される。ただし、これらの区別は必ずしも明確ではないので、用法については文脈による。(Y.F.)

年金積立金管理運用独立行政法人（GPIF, Government Pension Investment Fund）

厚生年金保険法および国民年金法に基づいて、厚生労働大臣から寄託された積立金の管理および運用を行うとともに、その収益を国の年金特別会計に納付することにより、厚生年金保険事業および国民年金事業の運営の安定に資することを目的とする独立行政法人である。略称のGPIFで呼ばれることも多い。2011年3月末における運用資産の時価総額は、116兆円強と報告されており、世界最大の年金基金である。GPIFは、年金積立金の管理および運用に関する具体的な方針を定めた管理運用方針を策定し、信託銀行や投資顧問会社へ運用委託を行っている。国内債券のパッシブ運用の一部については、自家運用を行っている。GPIFの管理運用方針では、分散投資を基本として、長期的な観点からの資産構成割合（基本ポートフォリオ）を定めてこれを適切に管理し、運用受託機関の選定、管理および評価を適切に実施すること等により、各年度における各資産のベンチマーク収益率を確保するよう努めるとともに、中期目標期間においても各資産のベンチマーク収益率を確保することを目標に掲げている。(Y.F.)

ノ

ノーアクション・レター
　　　　　　　　（no-action letter）
　法令適用の可能性を事前に確認する手続きのことで、「法令適用事前確認手続」と訳されている。民間企業等の国民が、その事業活動に関係する具体的行為が特定の法令の規定の適用対象となるかどうか、予め当該規定を所管する行政機関に照会し、その行政機関が回答するとともに、当該回答を公表する手続きである。照会に当たっては、①将来自らが行おうとする行為に係る個別具体的な事実を示し、②照会する法令の条項を特定し、③照会および回答内容が公表されることに同意（ただし、公表の延期は希望できる）する必要がある。各行政機関は30日以内に回答することが求められている。(Y. Mo.)

ノイズトレーダー（noise trader）
　伝統的なファイナンス理論のもとでは、投資家は合理的でファンダメンタルズ情報に基づいて意思決定を行うと考え、ファンダメンタルズ情報に基づかずに行動する投資家は駆逐され、やがて市場から淘汰されると考えられている。前者の投資家は**インフォームドトレーダー**、後者の投資家はノイズトレーダーと呼ばれている。しかし、最近の行動ファイナンスを中心とした研究では、ノイズトレーダーが必ずしも淘汰されるとは限らず、裁定取引の機会を存続あるいは拡大させることがあることが報告されている。このことは、ファンダメンタルズ情報に基づいた投資家の行動が、ノイズトレーダーの行動に影響され得ることを示している。ノイズトレーダーが存続し続けることで生まれるリスクを、ノイズトレーダーリスクという。(S.S.) ➲インフォームドトレーダー

ノックアウトオプション
　　　　　　　　（knock-out option）
　オプションの満期までの一定期間内に、原資産価格が一定の値（バリア）に達したか否かによって、ペイオフが異なるオプションをバリアオプション（barrier option）という。そのうち、バリアに達した場合にオプションが消滅する（無効になる）タイプをノックアウトオプション、逆にバリアに達した場合にオプションが発生する（有効になる）タイプをノックインオプション（knock-in option）と呼んでいる。それぞれに、以下のような種類がある。ここではコールオプションを例に説明するが、プットオプションの場合も同様である。
① 　ノックアウトオプション
　a) ダウン・アンド・アウト・コール（down-and-out call）
　　当初の原資産価格よりも低い価格にバリアが設定されており、原資産価格が低下してバリアに達した

場合にオプションが消滅する。原資産価格が満期までの間に一度もバリアに達しなければ、通常のコールオプションである。
b) アップ・アンド・アウト・コール（up-and-out call）
　当初の原資産価格よりも高い価格にバリアが設定されており、原資産価格が上昇してバリアに達した場合にオプションが消滅する。原資産価格が満期までの間に一度もバリアに達しなければ、通常のコールオプションである。
② ノックインオプション
a) ダウン・アンド・イン・コール（down-and-in call）
　当初の原資産価格よりも低い価格にバリアが設定されており、原資産価格が低下してバリアに達した場合、コールオプションが発生する。原資産価格が満期までの間に一度もバリアに達しなければ、オプションは無効となり消滅する。
b) アップ・アンド・イン・コール（up-and-in call）
　当初の原資産価格よりも高い価格にバリアが設定されており、原資産価格が上昇してバリアに達した場合、コールオプションが発生する。原資産価格が満期までの間に一度もバリアに達しなければ、オプションは無効となり消滅する。
　これらのオプションは、ノックイン（もしくはノックアウト）条項が付されている分、他の条件が同じ通常のコールオプションよりも、オプション料が安くなるという特徴がある。（T.O.）➲オプション、コールオプション、原資産

ノックインオプション（knock-in option）➡ ノックアウトオプション

のれん（goodwill）
　企業結合会計のパーチェス法では、買収額と被買収企業の資産の時価評価額の差額をのれんとして計上する。のれんは、企業結合がもたらす超過収益の源泉であり、単独あるいは個別に認識されるものではない。のれんの評価額は将来の超過収益の現在価値と定義される。時間が経過するにつれ、超過収益は減少すると考えられており、有形固定資産などと同様に償却される。現在の日本基準によると、のれんの償却は、20年以内でその効果が及ぶ期間にわたり、定額法等の合理的な方法で行われる。固定資産と同様に、のれんも減損されることがある。具体的には、のれんから得られる将来の成果の現在価値と簿価を比較し、前者が後者を下回るときに減損損失が認識される。この場合、のれんの簿価を現在価値まで切り下げる。一方、IFRSではのれんは償却されず、その簿価が回収可能額を下回った場合にのみ減損処理が必要となる（IAS第36号104項）。(N.I.)

ノーロードファンド（no-load fund）
　ロードとは販売手数料のことで、購入時に販売手数料が掛からない投資信託を指す。米国でミューチュアルファンドを確定拠出型年金制度の中で提示する場合、ノーロードファンドが用い

られる場合が多い。わが国でも公社債投信はMRFやMMFのように、もともと販売手数料の掛からないものが多いが、近年では株式投信でもネット証券を中心にノーロードファンドが増加傾向にある。販売手数料は販売会社が自由に設定できるため、販売各社の戦略に合わせた設計ができる。このため、販売会社や販売チャネルによって販売手数料が異なるファンドが存在することもあり得る。(Y.Mo.)

ハ

バイ・アウト・ファンド
　　　　　　　　　　(buyout fund)

　ファンドとは、投資家から資金を集めて運用し、その成果を配分する仕組みや資金の集合体である。ファンドは投資運用目的によって分類できる。例えば、よく知られている株式投資信託は、上場企業の株式を中心に運用を行う目的で組成される。バイ・アウト・ファンドは、特定の企業の株式を買い集め（buy out）、実質的に議決権を取得して、企業経営に関与する目的で組成されるファンドである。業績不振の企業の経営権を取得して、関与（ハンズオン）することで業績を向上させ、買値より高い価格で株式を売却する。経営陣と協力して、マネジメントバイアウト（MBO）を行うこともある。また、ファンダメンタル価値より市場価格が低い株式を買い集め、増配や自社株買いなどを提案して、市場の評価を高めた後に株式を売却することもある。このタイプのファンドの組成者を、ファイナンシャルバイヤーということがある。(N.I.) ➲マネジメントバイアウト

バイアンドホールド戦略（buy and hold strategy）➡ 買い持ち戦略

ハイイールド債（high-yield bond）
　　　　　　　　　　➡ ジャンクボンド

ハイ・ウォーター・マーク
　　　　　　　　　(high-water mark)

　運用資産残高に基づいて徴収される管理報酬とは別に、資産運用会社に支払われる成功報酬の算出に用いられる代表的な基準の1つで、高い運用成果に対するインセンティブとなるため、インセンティブフィーと呼ばれることもある。例えば、ハイ・ウォーター・マーク方式を採用している投資信託では、予め定められた期間でファンドの基準価格が過去の最高値を上回った部分について、その上昇分に対して予め定められた比率の成功報酬が支払われる。ハイ・ウォーター・マークのもともとの意味は、最高水位線、もしくは高潮線のこと。(S.S.)

バイサイド（buy-side）
　　　　　　　　　　➡ セルサイド

買収合併アービトラージ
　　(merger and acquisition arbitrage)

　上場企業間のM&A（合併・買収）における株式の値動きを利用して行う裁定取引をいう。アービトラージとは、割安な株式を買い、割高な株式を売る裁定取引である。両者の価格が正常な水準に戻った時点で反対売買を行い、利益を確定する。一般的に、裁定取引はリスクのないことが多い。買収アービトラージでは、買収企業の株式を売り、被買収企業の株式を買うポジショ

ンが組成される。買収企業は、被買収企業の株式を市場価格にプレミアムを乗せた価格で買う。裁定取引はこの買収プレミアムの獲得が目的である。予定どおり買収が成立すれば、割安な価格で買った被買収企業の株式は高く売れる。変化しなかったり下落したりすると買収企業の株式を買い戻し、利益が確定する。合併においては、合併比率にプレミアムが付く企業の株式を買い、そうでない企業の株式を売ることで、利益が得られる。しかしながら、M&Aは必ず成立するとは限らない。白紙撤回されることもある。M&Aが成立しなければ、裁定取引は損失をもたらす。このように、買収合併アービトラージにはリスクが伴うため、**リスクアービトラージ**といわれることがある。(N.I.)

買収防衛策(anti-takeover measures)

敵対的な企業買収の乱用を防ぐために企業が取る防衛策をいう。買収防衛策には、事前的に備える策と、事後的に対処する策がある。代表的な事前的防衛策は、ポイズンピル(事前警告型ライツプラン)や議決権の制限、絶対多数決条項(supermajority)、期差選任取締役会(staggered boards)などである。議決権の制限とは、発行済株式数の一定割合以上の株式を保有する株主の議決権行使を制限する策である。絶対多数決は、M&Aの承認には(例えば)80％以上という高い賛成率が必要であるという条項である。期差選任取締役会は、取締役の任期をずらすことで、買収企業によるコントロール権の取得を遅らせる策である。事後的な対処策としては、訴訟をしたり、資産売却(焦土戦術、クラウンジュエル参照)によって買収の魅力を低めることがある。日本では、2005年に買収防衛策の指針が策定され、事前警告型のライツプランを導入する企業が増えた経緯がある。(N.I.) ⊃ポイズンピル

排出権取引(emissions trading)

温室効果ガスの排出上限を国や企業ごとに割り当て、余剰分、不足分を取引する制度で、1997年の京都議定書の条項に組み入れられた。これを受けて2002～2006年には英国で、試験的に自由参加型の国内排出量取引制度(UK-ETS)が実施された。2005年からはEUで約1万施設を対象として、施設ごとに総量排出枠を設定する義務的な排出量取引制度(EU-ETS)が導入され、2008年と2009年には前年に比べ排出量の削減を達成した。2013年以降はさらに対象部門を拡大し、域内統一のベンチマークを策定するなど、制度の拡充を図る予定となっている。日本国内では2005年から自主参加型国内排出量取引制度(JVETS)が開始され、2011年度までに延べ357社が参加した。環境省ではさらなる制度拡充を検討している。排出量取引は、温室効果ガスの抑制・削減に有効な制度であるものの、先進国と途上国の関係を固定化する一因になるとの批判もある。(T.K.)

配当性向(dividend payout ratio, dividend propensity)

配当総額を当期純利益で割った値

（配当総額÷当期純利益）、あるいは1株当たり配当を1株当たり当期純利益（EPS）で割った値をいう。日本では2000年以降、配当の目標値として配当性向（連結利益ベース）を掲げる企業が増えている。配当性向の目標値が30％であるとしよう。業績が好調で当期純利益が1,000億円のとき、配当総額は300億円になる。業績が悪化し、当期純利益が100億円に落ち込むと、配当総額は30億円になる。配当性向をベースにした配当は、業績連動型の利益還元と言える。(N.I.)

配当政策（dividend policy）

株主への利益還元である配当に関する企業の中長期的な方針をいう。配当政策の論点は株式価値に与える影響である。ノーベル経済学賞を受賞したミラー（Miller）とモジリアーニ（Modigliani）は、完全競争で情報効率的な市場において、配当政策は株式価値に影響しないことを示した。裏を返せば、完全競争や情報の効率性が成り立たない現実の市場では、配当政策が株式価値に影響を与える。情報の非対称性が存在する場合、企業は増配や自社株買いの発表を通じて、業績や株価の将来見通しに自信があるというシグナルを市場に伝える（シグナリング仮説）。完全競争市場の想定と異なり、個人投資家は定期的に支払われる配当を好み、機関投資家は自社株買いを好むというデータもある。この場合、株主構成が配当政策に影響する可能性がある。従来、日本企業の配当政策は安定配当であった。近年では、配当性向を重視する業績連動型の配当政策や、配当と自社株買いを組み合わせた総還元を重視する企業が増えている。株主資本配当率（DOE）の目標値を掲げる企業もある。(N.I.)

配当利回り（dividend yield）

1株当たりの年間配当金を、現在の株価で割ったものである。年間配当金は一般には実績が使われるが、予想年間配当金が使われることもあり、これを予想配当利回りという。配当利回り（％）＝1株当たり年間（予想）配当金÷株価×100で計算される。配当利回りは、（将来）キャッシュフローとして（実績もしくは予想）配当のみを考慮し、時間の概念も考慮されていないものの、簡便な実務的指標として補助的に広く利用されている。個別銘柄の判断基準としてだけでなく、株式市場全体の割高割安や他国の株式市場との比較で使われることもある。(S.S.)

配当割引モデル

（DDM, dividend discount model）

投資家が株式を保有することによって将来得られるキャッシュフローが配当金であるため、この将来の配当金の流列を現在価値に割り戻し、これらの総和を取ることで株式価値が求まるとする考え方で、ウィリアムズ（Williams）[1938]が最初に示したと言われている。将来の配当流列を単純化することで、株式価値を簡便な式で表現できる。例えば、将来の配当金が一定とすると、株価＝将来年間配当金÷割引率として株式価値が計算できる。また、将来の

配当金が一定の割合で成長すると、株価＝1年後の配当金÷（割引率－配当金成長率）として株式価値が計算できる。前者はゼロ成長配当割引モデル、後者は定率成長配当割引モデル、あるいはゴードンモデルと呼ばれている。このほかにも、定額成長配当割引モデル（ウォルターモデル）や多段階成長配当割引モデルが示されている。(S.S.)

売買高加重平均価格 ➡ **VWAP**

ハザード率（hazard rate）
　確率変数 τ をある企業がデフォルトするまでの時間とし、確率密度関数 $f(t)$ を持つとすると、この企業が t 時点までにデフォルトする累積確率は

$$P(\tau \leq t) = F(t) = \int_0^t f(s)ds$$

である。このとき

$$h(t) = \lim_{\Delta t \to 0} \frac{P[t < \tau \leq t+\Delta t | \tau > t]}{\Delta t}$$
$$= \frac{f(t)}{1-F(t)}$$

で定義される $h(t)$ をハザード率という。すなわち、ハザード率とは、t 時点まで存続していた企業が次の瞬間にデフォルトする条件付き確率密度である。ハザード関数とも呼ばれる。また、

$$H(t) = \int_0^t h(s)ds$$

を累積ハザード関数という。
　ハザード率 $h(t)$ のモデルとしては、パラメトリックなモデルではワイブル分布や対数ロジスティック分布、ノンパラメトリックなモデルでは、カプラン・マイヤー法や比例ハザードモデルなどが用いられる。(R.S.)

パーシェ式（paasche formula）
　➡ **ラスパイレス式**

バスケット取引（basket trade）
　複数の銘柄をまとめて一括で売買する取引のことで、「パッケージ取引」ともいわれる。バスケット（かご）に入った1つの商品として、複数の銘柄をまとめて売買する。東京証券取引所や大阪証券取引所では、15銘柄以上で売買代金1億円以上の取引と定義している。機関投資家や各種のファンドなどの大口投資家がポートフォリオのリバランスなどに伴う銘柄の入替えや、インデックス連動運用の売買、裁定取引に伴う現物株式の売買などのために使うことが多い。これらの大口投資家が複数の銘柄をまとめて売り（買い）たいときに、その価格を指定して証券会社に注文を出す。証券会社との間でその注文が合意されると、証券会社は自己売買部門で指定された銘柄を買い向かう（売り向かう）。取引は立会外取引や店頭市場が使われる。東京証券取引所ではToSTNeT（Tokyo Stock Exchange Trading Network Systemの略。トストネットと読む。）という立会外市場の電子取引ネットワークシステムが2008年から稼動している。(A.I.)

パススルー証券
　　　　　　（pass-through security）
　証券化における原債権から発生するキャッシュフローを投資家に支払う際、

必要な費用を控除した後に、投資家にそのまま支払う方式の証券化証券である。証券化に使われる原資産は、住宅ローンや自動車ローン等の個人向けの債権が多く、期限前償還を許しているものが多い。このため、証券化がパススルー証券で行われていた場合には、期限前償還リスク（prepayment risk, プリペイメント・リスク）をすべて投資家へ転嫁する形になる。また、ペイスルー証券（pay through security）は、原債権からのキャッシュフローをそのまま投資家に支払うのではなく、ある程度変換した後に投資家へ支払う方式の証券化証券で、期限前償還リスクを投資家に転嫁する比率が低くなる。（Y.Mo.）

外れ値（outlier）

データ集合の中で、他の観測値から大きく外れた観測値のこと。一般的に、データの平均から2〜3標準偏差以上離れた値を外れ値とすることが多い。外れ値は必ずしも除外するべきものではなく、外れ値が生じた原因をよく考察して判断する必要がある。外れ値として除外してよいかどうかを検定する方法にスミルノフ・グラブス検定がある。（R.S.）

バーゼルⅢ（Basel Ⅲ）

国際決済銀行（BIS）は各国の中央銀行間の協力促進の場であり、各国中央銀行からの預金の受入れ等の銀行業務を行っている国際機関であるが、国際的な金融規制を策定する役割も担っている。国際決済銀行に設置されたバーゼル銀行監督委員会（バーゼル委員会）で合意されたルール（バーゼル合意）はBIS規制とも呼ばれている。バーゼル合意は、銀行に対して総リスク資産比で一定の自己資本の確保を求めるもので、最初の合意（バーゼルⅠ）は1988年に発表され、国際業務を展開する銀行に総リスク資産比で8％以上の自己資本比率を達成するよう要請した。次いで2004年にはリスク資産の概念を拡張したバーゼルⅡが発表された。さらに、リーマン・ショック後の金融環境の変化に対応するため、2010年に規制の一層の厳格化を図ったバーゼルⅢの最終案が公表された。バーゼルⅢでは、総リスク資産に対するコア資本（普通株と内部留保で構成）の比率を従来の2％以上から4.5％以上へ引き上げた。さらに上乗せ要請分として2.5％の資本保全バッファー（業況が厳しい時期に取崩し可能なバッファー）が設けられた。またTier 1（普通株、内部留保、優先株等で構成）比率を、従来の4％から6％へ引き上げた。資本に算入できる項目の要件についても厳格化された。定量的な流動性規制（預金流出に対応した流動性カバレッジ比率や安定調達比率など）も導入される見込みとなっている。バーゼルⅢは2013年から2019年にかけて段階的に適用される予定である。（T.K.）

パーチェス法（purchase method）

M&A（合併・買収）の実態を取得（purchase）とみなす会計処理方法である。パーチェス法では、支配権を獲得した企業（買収企業）が被買収企業

の資産を時価評価して貸借対照表に表示する。買収額と時価評価額に差が生じたとき、その差額をのれんとして計上する。図表は、パーチェス法の数値例である。買収企業、被買収企業、M&A後の買収企業の貸借対照表が掲載されている。被買収企業を1,200で買収したとする。簿価1,000の被買収企業の資産を企業結合時に1,000と評価したとしよう（評価額と簿価が等しい）。負債は簿価と時価が等しい。この場合、買収額と被買収企業純資産の評価額の差額200がのれん計上される。M&A直後の買収企業の純資産は、両企業の純資産の合計額900に、のれん分200を加算した1,100となる。のれんは償却するか、必要であれば減損処理を行う。

（図表）　パーチェス法による会計処理

買収企業BS

資産（簿価）1,200	負債（簿価）600
	純資産 600

被買収企業BS

資産（簿価）1,000	負債（簿価）700
	純資産 300

⇩

M&A直後の買収企業BS

資産（簿価）1,200	負債（簿価）600
	被買収企業負債（時価）700
被買収企業資産（時価）1,200	純資産 1,100
(内)のれん 200	

(N.I.)

パッシブ運用（passive management）

運用の意思決定の段階で、運用者の主観的判断が入らない消極的（パッシブ）な運用をパッシブ運用、主観的判断が入った積極的（アクティブ）な運用をアクティブ運用という。運用評価の基準となるベンチマークが与えられている場合、ベンチマークに連動することを目的とする運用がパッシブあるいはインデックス運用であり、アクティブ運用はベンチマークを上回ることを目的とする運用である。与えられたベンチマークに連動するインデックスファンドがパッシブ運用の中心となっているが、その構築方法には、完全法（ベンチマークと同じ投資対象を同じ割合だけ保有する方法）、最適化法（投資対象のリスク・リターン特性をファクターモデル等を使って表現し、ベンチマークと同様のリスク・リターン特性を持つような投資対象を組み合わせて実現させる方法）、層化抽出法（価格に影響を与える要因を複数使って投資対象を分割・グループ化し、各グループの中から代表となる対象を選択して保有ウェイトを決定する方法）がある。インデックスファンドの運用成績はトラッキングエラー（ベンチマークからの乖離）の大きさで評価されることが一般的である。しかし、トラッキングエラーの大きさだけを追求して運用すると、インデックス運用者の集中的な売買により、ベンチマークの銘柄入替え時に入替え銘柄の価格をゆがんだものにしてしまう可能性があるなど、問題が多いことが指摘されている。(S.S.)　⮕アクティブ運用、インデックスファンド

発生主義（accrual basis）

広義には、現金の収支にかかわらず

収益や費用を計上する基準。発生主義会計ともいわれる。現行の企業会計制度における期間損益計算を説明する概念の1つである。一方、現金収支に従って収益や費用を計上する基準を**現金主義**、または現金主義会計という。現金主義のもとでは現れず発生主義のもとで現れる代表的な項目は、減価償却費やいわゆる見越・繰延項目などである。なお、権利義務の確定に従って収益や費用を計上する基準を権利義務確定主義、または半発生主義という。この半発生主義を含む概念で説明される場合もあれば、含まれない概念で説明される場合もある。

狭義には、収益や費用の発生した時点での計上基準を指す。この場合、発生主義会計とは呼ばれない。収益について、現行制度上、そのような計上基準が用いられる取引は限られており、通常、実現基準、実現可能性基準、またはリスクからの解放概念などと呼ばれるような基準が用いられると説明されることが多い。(S.Y.) ⊃現金主義

ハードカレンシー（hard currency）

国際決済に用いられる通貨をいう。ハードカレンシーの条件としては、十分な流通量があり、発行している国家の政治経済情勢が安定していて信用力があり、各国の金融機関で取り扱われておりどこでも換金可能なことなどが挙げられる。もともとは金あるいは金と交換可能な通貨（1971年のニクソン・ショック以前の米ドル）を指していたが、金との交換停止以降、現在の意味に転じた。ハードカレンシーとみなされている通貨としては、米ドル、ユーロ、日本円、英ポンド、スイスフランなどがある。一方、ハードカレンシー以外の国際決済に使用されない通貨を、ソフトカレンシーあるいはローカルカレンシーと呼んでいる。(T.K.)

ハーフィンダール・ハーシュマン指数（Herfindahl-Hirschman index）

ある産業における市場の集中度合いを測る指標で、寡占度指数ともいう。経済学者オリス・ハーフィンダール（Orris Herfindahl）とアルベルト・ハーシュマン（Albert Hirschman）が示した概念に基づいており、ある市場に存在する各企業のシェアの2乗の合計として定義される。例えば1社で100%シェアを独占している場合は、指数は $1 \times 1.0^2 = 1.0$ となる。逆に100社が1%ずつシェアを持っている場合は、$100 \times 0.01^2 = 0.01$ となる。すなわち指数が1に近づくほど独占傾向が強まり、0に近づくほど競争が激しいことになる。米国司法省はこの指標を反トラスト法に基づく企業合併の審査の際に利用している。日本でも2007年に「企業結合審査に関する独占禁止法の運用指針」が改正され、公正取引委員会は企業合併の審査の際に、この指数をより重視するようになっている。(T.K.)

パフォーマンス測定（performance measurement）

資産運用の成果を定量的に評価することをいう。実際の資産運用を評価する際には、過去の運用実績データを基

にして、リターンとリスクという2つの要因を定量的に評価する必要がある。リターンに関しては、資金の流出入の影響を考慮する必要があるかないか、資金の流出入のタイミングをどこまで厳密に行うかで測定方法が複数存在する。また、リスクの測定尺度にも標準偏差やベータ値など複数の尺度が存在し、さらにリスクの大きさを調整したリターン（リスク調整済みリターン）を計算しようとする際にも複数の尺度が存在する。それぞれの尺度の長所、短所を把握し、分析期間の取り方に注意をしたうえで、目的にかなった適切な尺度を選択する必要がある。

なお、パフォーマンス測定に関しては、日本証券アナリスト協会が完全な開示（full disclosure）と公正な提示（fair presentation）を基本原則とした「グローバル投資パフォーマンス基準（GIPS日本語版）」を策定し、適正なパフォーマンス測定の普及を推進している。(S.S.) ➲GIPS

パフォーマンスの要因分析
(attribution analysis of investment performance)

運用資産全体（あるいは個別ファンド）のパフォーマンスを幾つかの要因に分けて、各要因の全体のパフォーマンスに対する寄与度を分析することをいう。要因の分解方法としては、運用資産全体であれば、トータルのファンドパフォーマンスを「複合ベンチマーク効果」、「資産配分効果」、「銘柄選択効果」、「複合（その他）効果」という4つの要因（あるいは、これに「カテゴリー（スタイル、セクター）配分効果」を加えた5つ）に分けて寄与度を分析する。「複合ベンチマーク効果」はファンド委託者の投資方針に基づいて計算された複数の資産から構成されるファンドの基準となる配分比率に従った場合のファンド全体のリターンであり、「資産配分効果」は基準となるファンドの資産配分比率を変更したことによる効果、「銘柄選択効果」は各資産の銘柄選定をベンチマークから乖離させたことによる効果、「複合（その他）効果」は「資産配分効果」と「銘柄選択効果」では説明しきれない部分の効果を表している。また、「カテゴリー（スタイル、セクター）配分効果」は基準となるカテゴリー（スタイル、セクター）配分を変更したことによる効果を表している。ファンドパフォーマンスの要因分析は、複数の資産クラスを含む資産全体の分析だけでなく、個別資産でも行われている。例えば、株式ファンドであれば、「ベンチマーク効果」、「スタイル効果」、「個別銘柄効果」などに分けてファンドのパフォーマンスに対する寄与度を分析する。これとは別に、BARRAモデルなどのマルチ・ファクター・モデルを利用して要因分析を行う手法もあるが、これはベンチマーク対比の相対分析に有用とされている。(S.S.) ➲銘柄選択効果

パフォーマンス評価
(performance evaluation)

資産運用の成果を定量、定性の両面で評価することをいう。パフォーマン

ス評価は、一義的には定量的な評価であるべきである。しかしながら、運用成果の定量的な評価（パフォーマンス測定）だけでは、運用能力の偶然性を十分に排除できない（定量評価の限界）。リターンを生んだポートフォリオ構築の方法、そして自身のパフォーマンス成果の評価とフィードバックまでの意思決定の流れの中に、運用者（もしくは運用機関）の潜在能力を含めた能力を評価する基準も必要である。このポートフォリオ構築までの一連の意思決定のプロセスに着目して、構成要素（例えば、組織、運用哲学、運用方針、ポートフォリオ構築、人材等）ごとに評価を行うことを定性評価という。しかし、定性評価は主観的要素が圧倒的に強く、誰が評価するかによって評価結果が変わる可能性もある（定性評価の限界）。このため、定量評価と定性評価のおのおのが持つ長所を生かし、おのおのの短所を補い、資産運用の成果を総合的に判断する（総合評価）パフォーマンス評価が行われている。(S.S.) ⊃定量評価

バブル（bubble）

ある市場において、取引される財（資産）の本質的な価値を上回って価格が大きく上昇する状況を指す。17世紀オランダのチューリップ・バブル、18世紀英国の南海会社株式バブル（南海泡沫事件）、1920年代の大恐慌直前の米国株式バブル、1980年代後半の日本の株式・不動産バブル、1990年代後半の米国のITバブル、2000年代の欧米の住宅・不動産バブルなど、歴史的に数多くのバブル現象が発生してきた。バブルは金融緩和の長期化や過度の規制緩和などを背景に、ある財を買って得られた利益が再度その財の購入に充てられる状況を繰り返すことで増幅する。それが金融引締めなど何らかのきっかけで下落を始めると、一転してバブルは崩壊する。しかし、どういう状態がバブルであるかの判断や原因の解明は困難なことから、欧米でも政策対応は分かれている。バブル崩壊は多くの場合、不良債権を発生させ、経済にダメージを与える。(T.K.)

バーベル型ポートフォリオ
（barbell portfolio）

債券ポートフォリオを構築しようとする際、目標とする残存年数（あるいはデュレーション）にポートフォリオの残存年数を一致させるため、残存年数の短い債券と長い債券を組み合わせて構築されたポートフォリオで、目標とする残存年数に近い中期債を組み込まない方法をいう。イールドカーブの右端と左端の債券を保有することになるため、残存年数を横軸、投資額を縦軸に取った場合、バーベル（あるいはダンベル）の形に似ていることからバーベル型（あるいはダンベル型）ポートフォリオと呼ばれている。逆に、目標とする残存年数に一致させるため、目標とする残存年数に近い債券で構築されたポートフォリオをブレット型ポートフォリオという。ブレット型はイールドカーブの中央部分の目標残存年数に近い残存を持った債券を保有することになり、満期全額一括償還を意

味するbulletという用語が用いられている。両者のポートフォリオの平均残存年数は結果的に同じになっても、金利変化(イールドカーブの形状変化)に対する債券価格の変化は異なるため、どちらを選択するかで投資成果が大きく異なることがある。なお、一度債券ポートフォリオの構成が決定されると、以降はこれに従って定期的な入替えのためのリバランスを行うことになるため、パッシブ戦略の1つと位置付けられることがある。この方法は、ラダー型ポートフォリオと同様で、機械的にポートフォリオの構築と入替えができるため、アクティブ的な運用スキルを必要とせず、管理も容易で、時価総額加重のインデックスに合わせたパッシブ運用よりも売買回転率が低く、低コストという利点もある。(S.S.)

パラメトリック検定
(parametric test)

母集団の分布に関して、正規分布などの特定の分布を仮定して行う検定である。t検定やF検定などがこれに該当する。これに対して、母集団の分布に仮定をおかない検定をノンパラメトリック検定と呼ぶ。二項検定や連検定がノンパラメトリック検定に該当する。(R.S.)

バランスファンド (balanced fund)

特定の資産クラスのみを対象とするのではなく、国内株式、国内債券、外国株式、外国債券などの複数の資産クラスに分散して運用されるファンドをいう。最近では、不動産、ヘッジファンド、さらにはコモディティを投資対象に含めたファンドも運用されている。バランスファンドは特性の異なる資産クラスへ分散して投資されているため、分散投資の効果を活かした安定したパフォーマンスが期待できると考えられている。もちろん、組み入れる資産クラスの種類や組入比率によって、ファンド全体のリスク特性は大きく異なる可能性がある。(S.S.)

パリティ価格 (parity price)
➡ **転換価額、乖離率**

バリュー・アット・リスク
(value at risk) ➡ **VaR**

バリュー株投資 (バリュー投資)
(value investment)

株価が何らかの基準値と比較して安い銘柄に投資することで、割安株投資ともいう。1株当たり利益や1株当たり純資産、1株当たり(予想)利益、1株当たり配当金などが基準としてよく使われている。本来は該当企業の将来キャッシュフロー等から本質的価値を推定し、株価と比較することが適切であるが、バリュー株投資で使われる指標の多くは、簡単に入手できる実績財務データや企業アナリストの1、2年先の予想財務データと株価を比較したものであり、理論的には十分でないものの、相対価値評価などで広く使われている。(S.S.) ⊃ グロース株投資

パレート効率性 (Pareto efficiency)

ある社会の中で、他の誰かの厚生を

低めることなしには、他の誰かの厚生を高めることができない状態、すなわちこれ以上は改善しようがない状態をいう。一方、他の誰かの厚生を低めないで他の誰かの厚生を高めることができる状況は、パレート改善の余地があるとされる。イタリアの経済学者・社会学者ビルフレード・パレートが主張した概念である。パレート効率性の概念においては、完全競争市場のもとで価格メカニズムを通じて限界費用を限界収益に一致させることによって、効率的な資源配分が達成されることになる。また、任意のパレート効率的な資源配分は、所得の再分配によって市場を通じて達成できると考えられている。外部性や公共財、情報の非対称性などが存在することによって、市場を通じてもパレート効率性が達成されない状態を市場の失敗という。ただし、この概念には社会的公正性、倫理性は含まれていない。(T.K.)

パレート分布 (Pareto distribution)

所得の分布として用いられる連続型の確率分布で、以下の確率密度関数を持つ。

$$f(x) = ak^a x^{-(a+1)} \quad x \geq k$$

ただし、a と k は正の定数である。このとき、累積分布関数から、所得が x 以上である人の割合は

$$\left(\frac{k}{x}\right)^a$$

となり、乗数 a をパレート指数と呼ぶ。a が大きいほど所得格差は少ない。

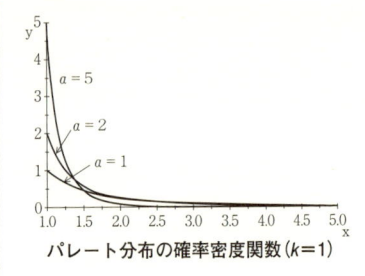

パレート分布の確率密度関数 ($k=1$)

期待値 $E(X) = \dfrac{ak}{a-1}$ $(a>1)$、

分散 $Var(X) = \dfrac{ak^2}{(a-1)^2(a-2)}$ $(a>2)$

の分布である。(R.S.)

ハンズオン (hands on)

企業買収や相当程度の投資を行う際に、買収先企業や投資先企業に対する経営関与の程度を表す。経営に深く関与することをハンズオン (hands on)、ほとんど関与しないことを**ハンズオフ** (hands off) という。ハンズオンでは、経営陣や業務執行に当たる人材を多く派遣して、実質的に経営に参画する。ハンズオフでは、実質的な経営を現経営陣に任せ、資金面での援助が中心になる。抜本的な事業再生を行う再生ファンドがハンズオンを行う場合、旧経営陣や社員と意見対立が生じるリスクがあるため、十分な調整が必要になる。マネジメント能力が不足しているベンチャー企業に投資を行うベンチャーキャピタルも、ハンズオンの手法を用いることがある。この場合は、友好的にハンズオンが行われるので、意見の対立などは起こりにくい。(N.I.)

ハンズオフ(hands off)
　　　　→ **ハンズオン**

判別分析(discriminant analysis)
　複数の標本がすでに幾つかのグループに分類されているとき、新たに得られた標本がどのグループに属するかを判別する手法。誤ったグループに標本が分類されてしまうこと（誤判別）をなるべく少なくするように判別ルールを設定しなければならない。判別ルールとして線形判別関数を用いる方法とマハラノビス汎距離を用いる方法の2種類に大きく分けられる。線形判別関数を用いる方法では、すでに各グループに分類された標本から、グループを分ける境界の直線（線形判別関数）を求め、判別関数に新たに得られた標本の値を代入して求められる判別得点の大きさによってこの標本が属するグループを判断する。各グループの分散が同じ場合に使用する。これに対して、マハラノビス汎距離を用いる方法では、標本と各グループの距離（マハラノビス汎距離）を計算し、距離が最も近いグループをこの標本が属するグループと判断する。各グループの分散が異なる場合に有効である。(R.S.)

ヒ

PER(price earnings ratio)
　　　　　　➡ 株価収益率

PSR(price to sales ratio)
　　　　　　➡ 株価売上高倍率

PFI(private finance initiative)
　公共施設等の建設、維持管理、運営等に、民間の資金、経営能力および技術的能力を活用し、市場原理の導入で国、地方自治体の事業コストを削減しつつ、公共サービスの向上を図る手法をいう。1992年に英国で初めてこの手法が導入され、鉄道、病院、学校などの分野で一定の成果を上げた。日本では、「民間資金等の活用による公共施設等の整備等の促進に関する法律」（PFI法）が1999年7月に制定され、2000年3月にPFIの理念とその実現のための方法を示す「基本方針」が、民間資金等活用事業推進委員会（PFI推進委員会）での議論を経て内閣総理大臣により策定された。2011年6月には改正PFI法が公布され、従来は行政が民間のPFI事業者にサービス対価を払う例が多かったのに対し、PFI事業者が施設利用料等を直接収入として受け取れる権利（公共施設等運営権）が新たに規定された。公共施設等運営権が設定されたPFI事業をコンセッション方式という。(T.K.)

PO(principal only)　➡ IO

PCFR(price cash flow ratio)
　　　　➡ 株価キャッシュフロー・レシオ

非時価総額加重平均インデックス
(non-market cap weighted index, non-market value weighted index, non-capitalization-weighted index)
　　　➡ ファンダメンタルインデックス

ビジネス・ジャッジメント・ルール
　　　　　(business judgments rule)
　取締役が業務執行に関する意思決定を行う際に、適切な情報収集と適切な意思決定プロセスを経たと判断されるときには、結果として会社に損害が発生しても、株主代表訴訟や会社債権者による損害賠償請求訴訟等において、善管注意義務違反に問わないとする原則をいう。経営判断の原則ともいわれる。訴訟等において取締役の経営判断が妥当であったかどうかの疑いに対して、ビジネス・ジャッジメント・ルールは抗弁として使われ、取締役などの経営者が行った判断を事後的に裁判所が審査することについて一定の限界を設ける一方で、意思決定の経緯の適正性を重視している。(Y.Mi.)

ヒストグラム(histogram)
　　　　　　➡ 度数分布

ヒストリカルボラティリティ
(historical volatility)

価格等の時系列データ（ヒストリカルデータ）から推定されたボラティリティのことで、資産価格等の変動率の標準偏差として求められる。株式の場合であれば時点 t (= 0, 1, 2, …, T) における株価 P_t として、

$R_t = \dfrac{P_t}{P_{t-1}} - 1$（ただし、配当の権利落ち日の場合 $R_t = \dfrac{P_t + D_t}{P_{t-1}} - 1$）

もしくは、自然対数（ln）を用いて、

$R_t = ln\left(\dfrac{P_t}{P_{t-1}}\right)$（ただし、配当の権利落ち日の場合 $R_t = ln\left(\dfrac{P_t + D_t}{P_{t-1}}\right)$）

と投資収益率（R_t）を定義し（ここで、D_tは1株当たり配当額）、その標準偏差、

$S = \sqrt{\dfrac{1}{T-1}\sum_{t=1}^{T}(R_t - \bar{R})^2}$

として求められる（ここで、$\bar{R}$はR_tの平均 $\left(\bar{R} = \dfrac{1}{T}\sum_{t=1}^{T}R_t\right)$）。また、1年当たりの$R_t$の観測値数 τ（例えば日次データであれば250、週次データであれば52、月次データであれば12等の数を実務では用いる）に基づいて、

v(年率) $= S \times \sqrt{\tau}$

として年率のヒストリカルボラティリティ（v）が求められる。インプライドボラティリティが、オプション価格に内包された（市場の予想する）原資産の将来の価格変動性の大きさを表すのに対し、ヒストリカルボラティリティは、過去の実際の原資産価格推移から推定された、価格変動性の大きさを表す指標である。(T.O.) ⊃インプライドボラティリティ

p値 (*p*-value)

仮説検定において、帰無仮説に基づいて求めた検定統計量の確率分布で、検定統計量が、標本から求めた実現値よりも極端な値を取る確率である。裾の確率とも呼ばれる。帰無仮説が正しいと仮定したときに、この実現値がどの程度出にくいかを表す数字である。p値が十分に小さければ帰無仮説は誤りであると判断し、帰無仮説を棄却する。(R.S.)

VIX指数 (CBOE volatility index)

シカゴオプション取引所（CBOE, Chicago Board Options Exchange）が1993年に開発した、ボラティリティインデックスの略称である。当初はS&P100指数を対象としていたが、その後改訂され、現在ではS&P500指数のボラティリティ指数となっている。CBOEに上場されるS&P500オプションの価格（期近2限月の、アット・ザ・マネー近傍およびアウト・オブ・ザ・マネーのものをデータとして用いる）から計測され、期間30日の予想ボラティリティの指数である。相場の先行きに不確実性が高くなった場合に数値が大きく上昇する傾向があることから、俗に**恐怖指数**と呼ばれることがある。(T.O.) ⊃インプライドボラティリティ

PTS (proprietary trading system)

取引所外での**私設証券取引システム**のことである。日本では1998年に「金

融システム改革のための関係法律の整備等に関する法律」が施行され、証券取引所に上場している株式の売買に課せられていた取引所集中義務が撤廃されたことを機に、証券業の1つとして認められた。PTSは主に機関投資家や法人を対象としているが、ネット証券などによる夜間取引など個人向けサービスも拡充されてきている。なお、PTSの価格決定方式は、市場価格売買方式、顧客間交渉方式、顧客注文対応方式、マーケットメイク方式、オークション方式の5つの類型に分類される。金融庁では、PTS業務において、公正な取引の確保や投資者保護の面で問題を生じるおそれがあるため、価格情報を他の証券会社によるPTS業務と比較可能な形で即時に外部公表すること、主たる取引所等の流動性を確保するための取引高シェアに基づく数量基準の導入など、認可の条件を設けている。(A.I.)

1株当たり利益 ➡ EPS

PBR（price book-value ratio）
　　　　　　　➡ **株価純資産倍率**

PBO（projected benefit obligation）
　DB制度に関して米国会計基準で用いられる語で、日本の会計基準における退職給付債務に相当する概念である。予測給付債務と訳される。日本の会計基準における退職給付債務のことを、米国会計基準になぞらえてPBOと呼ぶことが一部に見られるが、両者には違いがある。projected（予測された）は、評価基準日以降の昇給の見込みを予想して計算に織り込むことを表している。昇給の見込みを計算に織り込まないものはABOと呼ばれる。(Y.F.)
⊃ 退職給付債務、ABO

BBレシオ（book to bill ratio）
　出荷額（billing）に対する受注額（booking）の割合をいう。通常は国際半導体製造装置材料協会（SEMI）が毎月発表する北米半導体製造装置のBBレシオを指す。北米に本社を置く半導体製造装置メーカーの直近3ヵ月平均の受注額を、3ヵ月平均の出荷額で割って算出したもので、半導体業界の先行指標として注目されている。BBレシオが1.0を上回るときは、出荷額より受注額が多いことを示し、先行きの業況が改善すると判断される。逆に1.0を下回るときは、先行きの業界が悪化すると判断される。日本では日本半導体製造装置協会（SEAJ）が、日本に本社を置く装置メーカーの全世界に対する受注額、出荷額の3ヵ月平均に基づいたBBレシオを毎月発表している。(T.K.)

(投資信託)評価機関
　　　　（mutual funds rating company）
　投資信託で運用されているファンドの運用成果を評価する第三者機関をいう。一般に各ファンドの実績データは予め定められた方法で測定され、投資信託協会に提供される。評価機関はこれらのデータを投資信託協会から入手して、それぞれのファンドを投資目的や運用方針等により分類し、ファンド

の評価を行う。評価結果は、数値や星の数などにより格付（レーティング）される。過去の運用成果を定量的に評価（定量評価）するだけでなく、ファンド構築に至るプロセスの評価（定性評価）も行い、評価は総合的に行われる。投資信託の購入者は、ファンド提供者の情報に加えて、これら評価機関の評価結果を参考として投資信託の選定ができる。なお、個々の判断基準は各評価機関で異なるため、評価機関が異なればファンドの評価も異なることがある。第三者の評価機関として金融機関系、独立系、情報ベンダー系、格付会社系など多くの民間評価会社が情報を提供している。(S.S.)

標準化（standardization）➡ 基準化

標準誤差（standard error）

標本統計量の標準偏差のことである。例として、分散がσ^2である母集団から取り出したn個の標本の標本平均の標準誤差は$\frac{\sigma}{\sqrt{n}}$である。ただし、母分散が未知の場合には、σの代わりに標本から計算した標本標準偏差sを使った$\frac{s}{\sqrt{n}}$を標本平均の標準誤差と呼ぶ。(R.S.)

標準偏差（standard deviation）

分散の正の平方根である。分散と同じくばらつきの大きさを表す値であるが、分散が2乗された値であるのに対して、標準偏差は元の確率変数（あるいはデータ）と同じ単位を持つ値である。現代ポートフォリオ理論では、資産のリターンの標準偏差をリスクと定義する。(R.S.)

ビルディングブロック法
　　　　　（building block approach）

各資産クラスの期待リターンを推定する手法の1つで、各資産の期待リターンが幾つかの要素から構成されていると考え、個々の要素に対応した期待リターン（リスクプレミアム）を積み重ねて資産ごとの期待リターンを求める方法をいう。例えば、典型的な要素の分解方法として、リスクフリー・レート＝期待実質金利＋期待インフレ率、債券期待リターン＝リスクフリー・レート＋債券リスクプレミアム、株式期待リターン＝リスクフリー・レート＋株式リスクプレミアムがあり、これらのおのおのの期待リターンを推定して和を取ることで資産クラスの期待リターンを予測する。個々の期待リターンは、過去のリターンデータを分解して推定（株式リスクプレミアム、債券リスクプレミアム）する方法、将来の経済予測データから推定（期待実質金利、期待インフレ率）する方法など、要素ごとに工夫されている。過去データを使った方法の欠点が一部解消されており、現在では最も広く使われている方法である。(S.S.)

フ

ファイアーウォール（firewall）

部門間・企業間での取引・情報・人事等のやりとりを禁ずる制限のことで、金融界においては銀行と証券会社の間の銀・証ファイアーウォール規制を指すことが多い。わが国では1993年に銀行と証券会社がそれぞれ業態別子会社を設立し、相手の業務に参入できるようになった。その際、銀行が優越的地位を利用して取引先に証券を発行させたり、預金者との間で利益相反取引が発生しないようにするために導入され、親会社と子会社の間での情報共有や人事交流は制限されていた。しかし、近年、かえって利用者の利便性を損なう点がある、国際的に不利な競争条件に置かれる等の理由から、一定の要件のもとでこの規制は緩和傾向にある。（Y.Mi.）

ファイナンシャルゲートキーパー

（financial gatekeepers）

投資家に対して投資商品や投資先企業の情報に関する「確認（verification）」および「認証（certification）」の評価情報サービスを提供する「評判仲介者（reputational intermediary）」のことである。「評判仲介者」と呼ばれる意味は、ゲートキーパーはある程度の期間にわたって同様のサービス提供を続けたことで醸成された、顧客との信頼関係の上に確立された「評判資本（reputational capital）」を担保として、サービスを行うからだと説明される。このような長年培った評判を損ねるような行動は長期的には利益にはならないため、市場の取引参加者は、ゲートキーパーが市場をだまそうとするインセンティブを有していないと理解し、その「確認」または「認証」という評価情報を信頼し得ると考えるのである。このようなゲートキーパーの定義の専門業者は、弁護士、公認会計士、投資銀行、格付機関、セルサイドの証券アナリストなどが該当する。（Y.Mo.）

ファイナンシャルバイヤー

（financial buyer）

企業買収を行う経済主体は、大きくファイナンシャルバイヤーと**ストラテジックバイヤー**に分類できる。ストラテジックバイヤーは、経営戦略の手段として企業買収を行う経済主体で、事業会社であることが多い。企業買収の目的は、経営戦略に立脚したシナジー効果の実現で、自社と買収企業の企業価値を向上することである。短期間で買収企業を売却することはほとんどない。一方、ファイナンシャルバイヤーは、企業買収を金融取引とみなす経済主体であり、投資ファンドなどが相当する。ファイナンシャルバイヤーは、株価が割安な企業を買収し、大量買付けで市場の注目を集めたり、資本政策による財務指標の改善を提案したりして、株価が割安なことをアピールする。

株価の割安が是正された時点で、保有株式を売り抜け、利益を上げる。ファイナンシャルバイヤーは、比較的短期間のうちに買収と売却を行う。(N.I.)

ファクターモデル (factor model)

市場リターンを何らかの経済的な変数と関連付けて説明しようとするモデルのことをいう。説明要因が1つのモデルをシングル・ファクターモデル、複数のモデルをマルチ・ファクターモデルと呼ぶ。特に説明要因が市場ポートフォリオのリターンの場合のシングル・ファクターモデルを市場モデル(下式)という。

$\tilde{R}_i = a_i + \beta_i \tilde{R}_m + \tilde{\varepsilon}_i$

リターン等の表記の上に付けられている「〜」(チルダ)は、銘柄iのリターン(R_i)や市場ポートフォリオのリターン(R_m)が、何らかの期待値と標準偏差を持つ確率変数であることを示している。ファクターモデルでは、リターンのシステマティックな変動は右辺の説明変数によって説明できることを前提としており、説明できない部分は残差項($\tilde{\varepsilon}_i$)となる。残差項も一定の標準偏差を伴う確率変数であるが、期待値は0である。さらに、残差項と市場ポートフォリオのリターンとの関係は、無相関と仮定される。異なる銘柄の残差項も互いに無相関と仮定される。すなわち、ファクターで説明できない部分は、まったくのランダムな変動要因と仮定されている。(M.T.)

ファニーメイ
(FNMA, Federal National Mortgage Association, Fannie Mae)

米国の連邦住宅抵当公庫のことで世界大恐慌の1938年にニューディール政策の一環として設立された。いわゆるGSE (Government-Sponsored Enterprise) の一種で、1968年に公開会社となった。ファニーメイは、民間金融機関から住宅ローン債権を買い取って証券化 (MBS) し、MBSの流通市場を拡大・機能化させることを目的としている。(Y.Mo.) ⇒MBS

ファーマ・フレンチの3ファクターモデル
(Fama-French three-factor model)

ファーマ (Eugene Fama) とフレンチ (Kenneth French) は、1992年に発表した論文の中で、アメリカの株式市場では、実際の株式のリターンは、CAPMにおいて唯一のリスク要因であると位置付けられているベータとの間の相関が低く、むしろCAPMでは想定されていない企業規模やBP比率(1株当たり純資産・株価比率)の説明力の方が高いという実証結果を示し、実際の株式市場におけるCAPMの有効性について否定的な結論を導いた。この2人が翌1993年に公表した論文では、市場ベータにSMB (small minus big、小型株のリターン-大型株のリターン) とHML (high minus low、高BP比率株式のリターン-低BP比率株式のリターン) に対する感応度を加えた3つのファクターを説明変数とする回帰分析を行うと、規模効果やバ

リュー株効果と呼ばれるアノマリーが概ね解消されることを示した。これがファーマ・フレンチの3ファクターモデルである。このモデルを用いると、株式のリターンに対する説明力が高まる点は事実であるが、SMBやHMLの経済的な意味付けについては明らかにされていない点が課題とされている。(M.T.)

ファミリーファンド（family fund）

不特定多数の投資家はベビーファンド（子ファンド）を購入し、複数のベビーファンドで集められた資金はマザーファンド（親ファンド）に投資されて、合同運用するファンドの形態をいう。合同運用されているマザーファンドの運用成果がベビーファンドの運用成果となり、投資家に還元される。複数のファンド（ベビーファンド）を1つのファンド（マザーファンド）で運用しているため、ファンドの運用が効率的になり管理も容易になるなどのメリットがある。ファミリーファンド形式の運用形態を取っている代表的な金融商品の1つとして、定期的に設定・運用される投資信託があり、設定時期が異なる資産残高の少ないベビーファンドが数多く存在することになっても、マザーファンドを購入する形態を取っているため、運用コストを抑えられる。(S.S.)

ファンダメンタルインデックス
　　　　　　　　　（fundamental index）

代表的なベンチマークインデックスである東証株価指数やMSCI（モルガンスタンレー・キャピタル・インターナショナル）ワールドインデックス（MSCI Barra社が算出・公表している）など、時価加重指数の持つ構造的な問題点を解決するために考案されたインデックスで、企業のファンダメンタルズで加重された指数である。**非時価総額加重平均インデックス**と呼ばれることもある。企業のファンダメンタルズとして、企業規模や財務状況等の代理変数となる株主資本、売上高、キャッシュフロー、配当を採用し、加重してインデックスを作成している。特徴として、バリュー株の比率が高くなる傾向があるため、バリュー株投資戦略と類似しているという指摘がある一方で、ファンダメンタルインデックスはバリュー株のスタイルインデックスと比較してリスクが低いという指摘もある。なお、ファンダメンタルインデックスは、市場価格の変動に対して逆張りのリバランス行動を起こすことになるため、時価加重型の指数と比較してリバランス回数が多くなり、売買コストや運用管理の費用が高くなる傾向がある。(S.S.)

ファンダメンタルバリュー
　　　　　　　　　（fundamental value）

企業活動のファンダメンタル分析に基づいて算出された理論的な評価額である。企業のファンダメンタル分析では、まずマクロ経済分析や産業分析など外部要因を分析する。同時に、企業内部の経営資源の強みや弱みを分析する。これらのプロセスにおいて、財務指標の分析や経営戦略分析などを用い

る。企業の現状を認識し、将来の財務数値を予測することでファンダメンタル分析は終了する。ファンダメンタル分析により、将来のフリー・キャッシュフローや配当が予測できる。DCF法や各種マルチプル（PER、PBR、EV/EBITDA比率など）を用いて、企業価値や株式価値を評価し、ファンダメンタルバリューを求める。実際の市場価格がファンダメンタルバリューを下回っているとき、企業は割安な自社株買いを行うインセンティブを持つ。逆に、市場価格がファンダメンタルバリューを上回っているときは、増資や新規株式公開（IPO）を検討するタイミングと言える。（N.I.）

ファンダメンタル分析
　　　　　　　　（fundamental analysis）
　ベンジャミン・グレアムに始まる古典的ではあるものの代表的な株式投資戦略の1つの手法で、企業の財務諸表や事業計画、経営方針等を基に、他の外的要因（将来の景気、金利、為替動向等）を加味して企業を分析し、企業の本質的価値を求めることをいう。近年では、企業が事業活動を通して今後得られると予想される将来フリーキャッシュフローを、企業アナリストと呼ばれる企業分析の専門家が予測をし、これを資本コストで現在価値に割り引いて総和を取ることで、企業の本質的価値を求めるファンダメンタル分析の手法が株式銘柄選択の主流の1つになりつつある。企業の本質的価値を一切考えず、過去の価格情報から将来価格を予測するテクニカル分析とは対照的な手法である。なお、ファンダメンタル分析には、前述の企業のミクロ分析を行う以外に、将来の景気、経済動向を中心に分析するマクロ分析がある。（S.S.）

ファンド・オブ・ファンズ
　　　　　　　　　（FOF, fund of funds）
　ファンドや投資勘定など複数のファンドに投資するファンドないしは戦略を指す。多くの投資戦略が存在するミューチュアルファンドやヘッジファンドなどで、しばしばこの戦略が提示されている。FOFのマネジャーは、しばしばゲートキーパーと呼ばれる。ゲートキーパーは多彩な個別戦略（ファンド）あるいは複合戦略の中から、投資するファンドを選択する。投資家の利点としては、個々のマネジャーに投資するよりも分散されたファンド群へ投資するためにリスクを削減でき、少ない金額で多くの投資戦略に分散投資でき、個々のファンドを選定する際に必要なデューデリジェンスを節約できることなどが挙げられる。しかし、運用報酬は個々のファンドとゲートキーパーの二重に掛かるため、相対的に割高になることが指摘されている。また、運用の委託が二重となっているため、個々のファンドに投資するときよりも透明性が低い（すべてのポジションを把握することが難しい）こともしばしば指摘される。（Y.Mo.）

ファンドマネジャー（fund manager）
　リスク資産を中心とした金融資産を投資対象として、資金（ファンド）の

運用を行う者をいう。信託銀行や投資信託の運用会社に所属し、与えられた資金の運用目的を達成するため、具体的な運用戦略の立案(一般的にはファンドの基本運用方針は予め決められている)、ポートフォリオの構築、リスク管理、リバランス、さらには運用成果の報告書(定型化されている報告は別の場合が多い)の作成が主な業務となる。ファンドの運用成果の実質的な責任者であり、内外の経済動向や運用に関する理論と実務に関する広範な知識が必要となる。情報開示の必要性や受託者責任の重要性が強く認識されていく過程で、信託銀行や投資信託の運用会社のファンドマネジャーに課される運用上の制約条件も複雑化しているといわれている。一方、ヘッジファンドのファンドマネジャーは、一般に課される運用上の制約条件が少ないため、高い収益が得られるという指摘もある。(S.S.)

VaR (value at risk)

バリュー・アット・リスクは将来の一定期間において、一定の信頼水準内で想定されるポートフォリオの最大損失金額を指す。下方リスクの指標の1つである。信頼水準としては99%や95%が使用される。(R.S.)

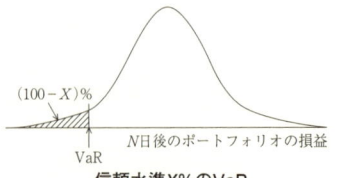

信頼水準X%のVaR

フィッシャー効果 (Fisher effect)

米国の経済学者アービング・フィッシャー (Irving Fisher) が主張した概念で、物価の上昇によってもたらされる期待インフレ率の上昇が名目金利に織り込まれることをいう。名目金利 i は実質金利(1単位の資本財を購入し、投資し、収益を獲得し、売却するというプロセスから得られる実質収益率) R と期待インフレ率 π によって、$i = R + \pi$ と表される。これをフィッシャー方程式という。実務上は逆に名目金利から期待インフレ率を差し引くことで実質金利を求める場合が多い。この方程式が成立している場合、フィッシャー効果も成立していることになる。すなわち、期待インフレ率が上昇しても名目金利も同じ幅で上昇して実質金利は変化しないことになる。戦後の米国では1970年代の高インフレ期と2009年のリーマン・ショック直後(実質金利がマイナスとなっている)を除いて、ある程度フィッシャー効果が成立していたとみられる。(T.K.)

フィデュシアリーマネジメント (fiduciary management)

年金基金の資産運用プロセスでは、従来、年金プランスポンサーは年金コンサルタント、運用機関と共同で、あるいは意見や助言を受けながら、PLAN-DO-SEEの各ステップを遂行してきた。しかし、市場の激変に対する機動的な対応ができないこと、各ステップでの整合性のある管理や統合的なリスク・マネジメントが必要とされてきたことから、これらステップを1つの受託者

に委託して管理していく方法が考案された。これをフィデュシアリーマネジメントと呼び、フィデュシアリーマネジャーはその受託者を指す。フィデュシアリーマネジャーは年金基金の戦略的アセットアロケーション、リスク・バジェッティング、運用機関の選定・モニタリング、パフォーマンス評価といった一連の運用プロセスを年金基金から受託して一貫して行う。ただし、年金基金は受託者責任を委ねることはできないため、年金基金の責任やリスクが軽減されたわけではないことは留意すべきとされる。(Y.Mo.)

フィルタールール (filter rule)

株式市場の特徴として、長期的には平均回帰現象が、短期的にはトレンド（一定方向への持続性）が見られることが知られている。フィルタールールは、いったん株価が上昇し始めるとしばらくの間上昇が続き、価格が下落し始めるとしばらくの間下落が続くことを想定して、直近の転換点からの反転がある値以上になると、リバランスを行う戦略である。100年以上も前にサイラス・ハッチ（米国の投資家）が示した10%を基準とした手法（10%ルール）が有名である。なお、フィルタールールをはじめとするテクニカル分析の有効性の検証が、1960年代の効率的市場仮説の検証の一部として行われ、フィルタールールを含めた多くのテクニカル分析の手法に対して（特に売買のコストを考慮すると）統計的には否定的な結果が報告された。しかし、近年では、これらの結果を覆し、一部のテクニカル手法には有効なものも存在するという報告も見られるようになっている。(S.S.)

VWAP

(volume weighted average price)

当日の証券取引所で成立した価格を価格ごとの売買高で加重平均した価格（**売買高加重平均価格**）のことである。VWAPの計算式は、VWAP = Σ (約定価格×約定株数) ÷ 総約定株数となる。VWAPは、より取引実態に近い平均的な約定値段として、主に機関投資家の執行価格の目標値として用いられている。買いの場合、取得価格がVWAPより低ければ良い取引であり、取得価格がVWAPより高ければ逆となる。取引所で上場されている株券の売買を、VWAPを基準にした価格で行う取引のことを「VWAPギャランティー取引」という。取引所に売買注文を出す場合、「成行」「指値」のいずれかで発注するが、「成行」の場合は約定価格が想定以上に変動するリスクがあり、「指値」の場合は売買が成立しないリスクがある。VWAPギャランティー取引は、VWAPを用いて証券会社が相手方となって約定を成立させるため、投資家にとってこれらのリスクを軽減できる。(A.I.)

フェアバリュー (fair value)

公正価値、適正価格のことで、妥当な前提条件のもとで算出された資産の合理的な価値をいう。例えば、ある企業の将来キャッシュフローの予測値を現在価値に割り引いて総和を取ること

でその企業の価値を算出でき、この値はフェアバリューの1つである。このフェアバリューとの対比で、現状の株価の割高、割安を判断できる。なお、会計基準では、フェアバリューを「測定日において市場参加者間で秩序ある取引が行われた場合に、資産の売却により受け取る価格または負債の移転のために支払う価格」としている。(S.S.)
⇨ 公正価値会計

フェイル (fail〈to deliver〉)

証券決済未了のことをいい、「fail to deliver（引き渡し損なう）」に由来する。取引当事者の信用力とは異なる理由により、当初予定していた決済期限までに有価証券の引渡しが行われない状態をいう。フェイルは次の3つのいずれかにより解消する（こうした対応策を**フェイルセーフ**という）。①繰り越された日の受渡決済による解消。②再ネッティングによる解消。これは翌日の決済と繰り越された決済をネッティングして行う。③バイイン（強制買付け）実行に伴う解消。受け方が決済未了となっている証券を受け取るため、相手方に買付けを請求し、引渡しを受ける。フェイルが発生した場合は、そのことのみをもって債務不履行扱いにしない慣行が導入されている。しかし、マーケットでは各参加者が取引約定時に受渡しが行われることを前提に流動性が形成されているため、日本証券クリアリング機構などではあくまでフェイルを例外的な事例とし、フェイルを発生させた当事者には、一定の金銭負担を課している。(A.I.)

フェイルセーフ (fail safe)
⇨ フェイル

付加価値分析 (value added analysis)

企業の生産活動が生み出す付加価値を測定し、その要因を分析することである。企業は、労働・技術・設備などを用いて、外部から購入した原材料やエネルギーから財やサービスを生み出し、価値を付けて販売する。大まかにいうと、付加価値とは売上高と原材料費の差額である。企業が生み出した付加価値は、人件費、賃貸料、税金、支払利息、当期純利益として、生産活動に貢献した主体に配分される。支払利息と当期純利益は、資金提供者である債権者と株主への配分とみなせる。付加価値は、これら諸項目の和として計算できる。付加価値分析では、労働生産性（付加価値額÷従業員数）や設備生産性（付加価値額÷有形固定資産）、労働装備率（有形固定資産÷従業員数）、労働分配率（人件費÷付加価値）などの指標を計算する。付加価値の総額と各指標を同業他社や自社の過年度と比較して、現状を認識したり、経営課題を把握する。(N.I.)

不完備契約 (incomplete contract)

経済主体間で将来生起し得るすべての事象ごとに契約を結び、契約違反を立証できる場合、契約は完備であるという。不完備契約は、完備性を満たさない契約である。完備契約が結べるとき、委託者（プリンシパル）は受託者（エージェント）の行動を完全に把握し、コントロールできる。ファイナン

スの分野では、株主をプリンシパルとみなし、経営者や役員をエージェントとみなす。両者は、企業価値の最大化を目的とする契約関係にある。経営者や役員には善管注意義務がある。完備な契約が結べる場合、契約違反に対する罰則等を通じて、株主は経営者に善管注意義務を厳守させることができる。現実の契約は不完備契約であることが多く、経営者が企業価値最大化から逸脱した行動を取ったり、善管注意義務を全うしないことがある。その結果、過剰な投資が行われたり、企業不祥事が生じる。不完備契約のもとでは、資本政策やコーポレートガバナンスを通じて、経営者の行動を規律付ける必要がある。(N.I.)

複利法(compound interest)

一定期間の利息と元金の合計を次の期の元金とする利息計算方法である。

例として、年率10%の金利で100円を預金した場合、年1回複利ならば、1年後の預金残高は110円［＝100×(1＋10%)］、2年後には121円［＝110×(1＋10%)］になる。また、年2回複利ならば、半年後の預金残高は105円 $\left[=100\times\left(1+\dfrac{10\%}{2}\right)\right]$、1年後には110.25円 $\left[=105\times\left(1+\dfrac{10\%}{2}\right)\right]$ になる。一般に、年率10%、年n回複利で100円を預金した場合、1年後の預金残高は

$$100\left(1+\dfrac{10\%}{n}\right)^n 円$$

となる。

これに対して、利息分を元金に含まずに、当初の元金のみに対して利息を計算する方法を**単利法**と呼ぶ。例えば、年率10%の金利で100円を預金した場合、単利ならば、1年後の預金残高は110円［＝100×(1＋10%)］、2年後には120円（＝110＋100×10%）になる。

複利法では利息からも利息が生じるため、同じ年率ならば単利法よりも預金残高の増加が速いことになる。(R.S.)

負債比率(debt equity ratio)

負債（debt）と自己資本（equity）の比率をいう。頭文字を取って、D/Eレシオということが多い。**レバレッジ比率**ともいう。通常、分子の負債には有利子負債を用いる。財務安全性の分析を行う場合は、分母に自己資本や純資産の簿価を用いることが多い。自己資本の簿価と時価が著しく乖離している場合、分母に株式時価総額を用いることもある。加重平均資本コストを算出する過程で負債比率といえば、有利子負債÷(有利子負債＋株式時価総額)である。(N.I.)

ブックビルディング方式
(book-building formula)

新株発行時に、引受証券会社が新株発行前にニーズを調査し新株の公開価格を決定する方式で「**需要積み上げ方式**」とも呼ばれる。引受証券会社はまず機関投資家等の意見を参考に、発行する新株の仮条件（価格帯）を決定する。その仮条件を投資家に提示して投資家の需要状況を把握し、その需要状況を基に公開価格を決定する。公募株

を取得したい投資家は、仮条件が提示された時点で取得希望価格と取得希望株数の申込みが必要になる。ブックビルディング方式の利点としては、投資家の需要状況を把握することで、株式公開や公募・売出し後の流通市場まで勘案した公開価格の決定が可能となり、株価への信頼感を高められることが挙げられる。

一方、以前は仮条件の提示を行わない「入札方式」のみが行われていた。この場合、投資家が自由に希望価格で入札できるため投機的な入札が行われやすく、その後の流通市場での取引に悪影響を及ぼすこともあるといった問題点を抱えていた。(A.I.)

プッタブル債（puttable bond）
　　　　　　　　　➡ **コーラブル債**

プットオプション（put option）
　　　　　　　　　➡ **オプション**

プット・コール・パリティ
　　　　　　　　　（put-call parity）

同一の原資産に対して、行使価格と満期が共通のヨーロピアン・コール・オプションとヨーロピアン・プット・オプションの価格について、成り立つ関係である。オプションの満期までの間、原資産に配当等がない場合には、

コールの価格 − プットの価格
$+ \dfrac{行使価格}{1+r} =$ 原資産価格

と表される。ここで、r はオプションの満期までの間のリスクフリー・レート（単利、年率換算せず）である。なお、r を連続複利（年率）とすれば、

コールの価格 − プットの価格 + 行使価格 $\times e^{-rT} =$ 原資産価格

と表現される（ここで、T はオプションの満期までの期間（年）、e は自然対数の底）。(T.O.) ➡ **オプション**

浮動株（floating stock）

企業が発行している株式の中で、大株主（親会社や持合いをしている金融機関、役員等）が安定的、持続的に保有して市場で売却される可能性が低い株式を除き、市場で自由に売買される株式をいう。発行株式数が多くても実際に市場で売買されている株式数が少なければ、売買に時間を要したり、売買により価格がゆがみやすくなり、流動性が乏しく売買が難しい銘柄となる。東京証券取引所では、発行済株式数における少数特定者持株数の比率が上場基準や上場廃止基準となっている。東証株価指数（TOPIX）のような個々の銘柄の時価加重により計算される指数は、発行済株式を基準にしているが、実際に市場で売買されている株式数と発行済株式数が異なることから、市場で実際に売買されている株式である浮動株を基準に計算された指数（浮動株基準株価指数）が公表されている。なお、市場で売買される可能性の低い株式は固定株、少数特定者持株、特定株と呼ばれている。(S.S.)

浮動株指数（floating stock index）

上場株式のうち、浮動株を用いて算出する株価指数のことである。(A.I.)
➡ **浮動株**

ブートストラップ法
(bootstrap method)

エフロン(Efron)[1979]によって提唱された方法で、観測データを取り出して並べ替える(リサンプリング)手続きを繰り返し、データから何らかのパラメータを推定したり、推定されたパラメータのバイアス、分散、信頼区間などを評価する方法をいう。パラメータとしては様々なものがあり、例えば平均値など単純なものから、ある投資戦略の平均リターンやリスクなど様々な応用が考えられる。データに自己相関など時系列構造が存在すると考えられる場合には、任意の長さのデータ系列を一塊のデータとしてリサンプリングするブロック・ブートストラップ法がある。(S.S.)

プライベートエクイティ
(private equity)

未上場株式、未公開株式を意味する。設立間もないベンチャー企業や成長初期の企業に投資するベンチャーキャピタル投資がかつては多かったが、現在では成長後期や成熟期の未上場企業への投資や、企業や事業部門の買収なども拡大しており、これらを含めた未上場企業への投資全般をプライベートエクイティ投資と呼んでいる。プライベートエクイティは、投資対象企業の成長段階と出資形態の違いから、ベンチャーキャピタルとバイアウトに分類されることが多い。バイアウトは企業の資産や事業部門を買収する目的で、相対交渉や公開買付などの手段を通じて当該企業の経営権を取得し、企業価値の向上を通じてリターンを実現する投資手法である。(Y.Mo.)

プライマリーバランス
(primary balance)

国の財政で、国債費(利払費および債務償還費)を除いた歳出と公債金以外の収入の差額のことで、基礎的財政収支ともいう。例えば2010年度の日本政府の予算を見ると、公債金収入を除いた歳入47兆9,962億円から、国債費を除いた歳出71兆6,501億円を差し引いた▲23兆6,539億円がプライマリーバランスとなる。日本政府は小泉内閣以降の財政構造改革で、2011年度に国と地方を合わせてプライマリーバランスを黒字化することを目指していたが、2009年以降の世界同時不況で当面棚上げとなっている。なお、プライマリーバランスが均衡している状態で、名目GDP成長率が名目利子率を上回れば、政府債務残高は対GDP比で低下していき、財政は持続可能となるが、これをドーマー条件と呼んでいる。(T.K.)

プライマリーマーケット(primary market) ➡ セカンダリーマーケット

ブラウン運動(Brownian motion)

植物の花粉から水中に流出した微粒子を顕微鏡で観察すると、微粒子が不規則(ランダム)に運動して見える現象を、その発見者ロバート・ブラウン(Robert Brown)の名を付してこう呼ぶ。このブラウン運動を数学的モデルとして表現したものに、ウィナー過程(Wiener process)がある。これは連

続な確率過程$z(t)$であって、次の性質を持つものをいう。
① 任意の$t_1<t_2<\cdots<t_n$について、$z(t_2)-z(t_1)$, $z(t_3)-z(t_2)$, $\cdots$, $z(t_n)-z(t_{n-1})$が独立。
② $z(0)=0$であり、任意の$s<t$について$z(t)-z(s)$は、期待値0、分散$t-s$の正規分布[$N(0, t-s)$]に従う。

なお、オプション評価モデルの1つであるブラック・ショールズ・モデルは、原資産価格Pが幾何ブラウン運動$dP=\mu Pdt+vPdz$に従うという仮定のもと、導かれている(原資産に配当等がない場合。ここでμは原資産の期待リターン、vは原資産価格のボラティリティ(価格変動性)、zはウィナー過程である)。(T.O.) ⊃ ブラック・ショールズ・モデル

ブラック・ショールズ・モデル
(Black-Scholes model)

ヨーロピアンオプションの評価モデルで、フィッシャー・ブラック(Fischer Black)、マイロン・ショールズ(Myron Scholes)が1973年に共同で発表した。当初発表されたのは、原株式に配当がない場合のモデルであったため、厳密にはこれをブラック・ショールズ・モデルと呼ぶが、その後、配当(連続配当)のある場合などにも拡張され、実務上はこれらを総称して呼ぶことも多い。また、並行してオプション評価モデルの研究を行っていたロバート・マートン(Robert Merton)が、マイロン・ショールズと一緒に1997年のノーベル経済学賞を受賞したこと(フィッシャー・ブラックは、1995年に亡くなっており受賞対象とはならなかった)を受け、近年では、ブラック・ショールズ・マートン・モデル(Black-Scholes-Merton Model)と呼ぶこともある。

連続配当の場合、このモデルによる評価式は、
コールオプション:$w_C=P\cdot e^{-q\cdot T}N(d_1)-C\cdot e^{-r\cdot T}N(d_2)$
プットオプション:$w_P=-P\cdot e^{-q\cdot T}N(-d_1)+C\cdot e^{-r\cdot T}N(-d_2)$
ここで、
$$d_1=\frac{ln\left(\frac{P}{C}\right)+\left(r-q+\frac{1}{2}v^2\right)T}{v\sqrt{T}}$$
$d_2=d_1-v\sqrt{T}$
P:原資産価格
C:行使価格
T:オプションの満期までの期間(年)
r:リスクフリー・レート(連続複利(年率))
q:配当利回り(年率)
v:原資産価格の変動性(ボラティリティ)
$$N(x)=\frac{1}{\sqrt{2\pi}}\int_{-\infty}^{X}exp\left(-\frac{1}{2}z^2\right)dz$$
:標準正規分布の累積分布関数である(ここでlnは自然対数、eは自然対数の底を表す)。(T.O.)

ブラックスワン(black swan)

元デリバティブトレーダーで認識論の研究家であるナシーム・ニコラス・タレブ(Nassim Nicholas Taleb)が2004年以降、著書「まぐれ」、「ブラッ

クスワン」などで提唱した概念で、ほとんどあり得ない事象、誰も予想し得なかった事象のことを指す。昔、欧州では白鳥は白いものであることを誰も疑わなかったが、オーストラリアで黒い白鳥が発見され、それまでの認識が完全に覆されたことにちなんでいる。タレブによれば、ブラックスワンは、予測不能である、起こった場合のインパクトが大きい、後付けで説明され、わかったつもりになる、という特徴を持つ。タレブは、投資に関しては、従来の金融工学の確率論をベースに不確実性をコントロールしようとする考え方を批判し、偶然のもたらす影響をより重視すべきだと主張している。(T.K.)

ブラックマンデー (black Monday)

1987年10月19日にニューヨーク証券取引所で発生した株価の暴落をいう。ダウ工業株指数が1日で前日比508ドル(▲22.6%)の下落(下落率では史上最大)を記録し、欧州、日本の株式市場にも波及した。この日が月曜日であったため、大恐慌の発端となった1929年10月24日の大暴落(ブラックサーズデー)にちなんで、ブラックマンデーと呼ばれるようになった。背景として、87年は年初から株価の上昇が続き過熱気味であったこと、米国の双子の赤字(財政赤字、貿易赤字)に対して懸念が強まっていたこと、直前にドイツのブンデスバンク(中央銀行)が短期金利を引き上げ、米国もドル防衛のために対抗利上げするとの観測が広まったことなどが挙げられる。さらに、機関投資家に普及していたプログラム売買が売りを増幅したとされている。FRBが大量の流動性供給を行ったため、株価は短期間で回復し、実体経済には大きな影響を及ぼさなかった。(T.K.)

ブランド価値 (brand value)

自社の商品、製品、サービスなどを他社のものと識別するためのネーム、ロゴ、マーク、シンボル、パッケージ・デザインなどの標章がブランドである。ブランドの特徴は、他社や競合品との識別化および差別化にある。ブランドを通じて製品やサービスに対する顧客の信頼を獲得し、顧客のブランド志向を強めることは、競争優位の源泉になる。競争優位の源泉であるブランドを定量的に評価した値が、ブランド価値である。ブランドによる差別化に成功した企業は、同業他社に比べて高い利益(超過利益)を生み出すことができる。加えて、顧客のブランドロイヤリティは収益の安定化につながる。この2つの要因をDCF法に適用することで、ブランド価値を評価できる。DCF法におけるブランド価値評価では、分子に超過利益、分母に収益の安定性を反映した低い割引率を用いることが多い。一方、ブランドは傷つきやすいため、割引率を高く設定すべきという見方もある。(N.I.)

フリー・キャッシュフロー
(FCF, free cash flow)

企業が事業継続のために必要とする資金の支出を控除した後のフリーなキャッシュフロー、すなわち事業活動

からフリーになったキャッシュフローで、投資家に配分できる。投資家は、将来のフリー・キャッシュフロー（FCF）の配分を期待して、企業を評価し、投資の意思決定を行う。したがって、FCFは企業価値評価におけるDCF法の分子になる。標準的なFCFの定義は、税引後営業利益に減価償却費を加え、設備投資額と運転資本増加額を引いたものである。企業活動の継続に必要な設備投資と運転資本が控除されていることに注意しよう。DCF法による企業価値評価では、タックスシールドをFCFに含めず、分母の割引率（WACC）で調整することが多い。タックスシールドを独立して計算することもある。財務分析では、営業キャッシュフローから投資キャッシュフローを引いた値をフリー・キャッシュフローという。若干の相違はあるが、企業活動からフリーなキャッシュフローという意味は同じである。（N.I.）
⇒APV

フリーズアウト（freeze out）
　　　　　　　➡ **スクイーズアウト**

BRICs
　新興国の中でも大きな経済力を持つようになったブラジル（Brazil）、ロシア（Russia）、インド（India）、中国（China）の4ヵ国をいう。まれにSを大文字にして南アフリカを加える場合もある。米投資銀行ゴールドマン・サックスのエコノミスト、ジム・オニール（Jim O'Neill）が最初にこの言葉を使ったとされる。これらの国は面積が広く、人口が多いという共通点を持っている。また、ロシア、ブラジルの原油、中国の石炭、鉄鉱石など天然資源は4ヵ国とも比較的豊富である。2000年以降の経済成長率は概ね先進国を上回っている。4ヵ国は経済力の増大を背景に、1999年より20ヵ国・地域財務大臣・中央銀行総裁会議（G20）に参加している。（T.K.）

ブルスプレッド（bull spread）
　オプション戦略の1つで、同一原資産に対する同一満期で行使価格の異なる2種類のコールのうち、一方を売却し他方を同量購入したものをバーティカル・コール・スプレッド（vertical call spread）、同じくプットどうしのうち一方を売却し他方を同量購入したものをバーティカル・プット・スプレッド（vertical put spread）と呼ぶ。
　このうち、原資産価格上昇によって利益を得られるタイプのものを（バーティカル）ブルスプレッド、逆に原資産価格の下落によって利益を得られるタイプのものを（バーティカル）ベアスプレッドと呼ぶ。これは英語でブル（bull: 雄牛）が相場に強気、ベア（bear: 熊）が相場に弱気、を意味することからきている。前述のようにそれぞれに、コールのみを用いたもの（図表の(a)と(c)）と、プットのみを用いたもの（図表の(b)と(d)）がある。

図表 ブルスプレッド、ベアスプレッドの例

(a) バーティカル・ブル・コール・スプレッド
縦軸：オプションの損益
横軸：原資産価格

(b) バーティカル・ブル・プット・スプレッド
縦軸：オプションの損益
横軸：原資産価格

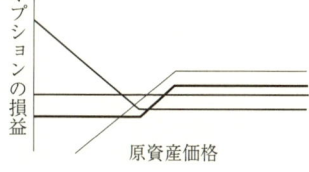

(c) バーティカル・ベア・コール・スプレッド
縦軸：オプションの損益
横軸：原資産価格

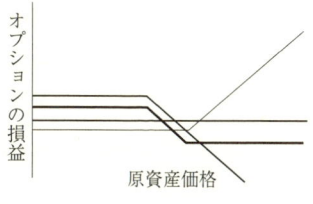

(d) バーティカル・ベア・プット・スプレッド
縦軸：オプションの損益
横軸：原資産価格

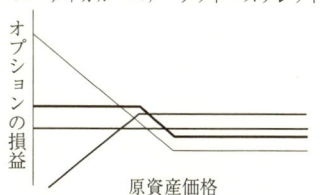

これらのスプレッド取引では、アメリカンオプションを用いた場合、売却したオプションが満期以前に行使されるリスクがあるため、通常はヨーロピアンオプションを用いる。

なお、同一原資産で同一満期、異なる行使価格の2種類以上のコールどうしの売り買いの組合せ、もしくはプットどうしの売り買いの組合せを、一般にバーティカルスプレッドと呼ぶ。これに対し、同一原資産で異なる満期のオプションの売り買いの組合せを一般に、ホリゾンタルスプレッド（horizontal spread）と呼んでいる。バーティカル、ホリゾンタルと呼ぶのは、取引所でのオプション価格の掲示が、縦（垂直、バーティカル）に行使価格順、横（水平、ホリゾンタル）に限月順に並んでいることによる。(T.O.) ➲オプション戦略

ブルーチップ（blue chip stocks）

米国の株式市場で取引される優良株式銘柄のことである。主にダウ工業株30種平均に採用されている代表的な米国企業の株式銘柄を指し、収益力や成長力に優れているものをいう。語源としては、カジノやポーカーで使われるチップのうち最高額のものが青いチップであることから、これが転じて株式用語となったという説がある。(A.I.)

プルーデントマン・ルール
（prudent man rule）

プルーデントとは「思慮深い」、「慎重な」という意味である。受託者の遵守すべきルール、行動規範の一つで、「慎重な」、「思慮深い」専門家としての判断能力を駆使して資産運用に当たるべきことを求めている。特に、米国の1974年制定の連邦法であるERISA

法（Employee Retirement Income Security act；従業員退職所得保障法、エリサ法）第404条(2)(1)(B)で規定されている内容が有名で、「当該状況下で、同様の立場で行動し同様の事項に精通している思慮深い人が同様の性格および目的を有する事業の運営に当たり行使するであろう注意、技量、思慮深さおよび勤勉さを用いること」が規定されている。同じような状況下で、同じ専門的な能力を持つエキスパートとしての職責にある人であれば、通常用いるであろう注意を払うことが求められるということである。プルーデント・インベスター・ルール、プルーデント・エキスパート・ルールと呼ばれることも多い。(Y.Mo.)

ブルマーケット（bull market）

　市場全体の価格が上昇を続け、投資家が楽観的な見通しを持った強気の相場をいう。「ブル」は雄牛（bull）のことであるが、これは雄牛が敵を攻撃する際に、角を下から上に突き上げる姿に由来するといわれている。一方、市場全体の価格が下落を続け、投資家が悲観的な見通しを持った弱気の相場をベアマーケット（bear market）という。「ベア」は熊（bear）のことであるが、これは「熊を捕まえる前に毛皮を売るな（Don't sell the bearskin before you've caught the bear）」ということわざに由来とする説と、熊が攻撃的に腕を上から下に振り下ろす姿が由来とする説などがあるが定かではない。少なくとも18世紀初頭からブルは上げ相場の、ベアは下げ相場の象徴として使われ、今日に至っている。(S.S.)

ブレークイーブン・インフレ率
　　（break even inflation rate）

　同年限の物価連動債と名目金利債券に投資する場合、両者の利回りが等しくなる（イーブンになる）ようなインフレ率をいう。先行きの物価変動率の予想値と言える。また、名目利回りや実質利回りは市場における債券の売買による債券価格で決まるため、ブレークイーブン・インフレ率は物価連動債の実質価格に市場で織り込まれた期待インフレ率にほぼ等しいと考えられる。名目債券利回りは、実質利回りと期待インフレ率とリスク・プレミアムからなる。一方、名目債券利回りと物価連動債のインフレ調整後利回りを等しくするのがブレークイーブン・インフレ率なので、名目債券利回りは実質利回りとブレークイーブン・インフレ率の計とみられる。したがって、ブレークイーブン・インフレ率はリスク・プレミアムを無視すればほぼ市場の期待インフレ率に等しいことがわかる。(A.I.)

ブレット型ポートフォリオ（bullet portfolio） ➡ **バーベル型ポートフォリオ**

フロア（floor） ➡ **キャップ**

プロクシーファイト（proxy fight）
　　➡ **委任状争奪戦**

プログラム売買（program trading）

　プログラミングされたある一定の

ルールに従って、証券の売買を自動的に行うことである。予め売買のルールが決められているので、銘柄の売買に運用者の主観が入らない、短時間で売買執行できるなどのメリットがある。一方、1987年のブラックマンデーでは、このプログラム売買が市場の急激な下落を増幅させたと指摘されている。つまり、価格が下がると、それ以上の資産価値の下落を回避するために自動的に売却することになり、これによりスパイラル的に価格が低下したと考えられている。東京証券取引所の定義では、25銘柄以上の売買の取引を一度に行う取引のこととされ、インデックス売買、バスケット売買とも呼ばれている。(S.S.)

プロスペクト理論（prospect theory）

合理的な意思決定者は期待効用が最大の選択肢を選ぶべきとする期待効用理論に対する代替的なモデルとして、カーネマン（Daniel Kahneman）たちによって1979年に提示された理論である。50%ずつの確率で1万円の利益か損失が発生するなどの不確実性を伴う事象をプロスペクトと称し、実験結果に基づいて実際の人間の選択行動と整合的な評価モデルとウェイト付けモデルを導いた。評価モデルに関しては、何らかの参照点からの乖離（参照点を購入価格とすると購入後の損益など）を対象に評価している。さらに、利益の領域ではリスク回避的、損失の領域ではリスク愛好的な選択行動を示す傾向、利益と比べると損失は2倍以上重く感じられる傾向も、評価モデルに取り込んでいる。ウェイト付け関数では、それぞれの事象が発生した場合の効用を加重平均する際に、実現確率の小さな事象は過大評価する傾向や、100%確実な事象に対しては特に高い満足度を感じる傾向などを、モデルに反映させている。(M.T.)

フローター（floater）　➡ 変動利付債

プロテクティブプット
　　　　　　　　（protective put）

オプション戦略の1つで、原資産を保有し、それに加えてそれを対象とするプットオプションを購入する（図表）。原資産価格上昇時の利益を一部放棄する代わりに、原資産価格下落時の損失を一定額以内に限定するものである。

図表　プロテクティブプットの損益の例

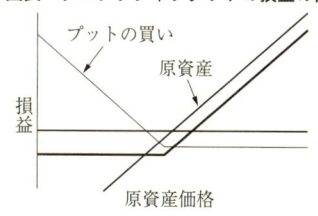

（損益／原資産価格のグラフ：プットの買い、原資産）

(T.O.)

プロビット分析（probit analysis）
　　　　　　　　➡ ロジット分析

分散（variance）

確率変数もしくはデータ集合のばらつきを表す値。この値が大きいほどばらつきが大きいことを意味する。

確率変数Xの（母）分散を記号では

$Var(X)$ や $\sigma^2(X)$ と表記する。確率変数 X の（母）分散とは、期待値 $E(X)$ からのずれを2乗したものの期待値である。すなわち、

$$Var(X) = E\{[X - E(X)]^2\}$$

と定義される。

$$Var(X) = E(X^2) - [E(X)]^2$$

と書き換えることができる。確率変数が離散型の場合、確率変数 X が取る値を $x_1, \cdots, x_n$ とすると、

$$Var(X) = \sum_{i=1}^{n} [x_i - E(X)]^2 P(X = x_i)$$

である。確率変数が連続型の場合には、確率変数 X の確率密度関数を $f(x)$ とすると、

$$Var(X) = \int_{-\infty}^{\infty} [x - E(X)]^2 f(x) dx$$

である。

X, Y を確率変数、a, b を定数とすると、以下の法則が成り立つ。

(i) $Var(a) = 0$
(ii) $Var(aX) = a^2 Var(X)$
(iii) $Var(aX + bY) = a^2 Var(X) + b^2 Var(Y) + 2ab Cov(X, Y)$

データ集合 $\{x_1, \cdots, x_m\}$ の（標本）分散 S_x^2 は、個々のデータ $x_j (j = 1, \cdots, m)$ からデータ集合の平均 $\bar{x}$ を引いた差（偏差）を2乗したものの平均である。すなわち、

$$S_x^2 = \frac{1}{m} \sum_{j=1}^{m} (x_j - \bar{x})^2$$

である。(R.S.)

分散投資（diversified investment）

多くの銘柄あるいは多くの資産クラスに投資対象を分散して、リスクの低いポートフォリオを構築することをいう。実際には、単純に投資対象を増やしただけでは、分散投資の目的であるリスクの低減効果を十分に得られず、例えば個別銘柄レベルでのポートフォリオであれば、個々の投資対象の非システマティックリスクをゼロに近づけ、システマティックリスクを取るポートフォリオを構築する。分散投資によりリスクの低減効果が得られることは、「財産三分法」などの経験則として古くから多くの投資家に知られていたが、適切な資産配分比率の算出方法を示したのがマーコウィッツ（Markowitz [1952]）の平均分散アプローチで、この効果を考えるうえで共分散あるいは相関係数が重要な役割を果たすことを示した。なお、分散投資に対して、少数の投資対象に投資する方法を集中投資という。(S.S.) ⊃集中投資

分離課税（separate taxation）

➡ 総合課税

分離定理（separation theorem）

トービン（Tobin）の分離定理とフィッシャー（Fisher）の分離定理が有名である。

トービンの分離定理では、無リスク資産と危険資産が存在する場合に、最適な危険資産ポートフォリオの決定は、投資家のリスク許容度に応じた最適なポートフォリオ選択の問題とは切り離して決定されることを表している。これは、危険資産の中では市場ポートフォリオがすべての投資家にとって最適な選択であり、投資家の最適資産配

分の問題は、無リスク資産と危険資産の市場ポートフォリオの選択問題になることを意味している。**2資産分離定理**ともいう。

フィッシャーの分離定理は、資本市場が完全ならば、投資決定は投資からの予想収益と利子率のみに依存し、個人の異時点間の消費配分に関する選好とは無関係である、ことを示している。（M.T.） ➲資本市場線

へ

ベアスプレッド（bear spread）
→ ブルスプレッド

ベアマーケット（bear market）
→ ブルマーケット

ペイアウト政策（payout policy）
　株主に対する利益還元の方針をいう。配当政策との大きな違いは、自社株買いを含めるか否かである。ペイアウトは現金配当、自社株買い、株主優待など、企業から株主への支払い（ペイアウト）が生じる行為をいう。日本では1990年代に自社株買いが実質的に可能となり、2000年代に隆盛した（自社株買い参照）。その結果、現金配当と自社株買いを合わせた総還元という用語が定着した。当期純利益に対する総還元額の比率である総還元性向（(配当総額＋自社株買い総額)÷当期純利益）を、資本政策の目標に掲げる企業もある。配当政策と同様に、完全競争で情報効率的な市場では、ペイアウト政策は企業価値や株式価値に影響しない。現実の市場には、取引コストや情報の非対称性が存在する。企業は様々な要因を考慮して、中長期的なペイアウト政策を決定する。ペイアウト政策は、投資家の取引コストを軽減したり、投資家に追加的な情報をもたらしたりすることがある。(N.I.)　⊃株主還元率

ペイオフ（payoff）
　オプションなどのデリバティブ取引において、その満期（もしくは権利行使時や決済時など）に実現されるキャッシュフローを指す。ヨーロピアンオプションの満期価値や、金利スワップ取引における各回の授受金額がその例として挙げられる。(T.O.)

平均（average）
　分布の特徴をとらえるための代表値で、**算術平均**、**幾何平均**、加重平均といった種類がある。通常、データ集合の算術平均を指すことが多い。
　n個のデータ $\{x_1, \cdots, x_n\}$ の（算術）平均 $\bar{x}$ は、データの総和をデータの数で割った値である。すなわち、

$$\bar{x} = \frac{\sum_{i=1}^{n} x_i}{n}$$

と定義され、データの重心を表す値である。n個のデータがある母集団からの標本であるとき、この値を標本平均とも呼ぶ。これに対して、母集団全体の平均を母平均と呼ぶ。
　n個のデータ $\{x_1, \cdots, x_n\}$ の幾何平均 x_G は、次のように定義される。

$$x_G = \sqrt[n]{x_1 x_2 \cdots x_n}$$

(R.S.)

平均分散アプローチ
　　　　　（mean-variance approach）
　あらゆる投資機会を将来の予想収益

率の平均値（期待リターン）と分散（リスク）という2つの属性の組合せによって代表させ、最適な資産構成を検討しようとするアプローチである。1952年にマーコウィッツ（Markowitz）によって提示され、これまで抽象的な概念として認識されていたリスクを定量化することに成功した。各証券の収益率間の相関係数（1は完全な正の相関、-1は完全な負の相関、0は無相関）によって、分散投資の効果を計る。複数の証券を組み合わせてポートフォリオを構築した場合、ポートフォリオの期待リターンは構成する証券の期待リターンの加重平均値となるが、相関係数が小さい証券を組み合わせるとリスク低減効果が存在することを示した。期待リターンは大きく、リスクは小さい投資機会を好むリスク回避的な投資家を前提にすることで、すべての投資家にとって最適なポートフォリオの集合を表す有効フロンティアという概念を導いた。(M.T.)

米国財務会計基準審議会 ➡ **FASB**

ベイズの定理（Bayes' theorem）

事象Aを結果、事象$B_1, B_2, \cdots, B_k$を原因であるとする。ただし、$B_1, B_2, \cdots, B_k$は互いに排反で、かつ$B_1 \cup B_2 \cup \cdots \cup B_k = \Omega$であるとする。このとき、$A$が生じた原因が$B_j$である確率は

$$P(B_j|A) = \frac{P(B_j) \cdot P(A|B_j)}{\sum_{i=1}^{k} P(B_i) \cdot P(A|B_i)}$$

である。ここで$P(B_i)$を事象B_iの事前確率、$P(B_i|A)$を事象B_iの事後確率と呼ぶ。

例として、赤玉と黒玉が1つずつ入っている袋（B_1）と、赤玉が2つ入っている袋（B_2）があったとする。いまいずれかの袋から玉を1つ取り出したところ赤であった（A）。このとき、この赤玉が、赤玉と黒玉が1つずつ入っている袋から取り出されたものである確率は

$$P(B_1|A) = \frac{1/2 \cdot 1/2}{1/2 \cdot 1/2 + 1/2 \cdot 1} = \frac{1}{3}$$

赤玉が2つ入っている袋から取り出されたものである確率は

$$P(B_2|A) = \frac{1/2 \cdot 1}{1/2 \cdot 1/2 + 1/2 \cdot 1} = \frac{2}{3}$$

である。(R.S.)

ベガ（vega）

オプション評価モデルにおいて、ボラティリティの変化に対するオプション評価価格の変化を指す。ベガは、オプション評価価格w、ボラティリティvに対して、

$$\text{vega} = \frac{\partial w}{\partial v}$$

すなわちwのvによる偏微分で表される。(T.O.)

ベーシス取引（basis transaction）

証券の現物と先物の価格差をベーシスといい、この差を利用した裁定取引のことをいう。例えば代表的な取引対象である債券では、先物の理論価格は現物価格から計算され、両者の価格差であるベーシスは裁定取引により一定

の値に収束するはずである。しかし、需給などの何らかの外的要因により、ベーシスが拡大、縮小することがある。この拡大、縮小を利用して、相対的に割高な証券を売り、相対的に割安な証券を購入し、その後の価格修正を待ち反対売買をすることで利益が得られる。現物債を買い、先物を売る取引をロングベーシス取引、現物債を売り、先物を買う取引をショートベーシス取引という。(S.S.)

ベータ (ベータ値、β) (beta)

CAPM導出で定義されたβ値と、回帰式から算出されたβ値の2つがある。CAPMから導出されたβ値は市場ポートフォリオの価格変動に対する対象資産 (個別証券やこれらの集合体であるポートフォリオ等) の価格変動の大きさ、すなわち感応度を表している。市場ポートフォリオと対象資産の (無リスク資産に対する) 超過リターンの共分散を市場ポートフォリオの超過リターンの分散で除すことで算出される。CAPM導出の中で定義されたβ値は、均衡条件から導出された市場ポートフォリオと個別証券 (もしくはこれの集合体であるポートフォリオ) の関係の強さ、リスクと (無リスク資産に対する) 超過リターンのトレードオフの関係を表している。

一方、実務で最も広く使われているβ値は、株式を対象とする場合であれば、市場ポートフォリオの代理変数として例えばTOPIXを使い、対象資産との過去のリターンの関係を回帰分析により求めた回帰式の傾きである。これは回帰式の傾きであるので、過去の両者の共分散をTOPIXの分散で割ることで計算されるが、均衡条件を基に導出されたわけではない。このβ値は過去データから算出されたβ値で、ヒストリカルβと呼ばれている。このほかにも、企業のファンダメンタルズから算出されたファンダメンタルβと呼ばれるβ値も利用されている。(S.S.)

ヘッジ (hedge)

ある金融取引に本来的に備わる潜在的なリスクが具現化したときの損失を相殺するため、典型的にはその金融取引と反対の投資ポジションを取ることで、その損失を回避しようとする行為を指す。金融取引におけるヘッジは、株式、ETF、保険、先渡取引、先物・スワップ・オプション等の金融派生商品など、多くの金融商品・取引を通じて行うことができる。ヘッジを行う際に、ヘッジ手段として利用する取引のコストが発生する。これをヘッジ・コストと呼ぶ。(Y.Mo.)

ヘッジファンド (hedge fund)

一般的に統一的な定義は存在しないが、証券監督者国際機構 (IOSCO) は、以下の項目のうち、幾つかの特性を兼ね備えたファンドないしは投資スキームと定義している。すなわち、①借入れやレバレッジ規制が適用されず、しばしば高いレバレッジを利用する、②年間の運用報酬のほかに成功報酬 (収益の一定割合) を運用報酬として徴収する、③投資家の解約は一定の期日に限定 (四半期、半年、1年に1回など)、

④運用者の自己資金も合わせて投資する、⑤デリバティブ取引や空売りをしばしば投機目的に利用する、⑥多様的でかつ複雑な金融商品を利用するといったものである。私募形式による募集あるいは超富裕層向けの販売なども、ヘッジファンドのイメージとして挙げられることがあるが、近年は公募でのヘッジファンドが海外で登場したり、年金基金や財団なども販売先として大きくなっていることから、そのイメージとは合わなくなってきた。また、ヘッジファンド運用のための器（ビークル）も多様で、信託（投資信託を含む）のみならず、投資法人、リミテッド・パートナーシップなど、用途や利用のしやすさで様々な形態の器が用いられる。(Y.Mo.) ⊃IOSCO

ヘッジファンドクローン
(hedge-fund clone)
➡ **ヘッジファンド複製ファンド**

ヘッジファンド複製ファンド

　ヘッジファンドの複製商品で、ヘッジファンドの収益構造を模倣し、ヘッジファンドの平均リターンを再現することを目指すファンドである。ヘッジファンドクローンともいう。市場流動性の高い商品を組み合わせて過去のヘッジファンドの平均的リターンの複製を目指すものと、ヘッジファンドと同じ商品または戦略への投資を目指すものがある。通常、ヘッジファンドでの運用を選択しない投資家でも、容易に運用資産に組み入れることができるとされている。ひとたび運用手法が開発されれば運営コストを低く抑えることが可能で、運用報酬が高くなりがちなヘッジファンドと同様の運用を低コストで行えるメリットがある。加えて、投資戦略の透明性や解約の自由度なども、ヘッジファンドに対し優位とされるポイントである。一方、長期間にわたり複製する対象のヘッジファンドと同様のパフォーマンスを実現できるかどうかは、不透明な場合もある。(A.I.)

変換係数（conversion factor）
➡ **交換比率**

変額年金保険（variable annuity）

　契約者が支払った保険料を株式や債券で運用し、その運用実績に応じて支払年金額が変動する個人年金型保険で、投資型年金保険ともいう。国内では1990年代以降に販売されるようになった。通常、元本は保証されないが、最低保証金を定めている商品もある。変額年金保険では、運用原資を特別勘定とし、契約者が株式、債券、投資信託などを選択できる仕組みになっている。契約者が中途で解約した場合には、運用実績に応じた解約返戻金が支払われる。契約者が年金支払い開始前に死亡した場合には死亡給付金（死亡保険金）、年金支払い開始後に死亡した場合には死亡一時金が、予め指定した死亡保険受取人に支払われる。(T.K.)

ベンチマーク（benchmark）

　資産運用での運用成果を評価する際の基準のことで、代表的なものとして、資産クラスのベンチマークと運用者を

評価するための**マネジャー・ベンチマーク**などがある。例えば、インデックスファンドの運用者は、与えられたベンチマークに連動することが運用の目標となり、アクティブファンドの運用者は、与えられたベンチマークを上回ることが目標となる。また、ファンドが取っている個々のリスクの大きさも、ベンチマークが基準となることが一般的で、ベンチマークからの乖離の大きさがトラッキングエラーの要因となる。ベンチマークの選定は、その後の運用成果を左右する可能性もあり、重要な意思決定の1つである。ベンチマークに必要な要件として、代表性（投資対象の特性と同じ特性を持つ）、再現性（実際に投資可能）、透明性（ベンチマークの構築方法が公表されている）、客観性（ベンチマークの構築方法に恣意性がないこと）などがある。資産クラスごとに代表的なベンチマークがあり、多くの運用者が同じベンチマークのもとで運用を行っている。例えば、国内株式であれば配当込みの東証株価指数（TOPIX）、外国株式であればMSCI-KOKUSAI、国内債券であればNOMURA-BPI、外国債券であればシティグループ世界国債インデックスなどが広く使われている。ただし、多くの運用者が同じベンチマークのもとで運用を行うと、価格形成にゆがみが生じるなどの問題が発生する可能性があるため、ベンチマークの多様化も望まれている。(S.S.)

ベンチャーキャピタル
(venture capital)

新しい技術や斬新な経営戦略で新規事業を開拓しようとする、あるいはしている企業（ベンチャー企業）への出資、または融資を行う機関を指す。ベンチャー企業は中小・零細企業が多く、大企業に比べて経営面・財務面で脆弱なため、ベンチャーキャピタルはこれを資金面で支援し、経営面でのアドバイスを行うこともある。ベンチャーキャピタルは、成長性が期待できる企業を発掘し、出資・投資し、投資先企業が成長して株式を公開した時点で売却してキャピタル・ゲインを取得することで収益の確保を図る。株式公開せずに他者へ売却する場合もある。日本では大手金融機関系のベンチャーキャピタルが多いが、独立系も参入しており、投資事業組合として行う場合もある。(Y.Mo.)

変動係数 (coefficient of variation)

標準偏差を平均で割った値のことである。平均が著しく異なるデータのばらつきを比較するとき、単に分散や標準偏差の大きさで比較することはできない。そのときに、平均に対する相対的なばらつきの大きさとして変動係数を用いる。(R.S.)

変動利付債 (floating rate note, floating rate bond)

フローターとも呼ばれ、利払いの際の利率がマーケットの動向によって変わる債券をいう。確定利付債は、マーケットがどんなに変動しても、発行時に決められた利率が償還期日まで変わらない。一方、変動利付債は、利率が

その時々の金利動向に応じて見直される。変動利付債の利率は、償還期日までの金利を予め一定の金利に定めずに、利払日前の金利水準を基に決められる。変動利付債は、ユーロ市場で多く発行されている。一方、日本では2000年6月から公募形式で期間15年の変動利付国債が、2003年3月から期間10年の個人向け国債が発行されている。これらの利率は半年ごとに見直され、直前に発行された10年利付国債の利回り等を参考に、次回の利率が決定されている。通常、金利が上昇する局面では、固定利付債は市場実勢金利に見合った利率を享受できないが、変動利付債は金利が見直されると利率が上がるメリットがある。(A.I.)

ホ

ポイズンピル（poison pill）

敵対的買収者以外の既存株主に有利な条件で新株を買う権利を与え、乱用的で奇襲的な敵対的買収を防衛する手段である。買収者にとっては**毒薬条項**（ポイズンピル）であり、既存株主にとっては権利付与（ライツプラン）と解釈できる。日本における事前警告型のライツプランの典型的なスキームは次のようである。企業は株主に対して、敵対的買収の行為が行われた場合に新株を取得できる権利を付与する。敵対的買収の行為とは、買収者が一定割合（発行済株式の20％以上など）の株式を取得することである。新株予約権の行使価格は市場価格より相当低い（市価の1/2など）ため、既存株主は権利を行使して新株式を取得する。買収者には新株引受権が与えられないため、議決権の保有比率が大幅に低下する。加えて、発行済株数の増加によって株価が下がるため、買収者は経済的に大きな損失を被ることになる。(N.I.) ⊃ 買収防衛策

包括利益（comprehensive income）

包括利益計算書または損益及び包括利益計算書に表示される利益の1つで、当期純利益、少数株主損益（ある場合のみ）、その他の包括利益を合計して求められる。より厳密には、ある企業の特定期間の財務諸表において認識された純資産の変動額のうち、当該企業の純資産に対する持分所有者との直接的な取引によらない部分をいう。当該企業の純資産に対する持分所有者には、当該企業の株主のほか当該企業の発行する新株予約権の所有者が含まれ、連結財務諸表においては、当該企業の子会社の少数株主も含まれる（企業会計基準第25号「包括利益の表示に関する会計基準」第4項）。

純利益に含まれない、いわゆる資本直入項目が増え、クリーンサープラス関係を保てなくなることが問題となり、それらの項目の収容場所として包括利益が必要とされることとなった。なお、実証分析では、包括利益と当期純利益のどちらが有用であるかについては、必ずしも明らかになっていない。(S.Y.) ⊃ クリーンサープラス関係、当期純利益

包括利益計算書

（comprehensive income statement）

包括利益を表示する計算書。1計算書方式と2計算書方式がある。1計算書方式とは、当期純利益と包括利益を1つの計算書で表示する方法である。日本の現行制度上、この計算書は、「損益及び包括利益計算書」と呼ばれる。2計算書方式とは、当期純利益と包括利益を2つの計算書で別に表示する方法で、当期純利益を「損益計算書」で表示し、包括利益を「包括利益計算書」で表示する。包括利益計算書では、そ

の他の包括利益の内訳とともに、少数株主損益調整前当期純利益とその他の包括利益合計を足して包括利益が計算されることが示されている。

従来は、包括利益そのものは直接開示されず、株主資本等変動計算書における数値から計算する必要があった。(S.Y.) ⊃1計算書方式

簿価評価(valuation at book value)

資産負債等の帳簿価額での評価を指す。時価評価に比して用いられることが多い。ただし、会計上は評価されたものが簿価となるので、簿価評価という表現はされず、会計上の簿価の数値をその他の用途に用いる場合に、簿価評価という用語が用いられる。その意味するところは、当初の取引価額に基づく評価のことであり、取得原価のような当初の取引価額だけではなく、償却原価法による評価も含む。例えば、会計基準の定めに従って満期保有目的債券に時価ではなく償却原価法が用いられる場合などに、簿価評価という表現が用いられることがある。(S.Y.)

ポーターの競争戦略理論(Porter's competitive strategy theory)

競争戦略理論の第一人者といわれるハーバード・ビジネススクールのマイケル・ポーター教授(Porter)が提唱した戦略分析のフレームワークをいう。ポーターの理論では、業界の平均的な収益力に影響する外部要因が5つ提示される。市場内競争、新規参入の脅威、代替品と補完品、売り手(供給者)の交渉力、買い手(顧客)の交渉力の5つである。これらは5 forcesと呼ばれ、企業の戦略分析を行う際に考慮すべき外部要因になる。外部要因を分析して業界の特徴を理解すると、競争優位を得るための戦略を立案することになる。ポーターは、競争戦略をコストリーダーシップ戦略、差別化戦略、集中化戦略に分類した。外部環境が厳しく、価格競争から逃れられない業界では、いち早くコストリーダーシップ戦略を採用する必要がある。外部環境が緩やかな業界は、大規模な売上高が見込めないことが多いため、差別化戦略による高い利益率の追求が必要になる。外部環境が厳しくても、特定の地域や特定の顧客層に集中して販売する集中化戦略を採れば、競争優位を築くこともできる。(N.I.)

ポータビリティ(portability)

年金制度において、転職などに当たって年金を「持ち運びできる」という意味で一般に用いられる。公的年金でも企業年金でも用いられるほか、国際的な移動に関しても用いられる。企業年金で用いる場合には、転職の際に、退職する会社の企業年金から年金原資を受け取り、転職先の企業年金に移せることを指す。日本における確定拠出年金の場合は、個人別口座で管理されている年金資産を、転職に当たって持ち運びすることとされているので、これをポータビリティと呼ぶことがある。しかし、ポータビリティの語には、持ち運びするかしないかは本人の意思に基づいて選択が可能というニュアンスが含まれているが、日本の確定拠出年

金における移換は義務的であり、他の確定拠出年金へ移換しなかった場合には、少額の場合に脱退一時金の請求がある場合を除いて、国民年金基金連合会へ自動移換されることになっている。厚生年金基金・確定給付企業年金については、法改正によって2005年10月からポータビリティの道が開かれた。この場合の移換は義務的ではなく、脱退一時金に関する選択肢として位置付けられている。また、転職先の制度についても、受入れは義務的ではなく、転職先の厚生年金基金・確定給付企業年金制度の規約に受け入れる旨の規定が設けられている場合に限られるが、実際にそのような規定が設けられている制度はまれである。そのほかには、企業年金連合会へ移換する方法がある。また、厚生年金基金・確定給付企業年金から確定拠出年金へのポータビリティについては、移換するかどうかは本人の任意、確定拠出年金制度側の受入れは義務の形で確保されている。(Y.F.)

ポータブルα（portable alpha）

ポートフォリオリターンを「市場と連動する部分」と「運用者のスキルから生まれる部分（アルファ）」に分離可能であると考え、先物等を利用して後者のみを取り出す運用手法である。取り出したアルファは前者と切り離して自由に持ち出すことができることから、ポータブルαという。この手法は、対象市場全体の市場リスクを取る必要がなくなり、運用者のスキルのみ取り出せるという利点がある。さらに、市場リスクとアクティブリスクの分離が可能となるので、年金基金の運用などでは政策アセットミックスを維持しながら、アクティブアルファの獲得が比較的自由にできるようになる。この運用手法の成否は、多くの運用者の中から事前にアルファを生む運用者を見つけ出すこと、アルファだけを取り出すためのコストを抑えることとなる。(S.S.)

ボックススプレッド（box spread）

オプション戦略で、ブル・コール・スプレッドと、行使価格が共通のベア・プット・スプレッド（同一原資産、同一満期のもの）を組み合わせたものをボックススプレッドという。

図表　バーティカルスプレッドの例

(a) ブル・コール・スプレッド

(b) ベア・プット・スプレッド

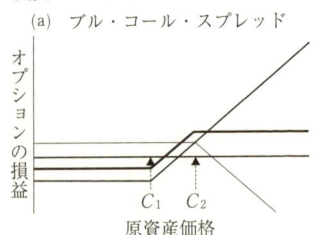

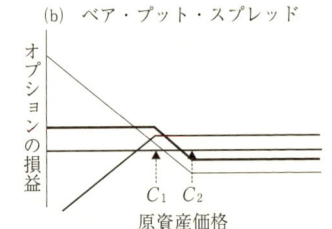

図表のように、それぞれのオプションの行使価格をC_1、C_2（ただし$C_1 < C_2$）とすると、ヨーロピアンオプショ

ンの場合には、この戦略の満期価値（ペイオフ）は常に、C_2-C_1となる。したがって、このポジションの現在価値が、C_2-C_1の現在価値（連続複利（r）で表せば、$(C_2-C_1)e^{-rT}$、ここでTはオプションの満期までの期間）よりも安ければ、ボックススプレッドの買い、逆に高ければボックススプレッドの売り（すなわちベア・コール・スプレッドとブル・プット・スプレッドの組合せ）によって、裁定取引による利益が得られることになる。なお、アメリカンオプションの場合、売却したオプションが満期以前に行使されるリスクがあり、ペイオフが確定していない点には注意が必要である。このため、裁定取引が目的のボックススプレッドでは通常、ヨーロピアンオプションが用いられる。

一方、スワップ取引では、異なる年限の債券アセットスワップの売りと買いを組み合わせたポジション（例：10年国債の買いと10年固定金利払いの金利スワップ取引、および、7年国債のショート（空売り）と7年固定金利受けの金利スワップ取引の組合せ）を、ボックススプレッドと呼んでいる。これは、アセットスワップ間のスプレッドの相違が、拡大もしくは縮小することによる利益を狙った取引である。(T.O.) ⊃ブルスプレッド

ポートフォリオインシュアランス
(portfolio insurance)

予め設定しておいた最低限のフロアを確保しながら、相場上昇時のリターンの追及も行う戦略である。対象資産の価格のみに着目し、資産価格が下落して最低限のフロアに近づけばリスク資産を減らして無リスク資産を増やし、資産価格が上昇すると無リスク資産を減らしてリスク資産を増やすことで、（最低限の）フロア確保とアップサイドリターンの追及の両方を狙う。保有資産に保険を掛けることと同じ経済的効果を生むため、インシュアランスという言葉が使われている。このポートフォリオインシュアランスのように、フロア確保とアップサイドリターンの追及の両方を狙う戦略には、このほかにも2つの代表的な方法が考えられる。1つは保険に入ることで損失発生時に損失分を補填してもらうことである。もう1つは、保険を掛けたい分だけのプットオプションを購入する方法である。しかし、これら2つの方法は実務的には難点があり、必要なときに必要な額の保険が掛けられないことが多い。(S.S.)

ポートフォリオ選択
(portfolio selection)

マーコウィッツ（Markowitz[1952]）が示した平均分散アプローチに従い、効率的フロンティアを描くことができる。この効率的フロンティア上の無数の点が投資家にとって最適なポートフォリオであり、この中から投資家にとって好ましいポートフォリオを選択すればよいことになる。ここで、無リスク資産が存在すれば、無リスク資産を表す点を通り、この効率的フロンティアに接する直線が新たな効率的フロンティアとなる。さらに、投資家ご

とに異なる効用関数（平均分散平面上では下に凸で右上がりの曲線）が求められれば、効率的フロンティアと投資家の効用関数が接する点が、その投資家にとって最適なポートフォリオということになる。すなわち、無リスク資産の存在を前提とすれば、保有する資産は市場ポートフォリオと無リスク資産で、この割合は投資家の効用関数の形状で異なることになる。無リスク資産の存在を前提にしなければ、投資家ごとの効用関数の形状により保有するリスク資産の構成が異なることになる。(S.S.)

ポートフォリオマネジメント
　　　　　　　（portfolio management）

　投資目的の明確化から、投資政策の策定（plan）、投資の実行（do）、投資パフォーマンス評価・分析（see）と結果のフィードバックまで、すべてのプロセスを管理することをいう。まず始めに投資の目的は何か、制約条件は何か、リスク許容度はどれくらいあるのかを明らかにする必要がある。これにより目標リターンや取り得るリスクの大きさなどが決定できる。次に、投資政策の立案がある。投資対象の特性分析を行い、投資目的を達成するための中長期的な視点での資産配分すなわち政策アセットミックスが決定される（リバランスルールもこの時点で決定される）。さらに、決定された政策アセットミックスに対して、資産ごとにマネジャーストラクチャーの決定（パッシブ、アクティブ比率の決定、アクティブファンドのスタイル配分等）を行い、投資を実行する。投資成果は時間の経過とともに資産の時価変化として現れる。ここでは、パフォーマンス評価と呼ばれる投資成果の分析が行われる。この分析を通して、投資目的にかなう運用がなされていたか確認され、問題点が明らかになれば問題が発生したプロセスの見直し・修正が行われる。これらの一連の流れが適切に行われるようにすることがポートフォリオマネジメントであり、投資目的の達成確率を高める方法と考えられている。(S.S.)

ホーム・アセット・バイアス
　　　　　　　（home asset bias）

　合理的な説明の根拠がないにもかかわらず、他国資産に対して自国資産の保有比率が高い状態をいう。ホームバイアス（home bias）、ホーム・カントリー・バイアス（home country bias）と呼ばれることもある。日本で特に顕著に見られるが、海外の多くの国でも見られる現象である。自国資産の保有比率の高い状態が存続する合理的な根拠として、為替リスクの存在、情報の非対称性、情報入手のコスト等が指摘されているが、どれもこれを正当化することはできず、非合理的な偏り（バイアス）と考えられている。しかし、世界的な傾向として、ホーム・アセット・バイアスの解消が徐々にではあるが進んでいる。なお、年金運用での負債が国内債券との連動性が高いという理由で、国内債券が高い保有比率になることが多いが、これは負債との関係で合理的な説明が可能であり、国内債

券のホーム・アセット・バイアスは正当化される場合が多い。(S.S.)

保有期間利回り（yield for holding period）→ 所有期間利回り

ボラティリティ（volatility）

資産等の価格変動性をいう。ブラック・ショールズ・モデルなどにおいては、原資産価格Pが幾何ブラウン運動 $dP = \mu Pdt + vPdz$ に従うという仮定を置くが、この式中のパラメータvがボラティリティである。これは、一定時間間隔における資産価格変動率（より正確にはその自然対数値）の標準偏差とも解釈できる。ブラック・ショールズ・モデルにおいては、原資産価格の予想ボラティリティがオプションの評価価格に大きく影響することが知られている。(T.O.) ➲ インプライドボラティリティ、ヒストリカルボラティリティ、ブラック・ショールズ・モデル、ブラウン運動

ボラティリティパズル（volatility puzzle）

リスクとリターンのトレードオフの関係が市場で成立しているとすれば、ボラティリティの高い（リスクの大きい）銘柄のリターンは高く、ボラティリティの低い（リスクの小さい）銘柄のリターンは低くなることが期待される。しかし、これまでの実証分析の結果によると、日本だけでなく他の株式市場でも現実の株式市場ではこの関係は成立しておらず、逆に、ボラティリティの高い（リスクの大きい）銘柄の その後のリターンは低く、ボラティリティの低い（リスクの小さい）銘柄のその後のリターンは高くなることが報告されている。この現象は、アノマリーの1つと考えられ、「ボラティリティパズル」あるいは「ボラティリティ効果」(volatility effect) と呼ばれている。(S.S.)

ボルカー・ルール（Volcker rule）

2010年に成立した米国のドッド・フランク法（金融規制改革法）で定められた、銀行が自己勘定取引によって銀行自身と金融システム全体をリスクにさらすことを防止する方針をいう。この方針を提唱したポール・ボルカー (Paul Volcker) 元FRB議長の名前を取って、ボルカー・ルールと呼ばれている。2011年に公表された同ルールの施行規則案では、銀行は2012年7月21日までに自己勘定取引（60日以内の取引）が禁止され、取引執行のため外国関連会社を使うことも禁止される。禁止された自己勘定取引を行っている投資会社のポジションを清算するため、2年間の移行期間が設けられることになっている。ただし、引受け業務、値付け業務、リスクヘッジに関連する自己勘定取引については、除外される見通しとなっている。このような規制の動きを受けて、大手米国銀行の多くは自己勘定取引業務を縮小した。(T.K.)

ホワイトスクワイア（白馬の従者）（white squire）
→ ホワイトナイト（白馬の騎士）

ホワイトナイト（白馬の騎士）
(white knight)

敵対的買収防衛策の1つに、友好的な第三者に株式を保有してもらうことがある。敵対的買収を仕掛けられている経営陣にとって、窮地から救ってくれる者という意味で、友好的な第三者をホワイトナイト（白馬の騎士）と呼ぶ。**ホワイトスクワイア**（白馬の従者）も同様に、友好的な第三者である。ホワイトナイトとホワイトスクワイアの相違は、保有株式数（議決権）の多さで区分される。ホワイトナイトは、企業経営に実質的な影響を与える程度の議決権を持つ。例えば、議決権の1/3超を持つことで、株主総会の特別決議を拒否することができる。一方、ホワイトスクワイアは、企業経営に影響を与えない程度の株式を保有する主体をいう。ホワイトナイトの出現で、敵対的買収者がより高い買収価格を提示すると、株主は利益を得る。敵対的買収者がファイナンシャルバイヤーの場合、買い集めた株式をホワイトナイトに売却することもある。(N.I.)

ポンカス債（ex-warrant bond）
➡ エクスワラント

ポンジ金融（Ponzi scheme）

既存の顧客に対する配当を運用収益ではなく新規の顧客が支払った資金で賄う仕組みで、いわゆるネズミ講に類似した行為であり、ポンジ・スキームともいう。19世紀の詐欺師チャールズ・ポンジ（Charles Ponzi）の名前にちなんでいる。ポンジ金融による金融詐欺事件は過去に何度も発生しているが、近年では2008年に発覚したバーナード・L・マドフ（Bernard Lawrence Madoff）の事件が有名である。マドフは1960年に投資運用会社を設立し、NASDAQにも設立当初から参加してNASDAQ会長も務めた。年間10％程度の配当を約束して各国の有力金融機関などの投資家から資金を集めていたが、20年以上も運用を行わず、新規顧客から集めた資金で配当を支払っていた。しかし、2009年の金融危機で顧客が一斉に資金を引き揚げたため、資金繰りが困難になり破綻した。被害総額は500億ドル以上に上るとも報道された。(T.K.)

マ

マーケットインパクト（市場インパクト）(market impact)

自らの売買注文によって取引価格を動かしてしまった場合の価格変化の大きさのことをいう。実際の証券市場での証券の売買では、自らの売買注文によって取引価格を動かしてしまい、売買する直前の時点よりも不利な価格で取引せざるを得ない場合もあれば、有利な価格で取引できる場合もある。例えば、ある銘柄に大量の売り注文を出した場合、現時点の市場価格で買い手がいなければ、現時点の価格よりも低い価格で取引することになる（成行注文の場合）。この注文前の市場価格と売り注文を出した結果として付いた価格の差が、マーケットインパクトの大きさである。買い注文の場合も同様で、現時点の市場価格で売り手がいなければ、高い価格で取引することになる（成行注文の場合）。流動性が低いほど、売買注文の額が大きいほど、短時間での執行であるほど、マーケットインパクトは大きくなる。この差額は投資家が支払わなければいけないコストであり、マーケットインパクト・コストと呼ばれている。(S.S.)

マーケットタイミング戦略 (market timing strategy)

市場全体の上昇、下降の動きを予測し、上昇すると判断すれば市場全体の動きに連動する資産をロングし、下降すると判断すればショートする戦略のことをいう。市場が上昇する前に購入し、市場が下落する前に売却するという考え方で、非常に古くからある投資戦略の1つである。市場全体の方向性の予測には、投資の具体的戦略を考えるストラテジスト等の分析による方法や、何らかの計量的手法によって予測する方法がある。現在でもこの考え方に近い戦略を採用しているファンドや運用機関は少なくない。(S.S.)

マーケットニュートラル戦略 (market neutral strategy)

ロングポジションに対してショートポジションをバランスさせることで、市場全体の変動リスクの影響を完全に排除してポートフォリオを中立化させ、特定のリスクファクターのみに賭けたり（ベットしたり）、銘柄固有リスクのみを取ることで超過リターンの獲得を狙う戦略のことをいう。市場全体の動向に左右されずにリターンを獲得しようとする戦略である。(S.S.)

マーケットメイク (market make) ➡ リクイディティ・プロバイダー制度

マコーレー・デュレーション (Macaulay duration) ➡ デュレーション

マッチング拠出 (matching contribution)

一般に、米国における代表的なDC制度である401（k）プランにおいて、加入者が選択した掛金に応じて、制度の定めに基づいて雇用主である企業が掛金を拠出することを指す。典型的には、一定の上限の範囲で、加入者が給与の1％を拠出するについて雇用主企業がその同額（給与の1％）を拠出する。このように、加入者が選択した掛金にマッチする形で雇用主企業が拠出することから、マッチング拠出と呼ばれる。マッチング拠出は、雇用主企業から加入者に与えられるベネフィットであり、加入者の自発的な掛金拠出を奨励する仕掛けとして定着している。

日本における確定拠出年金法に基づく確定拠出年金（企業型）では、掛金を拠出するのは雇用主企業のみとされていて、加入者が掛金を拠出することは認められていなかった。これに対して、加入者が掛金を拠出することを認めるよう産業界からの強い要望があり、法改正によって、確定拠出年金制度（企業型）において一定の限度で加入者が掛金を拠出する制度とすることが2012年1月から可能になった。一定の限度とは次のとおり。

・事業主拠出額を上回らないこと、かつ、
・事業主拠出額との合計が法令で定める拠出限度額を上回らないこと

日本では、加入者が掛金を拠出することを指して、マッチング拠出と呼ぶことがあるが、これは誤用である。確定拠出年金（企業型）における加入者の拠出は任意であって、何かにマッチして拠出する必要はない。ちなみに、401（k）と同様のマッチング拠出（加入者が選択した掛金にマッチする形で企業が掛金を拠出）の設計は、日本における確定拠出年金法では認められていない。(Y.F.)

マートンモデル（Merton model）

企業の信用リスクを測定するモデルの1つで、ノーベル経済学賞を受賞したロバート・マートン（Robert Merton）が提唱した。信用リスクやデフォルト確率を求める手法は、構造型アプローチと誘導型アプローチに大別できる。構造型アプローチは、企業の貸借対照表を前提にしてデフォルトを定式化する方法である。誘導型アプローチは、デフォルト確率を外生的な関数や確率モデルとして扱う。マートンモデルは構造型アプローチの代表的なモデルで、株式をコールオプションとみなす。オプションの原資産は貸借対照表における総資産、権利行使価格は負債総額、満期日は負債の償還日である。償還日において総資産の評価額が負債を上回ると、株式（純資産）は価値を持つ。総資産の評価額が負債を下回ると、企業はデフォルトに陥り、株式の価値はゼロになる。企業の資産価値が幾何ブラウン運動に従うという仮定のもとで、株式価値はブラック・ショールズのオプション評価モデルを用いて算出できる。同時に、デフォルト確率は、満期時に資産額が負債額を下回る確率として測定できる。(N.I.)

マネジメントバイアウト
（MBO, management buyout）

経営陣が参画する自社買収をMBO（management buyout）という。MBOのスキームでは、経営陣が企業経営を行い、同時に相当程度の株式を所有する。MBOの動機の1つは、所有と経営の分離によって生じるエージェンシー問題を回避し、効率的な企業経営を行うことである。エージェンシー問題とは、株主の代理人（エージェント）である経営者が、他人である株主の価値最大化を追求しないために生じる経営の非効率性をいう。経営者自身が株主になることで、エージェンシー問題は回避できる。人は自分のためには必死になるからである。MBOのもう1つの動機は、負債利用によるタックスシールドである。現経営陣の自己資金だけでは多額の買収資金を賄えないため、多くのMBOには負債調達が付随する。負債の利用はタックスシールドをもたらす。MBOはLBO（leveraged buyout）の一種である。(N.I.)

マネジャー選択（manager selection）
政策アセットミックスで決定された各資産の配分比率を基に、資産ごとのパッシブ・アクティブ比率、アクティブ戦略および配分比率、運用を外部に委託する場合の運用者（ファンド）の決定までのプロセスのことをいう。投資方針に基づいて作られた政策アセットミックスに従い、ベンチマークに連動するパッシブファンドで運用を行うことで最低限の目的は達成されるはずである。さらに、ベンチマークに対してαの獲得を目的として、一般には外部の優秀なアクティブマネジャーを選択し、運用を委託する。アクティブαの相関の低いマネジャーを選択して組み合わせることで、全体として効率的な運用が実現できると考えられている。外部に運用を委託する場合、実務的にはバランス型（すべての資産の運用を委託）と、特化型（特定の資産、特定のリスクテイクを目的として個別に委託）という選択肢がある。傾向として、バランス型から特化型への移行が進んでいるが、全体のリスク管理が必要になるなど、委託をする側の負担も大きくなる。(S.S.)

マネジャーベンチマーク（manager benchmark）➡ ベンチマーク、スポンサーベンチマーク

マルチ・ファクターモデル（multi-factor model）➡ ファクターモデル

マルチ・マネジャー・ファンド
　　　　　　　（multi-manager fund）
1つのファンドではあるが、ファンドの資産を分割して複数の運用会社（または複数の戦略・ファンドマネジャー）に運用を外部委託するファンドのことをいう。特定の分野に対して高い運用能力を持った運用機関を複数採用することが可能となり、高い収益が期待できると考えられている。一方、運用会社が2階層で構成されることになるため、コストが高くなるというデメリットも指摘されている。なお、ファンド・オブ・ファンズと類似点が多いが、両者の仕組みは大きく異なっている。例えば、ファンド・オブ・ファン

ズでは既存のファンドの中からファンドを選択するのに対して、マルチ・マネジャー・ファンドでは専用のファンドを設定することになるため、運用途中で運用方針の変更も可能である。一方、ファンド・オブ・ファンズでは、選定された各ファンドから見れば1人の投資家にしかすぎないため、1人の投資家の要請で運用方針を変更することはできない。(S.S.)

マルチンゲール (martingale)

現時点で明らかになっているあらゆる情報に基づいて推計される将来の価格の期待値が現在の価格と一致するような確率過程をいう。下式において、左辺が現在（t時点）の価格、右辺が現在利用可能な情報集合I_tを前提とする将来（$t+1$時点）の価格に関する条件付き期待値を表している。

$P_t = E(P_{t+1} \mid I_t)$

マルチンゲール性が妥当しているような確率過程への投資はフェアゲーム（公平なゲーム）と呼ばれ、フェアゲームに投資する場合の期待リターンは0となる。現在の価格が将来の価格の条件付き期待値を上回っている場合、すなわち期待リターンがマイナスの不利なゲームの場合を優マルチンゲール (super martingale)、逆に、現在の価格が将来の価格の条件付き期待値を下回っている有利なゲームの場合を劣マルチンゲール (sub martingale) という。(M.T.)

ミ

ミューチュアルファンド
(mutual fund)

米国におけるオープンエンド型投資信託を指す。オープンエンド型投資信託は、請求により随時解約のできるファンドである。一般に、ミューチュアルファンドには、「会社型」と「契約型（トラスト型）」の2つのタイプがあるが、米国では会社型が一般的である。401（k）プランやIRA（個人退職勘定）などの確定拠出型年金の運用手段として利用され、1990年代に入ってから資金が大量に流入して資産総額が大きくなった。(Y.Mo.)

ム

無形資産（intangible asset）

物的な実体のない金融資産以外の資産で、次の2つの特徴を有しているものと定義される。1つは、法的権利を構成し、当該資産から得られる将来の経済的便益（収益）が保護されることである。もう1つは、他の資産から分離して譲渡が可能なことである。具体的には、無形資産の保有者は、無形資産を単独あるいは関連する契約等と組み合わせて売却したり、貸与できることをいう。企業会計原則による例示では、のれん、特許権、借地権、商標権、意匠権、鉱業権、ソフトウェアなどが無形資産に分類される。近年では、R&D投資や人的資源、組織能力などと並び、無形資産とその利用が企業の競争優位の源泉であるといわれている。企業結合会計においてパーチェス法が主流になっているため、無形資産を合理的に評価する必要性が高まっている。無形資産の評価には、将来収益への貢献を測定し、適切な割引率で現在価値に換算するDCF法を用いることが多い。(N.I.)

無裁定価格理論

（no-arbitrage asset pricing theory）

ある証券を空売りして得た資金で別の証券を購入してリスクの無いポジションを作る場合のように、まったく自己資金を使わずに無リスクで利益を獲得しようとする投資行動を裁定取引、その結果得られる利益を裁定利益という。非常に効率性の高い証券市場においては、裁定利益を獲得し得るような機会（裁定機会）が存在した場合には、投資家の裁定取引によって割高な証券の価格下落と割安な証券の価格上昇が瞬時に起こり、裁定機会は消失すると予想される。このように、市場は効率的で裁定機会は存在しないという前提のもとで導かれる証券価格理論を無裁定価格理論という。ブラック・ショールズ・モデルなどのオプション理論が、典型的な無裁定価格理論である。「無料で昼食が振る舞われることはない」という意味で、"No free-lunch theory"とも呼ばれる。(M.T.)

無差別曲線（indifference curve）

ミクロ経済学の中で、消費者が個々の消費財から得られる効用（満足度）を評価する際に、同一の満足度が得られる消費財の組合せを結んだ曲線のことを無差別曲線という。たとえば、ある消費者にとって、りんご3個、なし2個の組合せが、りんご1個、なし3個の組合せと同等に好ましい場合には、これらの数量の組合せを結ぶ形で無差別曲線が決定される。一般的に消費者によって個々の消費財に対する好みは異なるため、無差別曲線の形状は属人的に決定される。消費に充てることのできる金額に応じて予算線を引くことができ、予算線と無差別曲線の接点が

最適な消費財の組合せとなる。

無差別曲線の概念は、証券投資理論の世界でも応用可能である。縦軸を期待リターン、横軸をリスク（標準偏差）とするリスク・リターン平面上において、投資家の満足度が同一（無差別）の点を結んだ曲線を無差別曲線という。リスク回避型の投資家の場合には、右上がりの曲線となる。リスク水準が高くなるほど、リスクが増える見返りとして要求する期待リターンの増加分が多くなっていくからである。一般的に投資家によってリスク許容度が異なるため、無差別曲線の傾きは異なる。リスク回避度の高い（リスク許容度の低い）投資家ほど、リスクの増加に対して期待リターンの増加を多く要求するため、無差別曲線の傾きは急になる。同一の投資家に関する無差別曲線は交わらず、左上方の曲線ほど、その投資家にとって満足度の高い組合せとなる。平均分散アプローチのもとでは、有効フロンティアと無差別曲線の接点が最適ポートフォリオとなる。与えられた投資機会の中で、接点ポートフォリオがその投資家にとって最も満足度の高い期待リターンとリスクの組合せになるからである。(M.T.)

無リスク資産（risk-free asset）

将来の価格変動リスクを伴わない資産をいう。無リスク資産の収益率は現時点で確定しており、無リスク資産収益率（リスクフリー・レート）と呼ばれる。具体的にどのような指標がリスクフリー・レートに該当するのかは、投資期間の設定によって異なる。1期間が月次のように短い場合には短期金利が該当するが、1期間が長い場合には、国債利回りがリスクフリー・レートとして用いられることもある。(M.T.)

メ

銘柄選択効果(stock selection effect)

ファンドパフォーマンスの要因分析を行う際の要因の1つである。ファンドパフォーマンスの要因分解の方法として、ファンドの投資方針に基づいて計算された複数の資産から構成されるファンドの基準となる配分比率に従った場合のファンド全体のリターンを表す「複合ベンチマーク効果」、基準となるファンドの資産配分比率を変更した効果を表す「資産配分効果」、各資産の銘柄選定をベンチマークから乖離させた効果を表す「銘柄選択効果」、これらでは説明できない部分の効果を表す「複合(その他)効果」という4つの要因に分けて寄与度を分析する。「銘柄選択効果」はおのおのの資産クラスにおいて、銘柄選定や保有比率をベンチマークから意図的(アクティブ)に乖離させたことに対するパフォーマンスの影響の大きさ(寄与度)を表している。例えば、日本株式を資産クラスとしてベンチマークをTOPIX(配当込み)とした場合、インデックスファンドでこの資金を運用すれば銘柄選択効果はほぼゼロとなるが、アクティブファンドで運用した場合にはベンチマークとの乖離が銘柄選択効果として評価されることになる。(S.S.) ⊃ パフォーマンスの要因分析

メザニンファイナンス(mezzanine finance)

企業の外部資金調達は、ローリスク・ローリターンのデットファイナンスと、ハイリスク・ハイリターンのエクイティファイナンスに大別できる。デットファイナンスは、元利金の支払いが優先するシニアデットと、劣後する劣後債や劣後ローンに細分化できる。エクイティファイナンスは、配当や残余財産の配分が優先される優先株式と、普通株式に分類できる。株式への転換権を持つ転換社債型新株予約権付社債もある。劣後債や劣後ローン、転換社債型新株予約権付社債、優先株式は、シニアデットと普通株式の中間に位置し、ミドルリスク・ミドルリターンという特徴がある。これらを総じてメザニンという。メザニンとは中二階という意味で、シニアデットを二階、普通株式を一階と考えると、メザニンは中二階に位置する。MM理論が成り立つ世界では、メザニンファイナンス(メザニンによる資金調達)は、企業価値に影響しない。現実の世界では、ミドルリスク・ミドルリターンの金融商品に対するニーズがあり、メザニンへの投資を目的としたメザニンファンドが組成されている。(N.I.) ⊃ トランシェ

メザニンファンド(mezzanine fund) ➡ **メザニンファイナンス**

メディアン(median) ➡ **モード**

モ

目論見書 (prospectus)

有価証券の募集または売出しにおいて、その取得の申込みを勧誘する場合などに投資家に交付する文書で当該有価証券の発行者、発行する有価証券の内容等を説明したものである。金融商品取引法では、有価証券の募集、売出しまたは適格機関投資家向け証券に一般投資家向け勧誘のために発行者の事業その他の事項を説明する文書であって、相手方に交付しまたは相手方から交付請求があった場合に交付すべき文書となっている(同法第2条第10項)。目論見書交付の理由は投資家の判断基準となる情報を提供することにある。このため、有価証券届出書、発行登録書による開示対象となる募集、売出し、一般投資家向け勧誘に際し、発行者は目論見書を作成しなければならない。開示が行われていることにより届出書等の提出が免除される売出しに際しても同様である。届出の効力発生前に有価証券取得の申込みについて目論見書を使用して勧誘する場合は、仮目論見書を使用する。ただし、内容が未確定であることを表示する。(A.I.)

モーゲージ (mortgage)

不動産を抵当とする貸付けをいい、モーゲージを担保とする証券化商品をモーゲージ証券(MBS, mortgage-backed securities)という。米国では一定の属性を満たす住宅ローン数千件を集めて1つのプールとして扱い、証券化して投資家に販売されるケースが多い。その際、住宅ローンプールからの元利金の支払いから、手数料や信用保証料を引いて、そのまま投資家に支払うものをパススルー証券という。(T.K.)

モーゲージ証券 (mortgage-backed securities) ➡ MBS

モード (mode)

あるデータのうち度数が最も大きい値(あるいは度数が最も大きい階級の階級値)のことである。**最頻値**とも呼ばれる。例として、データ $\{1, 1, 1, 1, 2, 2, 5, 7, 9, 9, 9, 9, 10\}$ の場合、モードは1と9である。

一方、メディアンは、**中位数**や**中央値**とも呼ばれ、データを小さい順に並び替えたときに、ちょうど中央にある値のことである。分布の中心を意味する。上の数では、5がメディアンである。データが偶数の場合には1つに決まらないので、中央にある2つの値の平均をメディアンとする。例として、データ $\{1, 2, 3, 4, 5, 6, 7, 8\}$ の場合、メディアンは $(4+5)/2 = 4.5$ である。

確率分布についても同様に定義される。確率分布のモードとは、確率密度関数 $f(x)$ を最大にする x を指す。また、$P(X \leq x) = \dfrac{1}{2}$ となる x が確率分布のメ

ディアンである。

正規分布のように峰が1つある分布で、かつ左右対称であるとき、平均、モード、メディアンは完全に一致する。一方、左にゆがんだ（左裾が長い）分布では、平均＜メディアン＜モードである。(R.S.)

持分プーリング法
（pooling of interest method）
　企業のM&A（合併・買収）における会計処理方法の1つである。被買収企業の資産や純資産を簿価で計上し、パーチェス法のようにのれんを計上しない。DCF法の浸透により買収価格を合理的に時価評価できるようになったこと、簿価評価は企業実態に即さないことなどの理由で、持分プーリング法は事実上廃止されることになった（一部の特殊な取引については、認められている）。(N.I.)

持分変動計算書
（statements of shareholders' equity）
　国際会計基準に基づく開示情報の1つで、持分（純資産）の変動内容を示すものである。現在の日本の会計基準では、株主資本等変動計算書が相当する。株主資本等変動計算書では、純資産の中の株主資本の期中変動について内容を示す必要がある。これに対して持分変動計算書は、純資産の変動事由のすべてを示す必要がある。大きな相違点は、持分変動計算書では、包括利益の各項目について、期首および期末残高の間の調整表が作成されることである。持分変動計算書は、株主資本等変動計算書より詳細な情報を開示することになる。(N.I.)

持分法適用会社（equity method affiliate）➡ 関連会社

モノライン（monoline）
　米国で生命保険、損害保険などを販売する保険会社（マルチライン）に対して、単一業務（モノライン）として金融保証を専門とする保険会社をいう。金融保証とは債権の元本、利子の支払いを保証するもので、債務不履行が発生した場合、モノラインが当初の貸借契約に基づいてスケジュールどおりに支払いを行う。モノラインは主に地方債や資産担保証券（ABS）を保証の対象とし、保証対象ポートフォリオを分散させることで格付会社から最上級の格付を獲得しており、その格付が保証業務の裏付けとなっていた。モノラインはかつて州政府などの発行する地方債の保証が業務のほとんどを占めていたが、次第に収益性が高い資産担保証券の保証に傾斜するようになった。しかし、サブプライム問題の深刻化で住宅ローン関連の資産担保証券の債務不履行が急増し、アムバック、MBIAなどの大手モノラインは経営不振に陥った。(T.K.)

モメンタム効果（momentum effect）
　過去に上昇した証券の価格はその後も上昇し、過去に下落した証券の価格はその後も下落する現象を利用して得られるリターンをいい、海外の株式市場などで短期の現象として観測されて

いる。この現象を利用して、価格上昇が始まった証券を購入し、価格下落が始まった証券を売却するモメンタム戦略と呼ばれる順張りの投資戦略が存在する。一方、長期で見るとリターンリバーサル効果と呼ばれる過去に上昇した証券の価格はその後下降し、過去に下落した証券の価格はその後上昇する現象が観測されている。日本市場では短期のモメンタム効果は観測されず、短期でも長期でもリターンリバーサル効果が観測されている。なお、最近の研究では、日本の短期のリターンリバーサル効果は1ヵ月程度の短期の低流動性の証券のみで観測され、セクターを考慮するとモメンタム効果が観測されるとする報告もされている。(S.S.) ⊃順張り戦略、リターンリバーサル効果

モーメント（moment）

確率変数Xに対して、X^rの期待値、すなわち

$$E(X^r)$$

をXの原点まわりのr次のモーメントという。したがって、Xの期待値とは、Xの原点まわりの1次のモーメントである。

また、$E(X)=\mu$とおくと、

$$E\left[(X-\mu)^r\right]$$

をXの平均まわりのr次のモーメントという。したがって、Xの分散（$=E\left[(X-\mu)^2\right]$）とは、Xの平均まわりの2次のモーメントである。

積率とも呼ばれる。(R.S.)

モラルハザード（moral hazard）

ガバナンスの領域においては、プリンシパル（委託者）がエージェント（受託者）の行為について完全な情報を収集できない（情報の非対称性がある）ので、エージェントがプリンシパルの意に沿わない行動を取ることをいう。例えばエージェントである経営者が、プリンシパルである株主との間に情報のギャップがあることをよいことに、経営者自身の利益になるような行動（企業帝国の建設、役得の確保、努力を怠る、既得権益の擁護など）を取ることが挙げられる。また、保険の領域においては、保険会社により損害が補償されるので、被保険者のリスク回避の意識が薄れ、リスクを促進させてしまうことをいう。例えば、自動車保険に加入している被保険者は、意図的あるいは非意図的を問わず、事故回避の気持ちが薄れて事故率が上昇してしまうことなどを挙げられる。(Y.Mi.)

モンテカルロ・シミュレーション
　　　　　（Monte Carlo simulation）

乱数を数多く発生させて確率実験による数値シミュレーションを行うことをいう。確率的な挙動をするリスク資産のリターンは、確率分布を特定することで表せる。この確率分布に従う乱数を数多く発生させることにより、関連する事象の起こり得る状況や発生頻度を推定できる。例えば、株式オプションの価値は、原資産である株式の挙動（動きのこと）を確率変数を含むモデルとして記述でき、派生資産である株式オプションは、この原資産の確率的

モンテ

な挙動に従って表されることになる。原資産の株式の挙動を表す確率変数の分布が特定（例えば正規分布）されると、この分布に従う乱数を数多く発生させることで、満期時点での株式オプションの価値の分布が計算でき、価格を推定できる。モンテカルロは、カジノで有名なモナコ公国の地名から名付けられている。(S.S.)

ユ

有意差検定(significance test)

2つのデータ集合において計算された統計量の値の違いから、2つのデータ集合が同一の母集団からの標本であるか否か、あるいは母数に差があるか否かを検証する検定。母平均の差の検定や母分散の比の検定などがある。(R.S.)

有価証券報告書
(annual securities report)

投資家が投資を行う際に十分な判断材料に資するため、金融商品取引法第24条に基づき企業が事業年度ごとに作成する開示資料である。金融商品取引所(証券取引所)に株式公開をしている企業、店頭登録している株式の発行会社、有価証券届出書提出会社(1億円以上の有価証券の募集または売出しを行う際に提出が義務付けられている書類)、過去5年間において、事業年度末時点の株券ないし優先出資証券の保有者数が1,000人以上となったことがある会社(資本金5億円未満の会社を除く)は、各事業年度終了後3ヵ月以内に金融庁へ提出しなければならない。記載内容は、企業の概況、事業概況、設備の状況、提出会社の状況、経理の状況、提出会社の株式事務の概要、提出会社の参考情報などで、監査報告書も添付されている。なお、虚偽記載があると、金融庁により訂正報告書の提出を義務付けられるが、悪質な場合は告発され上場廃止となる場合もある。(A.I.)

有期年金(fixed-term annuity)

一定の期間を定めて支給する年金のことである。保証期間を設けて、その間に本人が死亡の場合には、遺族に対して保証期間の残りの期間について年金を支払うものや、保証期間の残りの期間に見合う一時金を支払う形のものがある。有期年金の期間と保証期間が一致する場合には、特に確定年金と呼ばれる。有期年金ではない年金は、終身年金と呼ばれる。日本のDB型の企業年金では、厚生年金基金では終身年金を原則とするが、確定給付企業年金では終身年金を設けることは給付設計上の選択である。日本における企業年金は、退職一時金の移行によるものが多いことから、DB型の企業年金では、確定年金の給付設計が比較的多い。なお、確定給付企業年金については、生命保険会社が提供する年金商品を選択する場合を除いて、個人別の勘定の残額を取り崩して給付に充てるため、給付支払いの期間は有限となる。したがって、これを有期年金と呼ぶこともできるが、一般的な用法ではない。(Y.F.) ⊃終身年金

優先株式(preferred share)

普通株式に比べ配当金を優先的に受け、残余財産の分配を優先的に受ける

といった特色を持つ株式である。その代わりに株主総会での議決権がないこともある。優先株式はその利益分配に対する有利な条件から、普通株式よりも高い株価が形成されることが多い。そのため、発行企業にとっては議決権を付与せずに、より多くの資金調達ができるというメリットがある。

一方、優先株式とは反対の特色を持つのが劣後株式である。**劣後株式**は配当や残余財産の分配において他の株式よりも劣後的な地位が与えられている。普通株式を追加で発行すると既存株主にとっては1株当たりの配当額が減少する可能性もあるが、劣後株式の発行によってそれを防ぐことができる。そのため、経営者に対して発行されるケースが多いほか、親会社や政府から資金援助を受ける手法としても使用される。(A.I.) ⇒種類株式、優先劣後構造

優先債(senior bond)

企業の発行する優先債／劣後債では、通常は弁済順位が優先される一般の債券を優先債、それと比較して、弁済の順位が劣る債券を劣後債という。同順位の一般債務であっても、担保付きであれば、事実上弁済される順位としては担保のない一般債務に優先すると言える。**劣後債**は、会社が解散した場合、他の債権者への支払いをすべて終えたあと最後に債務を返済される、株式に近い性格を有しているため、会計上一部自己資本に組み入れることが可能な場合があり、金融機関が自己資本比率を高めるために発行することがある。

こうした優先劣後構造は、複数の社債を責任財産として発行される社債担保証券(collateralized bond obligations、資産担保証券の1つ)を発行する際にも利用されている。発行する証券を高格付部分と低格付部分とに作り分けることで個別の投資家のニーズに合致した商品の提供を実現する。利金・償還金の支払いが高格付部分から順番に実行されるため、それぞれに異なる格付が付与される。格付の高いものから、優先債(シニア債：ローリスク・ローリターン)、メザニン債(ミドルリスク・ミドルリターン)、ジュニア債(ハイリスク・ハイリターン)の3グループに分類される。優先債やメザニン債は投資家に販売されることが多いが、ジュニア債は対象資産の保有者が自ら保有し続ける場合が多い。(A.I.) ⇒アセットバック証券、トランシェ、CDO、優先劣後構造

優先劣後構造(senior-sub structure)

元本と利息の支払いや配当と残余財産の配分などに関する優先順位構造のことである。負債であっても元利支払いの優先順位が異なるものがある。デフォルトが生じた場合、支払いが最優先されるのは、担保付社債や担保付借入である。次いで無担保のシニア、その後に劣後債と劣後ローンがくる。優先劣後構造は、金利など資金調達条件に反映される。支払いが優先されるものは金利が低くなる。すべての社債やローンに劣後して配分が行われる株式においても、優先株と普通株という優先劣後構造がある。企業がデフォルト

した場合、残余財産は優先株主に配分され、その余りが普通株主に配分される。デフォルト以外においても、優先株に対する配当は、普通株より優先される。優先株に配当が支払われても、普通株は無配のことがある。優先劣後構造を反映して、優先株の資本コストは普通株の資本コストより低くなる。(N.I.)

ユニバース（universe）
　投資対象としている資産の範囲を示したもので、投資ユニバースとも言う。ベンチマークで投資対象としている銘柄群と（投資）ユニバースは一般には一致している。ユニバース以外への投資は、投資対象として想定していないリスク・リターン特性を持った対象に投資することになり、リスク管理上も問題となる。また、全運用資産を分割して複数の運用者に委託している投資家にとっても、（投資）ユニバース以外への投資は想定外のリスクを取ってしまう可能性があり、ユニバースが予め規定されていることが多い。(S.S.)

ユノカル基準（Unocal rules）
　買収防衛策を適法と認める基準の1つで、取締役が経営判断の原則による保護を受け、経営者側の防衛策が認められるケースの判断材料をいう。名前の由来は1985年、米国石油会社ユノカル社に買収を仕掛けた買収王ブーン・ピケンズ（Boone Pickens）に対抗し、ユノカル社がピケンズ氏以外から自己株式を取得するという防衛策（選択的公開買付：日本法では未認可の手法）を実施した事件に由来する。これに対しデラウェア州裁判所が示した買収防衛策を適法とする判断基準は、①敵対的買収が対象会社の経営や効率性に脅威となるか、②防衛策が脅威との関係で相対的に適当か、というものであった。また、その立証責任を対象会社の取締役に課し、過度な防衛策の導入を抑制した。ピケンズ氏はグリーンメーラーと推認され、ユノカル事件では経営者側の買収防衛策は認められるという判決が下った。この事例からポイズンピル等の対抗手段が正当化されるようになった。(Y.Mi.) ⊃グリーンメール、レブロン基準

ユーロ市場（Euromarket）
　ある国の通貨をその国以外で取引する市場をいう。また、自国以外の金融機関に預けられるか、非居住者が保有している通貨をユーロマネー、ユーロ市場で取引される通貨（自国以外の市場で取引される通貨）をユーロカレンシーと呼ぶ。例えば米国以外で取引される米ドルはユーロドル、日本以外で取引される日本円はユーロ円と呼ばれる。1950年代ごろから欧州で取引が始まったためユーロという名称になったが、ユーロ市場はロンドンなど欧州に限らず世界各地に存在する。ユーロ市場には銀行間の資金調達が行われるユーロ預金市場、大型の貸付けが行われるユーロ貸付市場、ユーロ債が発行されるユーロ債券市場がある。ユーロ市場は各国の税などの法制度や通貨政策、取引慣行などの制約を受けないため、流入する資金の規模が大きくなっ

ている。(T.K.)

ユーロネクスト (Euronext)

ユーロネクストは、フランスのパリ、オランダのアムステルダム、ベルギーのブリュッセル、ポルトガルのリスボンにある証券取引所の総称で、欧州多国籍取引所をいう。2000年9月にパリ証券取引所、アムステルダム証券取引所、ブリュッセル証券取引所が合併して設立された。その設立の目的は、現物取引やデリバティブ取引のシステムを統合してクロスボーダー取引を容易にするとともに、注文を集中させて流動性の向上を図ることにあった。設立後はユーロネクスト・パリ、ユーロネクスト・アムステルダム、ユーロネクスト・ブリュッセルに改称されたが、2002年にポルトガルのリスボン取引所とロンドンのデリバティブ取引所が加入した。リスボン証券取引所はユーロネクスト・リスボンに改称し、デリバティブ部門はロンドンのデリバティブ取引所傘下に統合された。2007年にはニューヨーク証券取引所を運営するNYSEグループと合併し会社名は「NYSEユーロネクスト」となった。(A.I.)

ヨ

要求収益率(required rate of return)

投資家が資本を提供する際に要求する収益率をいう。投資家は、企業や投資案件のリスクを測定し、同じリスクを持つ企業や投資案件に対しては、同じ収益率を要求する。企業や投資主体にとっては、資本に課されるコスト(資本コスト)となる。企業活動の成果や投資案件の成果が要求収益率を下回るようだと、投資家は資本の提供を見送る。企業の場合は企業評価の低下、投資案件の場合は投資資金が調達できないという結果になる。(N.I.)

予定利率

(assumption of interest rate)

生命保険会社が保険商品で用いるものと、DB型の企業年金で用いるものがあり、両者の性格は大きく異なる。

① 生命保険会社が保険商品で用いる予定利率は、保険金などの保険契約の内容に見合う保険料の計算に用いられる。予定利率は、保険契約者に対して保険会社が契約時に約束した将来の運用利率といった意味を持つ。有配当契約の場合には、予定利率を上回れば配当金が支払われることがある。既存の契約に係る予定利率を引き下げることに関しては、厳しい規制が設けられている。

② DB型の企業年金で用いる予定利率は、数理計算上の仮定の1つで、日本では制度資産の長期的な期待収益率をベースに設定される。予定利率には、将来の運用利率に関する約束の意味はない。実際の運用利回りが予定利率より低く(利差損)、そのために積立不足が生じた場合には、積立不足を解消するために掛金率を引き上げることになる。

また、運用環境に関する想定を見直した結果、あるいは、制度資産の運用戦略を変更した結果、長期期待収益率が大きく変化した場合などには、予定利率を変更することがある。例えば、予定利率の引下げは、数理債務や掛金率の引上げになるが、将来の利差損の発生は小さくなる。予定利率と給付額の規定の中で用いられる利率(給付利率)に制度上のつながりはないが、両者が関係付けてとらえられるケースはある。例えば、長期期待収益率が低下したとの考えに基づいて、予定利率を引き下げる場合には、給付利率についても引下げを検討するケースがある。ただし、給付利率の引下げは給付減額に当たるので、厚生年金基金や確定給付企業年金では、法令等に雇用主企業の経営状況の悪化などの一定の理由および労使合意などの必要な手続きの定めがある。(Y.F.)

401(k)

米国の税法(内国歳入法:Internal Revenue Code)のセクション401の第

k項を指すもので、当該項の要件を満たして税制上の特別の取扱い（拠出時の所得税の対象所得から控除、運用収益は非課税、受給時には課税）を受ける制度を一般に401（k）プランと呼ぶ。米国における代表的なDC制度の1つである。読み方に決まりはないが、米国では「フォーオウワンケイ」と読まれることが多く、これにならって、日本では「よんまるいちけい」と読まれることが多い。日本では、確定拠出年金法の成立に向けた議論の中で、米国の401（k）が引合いに出されることが多かったことから、401（k）は本来の意味を離れて、確定拠出年金の代名詞に用いるケースが見られる。しかし、401（k）では加入者が任意で拠出する掛金を基本とするのに対して、日本の確定拠出年金（企業型）では掛金の主たる拠出者が雇用主企業であるなど、基本的な部分を含めて両者には違いがある。（Y.F.）

ラ

ライツイシュー（rights issue）

　企業が既存の株主に新株予約権（ライツ）を割り当てることをいう。既存株主に与えられるのは、時価より安い価格（行使価格）で株式を購入できる権利である。ライツイシューを受けた株主は、行使価格相当額を支払うことで、企業の新株式を購入できる。企業にとっては株式発行による資金調達（増資）のため、ライツイシューはエクイティファイナンスに分類できる。MMの無関連命題が成立する場合、エクイティファイナンスは既存株主の資産価値を高めることはない。実際には、公募増資や第三者割当増資は、既存株主や企業にとって好ましくないことがある。株主構成が変わったり、一時的に1株当たり利益が低下するためである。ライツイシューでは、株主構成はほとんど変わらず、1株当たり利益の低下は株式数の増加によって相殺される。このため、既存株主はライツイシューを選好することがある。(N.I.)

ライツプラン（rights plan）
　　　　　　　　　　　➡ **ポイズンピル**

ライフ・サイクル・ファンド
　　　　　　　　　（life-cycle fund）

　バランスファンドの1つで、投資家のライフサイクルの変化とともにリスク許容度が変化すると考え、ライフサイクルの変化に合わせてファンドのリスク量を調整していくファンドをいう。一般には、年齢が若いほどリスク許容度が高いので、株式などリスクの高い資産への投資比率を高くして債券などリスクの低い資産の保有比率を下げ、年齢が高くなるにつれてリスク許容度は低下するので、株式などリスクの高い資産への投資比率を低くして債券などリスクの低い資産の保有比率を高くすることが適切であると考えられている。ただし、本来、リスク許容度は年齢だけで決まるものではなく、画一的な判断には注意が必要である。投資信託では、一般に「ターゲットイヤー型（想定している投資期間の異なるファンドが複数用意されていて、投資家が自分の期間に合ったファンドを選択する）ファンド」と「スタティックアロケーション型（リスク水準の異なるファンドが複数用意されていて、自分のライフサイクルに合わせてリスク水準の異なるファンドを選択する）ファンド」の2つのタイプのライフ・サイクル・ファンドが運用されている。(S.S.)

LIBOR
　　（London Inter-Bank Offered Rate）

　ユーロマネー市場における銀行間で取引される預金の基準金利である。LIBORは貸し手側の金利で、最も頻繁に利用される金利指標である。BBA（British Bankers' Association,

英国銀行協会）から、米ドルのほか英ポンド、日本円、ユーロ、スイスフラン等の通貨について、ロンドン時間午前11時時点での1週間、1ヵ月、2～12ヵ月物が公表されている。LIBORは、参照銀行（Reference Bank）が提示する金利の平均金利から決定される。参照銀行は国際的に認められたマネー・センター・バンクである。指標の安定性を図るためにBBAによって参照銀行の入替えが行われている。（Y.Mo.）

ラスパイレス式（Laspeyres formula）

物価指数の算式の1つである。物価指数を作成する場合、個別品目iの基準時点における価格をp_{i0}、基準時点における数量をq_{i0}、比較時点における価格をp_{it}、比較時点における数量をq_{it}とすると、ラスパイレス式は

$$\frac{\sum_{i=1}^{n} p_{it} q_{i0}}{\sum_{i=1}^{n} p_{i0} q_{i0}}$$

である。すなわち、基準時点と比較時点の価格をそれぞれ基準時点の数量でウェイト付けした加重平均である。固定ウェイトを使用するため、計算が簡便である代わりに、消費動向の変化を反映できない欠点がある。これに対してパーシェ式は

$$\frac{\sum_{i=1}^{n} p_{it} q_{it}}{\sum_{i=1}^{n} p_{i0} q_{it}}$$

である。すなわち、基準時点と比較時点の価格をそれぞれ比較時点の数量でウェイト付けした加重平均である。ウェイトとして比較時点の数量を使用するため、比較時点が変わる都度価格データに加えて数量データも必要となる。ラスパイレス式を採用している指数には消費者物価指数、パーシェ式を採用している指数にはGDPデフレーターがある。（R.S.）

ラダー型ポートフォリオ
（ladder portfolio）

債券ポートフォリオを構築しようとする際、ポートフォリオの残存年数を目標とする残存年数（あるいはデュレーション）に一致させるため、残存年数の短い債券から長い債券までを均等に組み合わせて構築されたポートフォリオである。イールドカーブの右端から左端までの全債券を保有することになるため、残存年数を横軸、投資額を縦軸に取った場合、梯子（ladder）を横にして寝かせた形に似ていることからラダー型と呼ばれている。債券ポートフォリオの構成がラダー型と決定された時点でポートフォリオの構成が確定し、以降はこれに従って、債券が満期になると償還された金額で長期債を購入する定期的な入替えだけになる。そのため、パッシブ戦略の1つと位置付けられることがある。この方法は、バーベル型ポートフォリオと同様、機械的にポートフォリオの構築と入替えができるため、アクティブ的な運用スキルを必要とせず、管理も容易で、時価総額加重のインデックスに合わせたパッシブ運用よりも売買回転率が低く、低コストという利点がある。（S.S.）

ラップ口座 (wrap account)

包括的な口座という意味で、米国の大手証券会社が中心となって個人向けに提供を開始した資産運用管理サービスを指し、わが国でも導入された。投資家は証券会社と売買一任契約を結び、運用を委任する。証券会社は預り資産額に応じて手数料を受け取り、売買の都度必要な手数料などの徴収はしない。証券会社が投資家のニーズに応じて投資信託を組み合わせて運用する投信型(投信ラップ)と、証券会社が投資顧問会社を紹介し、その投資顧問会社が投資家に代わって運用する投資顧問型がある。(Y.Mo.)

ランダムウォーク (random walk)

ランダムウォーク(過程)は、「酔っぱらい」がまるで千鳥足で歩いているように見えるというところから酔歩(過程)と訳されている。ある資産の次の期のリターンが、現時点のリターンとホワイトノイズ(期待値が「0」で分散が一定であり、異時点間が独立で相関が「0」のデータ系列のこと)と呼ばれる撹乱項の和で表すことができることをいう。価格変化がランダムであるとすると、将来の予測は不可能ということになり、チャート分析のような過去の情報から将来を予測することは不可能となる。将来の予測が不可能とすることは、効率的市場仮説の正当性を示す1つの証左となる。株式のオプション価格評価のためのブラック・ショールズ式も、株価のランダムウォークを仮定して導かれている。(S.S.)

リ

リアルオプション(real option)

　企業の価値評価は、通常は将来の配当やキャッシュフローの予測に基づいて分析が行われる。しかし、現実には事業環境の変化に伴って大幅に業績が変化する場合や、事業戦略に大きな変化が表れるような企業もある。実際の企業経営は柔軟な意思決定のもとに行われており、そのような企業の柔軟な意思決定が持つ価値を評価モデルに組み入れた動的モデルを、リアルオプション評価モデルと呼んでいる。企業が持つ選択肢(オプション)には、例えば採算が取れないと判断した事業については工場での生産を休止する(撤退オプション)、反対に需要の高まりに合わせて生産設備を増強する(拡大オプション)、事業環境が好転するのを待って投資を開始する(延期オプション)、需要が減少した際に工場の操業を一時停止し、実際の回復を待ったうえで再開する(中断・再開オプション)、原材料価格が高騰したときに、その代替となる別の原材料に切り替える(転用オプション)などがある。(T.K.)

利益増減分析

　(analysis of changes in profit)

　複数期間の利益(の内訳)の増減の原因を探り、今後の経営改善や利益予想を行うための分析。分析の対象となるのは、損益計算書全体であり、例えば、売上高、営業利益、経常利益、当期純利益などである。その分析の分類には、要因別、事業(セグメント)別、その組合せがある。

　企業によって大きな影響を受ける要因が異なるため、要因の分け方は様々である。損益計算書に示されている売上要因、販管費要因、営業外要因などを概観するだけでなく、例えば、売上高や売上原価については価格要因や数量要因、製造原価については原材料要因、そのほかコスト削減(原価節減)、合理化要因、研究開発費要因、為替要因などに分けられてさらに詳細に分析される。企業によって開示の内容は様々であるが、決算説明会資料においては表またはグラフの形で示されることが多い。(S.Y.)

利益相反—証券アナリストの場合(conflict of interest〈sell side analyst〉)

　証券アナリスト(セルサイドアナリスト)の投資判断は、所属する証券会社が発行体から引受け手数料等を受領していたり、自己でその発行体株式のポジションを保有していたりすると、利益相反が発生する可能性がある。そこで、JSDA(日本証券業協会)は、アナリスト見解の独立性を担保するため、証券会社に対して、アナリストが引き受け、投資銀行、営業等他部門から不当な干渉や介入を受けないような組織体制を構築し、調査レポートを保

管し、アナリスト自身の証券取引を管理する内部システムの確立を求めている。また、セルサイドアナリストの投資銀行部門への関与や、営業等が発行体企業に有利なリサーチを約束することを禁じ、証券会社やそのアナリストと発行体企業の間で利益相反の可能性のある事項の開示を求めるなど、アナリストの投資推奨の中立性を確保する施策を求めている。(Y.Mi.) ⊃証券アナリスト

リクイディティ・プロバイダー制度
　　　　　　　（liquidity provider system）

ジャスダック証券取引所が国内で唯一採用するもので、2008年3月21日に従前の**マーケットメイク**制度を発展的に廃止し新設した。これにより、同取引所での売買方式は競争売買方式に一本化されたが、流動性供給者となる「リクイディティ・プロバイダー」(証券会社、以下LP) が、自己の計算による売り注文・買い注文を毎営業日必ず発注することにより、マーケットメイク方式と同様に流動性が向上する措置を講じている。取引参加者は、上期(4〜9月)または下期(10月〜翌年3月)にLPとなりたい銘柄を届出し、取引所がその届出に基づき銘柄ごとにLPとして指定する。取引参加者は、LPとして指定された銘柄に関し、毎営業日、ジャスダックの市況に応じて、売買を成立させるための「売り」または「買い」の一方、もしくは双方に自己注文を適切に発注しなければならない。一方、LPによる自己の計算による注文に係るすべての約定の取引手数料について、一定のルールのもとでインセンティブが付与される。(A.I.)

リサイクリング（recycling）

当期または過去の期間においてその他の包括利益に含まれた項目を、当期において純利益に組み替えることをいう。IAS第1号「財務諸表の表示」や企業会計基準第25号「包括利益の表示に関する会計基準」では、リサイクリングの代わりに組替調整 (reclassification adjustments) という用語が用いられている。このような手続きは、純利益と包括利益という2つの(全期間で合算すると同じになる)利益を1つの財務諸表で開示しようとするときに、必ず必要となるものである。

ただし、IFRSにおいては、リサイクリングが禁止されている項目も存在する。IAS第1号では、「包括利益計算書」または「純損益及びその他の包括利益計算書」のその他の包括利益の部において、事後に組替調整が行われないものは、組替調整が行われるものとは別に表示するよう要求されている。なお、リサイクリングの有無に関する原則は、現時点では存在していない。(S.Y.)

リスク（risk）

経済学では、「ある事象の変動における不確実性」ととらえられている。結果が得利であるか損失であるかには依存しない。金融分野では、投資という不確実な行為に関して、リスクを最小限に抑制しつつリターンを最大化することが重要な論点となっている。現

代ポートフォリオ理論においては、リスクが低いものは期待リターンが低く（利得が小さい）、リスクが高いものは期待リターンが高い（利得が大きい）と考えられている。また、各証券の個別のリスク（アンシステマティックリスク）は、分散投資で軽減できるとされる。一方、分散投資では軽減できない、市場全体に影響を与えるリスクをシステマティックリスクと呼んでいる。市場全体に対する相対的なリスクを表すのがベータ値である。企業のリスクマネジメントの分野では、固有リスク、統制リスク、発見リスクの3つのリスクがあるとされる。固有リスクは事業を行うに当たって対応を想定していない段階で法令違反や事故などが発生するリスク、統制リスクは統制活動を行っても固有リスクを防止できないリスク、発見リスクは統制活動を行っても固有リスクが発見できないリスクである。各種のリスク対策を導入しても依然として残ってしまうリスクを残存リスクという。残存リスクに関しては、リスクの存在を認識し、常時監視を続けていくことが重要となる。(T.K.)
⊃ システマティックリスク

リスクアービトラージ（risk arbitrage） ➡ **買収合併アービトラージ**

リスクウェイト関数 (risk weight function)

バーゼルIおよびバーゼルIIでは、信用リスクに関するリスクアセットとして、銀行が保有する各債権のデフォルト時与信額に当該債権の信用リスクに比例した負荷（リスクウェイト）を掛けた金額を使用する。各債権のデフォルト確率、デフォルト時損失率およびマチュリティ等の情報を入力してリスクウェイトを算出する関数が、リスクウェイト関数である。2006年度末より施行されたバーゼルIIでは、信用リスクに関するリスクアセットの算出方法として、リスクウェイト関数を用いて各銀行が自行の行内格付を基に債権のリスクウェイトを算定する内部格付手法が認められている。信用リスクに関するリスクアセットに、市場リスクおよびオペレーショナルリスクに対する所要自己資本を1.25倍した金額を足し合わせた合計が、銀行のリスクアセット総額である。銀行はリスクアセット総額の8％以上の自己資本を保有することが義務付けられている。(R.S.) ⊃ バーゼルIII

リスク回避 (risk aversion)

投資家はリスクを嫌う傾向があり、リスクを避けることをいう。投資家は期待リターンが同じであれば、リスクの高い選択肢を選ぶ投資家（リスク愛好家：risk lover）、リスクの大小は関係ない投資家（リスク中立者：risk neutralist）、リスクの低い選択肢を選ぶ投資家（リスク回避者：risk averter）に分けることができる。これら3つのタイプのうち、合理的な投資家はリスク回避的であると考えられており、リスク回避的な投資家を想定して、効用関数（投資家の満足度）が与えられ、投資理論が組み立てられている。しかし、同じリスク回避的な投資家といっ

ても、投資家によりリスク回避の程度（態度）が異なり、非常にリスクを嫌う投資家もいれば、それほどでもない投資家もいる。このリスクを避ける程度を数値で表したものがリスク回避度である。リスク回避度が大きいと、リスクを避ける傾向が強いことを表している。リスク回避度には、絶対的リスク回避度（ARA, absolute risk aversion）と、相対的リスク回避度（RRA, relative risk aversion）がある。富の増減に伴って絶対的リスク回避度が変化しないときには、投資家のリスク資産の保有額は富の増減に影響されず一定である。一方、富の増減に伴って相対的リスク回避度が変化しないときには、投資家の保有資産全体に占めるリスク資産の割合は、富の増減に影響されず一定である。なお、投資家のリスクに対する態度の違いを表すためにリスク許容度（risk tolerance）が用いられることもある。リスク許容度はリスク回避度の逆数である。(S.S.)

リスクキャピタル（risk capital）

企業活動に伴うリスクを負担する資本のことで、典型的には株式会社制度における株式資本を意味する。リスクを負担するという意味は、企業活動は株式資本を元手に運営され、利益を創出できなければ株式資本に対する配当はなくなり、損失が累積して大きくなると株式資本が減少し、倒産すれば無価値になるためである。一方で、利益が創出された場合は配当の受取りが期待でき、当該企業に成長性が見込まれれば株式資本そのものの価値の増大が見込まれるなど、借入金や社債などの他人資本とは異なる特性を持つ。逆に、大きなリスクを伴うビジネス活動をする企業にとって、事業遂行によってリスクが顕在化した場合に備えて、負担できる株式資本を積み上げておく必要がある。これはリスクに応じた資本（リスクキャピタル）を使用しているとみなす考え方に基づいている。(Y.Mo.)

リスク中立確率

(risk-neutral probability)

将来、複数の状態が起こり得る危険資産の価格の期待値をリスクフリー・レートで割り引いたとき、現在価値がちょうど現在の危険資産の価格に一致するような擬似的な確率qのことをいう。

図の例の場合には、$\dfrac{150q+75(1-q)}{1.05}$
$=100$を解いて、$q=0.4$となる。リスク中立確率は、投資家が想定している主観的な実現確率とはまったく無関係に決定される。オプションなどデリバティブ商品の理論価格を求める際などに活用される。

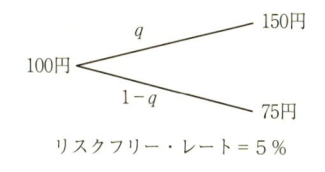

```
              q         150円
       100円 <
              1-q       75円
```

リスクフリー・レート＝5％

(M.T.)

リスク調整後リターン

(risk adjusted return)

ファンドのパフォーマンスを評価す

る際、「リスクとリターンのトレードオフ」の関係を前提とすれば、リスクの異なるファンドのリターンはそのままの値を比較するのではなく、リスクの大きさを考慮して比較する必要がある。このリスクの大きさを調整した後のリターンのことをいう。ポートフォリオの総リスク（リターンの標準偏差）やβ値を利用したリスクの調整方法があり、代表的なものにシャープレシオ、ジェンセン測度、トレイナー測度などがある。問題となるのは、リスク尺度として何が適切かという点である。このほかにも、マルチファクターモデルからリスク調整してリターンを求める方法、マーケットタイミング効果を考慮したリスク調整後リターンなどが示されている。また、インフォメーションレシオもベンチマーク対比の超過リターンの平均を超過リターンの標準偏差で割って求めた運用評価指標で、リスク調整後リターンの1つと考えることができる。(S.S.)

リスクバジェッティング (risk budgeting)

アセットアロケーションのリスク管理を行う場合、資産ごとの時価金額構成比を基に、資産配分をコントロールすることが一般的である。これに対し、リスクを予算化していくことによりリスクそのものをコントロールしていく手法がリスクバジェッティングで、時価ウェイトではなくリスクウェイトに注目してリスクを配分し、管理する。この手法は機関投資家などのリスク管理の有効な手段の1つと考えられており、ヘッジファンド等のオルタナティブ投資において有用との指摘もある。リスクバジェッティングはリスク量の変化に応じてリスク配分を調整させるため、リバランスの方法も変わる。ある資産のボラティリティが増大した場合、その資産のリスク量も大きくなるため、これを減らす方向、つまり該当する資産のリスク配分を下げる方向でリバランスを行うことになる。通常のアセットアロケーションを行う場合とは、リバランスの方法やタイミングが異なってくる。(S.S.)

リスクプレミアム (risk premium)

株式のようにリスクを伴う資産（危険資産）の収益率から、無リスク資産の収益率（リスクフリー・レート）を差し引いた値をいう。投資家がリスクを負担することに対する報酬と位置付けられる。リスクプレミアムは、危険資産と無リスク資産の過去の実績リターンに基づいて計算される場合と、将来における期待値として推計される場合（期待リスクプレミアム）がある。後者の場合も、過去の実績値をそのまま、もしくは何らかの加工を施したうえで推計値として用いることが多い。(M.T.)

リターンリバーサル効果 (return reversal)

過去に高いリターンが得られた証券のその後のリターンは低く、過去に低いリターンしか得られなかった証券のその後のリターンは高いというリターンリバーサル現象を利用して、リター

ンが得られることをいう。市場の変則性（アノマリー）を示す代表的な現象で、世界中の株式市場を中心にいろいろな市場で観測されている。1年を超える中期から5年を超える長期でも観測される現象であることが報告されている。このような現象がいろいろな国のいろいろな市場で継続的に見られる原因に関する仮説として、投資家の過剰反応がある。この過剰反応は、投資家が価格に影響を与える情報を過大に評価してしまい、価格が合理的な価格を大きく行き過ぎてしまうこと、その後に適正な価格へ収れんするという行動心理的要因から生じるとされている。リターンリバーサル現象は、平均回帰（ミーンリバージョン）現象、ルーザー・ウィナー現象とも呼ばれることがある。(S.S.) ⊃ 逆張り戦略、モメンタム効果

REIT（real estate investment trust）

不動産投資信託のことで、リートと読む。主に不動産や不動産に投資する資産証券へ投資する。具体的には、多数の投資家から資金を調達して専門家が不動産などに投資する。不動産の賃料や売却益などの運用益は、投資家に分配される。米国がリートの誕生では先んじたが、日本でも2000年の投資信託法の改正で導入が認められた。投資家にとっては少ない金額で不動産への投資に参加できる、リートが上場している場合は換金が容易などのメリットがある。(A.I.)

リート（real estate investment trust）
→ REIT

リバース・デュアル・カレンシー債（reverse dual currency bond）
→ デュアルカレンシー債

リバースモーゲージ
（reverse mortgage）

借り手（主に高齢者）が自らの持ち家や不動産を担保に老後の生活資金を借り入れ、死亡時に売却して借入金を返済する制度で、住宅担保年金制度（持家担保年金制度）ともいわれる。この制度は老後の保障のためのものではあるが、住宅ローンの一形態であるため住宅金融としても取り扱われる。引退後の高齢者は住宅というストックを持つが、所得というフローが少ない（もしくはない）。このため、引退後の生活資金等に、この住宅ストックをフローへ転化すればよいが、転居・借家等が必要となる問題が残る。このため、自宅に住んだまま住宅を資金化する技術が、リバースモーゲージである。リバースモーゲージを提供する金融機関にとっては担保割れが最大のリスクであり、長生きリスク・金利上昇リスク・不動産価格下落リスクの3つが挙げられる。米国ではhome equity conversion mortgage（HECM）として仕組みが整えられ、連邦住宅庁（FHA, Federal Housing Administration）や政府抵当金庫（ジニーメイ, GNMA）が支払い保証や担保損失補償を提供し、連邦住宅抵当公庫（ファニーメイ, FNMA）が債権買取り制度を提供するなど、民間だけでは成立しにくい制度を支えて機能させている。(Y.Mo.)

リバランス (rebalance)

運用している実際のポートフォリオを、目的としているポートフォリオと一致させるために行うポートフォリオの見直しをいう。リバランスの目的は、時間の経過とともに市場環境等の変化により生じるポートフォリオの特性を一定に保つことと、時間の経過とともに変わっていく投資戦略に合わせてポートフォリオの特性も変化させることの2つが考えられる。また、一定期間（例えば3ヵ月）ごとにリバランスを行う定期リバランスと、予め決められた基準に抵触した場合に行う不定期リバランスがある。(S.S.)

リビジョンインデックス (revision index)

アナリストの業績予想の修正指数で、上方修正された銘柄数の比率から下方修正された銘柄数の比率を差し引いたものを、銘柄数全体で除して算出される指数。銘柄数ではなく、（修正）回数が用いられることもある。業績予想の対象には、売上高、営業利益、経常利益、当期純利益などが含まれるが、営業利益の利用も増えている。

この指数は、景況感の判断等に用いられることがある。例えば、この数値がプラスに大きい、すなわち上方修正した企業（回数）が多い場合、当初の予想よりも景気が上向きになりつつあり、マイナスに大きい、すなわち下方修正した企業（回数）が多い場合、当初の予想よりも景気が下向きになりつつあることを表す。(S.Y.)

利回り曲線 (yield curve)
➡ **イールドカーブ**

リーマン・ショック (Lehman shock)

サブプライム問題をきっかけに引き起こされた米国の投資銀行リーマン・ブラザーズの破綻（2008年9月15日）と、その後の金融・経済危機をいう。2007年ごろからサブプライムローンの不良債権化が急速に進み、それにつれて住宅ローン関連の証券化商品や株式の価格下落が始まった。その影響で金融機関の資産内容の悪化が進み、2008年3月には証券化ビジネスに傾斜していた投資銀行ベア・スターンズが商業銀行JPモルガン・チェースに救済合併された。次いでリーマン・ブラザーズの経営不安が高まり、資金繰りが困難となった。米政府による支援を市場は期待したが、結局破綻となったため、株価の大幅下落、短期金融市場の機能不全を招いた。他の金融機関にも不安は波及し、証券会社メリル・リンチは商業銀行バンク・オブ・アメリカに合併され、保険会社AIGは米政府が救済、シティグループなど他の商業銀行にも公的資金が投入された。(T.K.)

リミテッドパートナーシップ (limited partnership)

オフショア地域や米国などで設立される法人組織の一形態で、少なくとも1名のジェネラルパートナーとリミテッドパートナーを含む組織である。無限責任を負うジェネラルパートナーが投資プロジェクトや事業の発起人となって、組織運営に当たり、リミテッ

ドパートナーはその投資プロジェクト等に参加し、収益の分配を受け取る。リミテッドパートナーは、出資金額の範囲内でしか責任を負わない有限責任である。投資ファンド、債権の流動化商品などで投資家を募るためにも、リミテッドパートナーシップは利用されている。日本でリミテッドパートナーシップに類似するものとして、投資事業有限責任組合などがある。一般に、パートナーシップ自体が法人課税を受けることはなく、収益・損失は各パートナーの収益・損失として各パートナーが直接課税される。このような二重課税を回避する仕組みをパススルー課税と呼ぶ。(Y.Mi.)

流通市場(secondary market)
　　➡ セカンダリーマーケット

流動性(liquidity)

　一般的に市場流動性と資金流動性の2つの意味があり、それぞれ流動性リスクと関連して用いられる場合が多い。市場流動性は市場において適時適切に取引できるかどうかを示す。市場流動性リスクとは、激しい価格変動や先行きの不透明性の増大などによって市場参加者が極端に少なくなり、市場取引が枯渇して、当初想定したよりも極端に不利な価格でしか取引できなくなるようなリスクである。資金流動性は、一般的には取引主体の手元資金の調達しやすさを示す。資金流動性リスクとは、負債の調達コストが著しく上昇して必要な資金の確保が困難化するリスクのことで、さらに悪化すれば必要とする資金決済に障害が生じる可能性も高まる。市場流動性は資金流動性と密接な関係にあり、特にリスクの側面からは明確に分離できない。(Y.Mo.)

流動性プレミアム
　　　　　(liquidity premium)

　短期債と長期債では、後者の方が投資家の資金を長期間にわたって固定せざるを得ないという点で流動性が乏しい。長期債には、流動性が乏しい分、投資家にとって不利な側面があるため、短期債よりも利回り水準が高くなるという考え方があり、流動性の欠如に対する見返りとして長期債に与えられる追加的な利回りを流動性プレミアムという。金利の期間構造理論の中の期待仮説には、純粋期待仮説と流動性プレミアム仮説がある。純粋期待仮説では、長期債の利回りは将来の短期金利に関する投資家の期待をちょうど累積した数値になると主張しているが、流動性プレミアム仮説では、長期債の利回りには、将来の短期金利に対する投資家の期待に加えて、流動性プレミアムが上乗せされると仮定されている。残存期間と利回りの関係を表すイールドカーブが実際の債券市場では右上がりになりやすい点と整合的な理論と考えられる。(M.T.) **➡ 純粋期待仮説**

流動比率(current ratio)

　短期的な債務返済能力を表す指標で、流動負債に対する流動資産の割合(流動資産÷流動負債)。債務返済能力の点からは高いほど望ましい。教科書的には200％が目安といわれることがあ

るが、現実にはあまり達成されていない。流動資産の中でも換金性の低い棚卸資産を除いた当座資産を分子に用いた**当座比率**（当座資産÷流動負債）が、補助的指標として用いられる。流動比率は、静態的な財務安全性の指標であり、現在では動態的な財務安全性の指標が重視されてきている。(S.Y.)

理論株価（theoretical stock price）

配当割引モデルや残余利益モデルなどの理論モデルを用いて算出した株価をいう。分析の前提が等しければ、配当割引モデルと残余利益モデルは同じ理論株価を示す。2つのモデルを用いて算出した理論株価が異なれば、一見同じようであっても、実際には前提が異なっている可能性がある。あるいは、モデルの適用が誤っている可能性がある。理論株価を市場株価と比較することで、証券アナリストは買い推奨をしたり、売り推奨をしたりする。理論株価を算出する作業は、証券アナリストにとって必須である。(N.I.) ⊃ 証券アナリスト

林業投資（forestry investment）
➡ **森林投資**

リンク債（linked bond）

償還金や利率などが原資産の価格などの変動により変化する仕組みの債券で、投資元本が保障されていない場合が一般的である。債券という形だが、実際にはデリバティブ（派生商品）などを組み込んでいるものが多い。日経平均リンク債やエクイティリンク債、金リンク債、クレジットリンク債など原資産は多様で商品の種類も多いが、単にリンク債という場合は日経平均リンク債を指すことが多い。日経平均リンク債は、基準日からの日経平均株価の変動などによって償還金額や利率が変わるという性質を持つ債券である。例えば、定められた株価観察期間中に日経平均株価が決められた価格（ノックイン価格）以下となった場合、償還金額は株価に連動して変動する。定められた利率決定日に日経平均株価が決められた基準価格以上になった場合は高い利率が適用され、基準価格未満の場合は低い利率が適用される。投資元本が保障されている商品ではなく、中途換金も難しいなどのリスクもある。(A.I.)

ル

累積分布関数

(cumulative distribution function)

任意の実数 x に対し、確率変数 X が x 以下である確率が

$$F(x) = P(X \leq x)$$

で表されるとき、$F(x)$ を X の累積分布関数あるいは単に分布関数という。累積分布関数は以下の性質を持つ。

① 単調非減少である。
② 右側連続である。
③ 任意の x に対し、$0 \leq F(x) \leq 1$ であり、かつ $\lim_{x \to -\infty} F(x) = 0$, $\lim_{x \to \infty} F(x) = 1$ である。

$F(x)$ が微分可能であるとき、その導関数 $f(x) = \dfrac{dF(x)}{dx}$ を X の確率密度関数という。(R.S.)

ルートTルール（"root-T" rule）

リスク（標準偏差）は時間の平方根に比例して大きくなるという法則。例として、ある証券の月次リターンのボラティリティを σ とすると、この証券の年次リターンのボラティリティは $\sigma\sqrt{12}$ であると推定できる。この背景には、証券の月次リターンが独立同一分布に従うことが仮定されている。(R.S.)

レ

レコード・キーピング
（record keeping）

記録管理の英語表現で、本来は様々な分野で用いられる一般名詞であるが、日本では確定拠出年金における運営管理業務の1つである記録関連業務のことを指す場合が多い。記録関連業務については、システムコストを分担する狙いから、多くの金融機関が共同出資してレコード・キーピング会社を設立している。日本では、日本レコード・キーピング・ネットワーク（NRK）と日本インベスター・ソリューション・アンド・テクノロジー（JIS&T）の2社がある。損保ジャパンDC証券は、単独でレコード・キーピング業務を行っている。(Y.F.)

レシオスプレッド（ratio spread）

オプション戦略の1つで、同一原資産、同一満期のオプションで、1単位のコールの買いとそれより高い行使価格の2単位（もしくはそれ以上の単位）のコールの売りをレシオ・コール・スプレッドと呼ぶ。同様に、1単位のプットの買いとそれより低い行使価格の2単位（もしくはそれ以上の単位）のプットの売りをレシオ・プット・スプレッドと呼ぶ。なお、これをレシオ・コール（もしくはプット）・スプレッドの売りと呼ぶことも多い。これらの戦略では通常、当初のオプション料が払いではなく、証拠金授受を除けば受けとなることからきている。オプション料の受払いを基準に考えれば、これらは売りポジションに当たると考えられるためである。レシオ・コール・スプレッドは原資産価格の若干の上昇、レシオ・プット・スプレッドは若干の下落、をそれぞれ予想する場合などに用いられる。

図表　レシオスプレッドの例

(a) レシオ・コール・スプレッド

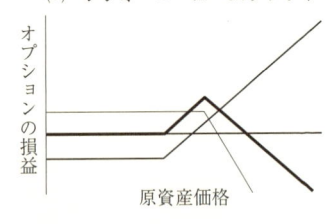

(b) レシオ・プット・スプレッド

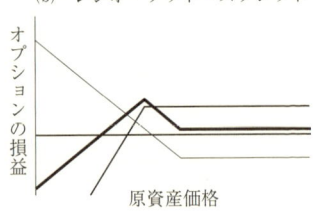

(T.O.)

劣後株式（deferred share）
　　　　　　　　　　　　➡ 優先株式

劣後債（subordinated bond (debentures)）➡ 優先債

レッドチップ（red chip）

香港市場に上場する銘柄のうち、登記は香港およびその他地域であるものの、資本の出所が中国本土である企業を指す。ブルーチップ（優良株の総称）の代わりに、共産党の象徴であるレッド（赤）を取り入れた。香港の中国返還で外資の香港離れが懸念された中で、一国二制度の中国への投資を呼び込む必要が高まり、中国政府が香港市場への本土企業の上場を促進したことにより生まれた。（A.I.）

レバレッジ効果（leverage effect）

証券投資の分野では手元資金が少額であるにもかかわらず、借入れ、信用取引（3倍程度のレバレッジが可能）、派生商品（証拠金が1割程度なので10倍近いレバレッジが可能）を使い、手元資金の数倍のポジションを取ることで得られる効果をいう。てこ（レバー）の原理に類似していることから、レバレッジ効果と呼ばれている。ギアリングと呼ばれることもある。将来の価格が期待した方向に変化すれば、高いプラスのリターンが獲得できる。反面、将来の価格が期待した方向と逆に変化すれば、大きな損失を抱えることになる。レバレッジ効果を利用した戦略を採用するときは、大きなリターンが期待できる反面、損失リスクも非常に大きくなる可能性があるため、通常以上にきめ細かなリスク管理が重要になる。なお、レバレッジ効果という言葉は企業財務の分野でも用いられる。その場合には有利子負債を多用することによって企業が自己資本利益率（ROE）の平均的な水準を上昇させることを指す。（S.S.）

レバレッジ比率（leverage ratio）

➡ **負債比率**

レブロン基準（Revlon duties）

M&Aの買収防衛策の適法判断基準の1つで、経営者側の防衛策が過剰とされるケースの判断材料となっている。具体的には、デラウェア州裁判所の示した判断基準で、「経営者は会社自体を売却する場合、または会社の分割を含む再構築を行うことを決定した場合、取締役は防衛策を講じてはならず、最も高い値段の相手に売る義務がある」としたものである。1986年に米化粧品大手のレブロン社に対し、投資家グループが敵対的買収を仕掛けた。これに対し、レブロン経営陣は敵対的買収の防衛策として、別の投資会社との間に友好的買収契約を結び、敵対的買収者が一定割合以上のレブロン株を取得した場合、レブロン社の価値のある部門だけを分割し、投資会社に安価で売却するという契約を結んだ。しかし、デラウェア州裁判所はこれを違法とし、前記基準により、レブロン経営陣は敗北した。（Y.Mi.）⮕ **ユノカル基準**

レポ（RP, repurchase agreement）

レポ取引の略で、証券の売却と同時に、売り手が後日買い戻す契約を結ぶ取引である。買戻し価格は最初に売却した価格よりも高いのが通常で、その差額は利子に相当し、レポレートとも呼ばれる。証券を購入した最初の買い

手は、いわば現金の貸し手になる。すなわち、最初の証券の売り手は、証券を担保として固定レートのもとで現金の貸出しを受けていることになり、現金の借り手という整理ができる。レポ取引は、将来の清算を約した先渡取引と同等と言えよう。証券を貸し手に法的にも移転することと引き換えに借り手に現金を移転させる現金取引であり、先渡契約として貸し手に現金を支払う一方で担保となる証券を借り手に返却するからである。先渡価格と現物価格との差は貸出しについての利率で、レポ取引の先物の決済日は現金貸付けの満期日になる。日本では現金担保付債券貸借取引とされ、債券の貸借取引の一種として整理され、債券の貸出・借入取引に債券の担保として現金が受け渡しされる取引と定義される。(Y. Mo.)

レモン市場 (lemon market)

買い手側が財やサービスの内容を知ることができないため、社会全体の厚生を高めるという市場の機能が働かない状態をいう。典型的な例としては中古車の買い手がその品質を知るのが難しいことが挙げられる。米国では俗に欠陥商品をレモンと呼ぶことから、財やサービスの質がわからないために不良品ばかり出回ってしまう市場をいう。米国の経済学者ジョージ・アカロフが1970年に、中古車を例に提唱したもので、情報の非対称性の概念を基盤にした考え方である。例えばタクシーの規制緩和の例を考えると、タクシーについてはそのサービスの内容を利用者は事前に知り得ず、その場に来たタクシーに乗るしかない。たとえ規制緩和で低料金や高サービスのタクシー会社が参入したとしても、そのタクシー会社のシェアは思ったほど伸びず、場合によっては市場から撤退してしまう。こうした情報の非対称性ゆえに劣悪なサービスのタクシーが依然として残ってしまい、利用者の利便性は一向に改善しないことになる。(T.K.) ⊃情報の非対称性

連結子会社

(consolidated subsidiary company)

親会社の連結財務諸表(親会社を中心とする企業集団の財務諸表)の範囲に含まれる子会社のこと。他の会社(親会社)に意思決定機関(株主総会その他これに準ずる機関で、財務および営業または事業の方針を決定する機関)を支配されている会社および会社に準ずる事業体。その判断には、過半数の株式の保有(持株基準)などのほか、実質的な支配関係の判定を加味した支配力基準が用いられる。子会社の子会社であるいわゆる孫会社も、連結子会社に含まれる。(S.Y.)

連検定 (run test)

連とは、時系列データを並べたときに、同一の記号や符号(＋か－か)が続く観測値のつながりのことを指す。例として、|5, -3, -2, 9, 8, 5|という時系列データの場合、連は|5|, |-3, -2|, |9, 8, 5|の3つである。連検定とは、時系列データが無作為標本であるかどうかを連の数から検定するノン

パラメトリック検定法である。このとき、帰無仮説は「時系列データが無作為標本である」、対立仮説は「時系列データが無作為標本ではない」となる。

いま、ある時系列データのうち+符号の標本数をm、-符号の標本数をn、連の数をrとすると、帰無仮説のもとでは、

$$E(r) = \frac{2mn}{m+n} + 1$$

$$\sigma(r) = \sqrt{\frac{2mn(2mn-m-n)}{(m+n)^2(m+n-1)}}$$

である。また、標本数が十分に大きい（mまたはnのどちらかが20以上である）とき、$z = (r - E(r))/\sigma(r)$は標準正規分布に近似する。この事実に基づき、z値の大きさから帰無仮説の正否を検定する。(R.S.)

連続複利（continuous compound rate of return）

一定期間において複利の回数を無限に多くしていったときの利息計算、あるいは、そのときの金利を指す。例えば、年率10%、年n回複利で100円を預金した場合、1年後の預金残高は

$$100\left(1 + \frac{0.1}{n}\right)^n 円$$

であるが、複利回数を無限に増やしていく（$n \to \infty$）と、1年後の預金残高は$100 \cdot e^{0.1}$円に収束する。すなわち、

$$\lim_{n \to \infty} 100\left(1 + \frac{0.1}{n}\right)^n = 100 \cdot e^{0.1}$$

である。一般に、年率r、P円を連続複利でt年間預金した場合、t年後の預金残高は

$P \cdot e^{rt}$円

になる。逆に、P円をt年間運用した結果F円になったとすると、このt年間の連続複利（金利）は

$$r = \frac{1}{t} \ln\left(\frac{F}{P}\right)$$

である。(R.S.)

連邦住宅抵当公庫（FNMA, Federal National Mortgage Association, Fannie Mae）➡ **ファニーメイ**

ロー（rho）

オプションなどデリバティブの評価モデルにおいて、金利の変化に対するデリバティブ評価価格の変化を指す。ギリシャ文字で ρ（ロー）と表記する。オプション等の評価価格 w、リスクフリー・レート r に対して、

$$\rho = \frac{\partial w}{\partial r}$$

すなわち w の r による偏微分で表される。(T.O.)

ロジット分析（logit analysis）

被説明変数が0あるいは1を取る2値変数であるケースを分析するときに使用する回帰モデル。

例として、Y を企業が倒産したときに1、倒産しないときには0をとる2値変数であるとし、X を企業の倒産／非倒産を左右するリスクファクターとして、X が企業の倒産確率 $P(Y_i = 1)$ に与える影響を推定することを考える。このように被説明変数が2値変数の場合、通常の回帰モデル

$$Y_i = a + \beta X_i + \varepsilon_i$$

から得られる回帰係数の推定値にはバイアスが掛かっているうえ、その値を使って推定した企業の倒産確率が0から1の間の値にならない事態が発生し得る。そこで、Y の代わりに潜在変数として Y^* を仮定し、回帰モデル

$$Y_i^* = a + \beta X_i + \varepsilon_i$$

を考える。ただし、Y^* は連続的であるが観測不可能な変数とし、$Y_i^* \leq 0$ のとき $Y_i = 0$ が観測され、$Y_i^* > 0$ のとき $Y_i = 1$ が観測されるとする。ロジット分析では、誤差項 ε_i はロジスティック分布に従うと仮定する。一方で、誤差項 ε_i の分布として標準正規分布を仮定する方法を**プロビット分析**と呼ぶ。回帰係数の推定には最尤（さいゆう）法を使用する。(R.S.)

ロバストネスチェック（robustness check）

ロバストネスは頑健性、構造安定性と訳され、外部環境の変化や突発的な外乱の発生といった外的なかく乱要因に対して、頑健性、構造安定性の確認を行うことをいう。時間の経過とともに変動する経済環境やサブプライムローン問題のような想定外のイベントが発生したときに、投資戦略やリスク管理手法が継続して安定性を保てるかを評価する。生物学、情報工学や制御工学の分野では、古くからロバスト性に関する研究が進められてきている。(S.S.)

ローリングイールド（rolling yield）

イールドカーブが順イールドの状態で金利水準やイールドカーブの形状に変化がないとした場合、時間の経過とともにスポットレートが低下することにより生じる効果を**ローリング効果**、あるいは**ロールダウン効果**といい、所

有期間におけるローリング効果から生じる所有期間利回りのことをローリングイールドという。ローリング効果は、イールドカーブの形状が最も急な傾斜をしている残存期間を持つ債券に投資した場合最も大きくなる。(S.S.)

ローリング効果（rolling effect）
➡ ローリングイールド

ロールオーバー（rollover）
　先物取引等の買い建て、あるいは売り建てのポジションは最終決済日に消滅してしまうため、取引最終日までに建玉を手仕舞い、次限月以降の限月の遠い建玉を新たに建てる取引をいう。買い建玉を乗り換える取引はロングロール、売り建玉を乗り換える取引はショートロールと呼ばれている。なお、満期債から借換債への乗換えや満期が迫った借入れを新たな借入れに乗り換えることも、ロールオーバーと呼ばれている。(S.S.)

ロールダウン効果（roll down effect）
➡ ローリングイールド

ロング（long）
　証券を購入して保有している状態、あるいは買いが売りを上回っている状態のことで、**買い持ち**ともいう。購入した証券を保有し続ける状態を「ロングポジション」を取る、あるいは「買い持ちする」という。ロングポジションは、その証券の価値が将来上昇することを期待して取るポジションである。株式や債券の現物資産の購入、先物などの派生証券の買い、外国為替の買い持ちなどをロングするという。なお、ロング（ポジション）の反対はショート（ポジション）という。(S.S.) ➲ ショート

ロングオンリー（long only）
　買い持ち（ロング）のみで、空売り（ショート）を利用しないで資産を運用をすることをいう。したがって、資産価格が上昇しない限りはリターンが得られず、資産価格が下落すると運用資産も減少する。ロングオンリーという制約は、組入れ比率の上限制約と同様で、運用上の大きな制約となり、運用効率を大きく低下させている可能性がある。一方で、ショートによる過度なリスクテイクを抑制しているという指摘もある。(S.S.)

ロングショート戦略
　　　　　（long-short strategy）
　割安な資産を購入（ロング）し、割高な資産を空売り（ショート）する投資戦略をいう。ヘッジファンドの投資手法の１つで株式を投資対象とすることが多い。特徴として、例えば株式市場の市場全体のリスクを一定程度ヘッジできることが挙げられる。ただし、多くのヘッジファンドでは、ある程度の市場リスクを取る（特にロング）ファンドが多く見られる。市場リスクをある程度ヘッジしているため、他の伝統的資産との相関は比較的低い。なお、厳密に市場リスクを排除した投資戦略は、マーケットニュートラル戦略と呼ばれている。(S.S.)

ワ

歪度（わいど）(skewness)

確率分布の非対称性の程度を表す指標で、

$$\frac{E[(X-\mu)^3]}{\sigma^3}$$

と定義される。歪度が正のとき右に歪（ゆが）んでいるといい、分布の右裾が長いことを意味する。逆に歪度が負のときには左に歪んでいるといい、分布の左裾が長いことを意味する。分布が左右対称であるときには歪度は0である。

一方、**尖度（せんど）**は確率分布の尖りの程度を表す指標で、

$$\frac{E[(X-\mu)^4]}{\sigma^4}$$

と定義される。正規分布の尖度は3であることから、尖度が3よりも大きい分布は正規分布よりも尖っている分布で、尖度が3よりも小さい分布は正規分布よりも平坦な分布である。(R.S.)

WACC

(weighted average cost of capital)

負債の資本コストと株式の資本コストを、負債比率と株式比率で加重平均した値であり、**加重平均資本コスト**ともいう。投資家である債権者と株主が期待する収益率を、それぞれの保有割合で加重平均した値といってもよい。WACCを上回るリターンを上げることは、企業価値の向上につながる。負債比率は（有利子負債）÷（有利子負債＋株式時価総額）、株式比率は（株式時価総額）÷（有利子負債＋株式時価総額）である。負債の資本コストには税引き後の値を用いる。WACCは、次の式で表される。

WACC＝(税引き後の負債の資本コスト×負債比率)＋(株式の資本コスト×株式比率)

負債の資本コストを税引き後の値にするのは、タックスシールドの影響を割引率で調整するためである。DCF法における企業価値評価では、FCFを上記のWACCで割り引く。全社のEVAを算出する場合も、上記のWACCを用いることが多い。一方、APVではタックスシールドを独立に計算する。(N.I.)

ワラント (warrant)

新株予約権のことをいう。定められた期間内に、株式を一定の価格（権利行使価格）で購入できる権利またはこれを証券化したもの。当該株価が上昇し権利行使価格を上回った場合、権利を行使し取得した株式を売却すれば利益を得ることになる。一方、株価が権利行使価格を下回った場合、権利を行使し株式を売却しても売却損が発生するためワラントの価値はなくなる。

ワラント価格は原資産の株価と同方向の動きとなることが多いものの、価格の変動幅は株価よりも大きくなりがちである。投資金額に対し価格変動が大きく、価値がなくなるリスクも小さ

くないことからハイリスク・ハイリターン商品とされることが多い。

株価の上昇がワラント価値の上昇につながるため、会社役員へのストックオプションの付与や、低金利の社債や優先株の購入に対するインセンティブとして使用されることも多い。(A.I.)

ワラント債(bond with warrant)
　　　　　→ **新株予約権付社債**

割引キャッシュフロー法 → **DCF法**

割引債(discount bond)

割引債は、償還まで利払いが行われない債券である。債券発行のときにすでに一定の利回りで割り引かれているためにクーポンはなく、償還の際に額面金額(100円)が支払われる仕組みとなっている。クーポンがないことからゼロクーポン債ともいう。一方、利付債は、額面で発行され、償還期日に額面全額を償還し、その期間中は利払いが行われる債券である。利付債には、利率が発行時に決定(確定利付債)しているものと、発行後に変動(変動利付債)するものがある。(A.I.)

割引率(discount rate)

将来のキャッシュフローの割引現在価値を求めるときに使用する金利。割引現在価値とは、将来時点で発生するキャッシュフローが、現時点でどれほどの価値を持つかを金額で表したもので、例えば、割引率が10%のとき、1年後の100円の割引現在価値は90.9円 [=100/(1+0.1)]、2年後の100円の割引現在価値は82.64円 [=100/(1+0.1)^2] である。

将来のキャッシュフローの不確実性が高いほどより大きい割引率が適用され、したがって、割引現在価値はより低くなる。(R.S.)

130/30戦略(130/30 strategy)

100%の保有資金に対して、30%のショートポジションを取り、ショートポジションで得た資金を加えて130%の資金でロングポジションを取ることで、高いアルファを狙う戦略をいう。ロングのみの戦略と比較してショートポジションを活用している、1.6倍のポジション(ロング130%、ショート30%で合計160%のポジションが取れる)が取れるなど運用の自由度が高いため、高いアルファが期待できるというメリットがある。また、伝統的な運用機関の持っているスキルの延長線上で構築可能で、情報開示という点でもメリットが高いと考えられる。一方、130/30戦略は、インデックスファンドと代表的なヘッジファンドの1つであるマーケットニュートラル戦略を組み合わせたものに近い特性を持つことになり、戦略としての位置付けがあいまいとの指摘もある。この戦略の最大の特徴はショートの活用にあり、ショートの比率を30%よりも高めた戦略や、30%よりも低くした戦略も考えられている。(S.S.)

和 文 索 引

ア

IR	1
IRA	1
IRR	1, 217
IASB	2, 77, 111
ISDA	2
ISM指数	2
IFRS	2, 111, 112
IO	3, 240
IOSCO	3, 156, 265
I-CAPM	3, 184
ITバブル	4
IPO	4, 105, 161
アウト・オブ・ザ・マネー	4, 8
アウトパフォーム	4, 191
アキュムレーション	5, 9
アクティビストファンド	5, 70
アクティブ運用	6, 191, 233
アクティブ運用の基本法則	6, 15
アジア通貨危機	6
アセットアロケーション	7, 8
アセットクラス	7
アセットバック証券	7, 35, 136, 214, 288
アセットミックス	7, 8
アット・ザ・マネー	4, 8, 21
アーニングサプライズ	8
アノマリー	9, 108
アービトラージ取引	9, 121
アームズ・レングス・ルール	9
アモチゼーション	5, 9
RIM	10, 128
R&D投資	10
RSI	10
RMBS	10
ROE	11, 70, 71
ROA	11, 179
ROS	11, 24
ROCE	11, 206
アルゴリズム取引	11
RTC	11
アルファ	12
アンカリング	12
アンダーウェイト	12, 47
アンダーレイ資産	12, 48
アンレバードベータ	13

イ

委員会設置会社	14
ESG要因	14, 113
生き残りバイアス	14, 126
ECN	14
意思決定回数	6, 15
イスラム金融	15
ESOP	15
1計算書方式	16, 219, 269
一任契約	16, 31
一般会計原則	16, 85
ETF	16
ETN	16
ETP	17
委任状争奪戦	17, 258
EPR	17, 28
EPS	17, 242
EBIT	17, 91
EBITDA	17, 91

和文索引

EV/EBITDA比率 ············ 18, 73, 78
EVA ···························· 18, 101
イベントスタディ ················· 18
イベントリスク ··················· 19
イミュニゼーション ··············· 19
イールドカーブ ········ 19, 20, 91, 302
イールドカーブ戦略 ·········· 20, 209
イールドスプレッド ··············· 20
インカム ····················· 20, 84
インカムファンド ·················· 20
イングリッシュオークション ··· 20, 187
インサイダー ····················· 21
インサイダー取引 ·················· 21
イン・ザ・マネー ················ 8, 21
インタレスト・カバレッジ・レシオ
  ····························· 21
インデックスファンド ········· 21, 233
インデックスプロバイダー ········· 22
インピュテーション方式 ··········· 22
インフォームドトレーダー ···· 22, 225
インフォメーションレシオ（情報比）
  ······················ 6, 22, 149, 216
インプライド・キャップ・レート
  ····························· 22
インプライドボラティリティ
  ················ 22, 50, 241, 273
インプリメンテーション・ショート
  フォール法 ····················· 23
インフレ連動債 ··················· 23

ウ

ウィルシャー指数 ············ 24, 184
受渡適格銘柄 ················ 24, 106
売上高利益率 ················ 11, 24
売り建玉 ······················ 24, 55
売り持ち ····················· 24, 159

運営管理機関 ····················· 24
運用指図 ························· 24
運用スタイル ················ 25, 208
運用報酬 ························· 25

エ

ARM ····························· 27
永久国債 ························· 27
ASBJ ························ 27, 76
ALM ····························· 27
益金不算入制度 ··················· 27
エキゾティックオプション ········· 28
益回り（株式益回り） ········· 17, 28
エクイティファイナンス ······ 28, 200
エクスポージャー ·················· 29
エクスワラント ·············· 29, 274
エコファンド ····················· 29
エージェンシー理論 ·········· 29, 46
SIV ····························· 30
SRI ························· 30, 147
S&P500 ·························· 30
SEC ····························· 30
SNA ························ 31, 113
SFAS ····························· 31
SMA ····························· 31
SQ ·························· 31, 119
SGR ························ 31, 125
SWF ······················· 32, 172
SPC ····························· 32
SPV ················· 32, 141, 210
SVモデル ····················· 32, 59
ADR ····························· 32
EDINET（エディネット） ··········· 33
NIRI基準 ························· 33
NICS ····························· 33
NAV ····························· 34

和文索引

NOI	22, 34, 103
NT倍率	34
NDF	34
NPV	35, 159
NYSE	35
ABS	7, 30, 35
ABO	35, 242
APT	35, 132, 147
APV	35, 150, 256
FRA	36
FHFA HPI	36
FASB	36, 77, 263
F検定	37
FCF	37, 255
エマージング市場	37
M&A	38, 55, 79
MSCB	38, 150
MMF	38
MM理論	38
MTN	30, 39
MBS	3, 8, 11, 39, 50, 127, 245, 283
MBO	39, 277
MVA	39
AUM	40
エリサ法	40
LIFFE	40
LDI	41, 223
LTCM	41
LTV	42
LBO	42
エンジェル	42
エンダウメント	42
円建外債	43, 127, 159
エントレンチメント	43
エンハンストインデックス運用	43

オ

黄金株	45, 153
応募者利回り	45, 119
OAS	45, 50
大型株	45, 110, 190
オークション銘柄	45
OCI	46, 181
オーダードリブン	46, 93
OTC	46, 205
OTDモデル	46
オーバーアロットメント	46
オーバーウェイト	12, 47
オーバーパー	47
オーバーレイ戦略	12, 47
オフショア市場	48
オプション	28, 48, 50, 62〜64, 90, 106, 114, 115, 117, 166, 167, 176, 203, 226, 252
オプション価格決定理論	49, 50
オプション戦略	50, 62, 167, 176, 257
オプション調整スプレッド	45, 50
オプションの市場価格	23
オプション評価モデル	49, 50, 75, 174
オフバランスシート	51
オープンエンド型投資信託	51, 98
オリジネーター	51
オールソンモデル	51
オルタナティブ投資	52

カ

回帰分析	53
カイ2乗分布	53
会社型投資信託	54, 208
会社更生法	54
会社分割	54

和文索引

会社法 ·· 55
回収期間法 ·· 55
買い建玉 ······································ 24, 55
買い持ち ····································· 56, 311
買い持ち戦略 ······························· 56, 228
乖離率 ································· 56, 203, 237
カウンターパーティ・リスク ········· 56
確実性等価 ·· 57
格付(信用格付) ······················· 57, 118
確定給付 ·· 57
確定拠出 ·· 58
確率 ··· 59
確率的ボラティリティモデル ··· 32, 59
確率変数 ·· 59
確率密度関数 ···································· 59
過去勤務債務 ···································· 59
貸株 ··· 60, 173
加重株価平均 ······························· 60, 65
加重平均資本コスト ··············· 60, 312
カスケード理論 ······························· 60
カストディアン ······························· 61
仮説検定 ··················· 61, 81, 183, 184
加速償却 ·· 61
合併比率 ·· 62
カバードコール ························· 50, 62
カバードワラント ··························· 62
カバーなし金利パリティ ········· 63, 92
株価売上高倍率 ······················· 63, 240
株価キャッシュフロー・レシオ
··· 63, 207, 240
株価指数 ·· 64
株価指数オプション ······················· 64
株価指数先物 ···································· 64
株価収益率 ······················ 64, 207, 240
株価純資産倍率 ············· 65, 207, 242
株価平均 ························ 60, 65, 189
株価レーティング ··························· 65

株式 ··· 65
株式公開買付 ····························· 66, 193
株式交換 ·· 66
株式時価総額 ····························· 66, 133
株式消却 ····································· 67, 88
株式譲渡 ·· 67
株式の有利発行 ······················· 67, 179
株式分割 ····································· 67, 68
株式併合 ·· 68
株式ポートフォリオ戦略 ··············· 68
株式保有制限 ·································· 68
株式ミニ投資 ·································· 68
株式持合い ·· 69
株式リスクプレミアム ·················· 69
株主アクティビズム ·················· 5, 69
株主還元性向 ·································· 70
株主還元率 ································ 70, 262
株主資本 ······························ 70, 71, 135
株主資本回転率 ······················· 70, 179
株主資本配当率 ······················· 70, 193
株主資本比率 ····························· 70, 135
株主資本利益率 ··············· 11, 71, 135
株主優待 ·· 71
貨幣の現在価値 ······························· 71
下方リスク ································ 72, 184
空売り ·· 72
借入金融 ···································· 72, 200
為替リスク ······································· 72
簡易買収倍率 ····························· 18, 73
環境報告書 ······································· 73
関係会社 ····································· 73, 75
幹事証券会社 ·································· 73
カントリーアロケーション ········· 73
カントリーファンド ······················· 74
カントリーリスク ··························· 74
完備市場 ····································· 74, 158
元本確保型ファンド ······················· 74

和文索引

ガンマ……74
監理銘柄……75, 172
関連会社……73, 75, 110, 284

キ

機会費用……76
幾何平均……76, 262
機関投資家……76
企業改革法……76
企業会計基準委員会……27, 76
企業会計原則……77
企業会計審議会……77
企業価値……18, 77
企業年金制度……78
企業年金二法……78
企業買収(合併・買収)……38, 79
議決権……79
危険資産(リスク資産)……79
期先・期近……79, 103
基準化……80, 171, 243
基準価格〔投資信託〕……80
期待仮説……80, 138
期待効用……80
期待値……80
期待リターン……81
希薄化……81
希薄化防止条項……81
帰無仮説……61, 81
逆選択……81
逆張り戦略……82, 154, 301
キャッシュ・バランス・プラン……58, 82
キャッシュフロー……83
CAT(キャット)ボンド……83
キャップ……84, 90, 176, 258
キャピタルゲイン……20, 84

キャピタルコール……84
GAAP(ギャープ)……16, 85
キャリーコスト……85
キャリードインタレスト……85
キャリートレード……86
QFII……86, 190
Qレシオ……86
業種別株価指数……86
共分散……86
恐怖指数……87, 241
曲率……87
金額加重収益率……87, 134
緊急経済安定化法……87
金庫株……88, 204
金融危機……88
金融規制改革法……88, 211
金融工学……88
金融先物取引……89
金融商品取引法……89
金融派生商品……89, 202
金融ビッグバン……89
金融持株会社……90
金利オプション……84, 90, 203
金利裁定……90
金利・税・減価償却・
　その他償却前利益……18, 91
金利・税引前利益……17, 91
金利の期間構造……20, 91
金利の3ファクターモデル……91
金利パリティ……63, 92
金利リスク……92

ク

クォートドリブン……46, 93
クオンツ……93
クーポン効果……93

クーポンレート···············93
クラウンジュエル···············93
グラス・スティーガル法···············94
繰上償還···············94
繰延資産···············94
クリーンサープラス関係····52, 95, 268
グリーンシート市場···············95
グリーンシューオプション······47, 95
グリーンメール···············96, 289
クレジットイベント···············96, 98
クレジットカーブ···············96, 97
クレジットクランチ···············96
クレジットスプレッド···············96
クレジット・デフォルト・スワップ
···············97
クレジットデリバティブ
···············97, 141, 170, 203, 215
クレジットリンク債···············98
グロース株投資（グロース投資）
···············98, 165, 237
クロスセクション推計···············98
クローズドエンド型投資信託
···············51, 98, 130, 208
クロス取引···············99
グローバル株式···············99
グローバル債券···············99
グローバル投資パフォーマンス基準
···············99, 129
グローバルマクロ戦略···············99

ケ

経過利息···············100
景気循環···············100
景気敏感株···············100
経済付加価値···············18, 101
経済物理学···············101

系列相関···············101
ケース・シラー指数···············36, 101
決定係数···············101
気配値···············102
ゲームの理論···············102
減価償却控除前純収入···············34, 103
現金主義···············103, 234
限月···············80, 103
限月間スプレッド取引···············103
現在価値···············103, 118, 159, 194
減資···············103
原資産···············48, 50, 75, 104, 114, 226
現代ポートフォリオ理論···············104
権利落ち···············104

コ

ゴーイングプライベート（非上場化）
···············105
公開価格···············4, 105
交換比率···············24, 105, 116, 265
行使価格···············48, 106
恒常除数···············106
公正価値会計···············106, 107, 133, 250
公正価値モデル···············106
厚生年金基金···············107
厚生年金保険···············107
公的年金···············108
行動ファイナンス···············108
購買力平価···············108
高頻度データ···············109
効用関数···············109
効率的市場仮説···············109
効率的フロンティア···············110
子会社···············110
小型株···············45, 110
小型株効果···············110

和文索引

国際会計基準 ……………………………111
国際会計基準審議会 ……………… 2, 111
国際監査基準 ……………………………111
国際財務報告基準 ……………… 2, 112
国債指標銘柄 ……………………………112
国際投資インデックス ………………112
国際分散投資 ……………………………112
国民経済計算 ………………………31, 113
国連責任投資原則 ……………… 14, 113
誤差項 ……………………………………113
固定比率 …………………………………113
コモディティデリバティブ
　……………………………113, 170, 203
5％ルール ………………………………114
コーポレートアクション ……………114
コーポレートガバナンス ……………114
コーラブル債 ……………… 50, 115, 252
コールオプション ………… 48, 115, 226
コンセンサス予想 ……………………115
コンティンジェントキャピタル …115
コンバージョンファクター …………116
コンベクシティ …………………………116
コンベンショナル方式 ………………116
コンポジットインデックス …………116

サ

債券 ………………………………………117
債券先物オプション …………………117
債券先物取引 ……………………………117
債券指数 …………………………………117
債券評価 …………………………………118
債券ポートフォリオ戦略 ……………118
債券利回り …………… 45, 118, 120, 191
最終清算指数 ……… 31, 64, 119, 211
最終利回り ………………………118, 120
最小2乗法 ………………………………120

最小分散ポートフォリオ ……………120
財政再計算 ………………………………120
財政状態計算書 …………………………121
裁定取引 …………………………… 9, 121
最適化法 …………………………………121
最適資本構成 ……………122, 146, 186
再投資収益率 ……………………………122
再投資リスク ……………………………122
最頻値 ……………………………122, 283
財務上の特約 ……………………………122
財務代理人 ………………………………123
財務比率分析 ……………………………123
債務不履行リスク ……………………124
財務リスク ………………………………124
サーキットブレーカー ………124, 222
先物取引 …………………………124, 125
先渡取引 …………………………124, 125
差金決済 …………………………………125
指値注文 …………………………125, 218
サステイナブル成長率 ………31, 125
サバイバルバイアス…14, 126, 136, 180
サービサー ………………………………126
サブプライム問題 ……………………126
サープラス ………………………………127
サーベンス-オクスリー法 …… 127, 180
サムライ債 …………………………43, 127
三角合併 …………………………………127
産業再生機構 ……………………………128
残差リスク ………………………128, 139
算術平均 …………………………128, 262
残余利益モデル ………………… 10, 128

シ

GIC ………………………………………129
GIPS ………………………… 99, 129, 235
GARCHモデル ……………………59, 129

和文索引

J-REIT	130
CSR	130
GSR	131
ジェネラルパートナーシップ	131, 302
CAPM	4, 35, 131, 137, 146, 147, 157
CME	132
CMBS	132
CLO	132, 141
ジェンセンの α	132
時価会計	106, 133
時価総額	66, 133
時間加重収益率	87, 133
時間分散	134
事業譲渡	134
仕組債	134
シクリカル株	135
時系列分析	135
自己資本	70, 135
自己資本比率	71, 135
自己資本利益率	71, 135
自己選択バイアス	135, 180
資産管理機関	136
資産担保証券	7, 136
資産配分効果	136
C-CAPM	136
自社株買い	67, 137
市場心理	137
市場性	137
市場のマイクロストラクチャー	138
市場分断仮説	80, 138
市場ポートフォリオ	138
市場モデル	138
市場リスク（マーケットリスク）	139
指数平滑法	139
システマティックリスク	128, 139, 298
システム運用	140
私設証券取引システム	140, 241
実験経済学	140
執行コスト	140
質への逃避	141
CDS	97, 141
CDO	30, 46, 127, 132, 141, 144, 214, 288
GDP	142
GDPデフレーター	142
シナジー効果	142
シナリオ分析	143
ジニ係数	143
ジニー・メイ	143
四半期報告書	143
CB	144, 204
CBO	141, 144
CPPI	144
CVA	144
CVaR	144
4分位偏差	145
私募	145
資本還元	145
資本構成	122, 145
資本コスト	146
資本市場線	132, 139, 146, 157, 261
資本市場理論	146
シミュレーション分析	147
社会的責任投資	29, 30, 147
社会保険方式	147
JASDAQ	148
シャドーバンク	148
シャープレシオ	148
ジャンクボンド	149, 209, 228
終身年金	149, 287
修正株価平均	150
修正現在価値	35, 150
修正条項付CB	38, 150

和文索引

修正倍率 …………………………… 150
修正平均株価 ……………………… 150
集中投資 ……………………… 151, 260
自由度 ……………………………… 151
受益権 ……………………………… 151
主成分分析 ………………………… 151
受託会社 …………………………… 152
受託者責任 ………………………… 152
需要積み上げ方式 ………… 152, 251
種類株式 …… 45, 66, 152, 204, 213, 288
順位相関 …………………………… 153
純現在価値 ………………… 153, 159
純粋期待仮説 ……………… 153, 303
順張り戦略 ………………… 154, 285
準分散 ……………………………… 154
準備金 ……………………………… 154
償還差益 …………………… 154, 155
償還差損 …………………… 154, 155
証券アナリスト
　………………… 155, 157, 175, 297, 304
証券化 ……………………………… 155
証券外務員 ………………………… 156
証券監督者国際機構 ………… 3, 156
証券市場 …………………………… 156
証券市場線 ………………… 132, 139, 156
証券取引所 ………………………… 157
証券分析 …………………………… 157
上場基準 …………………… 75, 157
状態価格 …………………… 74, 157
商品ファンド ……………………… 158
情報係数 ……………………… 6, 158
情報の非対称性 ……… 82, 158, 308
正味現在価値 ……… 35, 153, 159
将来価値 …………………… 103, 159
ショーグン債 ………………… 43, 159
ショート ………………… 24, 159, 311
ショートフォールリスク ………… 160

所有期間利回り ……… 119, 160, 273
新株 ………………………………… 160
新株予約権付社債 ………… 160, 313
新規株式公開 ………………… 4, 161
新興市場 …………………………… 161
信託財産分別管理 ………………… 161
信託財産留保金 …………………… 161
信託報酬 …………………………… 162
信用創造 …………………………… 162
信用取引 …………………………… 162
信用リスク ………………………… 162
信用リスクモデル ………………… 163
森林投資 …………………… 163, 304

ス

SWOT（スウォット）分析 ……… 164
数理計画法 ………………………… 164
スクイーズアウト ………… 164, 256
スタイルインデックス …………… 165
スタイル管理 ……………………… 165
スタイルドリフト ………………… 165
スタグフレーション ……………… 165
スティープ化 ………………… 20, 166
ステークホルダー ………………… 166
ストックオプション ……………… 166
ストライク価格 ……………… 48, 166
ストラテジックバイヤー …… 167, 244
ストラドル ……………………… 50, 167
ストラングル ……………………… 167
ストリップス債 …………………… 167
ストレステスト …………………… 168
スプレッド ………………………… 168
スペキュレーション ……………… 168
スポットレート …………………… 168
スポンサーベンチマーク …… 169, 277
スワップ …………… 169, 170, 180, 203

セ

スワップション……………………170

正規化………………………………171
正規分布……………………………171
清算取引……………………………171
成熟度………………………………172
政府系ファンド……………………32, 172
制約条件……………………………172
整理銘柄(整理ポスト)……………75, 172
セカンダリーマーケット
　……………………………172, 253, 303
セキュリティレンディング………60, 173
セクターローテーション…………173
セグメント情報……………………173
セータ………………………………174
世代間扶養…………………………174
z値……………………………………175
セルサイド………………………175, 228
ゼロクーポン債…………………175, 313
ゼロコストカラー………………84, 175
ゼロベータCAPM……………………176
潜在株式……………………………176
戦術的アセットアロケーション…176
尖度(せんど)………………………177, 312
戦略的アセットアロケーション…177

ソ

相関係数……………………………178
総合課税…………………………178, 260
増資…………………………………178
総資産回転率………………………179
総資産利益率………………………179
総資本回転率……………………70, 179
総資本利益率……………………11, 179

想定元本……………………………179
遡及バイアス………………………180
SOX(ソックス)法………………127, 180
その他の包括利益………………46, 180
ソフトダラー………………………181
ソブリンリスク……………………181
ソルティノレシオ…………………181
損益分岐点分析……………………182

タ

第1種の誤り／第2種の誤り…61, 183
退職給付債務…………183, 192, 196, 242
退職給付制度………………………183
ダイナミックヘッジ………………183
対立仮説…………………………61, 184
ダウ工業株30種平均……………24, 184
ダウンサイドリスク……………72, 184
多期間CAPM…………………………3, 184
ターゲット・デート・ファンド…184
ターゲットバイイング……………185
他社株転換社債……………………185
立会…………………………………185
立会外分売…………………………186
タックスシールド………………186, 206
タックスヘイブン…………………186
ダッチオークション……………20, 187
棚卸資産評価………………………187
WTI原油……………………………187
ダービン・ワトソン統計量………188
単元株………………………………188
単〔純〕回帰分析…………………188
単純株価平均……………………65, 189
ダンベル型ポートフォリオ……189, 236
単利法……………………………189, 251

チ

- チャイニーズウォール …………… 190
- 着地取引 …………………………… 190
- 中位数／中央値 ………………190, 283
- 中型株 ……………………………45, 190
- 中国株 ……………………………86, 190
- 忠実義務 ………………………152, 191
- 超過リターン ……………………… 191
- 直接利回り ……………………119, 191

ツ

- 積立不足(積立超過) ……………… 192

テ

- TIFFE ……………………………… 193
- DES ………………………………193, 199
- TSE ………………………………… 193
- DOE …………………………………70, 193
- TOB …………………………………66, 193
- t検定 ………………………………… 193
- DCF法 ……………………78, 103, 194, 313
- ディスカウントブローカー ……… 194
- ディスクロージャー ……………… 195
- ディストレスコスト ………… 195, 206
- ディストレスト債投資戦略 … 195, 200
- ディストレスリスク ………… 195, 200
- 定性評価 ……………………… 195, 197
- TBA取引 …………………………… 195
- DBO ……………………………183, 196
- ディフィーザンス ………………… 196
- T+1決済 …………………………… 196
- 定量評価 ………………… 195, 196, 236
- ティルト戦略 ……………………… 197
- 適格機関投資家 …………………… 197
- 適格退職年金 ……………………… 197
- 敵対的買収 ………………………… 198
- 出来高 ……………………………… 198
- テクニカル分析 …………………… 198
- デットアサンプション …………… 199
- デット・エクイティ・スワップ
  …………………………………193, 199
- デットファイナンス ………… 29, 72, 200
- デフォルトリスク ……………195, 200
- テーマ型ファンド ………………… 200
- デュアルカレンシー債 ……… 201, 301
- デューデリジェンス ……………… 201
- デュポン・システム ………………71, 201
- デュレーション ……………… 201, 275
- デリバティブ
  34, 49, 50, 89, 114, 135, 202, 204, 205
- デルタ ………………………………75, 203
- テールリスク ………………………72, 203
- 転換価額 ………………… 56, 203, 237
- 転換株式 …………………………… 203
- 転換社債 ………………………144, 204
- 転換社債アービトラージ ………… 204
- 天候デリバティブ ……… 170, 203, 204
- 店頭市場 ……………………………46, 205
- 店頭デリバティブ ………………… 2, 205

ト

- 投下資本利益率 …………………11, 206
- 当期純利益 ……………………206, 268
- 当座比率 ………………………206, 304
- 倒産コスト ……………………195, 206
- 投資価値 …………………………… 206
- 投資顧問業 ………………………… 207
- 投資尺度 …………………………… 207
- 投資者保護基金 …………………… 207
- 投資収益率 ………………………… 208

投資信託 ················ 54, 98, 208
投資スタイル ················ 25, 208
投資戦略 ·························· 209
投資適格債 ························ 209
投資方針 ·························· 209
投資ホライズン ···················· 209
東証Arrows ······················ 210
東証株価指数 ················ 210, 212
騰落レシオ ························ 210
登録債 ···························· 210
特定目的会社／特別目的会社／
　特別目的事業体 ·············· 32, 210
特別決議 ··············· 66, 79, 210
特別清算指数 ··············· 119, 211
毒薬条項 ···················· 211, 268
度数分布 ···················· 211, 240
途中償還 ···················· 211, 221
ドッド・フランク法 ············ 88, 211
トップダウンアプローチ ············ 211
TOPIX(トピックス) ·········· 210, 212
TOPIX Core(トピックスコア)30
　······························ 212
トービット・モデル ················ 212
トービンのq ······················ 212
トラッキングエラー ······· 22, 213, 216
トラッキングストック ·············· 213
トランシェ ····· 135, 213, 214, 282, 288
トランチ ·························· 214
トランチドインデックス ············ 214
ドルコスト平均法 ············ 134, 215
トレイナーの測度 ·················· 215
トレイナー・ブラック測度 ·········· 216

ナ

内部収益率 ···················· 1, 217
内部留保 ·························· 217

長生きリスク ················ 150, 217
NASDAQ(ナスダック) ············ 218
NASDAQ(ナスダック)総合指数 ··· 218
成行注文 ···················· 125, 218
ナローバンク ······················ 218

ニ

2計算書方式 ················ 16, 219
二項検定 ·························· 219
二項モデル ························ 219
2次計画法 ························ 220
2資産分離定理 ············ 220, 261
日経225オプション ················ 220
日経225先物 ······················ 220
日経平均株価 ······················ 220
入札方式 ···················· 220, 252
任意償還 ···················· 211, 220

ネ

値洗い ···························· 222
値嵩(ねがさ)株 ···················· 222
値幅制限 ···················· 124, 222
年金ALM ·················· 27, 41, 222
年金現価率 ························ 223
年金数理人 ························ 224
年金制度 ·························· 224
年金積立金管理運用独立行政法人
　·························· 108, 224

ノ

ノーアクション・レター ············ 225
ノイズトレーダー ·············· 22, 225
ノックアウトオプション ······ 225, 226
ノックインオプション ···· 28, 225, 226

のれん······························226
ノーロードファンド··············226

ハ

バイ・アウト・ファンド···········228
バイアンドホールド戦略······56, 228
ハイイールド債··············149, 228
ハイ・ウォーター・マーク···26, 228
バイサイド····················175, 228
買収合併アービトラージ······228, 298
買収防衛策····················229, 268
排出権取引·························229
配当性向·······················70, 229
配当政策····························230
配当利回り····················207, 230
配当割引モデル······················230
売買高加重平均価格··········231, 249
ハザード率·························231
パーシェ式····················231, 294
バスケット取引·····················231
パススルー証券·····················231
外れ値······························232
バーゼルⅢ····················232, 298
パーチェス法·················110, 232
パッシブ運用····················6, 233
発生主義······················103, 233
ハードカレンシー··················234
ハーフィンダール・ハーシュマン指数
····································234
パフォーマンス測定················234
パフォーマンスの要因分析····235, 282
パフォーマンス評価··········197, 235
バブル······························236
バーベル型ポートフォリオ
····················189, 236, 258
パラメトリック検定················237

バランスファンド··················237
パリティ価格·············56, 203, 237
バリュー・アット・リスク······237, 248
バリュー株投資（バリュー投資）
··················98, 165, 237
パレート効率性·····················237
パレート分布·······················238
ハンズオン····················238, 239
ハンズオフ····················238, 239
判別分析····························239

ヒ

PER······················28, 64, 158, 240
PSR·····························63, 240
PFI·································240
PO·································3, 240
PCFR··························63, 240
非時価総額加重平均インデックス
·····························240, 246
ビジネス・ジャッジメント・ルール
····································240
ヒストグラム················211, 240
ヒストリカルボラティリティ
······················23, 241, 273
p値································241
VIX（ビックス）指数···········87, 241
PTS···························140, 241
1株当たり利益·················17, 242
PBR······················65, 158, 242
PBO······················35, 183, 242
BBレシオ···························242
（投資信託）評価機関················242
標準化··························80, 243
標準誤差····························243
標準偏差····························243
ビルディングブロック法···········243

和文索引

フ

- ファイアーウォール……………244
- ファイナンシャルゲートキーパー……………244
- ファイナンシャルバイヤー……167, 244
- ファクターモデル………140, 245, 277
- ファニーメイ……………245, 309
- ファーマ・フレンチの3ファクターモデル……………245
- ファミリーファンド……………246
- ファンダメンタルインデックス……………240, 246
- ファンダメンタルバリュー………246
- ファンダメンタル分析……………247
- ファンド・オブ・ファンズ………247
- ファンドマネジャー……………247
- VaR……………237, 248
- フィッシャー効果………………248
- フィデュシアリーマネジメント……248
- フィルタールール………………249
- VWAP……………231, 249
- フェアバリュー…………………249
- フェイル………………………250
- フェイルセーフ…………………250
- 付加価値分析……………………250
- 不完備契約………………………250
- 複利法……………………189, 251
- 負債比率…………………251, 307
- ブックビルディング方式……………105, 152, 220, 251
- プッタブル債……………115, 252
- プットオプション…………48, 252
- プット・コール・パリティ………252
- 浮動株……………………………252
- 浮動株指数………………………252
- ブートストラップ法……………253
- プライベートエクイティ…………253
- プライマリーバランス……………253
- プライマリーマーケット……173, 253
- ブラウン運動……………253, 273
- ブラック・ショールズ・モデル……………23, 51, 254, 273
- ブラックスワン…………………254
- ブラックマンデー………………255
- ブランド価値……………………255
- フリー・キャッシュフロー……………37, 83, 255
- フリーズアウト…………164, 256
- BRICs……………………………256
- ブルスプレッド……50, 256, 262, 271
- ブルーチップ……………………257
- プルーデントマン・ルール………257
- ブルマーケット…………258, 262
- ブレークイーブン・インフレ率…258
- ブレット型ポートフォリオ…236, 258
- フロア……………………84, 258
- プロクシーファイト………17, 258
- プログラム売買…………………258
- プロスペクト理論………………259
- フローター………………259, 266
- プロテクティブプット……………259
- プロビット分析……………259, 310
- 分散………………………………259
- 分散投資…………………151, 260
- 分離課税…………………178, 260
- 分離定理…………………220, 260

ヘ

- ベアスプレッド…………256, 262
- ベアマーケット…………258, 262
- ペイアウト政策…………………262
- ペイオフ……………49, 90, 262

平均 ································ 76, 128, 262
平均分散アプローチ ·················· 262
米国財務会計基準審議会 ········ 36, 263
ベイズの定理 ·························· 263
ベガ ···································· 263
ベーシス取引 ·························· 263
ベータ（ベータ値、β） ·············· 264
ヘッジ ································· 264
ヘッジファンド ······················· 264
ヘッジファンドクローン ············ 265
ヘッジファンド複製ファンド ······· 265
変換係数 ························ 106, 265
変額年金保険 ·························· 265
ベンチマーク ········· 22, 169, 265, 277
ベンチャーキャピタル ··············· 266
変動係数 ······························· 266
変動利付債 ······················ 259, 266

ホ

ポイズンピル ········· 211, 229, 268, 293
包括利益 ························ 206, 268
包括利益計算書 ··················· 16, 268
簿価評価 ······························· 269
ポーターの競争戦略理論 ············ 269
ポータビリティ ······················· 269
ポータブル α ···························· 270
ボックススプレッド ·············· 50, 270
ポートフォリオインシュアランス
 ·· 271
ポートフォリオ選択 ················· 271
ポートフォリオマネジメント ······· 272
ホーム・アセット・バイアス ······· 272
保有期間利回り ················ 160, 273
ボラティリティ ······················· 273
ボラティリティパズル ··············· 273
ボルカー・ルール ·········· 88, 218, 273

ホワイトスクワイア（白馬の従者）
 ·································· 273, 274
ホワイトナイト（白馬の騎士）
 ·································· 273, 274
ポンカス債 ······················· 29, 274
ポンジ金融 ···························· 274

マ

マーケットインパクト
 （市場インパクト） ············· 23, 275
マーケットタイミング戦略 ········· 275
マーケットニュートラル戦略 ······· 275
マーケットメイク ············· 275, 297
マコーレー・デュレーション
 ·································· 201, 275
マッチング拠出 ······················· 275
マートンモデル ······················· 276
マネジメントバイアウト
 ··························· 39, 105, 228, 276
マネジャー選択 ······················· 277
マネジャーベンチマーク
 ······························ 169, 266, 277
マルチ・ファクターモデル
 ·································· 245, 277
マルチ・マネジャー・ファンド ···· 277
マルチンゲール ······················· 278

ミ

ミューチュアルファンド ············ 279

ム

無形資産 ······························· 280
無裁定価格理論 ······················· 280
無差別曲線 ···························· 280

無リスク資産 ················· 146, 281

メ

銘柄選択効果 ············ 235, 282
メザニンファイナンス ·············282
メザニンファンド ·················282
メディアン ················ 282, 283

モ

目論見書 ·······················283
モーゲージ ·····················283
モーゲージ証券 ············ 39, 283
モード ············ 122, 190, 282, 283
持分プーリング法 ················284
持分変動計算書 ·················284
持分法適用会社 ············ 75, 284
モノライン ······················284
モメンタム効果 ········ 82, 154, 284, 301
モーメント ·····················285
モラルハザード ··················285
モンテカルロ・シミュレーション
 ·······························285

ユ

有意差検定 ····················287
有価証券報告書 ·················287
有期年金 ················· 150, 287
優先株式 ················· 287, 306
優先債 ··················· 288, 306
優先劣後構造 ···················288
ユニバース ····················289
ユノカル基準 ············· 289, 307
ユーロ市場 ····················289
ユーロネクスト ··················290

ヨ

要求収益率 ····················291
予定利率 ······················291
401(k) ························291

ラ

ライツイシュー ··················293
ライツプラン ··············· 268, 293
ライフ・サイクル・ファンド ········293
LIBOR(ライボ) ··················293
ラスパイレス式 ············ 231, 294
ラダー型ポートフォリオ ···········294
ラップ口座 ················ 31, 295
ランダムウォーク ················295

リ

リアルオプション ················296
利益増減分析 ··················296
利益相反—証券アナリストの場合
 ·······························296
リクイディティ・プロバイダー制度
 ·························· 275, 297
リサイクリング ··················297
リスク ·························297
リスクアービトラージ ········ 229, 298
リスクウェイト関数 ···············298
リスク回避 ····················298
リスクキャピタル ················299
リスク中立確率 ·················299
リスク調整後リターン ············299
リスクバジェッティング ···········300
リスクプレミアム ················300
リターンリバーサル効果
 ··················· 82, 154, 285, 300

和文索引

REIT（リート）·················· 22, 301
リバース・デュアル・カレンシー債
·························· 201, 301
リバースモーゲージ·················301
リバランス ····················· 56, 302
リビジョンインデックス···········302
利回り曲線 ···················· 19, 302
リーマン・ショック··················302
リミテッドパートナーシップ
·························· 131, 302
流通市場·························· 172, 303
流動性······································303
流動性プレミアム······················303
流動比率························· 206, 303
理論株価····································304
林業投資························· 163, 304
リンク債··································304

ル

累積分布関数····························305
ルートTルール·························305

レ

レコード・キーピング··············306
レシオスプレッド················ 50, 306
劣後株式························· 288, 306
劣後債···························· 288, 306
レッドチップ ··························307
レバレッジ効果··························307
レバレッジ比率················ 251, 307

レブロン基準 ················· 289, 307
レポ··307
レモン市場······················ 159, 308
連結子会社································308
連検定······································308
連続複利···································309
連邦住宅抵当公庫············ 245, 309

ロ

ロー··310
ロジット分析················· 259, 310
ロバストネスチェック···········310
ローリングイールド··········· 310, 311
ローリング効果··············· 310, 311
ロールオーバー························311
ロールダウン効果············ 310, 311
ロング··························· 56, 159, 311
ロングオンリー·························311
ロングショート戦略·················311

ワ

歪度（わいど） ················· 177, 312
WACC（ワック） ············ 60, 78, 312
ワラント·························· 161, 312
ワラント債······················ 160, 313
割引キャッシュフロー法······· 194, 313
割引債···························· 175, 313
割引率·····································313
130/30戦略······························313

英 文 索 引

【A】

ABO, accumulated benefit obligation 35
ABS, asset backed securities 7, 35, 136
accelerated depreciation 61
accrual basis 233
accrued interest 100
accumulation 5
acid ratio, quick ratio 206
active management 6
activist fund 5
adjusted stock price average 150
ADR, American depositary receipt 32
advantageous placement 67
adverse selection 81
affiliated company 73
aggregate taxation 178
algorithmic trading 11
ALM, asset liability management 27
alpha 12
alternative hypothesis 184
alternative investment 52
amortization 9
analysis of changes in profit 296
anchoring 12
angel 42
annual securities report 287
anomaly 9
anti-dilution provision 81
anti-takeover measures 229
APT, arbitrage pricing theory 35
APV, adjusted present value 35, 150
arbitrage transaction 9, 121
arithmetic average 128
arithmetic stock price average 189
ARM, adjustable rate mortgage 27
arm's length rule 9
ASBJ, Accounting Standards Board of Japan 27, 76
Asian financial crisis 6
asset allocation 7
asset allocation effect 136
asset class 7
asset mix 8
associate company 75
assumption of interest rate 291
asymmetric information 158
at the money 8
attribution analysis of investment performance 235
auction formula 220
auction stock, auction issue 45
AUM, asset under management 40
average 262

【B】

backfill bias 180
balanced fund 237
bankruptcy costs 206
barbell portfolio 236
base price 80
Basel Ⅲ 232
basis transaction 263
basket trade 231

Bayes' theorem 263
BB ratio, book to bill ratio 242
bear market 262
bear spread 262
behavioral finance 108
bellwether issue of government bond 112
benchmark 265
beta 264
binomial model 219
binomial test 219
black Monday 255
black swan 254
Black-Scholes model 254
blue chip stocks 257
bond 117
bond futures trading 117
bond index 117
bond portfolio strategy 118
bond with warrant 160, 313
bond yield 118
book-building formula 152, 251
bootstrap method 253
box spread 270
brand value 255
breadth 15
break even analysis 182
break even inflation rate 258
BRICs 256
Brownian motion 253
bubble 236
building block approach 243
bull market 258
bull spread 256
bullet portfolio 258

Business Accounting Deliberation Council, Business Accounting Council 77
business accounting principles, accounting principles for business enterprises 77
business cycle 100
business judgments rule 240
business transfer 134
buy and hold strategy 56, 228
buy-side 228
buyout fund 228

【C】

call option 115
call provision 220
callable bond 115
cancellation of shares 67
cap 84
capital call 84
capital gain 84
capital increase, equity finance 178
capital market line 146
capital market theory 146
capital ratio, equity ratio 70, 135
capital reduction, reduction of capital 103
capital structure 145
capitalization 145
CAPM, capital asset pricing model 131
carried interest 85
carry cost, carrying cost 85
carry trade 86
cascade theory 60
cash balance plan 82

cash basis ··································103
cash flow ···································· 83
CAT bond, catastrophe bond········ 83
CB, convertible bond ············ 144, 204
CBOE volatility index····················241
C-CAPM, consumption-based capital asset pricing model ···················136
CDO, collateralized debt obligation ··141
CDS, credit default swap·········97, 141
certainty equivalent····················· 57
chi-squared distribution ················ 53
China stock································190
Chinese wall ······························190
circuit breaker····························124
classified stock···························152
clean surplus relation···················· 95
clearing transaction·····················171
closed-end investment trust ·········· 98
CMBS, commercial mortgage-backed securities································132
CME, Chicago Mercantile Exchange ··132
coefficient of determination ··········101
coefficient of variation···················266
commodities fund························158
commodity derivatives··················113
companies act ···························· 55
company split, corporate divestiture ·· 54
company with committees ············ 14
complete market························· 74
complimentary goods, services for shareholders··························· 71
composit index···························116
compound interest·······················251
comprehensive income················268

comprehensive income statement ··268
concentrated investment, intensive investment ·····························151
conflict of interest (sell side analyst) ··296
consensus on earnings estimate····115
consolidated subsidiary company ··308
constant divisor··························106
contingent capital························115
continuous compound rate of return ··309
contract month ··························103
contrarian strategy····················· 82
conventional auction system········116
conversion factor············105, 116, 265
conversion price··························203
conversion value premium ············ 56
convertible arbitrage····················204
convertible stock·························203
convexity··································116
corporate actions························114
corporate governance··················114
corporate pension plan·················· 78
corporate reorganization act ········· 54
corporation type investment trust ·· 54
correlation coefficient···················178
cost of capital·····························146
counterparty risk························ 56
country allocation························ 73
country fund······························ 74
country risk······························· 74
coupon effect ····························· 93
coupon rate ································ 93
covariance ································· 86

英文索引

covered call ················· 62
covered warrant ············· 62
CPPI, constant proportion portfolio insurance ··············· 144
credit creation ·············· 162
credit crunch ················ 96
credit curve ················· 96
credit derivatives ············ 97
credit event ················· 96
credit linked bond/note ······ 98
credit risk ·················· 162
credit risk model ············ 163
credit spread ················ 96
cross shareholding ··········· 69
cross trading ················ 99
cross-section analysis ········ 98
crown jewel ················· 93
CSR, corporate social responsibility ················· 130
cumulative distribution function ··· 305
current ratio ················ 303
current yield ················ 191
curvature ··················· 87
custodian ··················· 61
CVA, credit value adjustment ······ 144
CVaR, conditional value at risk ····· 144
cyclical sector ·············· 100
cyclical stock ··············· 135

【D】

DB, defined benefit ·········· 57
DBO, defined benefit obligation ················· 183, 196
DC administrator, DC provider ······ 24
DC, defined contribution ····· 58
DCF, discounted cash flow method ················· 194
DDM, dividend discount model ····· 230
debt assumption ············· 199
debt equity ratio ············ 251
debt finance ················ 200
default risk ·············· 124, 200
defeasance ·················· 196
deferred expenses, deferred charges, deferred assets ············· 94
deferred share ·············· 306
degree of freedom ·········· 151
deliverable issue ············ 24
delta ······················· 203
derivative, derivative instrument ··········· 89, 202
DES, debt equity swap, debt-for-equity swap ············· 193, 199
dilution ···················· 81
disclosure ·················· 195
discount bond ··············· 313
discount broker ············· 194
discount rate ··············· 313
discretionary account, discretionary contract ·················· 16
discriminant analysis ········ 239
distant・nearby/near maturity ······ 79
distress costs ··············· 195
distress risk ················ 195
distressed security investing strategy ················· 195
diversified investment ······· 260
dividend payout ratio, dividend propensity ················ 229
dividend policy ············· 230
dividend yield ·············· 230
dividends received deduction ······· 27

Dodd-Frank act ············· 88, 211
DOE, dividend on equity ratio
············· 70, 193
dollar-cost averaging ············· 215
dollar-weighted rate of return ······· 87
Dow Jones 30-stock industrial average ············· 184
downside risk ············· 72, 184
dual currency bond ············· 201
due diligence ············· 201
dumbbell portfolio ············· 189
Dupont system ············· 201
duration ············· 201
Durbin-Watson statistics ············· 188
Dutch auction system ············· 187
dynamic hedge ············· 183

【E】

earnings surprise ············· 8
EB, exchangeable bond ············· 185
EBIT, earnings before interest and taxes ············· 17, 91
EBITDA, earnings before interest, taxes, depreciation and amortization ············· 17, 91
ECN, electronic communication network ············· 14
eco-fund ············· 29
econophysics ············· 101
EDINET, Electronic Disclosure for Investors' NETwork ············· 33
efficient frontier ············· 110
efficient market hypothesis ············· 109
Emergency Economic Stabilization act of 2008 ············· 87
emerging market ············· 37, 161

emissions trading ············· 229
employees' pension fund ············· 107
employees' pension insurance ············· 107
endowment ············· 42
English auction ············· 20
enhanced index investment ············· 43
enterprise value ············· 77
entrenchment ············· 43
environmental reporting ············· 73
EPR, earnings price ratio ············· 17, 28
EPS, earnings per share ············· 17
equity finance ············· 28
equity method affiliate ············· 284
ERISA, the Employee Retirement Income Security act ············· 40
ERP, equity risk premium ············· 69
error term ············· 113
ESG, environmental, social and governance factors ············· 14
ESOP, employee stock ownership plan ············· 15
ETF, exchange traded fund ············· 16
ETN, exchange traded note ············· 16
ETP, exchange traded products ············· 17
Euromarket ············· 289
Euronext ············· 290
EV/EBITDA ratio ············· 18
EVA, Economic Value Added
············· 18, 101
event risk ············· 19
event study ············· 18
ex-rights ············· 104
ex-warrant bond ············· 29, 274
excess return ············· 191
execution cost ············· 140
exercise price, strike price, striking price ············· 106

exotic option ················· 28
expectation ··················· 80
expected return ··············· 81
expected utility ··············· 80
experimental economics ········ 140
exponential smoothing ········· 139
exposure ····················· 29

【F】

factor model ················· 245
fail safe ····················· 250
fail(to deliver) ··············· 250
fair value ···················· 249
fair value accounting ·········· 106
fair value model ·············· 106
Fama-French three-factor model
  ··························· 245
family fund ·················· 246
FASB, Financial Accounting Standards Board ··············· 36
FCF, free cash flow ········ 37, 255
FHFA house price index ········ 36
fiduciary duty of loyalty ······ 191
fiduciary duty、fiduciary responsibility ························ 152
fiduciary management ········· 248
filter rule ···················· 249
financial big bang ············· 89
financial buyer ··············· 244
financial covenants ··········· 122
financial crisis ··············· 88
financial engineering ·········· 88
financial futures ·············· 89
financial gatekeepers ········· 244
Financial Instruments and Exchange act ······················ 89

financial ratio analysis ········ 123
financial risk ················ 124
firewall ····················· 244
fiscal agent ·················· 123
Fisher effect ················· 248
five percent rule ············· 114
fixed ratio, fixed assets to net worth ratio ················· 113
fixed-term annuity ············ 287
flight to quality ·············· 141
floater ······················ 259
floating rate note, floating rate bond
  ··························· 266
floating stock ················ 252
floating stock index ··········· 252
floor ························ 258
FNMA, Federal National Mortgage Association, Fannie Mae ··· 245, 309
FOF, fund of funds ··········· 247
foreign exchange risk ·········· 72
forestry investment ··········· 304
forward delivery transaction ···· 125
FRA, forward rate agreement ···· 36
freeze out ··················· 256
frequency distribution ········· 211
F-test ······················· 37
fund manager ················ 247
fundamental analysis ········· 247
fundamental index ············ 246
fundamental law of active management ······················ 6
fundamental value ············ 246
future value ················· 159
futures transaction ··········· 124

英文索引

【G】

GAAP, generally accepted accounting principles ……………… 85
gamma ……………………… 74
GARCH model, generalized autoregressive conditional heteroskedasticity model ……………… 129
GDP deflator ………………… 142
GDP, gross domestic product ……… 142
general partnership ……………… 131
geometric average ……………… 76
GIC, guaranteed investment contract ……………………… 129
Gini coefficient ………………… 143
Ginnie Mae, GNMA, Government National Mortgage Association ……… 143
GIPS, Global Investment Performance Standards ……………… 129
Glass-Steagall act ……………… 94
global bond ……………………… 99
global equity …………………… 99
global macro strategy …………… 99
going private ………………… 105
golden share …………………… 45
goodwill ……………………… 226
GPIF, Government Pension Investment Fund ……………… 224
green mail ……………………… 96
green sheet market ……………… 95
green shoe option ……………… 95
growth investment ……………… 98
GSR, gold silver ratio ………… 131

【H】

hands off ……………………… 239
hands on ……………………… 238
hard currency ………………… 234
hazard rate …………………… 231
hedge ………………………… 264
hedge fund …………………… 264
hedge-fund clone ……………… 265
Herfindahl-Hirschman index ……… 234
high-frequency data …………… 109
high-priced stocks …………… 222
high-water mark ……………… 228
high-yield bond ……………… 228
histogram …………………… 240
historical volatility …………… 241
holding company of financial institutions ……………… 90
home asset bias ……………… 272
hostile takeover bid ………… 198
hypothesis testing …………… 61

【I】

IAS, International Accounting Standards ……………… 111
IASB, International Accounting Standards Board …………… 2, 111
I-CAPM, inter-temporal capital asset pricing model ……… 3, 184
IC, information coefficient ……… 158
IFRS, International Financial Reporting Standards …………… 2
immunization …………………… 19
implementation shortfall method …… 23
implied cap rate ……………… 22
implied volatility ……………… 22
imputation system ……………… 22
in the money …………………… 21
income ………………………… 20

income fund ································ 20
incomplete contract ····················250
index fund ································ 21
index provider ···························· 22
indication, quote ·························102
indifference curve······················280
Industrial Revitalization Corporation
 ···128
inflation-indexed bond ·················· 23
information technology bubble········ 4
informed trader ·························· 22
insider······································ 21
insider trading ···························· 21
institutional investors ·················· 76
intangible asset ··························280
inter-month spread trading ··········103
interest arbitrage························ 90
interest coverage ratio················· 21
interest rate option····················· 90
interest rate parity······················ 92
interest rate risk························· 92
international diversified investment
 ···112
international investment index ·····112
international standards of auditing
 ···111
inventory valuation·····················187
investment adviser·····················207
investment grade bond ···············209
investment horizon·····················209
investment instruction················· 24
investment policy ·······················209
investment strategy ···················209
investment style·························208
investment trust ························208
investment value························206
investor-protection fund··············207

IO, interest only ···························· 3
IOSCO, International Organization of
 Securities Commission················· 3
IPO, initial public offering··············· 4
IR, information ratio····················· 22
IR, investor relations ····················· 1
IRA, Individual Retirement Account
 ·· 1
IRR, internal rate of return ······ 1, 217
ISDA, International Swaps and Derivatives Association ···················· 2
Islamic finance···························· 15
ISM index, Institute for Supply
 Management index····················· 2

【J】

Japanese Sarbanes-Oxley act········ 76
JASDAQ ··································148
Jensen's alpha ···························132
J-REIT, Japanese real estate investment trust······························130
junk bond ·································149

【K】

knock-in option···························226
knock-out option·························225
kurtosis ····································177

【L】

ladder portfolio ··························294
large-capital stock ······················ 45
Laspeyres formula······················294
LBO, leveraged buyout················· 42
LDI, liability driven investment ····· 41

least squared method ·················120
Lehman shock·····························302
lemon market ·····························308
level of maturity ·······················172
leverage effect ···························307
leverage ratio ·····························307
LIBOR, London Inter-Bank Offered Rate····································293
life annuity / lifetime pension·······149
life-cycle fund·····························293
LIFFE, London International Financial Futures and Options Exchange ··· 40
limit order ···································125
limitations on investment in stocks ··· 68
limited partnership·····················302
limiting conditions, constraint·······172
linked bond·································304
liquidity·······································303
liquidity premium·······················303
liquidity provider system ·············297
listing standards·························157
loan servicer·······························126
logit analysis·······························310
long··56, 311
long account ······························· 55
long only ·····································311
long-short strategy·····················311
longevity risk······························217
loss from redemption···················155
LTCM, Long-Term Capital Management····································· 41
LTV, loan to value ····················· 42

【M】

M&A, merger and acquisition ······· 38
Macaulay duration······················275
management fee························· 25
management style······················ 25
manager······································ 73
manager benchmark···················277
manager selection ······················277
margin transaction ·····················162
mark to market accounting··········133
market capitalization ···············66, 133
market impact ····························275
market make ······························275
market micro-structure ···············138
market model ·····························138
market neutral strategy···············275
market order ······························218
market portfolio··························138
market psychology ·····················137
market risk·································139
market segmentation hypothesis ··138
market timing strategy················275
marketability ······························137
marking to market······················222
martingale ··································278
matching contribution··················275
mathematical programming ········164
MBO, management buyout ··········276
MBS, mortgage-backed securities ··39, 283
mean-variance approach ··············262
median ·······································282
medium-capital stock···················190
merger and acquisition arbitrage ··228

merger ratio ································ 62
Merton model ·································276
mezzanine finance ·····················282
mezzanine fund ···························282
minimum variance portfolio ········120
MMF, money market fund ············ 38
mode···283
Modigliani-Miller theorem··········· 38
moment···285
momentum effect ·······················284
monoline·······································284
Monte Carlo simulation················285
moral hazard ·······························285
mortgage·······································283
MPT, modern portfolio theory······104
MSCB, moving strike convertible
  bond ································38, 150
MTN, medium term note ············· 39
multi-factor model ·····················277
multi-manager fund ····················277
mutual fund ·································279
mutual funds rating company·······242
MVA, market value added············ 39

【N】

narrow bank·································218
NASDAQ composite index············218
NASDAQ, National Association of
  Securities Dealers Automated
  Quotations·······························218
NAV, net asset value···················· 34
NDF, non-deliverable forwards······ 34
net income, net profit, net income for
  the year ···································206
new share·····································160

NICS, newly industrializing countries
  ·· 33
Nikkei225 average stock price······220
Nikkei225 futures ························220
Nikkei225 option ·························220
Nikkei225/TOPIX ratio ················ 34
NIRI's standard of practice ··········· 33
no-action letter····························225
no-arbitrage asset pricing theory
  ··280
no-load fund································226
NOI, net operating income ······34, 103
noise trader ·································225
non-market cap weighted index,
  non-market value weighted index,
  non-capitalization-weighted index
  ··240
normal distribution······················171
normalization·······························171
notional amount ··························179
NPV, net present value···· 35, 153, 159
NYSE, New York Stock Exchange
  ·· 35

【O】

OAS, option adjusted spread ········ 50
OCI, other comprehensive income
  ··46, 180
off balance sheet ·························· 51
off-floor distribution ····················186
off-shore market··························· 48
Ohlson model······························· 51
130/30 strategy·····························313
open-end investment trust ··········· 51
opportunity cost··························· 76
optimal capital structure···············122

optimization method ················· 121
option ··· 48
option pricing model ··················· 50
option pricing theory ··················· 49
option strategy ···························· 50
options on bond futures ············· 117
order driven ······························· 46
originator ··································· 51
OTC, over-the-counter derivatives
　·· 205
OTC, over-the-counter market
　·· 46, 205
OTD model, originate-to-distribute
　model ······································ 46
out of the money ·························· 4
outlier ······································ 232
outperform ·································· 4
over allotment ···························· 46
over par ····································· 47
overlay strategy ·························· 47
overweight ································· 47

【P】

paasche formula ······················· 231
parametric test ························· 237
Pareto distribution ···················· 238
Pareto efficiency ······················· 237
parity price ······························· 237
pass-through security ················ 231
passive management ················· 233
pay-as-you-go system ················ 174
payback investment rule ············· 55
payoff ······································ 262
payout policy ···························· 262
PBO, projected benefit obligation
　······································· 183, 242

PBR, price book-value ratio ····· 65, 242
PCFR, price cash flow ratio ····· 63, 240
pension actuarial revaluation ········ 120
pension actuary, certified pension
　actuary ································· 224
pension ALM ···························· 222
pension plan ····························· 224
PER, price earnings ratio ········ 64, 240
performance evaluation ············· 235
performance measurement ········· 234
perpetual bond ··························· 27
PFI, private finance initiative ······· 240
PO, principal only ····················· 240
poison pill ································ 268
Ponzi scheme ··························· 274
pooling of interest method ·········· 284
portability ································ 269
portable alpha ·························· 270
Porter's competitive strategy theory
　·· 269
portfolio insurance ···················· 271
portfolio management ················ 272
portfolio selection ····················· 271
post-employment benefit plan ······· 183
potential ordinary shares ············ 176
pre-maturity redemption, call ········ 94
preferred share ························· 287
prepayment ······························ 211
present value ···························· 103
present value annuity factor ········ 223
present value of money ················ 71
primary balance ························ 253
primary market ························· 253
principal component analysis ······· 151
principal protection fund ·············· 74
principal-agent theory ·················· 29

principles for responsible investment
　　　　　　　　　　　　　　113
private equity　253
private placement　145
probability　59
probability density function　59
probit analysis　259
profit from redemption　154
program trading　258
prospect theory　259
prospectus　283
protective put　259
proxy fight　17, 258
prudent man rule　257
PSL, past service liability　59
PSR, price to sales ratio　63, 240
PTS, proprietary trading system
　　　　　　　　　　　140, 241
public offering pricing　105
public pension　108
purchase method　232
purchasing power parity　108
pure expectations hypothesis　153
put option　252
put-call parity　252
puttable bond　252
p-value　241

【Q】

QFII, qualified foreign institutional
　　investors　86
QII, qualified institutional investor
　　　　　　　　　　　　　　197
Q ratio　86
quadratic programming　220
qualitative analysis　195
quantitative analysis　196
quants, quantitative analyst　93
quarterly report　143
quote driven　93

【R】

R&D, research and development
　　investment　10
random variable　59
random walk　295
rank correlation　153
rate of return　208
rating　57
ratio of adjusted stock price　150
ratio spread　306
real option　296
rebalance　302
record keeping　306
recycling　297
red chip　307
redemption fee　161
registered bond　210
regression analysis　53
reinvestment rate　122
reinvestment risk　122
REIT, real estate investment trust
　　　　　　　　　　　　　　301
required rate of return　291
reserve, provision　154
restriction of price range　222
retained earnings　217
return on total capital　179
return reversal　300
reverse dual currency bond　301
reverse mortgage　301
revision index　302

【R】 (continued)

Revlon duties	307
rho	310
rights issue	293
rights plan	293
RIM, residual income model	10, 128
risk	297
risk adjusted return	299
risk arbitrage	298
risk asset	79
risk aversion	298
risk budgeting	300
risk capital	299
risk premium	300
risk weight function	298
risk-free asset	281
risk-neutral probability	299
RMBS, residential mortgage-backed securities	10
ROA, return on asset	11
robustness check	310
ROCE, return on capital employed	11
ROE, return on equity	11, 71, 135
roll down effect	311
rolling effect	311
rolling yield	310
rollover	311
"root-T" rule	305
ROS, return on sales	11
RP, repurchase agreement	307
RSI, relative strength index	10
RTC, Resolution Trust Corporation	11
run test	308

【S】

S&P/Case-Shiller home price indices	101
S&P500	30
sales representatives	156
Samurai bond	127
scenario analysis	143
SEC, Securities and Exchange Commission	30
secondary market	172, 303
sector index	86
sector rotation	173
securities analysis	157
securities analyst	155
securities exchange	157
securities lending	173
securities market	156
securities under supervision	75
securitization	155
security market line	156
segment information	173
self-selection bias	135
sell-side	175
semi-interquartile range	145
semi-variance	154
senior bond	288
senior-sub structure	288
separate taxation	260
separation theorem	260
serial correlation	101
session	185
settlement on balance	125
SFAS, Statement of Financial Accounting Standards	31
SGR, sustainable growth rate	31, 125

英文索引

shadow bank······················148
share exchange, stock swap, share swap·····················66
share repurchase, share buyback ························137
shareholder activism ·············69
shareholders' equity············70, 135
Sharpe ratio······················148
Shogun bond······················159
short·························24, 159
short account·····················24
short selling······················72
shortfall risk·····················160
shortfall, underfunding(surplus, overfunding) ·················192
significance test ·················287
simple linear regression analysis···188
simulation analysis ················147
single statement approach ··········16
SIV, structured investment vehicle ································30
skewness·························312
SMA, separately managed account ································31
small-cap effect ···················110
small-capital stock ················110
SNA, systems of national accounts ···························31, 113
social insurance method···········147
soft dollar·······················181
Sortino ratio·····················181
sovereign risk····················181
SOX act, Sarbanes-Oxley act ·························127, 180
SPC, special purpose company······32
special resolution·················210
speculation ······················168

sponsor benchmark ···············169
spot rate·························168
spread··························168
SPV, special purpose vehicle ········32
SQ, special quotation ······31, 119, 211
squeeze out ·····················164
SRI, socially responsible investment ·························30, 147
stagflation·······················165
stakeholder······················166
standard deviation················243
standard error ···················243
standardization ··············80, 243
state price ·······················157
statement of financial position ·····121
statements of shareholders' equity ································284
steepening·······················166
stock consolidation, reverse split of stock···························68
stock lending ·····················60
stock mini investment ·············68
stock option ·····················166
stock portfolio strategy·············68
stock price average ················65
stock price index··················64
stock price index futures ···········64
stock price index options ···········64
stock rating ······················65
stock selection effect ··············282
stock split·······················67
stock trade unit···················188
stock, share······················65
straddle·························167
strangle·························167
strategic asset allocation············177
strategic buyer ···················167

stress test ･･････････････････････････168
strike price ･･････････････････････････166
STRIPS bond, Separate Trading of Registered Interest and Principal of Securities, ･･････････････････････167
structured bond ･･････････････････････134
style drift ･･････････････････････････165
style index ･･････････････････････････165
style management ･･････････････････････165
subordinated bond(debentures) ･･･306
subprime mortgage crisis ･････････････126
subsidiary ･･････････････････････････110
surplus ･･････････････････････････････127
survivorship bias ･････････････････14, 126
SV model, stochastic volatility model ･････････････････････････････ 32, 59
swap ････････････････････････････････169
swaption ････････････････････････････170
SWF, sovereign wealth fund ･･･32, 172
SWOT analysis ･･････････････････････164
synergy effect ････････････････････････142
systematic risk ･･････････････････････139

【T】

T + 1 settlement ･･････････････････････196
tactical asset allocation ･･････････････176
tail risk ･･････････････････････････････203
target buying ････････････････････････185
target-date fund ･･････････････････････184
tax haven ････････････････････････････186
tax shield ････････････････････････････186
TBA, to be announced ･･･････････････195
TE, tracking error ･･･････････････････213
technical analysis ･･･････････････････198
term structure of interest rates ･････ 91
theoretical stock price ･･････････････304

theory of games ･･･････････････････････102
theta ････････････････････････････････174
three-factor interest rate model ････ 91
TIFFE, Tokyo International Financial Futures Exchange ･･････････････････193
tilt strategy ････････････････････････197
timberland investment ･･････････････163
time diversification ･･････････････････134
time series analysis ･････････････････135
time-weighted rate of return ･･･････133
TOB, takeover bid, tender offer ･････････････････････････････66, 193
Tobin's q ･･･････････････････････････212
Tobit model ････････････････････････212
top-down approach ･･･････････････････211
TOPIX, Tokyo stock price index ･････････････････････････････････210
total capital turnover ････････････････179
total payout ratio ･････････････････････ 70
TQPP, tax qualified pension plan ･････････････････････････････････197
tracking stock ･･････････････････････213
tranche ････････････････････････････213
tranched index ･･････････････････････214
transaction with delayed settlement ･････････････････････････････････190
transfer of shares ････････････････････ 67
treasury stock、treasury share ･････ 88
trend follow strategy ････････････････154
Treynor measure ････････････････････215
Treynor・Black measure ･････････････216
triangle merger ････････････････････127
trust asset segregated ･･･････････････161
trust certificate ･････････････････････151
trustee / insurer ････････････････････136
trustee commission ･････････････････162
trustee company ････････････････････152

TSE Arrows 210
TSE, Tokyo Stock Exchange 193
t-test 193
turnover, volume 198
two-fund separation theorem 220
two-statement approach 219

【U】

uncovered interest rate parity 63
underlay assets 12
underlying asset 104
underweight 12
universe 289
unlevered beta 13
Unocal rules 289
unsystematic risk 128
up-down ratio 210
utility function 109

【V】

valuation at book value 269
valuation measure of investment
 207
valuation of bond 118
value added analysis 250
value investment 237
VaR, value at risk 237, 248
variable annuity 265
variance 259
vega 263
venture capital 266
volatility 273
volatility puzzle 273

Volcker rule 273
voting right 79
VWAP, volume weighted average
 price 249

【W】

WACC, weighted average cost of
 capital 312
warrant 312
weather derivative 204
weighted stock price average 60
white knight 274
white squire 273
Wilshire indexes 24
wrap account 295
WTI, west Texas intermediate
 187

【Y】

Yen-denominated foreign bond 43
yield curve 19, 302
yield curve strategy 20
yield for holding period 160, 273
yield spread 20
yield to maturity 45, 120

【Z】

zero coupon bond 175
zero-beta CAPM 176
zero-cost collar 175
z-value 175

(50音順、敬称略)

【監修者略歴】

新井 富雄（あらい とみお） CMA　東京大学大学院経済学研究科教授

　1973年早稲田大学政経学部卒業。㈱野村総合研究所（NRI）入社。77年ペンシルベニア大学ウォートン・スクールMBA。野村総合研究所／野村マネジメント・スクール研究理事を経て現職。日本証券アナリスト協会副会長、MPTフォーラム副会長、『現代ファイナンス』編集者。

大場 昭義（おおば あきよし） CMA　東京海上アセットマネジメント投信㈱代表取締役社長

　1975年早稲田大学政経学部卒業。安田信託銀行（現みずほ信託銀行）入社。常務執行役員、みずほ年金研究所取締役社長兼理事長を経て2009年6月より現職。日本証券アナリスト協会副会長。財務会計基準機構理事。日本投資顧問業協会理事。

【執筆者略歴】

砂川 伸幸（いさがわ のぶゆき）（N.I.） CMA　神戸大学大学院経営学研究科教授

　1989年神戸大学経営学部卒業。新日本証券（現みずほ証券）、神戸大学経営学部助手・助教授を経て現職。著書に『日本企業のコーポレートファイナンス』（日経、共著）、論文多数。

今仲 章（いまなか あきら）（A.I.） CMA　岡三証券㈱市場営業部長

　1993年慶應義塾大学法学部法律学科卒業。日本興業銀行入行。2001年岡三証券入社。事業法人第二部長、企業調査部長を経て2012年4月より現職。

太田 智之（おおた ともゆき）（T.O.） CMA　野村證券㈱リサーチ・プロダクト部エグゼクティブ・ディレクター

　1982年東京工業大学工学部卒業。84年同理工学研究科修士課程修了し、㈱野村総合研究所入社。2009年2月より現職。著書に『新・債券運用と投資戦略』（2003年、金融財政事情研究会）等。

河田 剛（かわた つよし）（T.K.） CMA　SMBC日興証券株式調査部部長

　1988年東京大学文学部卒業。同年日興證券㈱入社、㈱日興リサーチセンターを経て現職。著書「組織調査ハンドブック（有斐閣）」、訳書「EVA創造の経営（東洋経済）」等。

佐井 りさ（R.S.）　大阪大学大学院経済学研究科講師
　2006年東京大学経済学部卒。経済学博士（東京大学）。日本証券アナリスト協会「数量分析入門教室」等の講師を務める。著書に『証券アナリストのための数学再入門』、2012（共著）。

菅原 周一（S.S.）CMA　みずほ年金研究所研究理事
　1980年東京工業大学工学部卒業。経済学博士（上智大学）。日本鋼管（現JFEスチール）、安田信託銀行（現みずほ信託銀行）を経て2009年4月より現職。千葉商科大学客員教授。

俊野 雅司（M.T.）CMA　大和ファンド・コンサルティング上席研究員シニアコンサルタント
　1981年東京大学法学部卒業、同年大和証券㈱入社。88年シカゴ大学大学院MBA。2003年早稲田大学商学博士。著書に『証券市場と行動ファイナンス』（東洋経済新報社）等。

藤井 康行（Y.F.）CMA　新日本有限責任監査法人エグゼクティブディレクター
　1982年大阪大学理学部卒業、住友信託銀行（現三井住友信託銀行）入社。同社ペンション・リサーチ・センター制度研究部長を経て、12年より現職。日本年金数理人会退職給付会計基準委員長。

光定 洋介（Y.Mi.）CMA　産業能率大学経営学部教授、あすかコーポレイトアドバイザリー㈱ファウンディング・パートナー・エメリタス
　1986年早稲田大学法学部卒業。博士（学術）（東京工業大学）。日本債券信用銀行、ユニゾンキャピタル等を経て現職。著書に『企業統治分析のフロンティア』（日本評論社、共著）等。

森 祐司（Y.Mo.）CMA　九州共立大学経済学部准教授
　1990年筑波大学第3学群国際関係学類卒業。経済学博士（早稲田大学）。大和総研入社後、資本市場調査部主任研究員等を経て、12年より現職。

山下 奨（S.Y.）CMA　跡見学園女子大学マネジメント学部助教
　2004年慶応義塾大学商学部卒業。10年早稲田大学大学院商学研究科博士後期課程単位取得満期退学。同年より現職。著書に「自己資本直入項目の一期間変動額に関する一考察」『會計』、2008（共著）等。

● **証券分析・投資運用　用語辞典**　〈検印省略〉

● 発行日 —— 2012年11月7日　初版第1刷発行
● 編　者 —— 公益社団法人 日本証券アナリスト協会
● 監修者 —— 新井富雄・大場昭義
● 発行者 —— 井上 健
● 発行所 —— ときわ総合サービス 株式会社

〒103-0022　東京都中央区日本橋室町4-1-5
共同ビル（室町四丁目）
☎ 03-3270-5713　FAX 03-3270-5710
http://www.tokiwa-ss.co.jp/

● 印刷／製本 —— 株式会社サンエー印刷
© The Securities Analysts Association of Japan 2012 Printed in Japan
ISBN 978-4-88786-041-4 C3033

JCOPY　〈(社)出版者著作権管理機構 委託出版物〉
本書の無断複写は著作権法上での例外を除き禁じられています。複写される場合は、
その都度事前に、一般社団法人　出版者著作権管理機構（電話 03-3513-6969、
FAX 03-3513-6979、email：info@jcopy.or.jp）の許諾を得てください。
落丁本・乱丁本はおとりかえいたします。